suhrkamp taschenbuch
wissenschaft 1636

Was gesellschaftliche Modernität ausmacht, war immer strittig. Unstrittig freilich scheint zu sein, das Signum der Epoche in der historischen Einsamkeit, im Selbsttragenden, im Aushalten des *regressus ad infinitum* ohne göttliche oder natürliche Ankerplätze zu lokalisieren. Die Offenheit der Moderne, ihre Formenvielfalt und Wandelbarkeit, ihre Kontinuität und ihre Diskontinuität, verweist immer mehr auf jene Geschlossenheit, die sich keiner fremden Referenz bedienen kann – außer ihrer je eigenen Fremdheit. Inzwischen ist dieses Selbstverständnis auch in die Theoriebildung selbst eingedrungen, in Theorien, die sich für Selbstanwendung und paradoxale Formen interessieren. Die vorliegenden systemtheoretischen Studien nehmen in dieser Perspektive klassische Themen des soziologischen Modernitätsdiskurses unter die Lupe.

Armin Nassehi ist Professor für Soziologie an der Ludwig-Maximilians-Universität München. Im Suhrkamp Verlag hat er mit Rolf Eickelpasch *Utopie und Moderne* (stw 1162) herausgegeben.

Armin Nassehi

Geschlossenheit und Offenheit

Studien zur Theorie der modernen Gesellschaft

Suhrkamp

Bibliografische Information Der Deutschen Bibliothek
Die Deutsche Bibliothek verzeichnet diese Publikation
in der Deutschen Nationalbibliografie;
http://dnb.ddb.de

suhrkamp taschenbuch wissenschaft 1636

Umschlag nach Entwürfen
von Willy Fleckhaus und Rolf Staudt
Druck: Nomos Verlagsgesellschaft, Baden-Baden
Printed in Germany
Erste Auflage 2003
ISBN 3-518-29236-6

1 2 3 4 5 6 - 08 07 06 05 04 03

Inhalt

Dritte Abteilung: Dynamiken der Gegenwart

Vierte Abteilung:
Coping with Paradoxes: Sichtbarkeiten und Unsichtbarkeiten

Fünfte Abteilung: Offenheit durch Geschlossenheit

Vorwort

»Kurz gesagt, die Wahrheit von Aussagen und die Richtigkeit von Beschreibungen, Darstellungen, Exemplifikationen, Ausdrücken – der Komposition, der Zeichnung, der Diktion, des Rhythmus – ist also vor allem eine Sache des Passens: Passen auf das, worauf in der einen oder anderen Weise Bezug genommen wird, oder Passen auf andere Wiedergaben, auf Arten und Weisen der Organisation. Die Unterschiede, die es macht, eine Version einer Welt oder eine Welt einer Version anzupassen oder eine andere Version zusammenzupassen oder anderen anzupassen, schwinden, wenn die Rolle der Versionen bei der Erzeugung von Welten, auf die sie passen, berücksichtigt wird und das Erkennen oder Verstehen so gesehen wird, dass es sich über den Erwerb wahrer Überzeugungen hinaus auf die Entdeckung und Erfindung des Passens aller Art erstreckt.«

Diese Sätze stammen aus Nelson Goodmans kleinem Buch *Weisen der Welterzeugung* (Frankfurt/M. 1990, S. 167), und sie *passen*. Sie passen auch auf dieses Buch, dem es in erster Linie darum zu tun ist, die Bewegung einer Art *Selbstanpassung* vorzuführen, der *Selbst*anpassung einer theoretischen Figur, deren Ziel freilich die Passung auf ihren Gegenstand ist. Die theoretische Figur, *Offenheit* als Funktion operativer *Geschlossenheit* darzustellen, beobachtet in der Tat *Weisen der Welterzeugung*, die an ihrem eigenen (An-)Passungsprozess ihren Gegenstand mitbeobachten.

Dieser (An)Passungsprozess führt als Text einen Autor vor, der verschiedenen Personen für vielfältige Unterstützung zu danken hat. Die technische Bearbeitung der Textdateien sowie die Erstellung des Literaturverzeichnisses hat Anne Känel mit einer stoischen Ruhe besorgt, die bewundernswert ist. Besonders wertvolle Hinweise verdanke ich der Lektüre von Ursula Pasero, die mich immer wieder vor zu starken Formulierungen bewahrt hat. Hilfreich war die Lektüre früherer Versionen des Textes durch Lilian Brandtstätter, Anja Findeiß, Eveline Reisenauer und Nena Silberkuhl-Schwarz, und sehr wertvoll waren die Kommentare, Immunreaktionen und Widerstände von Kolleginnen und Kollegen, die viele der hier versammelten Argumente auf Tagungen, bei Vorträgen und in sonstigen Diskussionszusammenhängen kommentiert haben. Völlig unverzichtbar freilich war der Blick von Irmhild Saake auf die

Texte sowie ihre widerständige Kritik und Lösungskompetenz bei der Entfaltung der Gesamtkonzeption des Bandes. Ihr habe ich besonders zu danken. Bernd Stiegler vom Suhrkamp-Verlag hat manchen Disparatheiten der ersten Version der Gesamtkonzeption den Garaus gemacht. Unzurechnungsfähig dagegen ist leider die konzentrierte Atmosphäre der Nordseeinsel Spiekeroog, auf der ich im Sommer 2002 das Gesamtarrangement des Bandes besorgen konnte und große Teile des Buches geschrieben habe.

München, im November 2002 *Armin Nassehi*

Einleitung

Dass die großen Theoriedebatten vorbei seien, gilt als ausgemacht und wird immer wieder gerne beschworen. Die einen tragen das mit erleichtertem Gestus vor, das mache den Weg frei für die wirkliche, die empirische Arbeit der Soziologie, die sich nun weniger mit sich und ihrem Textfundus als mehr mit ihrem Gegenstand beschäftigen könne. Die anderen ergehen sich in nostalgischer Rückschau – und wie jede Nostalgie besserer Zeiten erzeugt auch dies historische Perspektiven. Die Fachgeschichte wird bearbeitet, die Texte werden philologisch seziert und etablieren damit eine merkwürdige soziologische Antinomie: auf der einen Seite beobachtet man am Gegenstand der Soziologie immer neue Novitäten, Diskontinuitäten und Überraschungen, auf der anderen Seite haben alles schon die Klassiker gewusst. Zugleich historisiert das soziologische Lehrmaterial auf allzu oberflächliche und – zumindest für die deutschsprachige Literatur – geradezu fahrlässige Weise das, was man als *soziologische Theorie* bezeichnet, als Sprichwortfundus unseres Faches, das Studierenden den Eindruck vermittelt, das bloße *Déjà- vu*-Erlebnis von Begriffssentenzen sei bereits *Theorie*.

Wieder andere ersetzen die großen Theoriedebatten dadurch, frühere Antipoden in ein Ergänzungsverhältnis zu setzen, also etwa die Handlungs- durch eine systemtheoretische Perspektive zu ergänzen oder diese durch jene. Abgesehen davon, dass das schon aus gegenstandslogischen Gesichtspunkten eher einer theoretischen Ausweichstrategie gleichkommt, scheinen mir manche dieser Ergänzungsperspektiven dem normativen Bild einer Art *Integrationsstrategie* nachgebildet zu sein, die solche Ergänzungstheoretiker auch gerne ihrem Gegenstand verpassen – und zwar weniger als empirisches Faktum denn als theoretisches Datum. Die Antagonismen früherer Debatten werden damit keineswegs obsolet, sondern verstärkt, weil sie als solche gar nicht in Frage gestellt werden.

Und wieder anderen gelingt es, die Antipoden früherer Debatten nicht einfach integrativ zu ergänzen, sondern sich den eingespielten Antagonismen dieser Debatten zu entziehen und neue Beobachtungsformen zu wagen. Auf den ersten Blick fallen hier sicher die Theorieformen ins Auge, die mit den Namen Pierre Bourdieu und Niklas Luhmann assoziiert werden. Ersterem gelingt es, sich der

Dichotomie handlungs- und strukturtheoretischer oder subjektivistischer und objektivistischer Theorieformen zu entziehen und diese durch eine *praxeologische* Theorieform zu ersetzen, deren Bedeutung jenseits der Sprichwörter des Faches bis heute kaum ausgelotet scheint. Zweiterer bietet geradezu eine *Dekonstruktion* jener simplen Dichotomie an und stellt die Soziologie auf ein Fundament, das nichts mehr damit gemein hat, was man im Rahmen der schon strapazierten Sprichwörter mit dem Begriff *Systemtheorie* assoziiert.

Es kann also überhaupt keine Rede davon sein, dass der Soziologie Theoriedebatten verloren gehen, im Gegenteil. Von soziologischem Interesse ist vielmehr, warum diese – wie ich meine: offenkundig falsche – Verlustdiagnose so plausibel erscheint. Was sicher verschwunden ist, ist die Eindeutigkeit der Debatte und die eindeutige Identifizierbarkeit der Kombattanten. Die Zeiten sind vorbei, in denen sich soziologisch-theoretische Konfliktlinien an stabilen und von den Antipoden kaum hinterfragten Unterscheidungen anlagern konnten und in denen solche Unterscheidungen jegliche soziologische Perspektive absorbierten und einer der beiden Seiten zuweisen konnten – ob man wollte oder nicht. So hatte die Unterscheidung von *Handlungs-* und *System-* oder *Struktur*theorien nicht nur einen gegenstandslogischen Sinn, sondern auch den Funktionssinn, Ordnung in die Fachgeschichte zu bringen und aus komplexen theoretischen Debatten lehrbuchfähige Texte zu machen, *an die die Theorieproduktion dann selbst zu glauben begann.* Und dass sich jegliche Theorieform der Beobachtung ausgesetzt sah, nun eher *kritisch* oder *affirmativ* zu sein, um nicht die politische Dichotomie parlamentarischer Sitzordnungen bemühen zu müssen, erwarb sich seinen Funktionssinn sicher auch dadurch, dass dies davon entlastete, genauer hinsehen zu müssen. Im deutschsprachigen Raum trafen theoretische Debattenformen für lange Zeit vor allem in den Schriften von Jürgen Habermas aufeinander. Habermas' Zentralität zeigt sich schon darin, dass er aus unterschiedlichen Unterscheidungskonstellationen eine geradezu gegenstandskonstituierende Seite markiert. Aus der Perspektive der Kritischen Theorie ist Habermas gewissermaßen als die *unkritische* Seite hervorgegangen, als eine Theorieform, die Anschluss an den Szientismus des »Westens« (so wurde das wirklich formuliert!) gesucht und gefunden hat und Gesellschaftskritik nicht sich in Endlosschleifen adornitischer Selbstverunmöglichung verlieren lassen wollte. Aus der Perspektive des soziologischen *mainstreams* dagegen, namentlich des Strukturfunktionalismus und dessen, was man damals *Positivismus* gescholten hatte, erschien Habermas als Verkörperung einer geradezu unsoziologischen Soziologie, deren Kategorien nicht operationalisierbar waren und die *Erkenntnis* durch *Kritik* ersetzte. Diese wirklich für eine ganze Generation von Soziologinnen und Soziologen alltagsrelevante Dichotomie hat unter anderem davon entlastet, sich den Texten der Antipoden wirklich zu nähern. Man wäre schnell darauf gekommen, dass etwa Popper alles andere als ein naiver Positivist war und dass die Texte von Habermas in geradezu obsessiver Weise sich vermittelnd mit jener Soziologie auseinander gesetzt haben, die ihn nur als Antipoden lesen konnte. Lernen kann man daraus, dass es keineswegs *Texte* selbst sind, die jene Texturen erzeugen, die sie paradoxerweise bereits enthalten, sondern dass erst die *Beobachtung* jener Texte die praxisrelevanten Texturen erzeugen. Und lange scheint es nicht möglich gewesen zu sein, an diesen Dichotomien vorbeizubeobachten und neue Unterscheidungsmöglichkeiten auszuprobieren.

So lassen sich am Soziologie-Diskurs selbst und an seinen charakteristischen Strukturen soziologische Grundbegriffe plausibilisieren. Dass eine *Institution* ein auf Dauer gestelltes Muster mit dem Effekt der Entlastung von Reflexionsnotwendigkeiten ist, kann man daran genauso lernen, wie man daran studieren kann, dass der *Strukturbegriff* offenbar etwas mit Erwartungen zu tun hat und dass *Konflikte* integrieren und dritte Möglichkeiten gerne ausschließen. Und man kann daran lernen, dass eingespielte *Unterscheidungen* Umgebungen erzeugen, die als *Kontexturen* für die Welt gehalten werden – wenn es nicht gelingt zu sehen, dass sich der eigene Blick der je eigenen Perspektive verdankt.

Dies Letztere ist vielleicht das, was neuere theoretische Perspektiven der Soziologie auszeichnet. Es kämpfen hier nicht mehr (nur) Perspektiven gegeneinander, sondern diese Perspektiven wissen nun selbst, dass sie welche sind. Wieder wird man hier auf Pierre Bourdieu und Niklas Luhmann stoßen – beider Perspektiven stoßen in ihrem Gegenstandsbereich auf sich selbst. Beide nehmen keineswegs eine irgendwie wissenschaftstheoretisch oder erkenntnisphilosophisch zu begründende Position ein, sondern stoßen *wissenschaftssoziologisch* auf sich selbst. Bourdieu (1985) hält seine Antrittsvorlesung am *College de France* als eine *leçon sur la leçon*, und

Luhmann stößt bei der Analyse vielfältiger Selbstbeschreibungen der modernen Gesellschaft darauf, dass auch die Soziologie nichts anderes anbietet als eine Selbstbeschreibung der Gesellschaft. Das Produktive, das wirklich *Neue* solcher Art Soziologie ist die radikalisierte Form der Selbstanwendung, die keine privilegierte epistemologische Position will mehr gelten lassen und die aus der Not dieser Selbstbeschränktheit die Tugend ihrer Beobachtungsform macht.

Die in diesem Band versammelten zehn Studien nehmen eine dezidiert systemtheoretische Perspektive ein. Ihr Sinn besteht freilich nicht darin, die Systemtheorie gegen andere Theorieperspektiven in Stellung zu bringen; weder soll harmonisierend gezeigt werden, dass man alles Bekannte auch systemtheoretisch sagen kann, noch soll behauptet werden, soziologische Wahrheit erschließe sich nur so. Was hier geleistet werden soll, ist der Versuch einer systemtheoretischen Praxis, die sich weder über die Exegese systemtheoretischer Texte noch über die Plausibilisierung der Systemtheorie als geschlossenes Theoriegebäude ermöglicht. Es geht vielmehr darum, das systemtheoretische Design am konkreten Anwendungsfall zu testen. Zugleich freilich wird das systemtheoretische Design selbst unter die Lupe genommen – es geht gewissermaßen um eine Selbstbeobachtung des Instrumentariums unter Praxisbedingungen, eine Art Freilandtest. Dabei werden dezidiert die Sprichwörter des Faches, die wohlfeile Form der einfachen Erzählbarkeit der Fachsystematik unterlaufen. Systemtheorie wird hier weder als Struktur- noch als Handlungstheorie in Stellung gebracht; Systemtheorie wird hier auch nicht im Sinne eines Algorithmus präsentiert, aus dem sich Diagnosen ableiten ließen; und Systemtheorie dient hier nicht dazu, Plausibilität allein über schräge Formen der Beschreibung zu gewinnen.

Der Grundgedanke ist vielmehr sehr einfach: Es soll gezeigt werden, dass die Theorieform der Systemtheorie jegliche Form von *Offenheit*, von Anschlussfähigkeit, von Formenbildung, von Weltperspektiven usw. nur aus der speziellen Perspektive konkreter operativer *Geschlossenheiten* gewinnen kann.[1] Es kommt hier eine Theorieform zur Anwendung, die den Gedanken der *operativen Geschlossenheit* ernst nimmt und nicht einfach nur metaphorisch be-

1 Vgl. dazu Fußnote 3.

nutzt. Es geht bei *operativer Geschlossenheit* nicht um Beziehungslosigkeit von Systemen, nicht darum, dass etwa Funktionssysteme oder Organisationen autonom in dem Sinne seien, dass sie unabhängig voneinander agieren könnten, mithin also *frei* wären. Das wäre soziologischer Unsinn – ein Unsinn freilich, auf den man nur kommen kann, wenn man den Gedanken der *Geschlossenheit* nicht in den Rahmen einer *operativen* Theorieanlage stellt. Überhaupt in dieser Weise zu denken *ist nicht neu*! Die gesamte bewusstseinsphilosophische Tradition hat diese Theoriefigur bereits vorbereitet: die operative Geschlossenheit des Bewusstseins, dessen Operieren *einerseits* als einziges unbezweifelbares Faktum des Selbst- und Weltverhältnisses bleibt, *andererseits* jene Form ist, über die die Welt »da draußen« erfahrbar wird. Aus der *Welt* wird *bewusste Welt*, aus dem *Sein* wird *Bewusstsein*. Die bewusstseinsphilosophische Tradition hat damit auch das radikale, das unüberwindliche Schisma zwischen *innen* und *außen* etabliert und zugleich die Asymmetrie eingebaut, dass jedes *Außen* ein zugleich *inneres Außen* ist. Sie hat damit auch die grundlegende Paradoxie entdeckt, in die jegliche Selbstanwendung und Selbstermöglichung gerät und an deren Invisibilisierungs- und Entfaltungstechniken geradezu empirisch sich studieren lässt, wie sich die prinzipiell instabile Form der Selbstermöglichung mit stabilen Eigenwerten versieht.

Ich behaupte nicht, dezidiert: *nicht*, dass die Systemtheorie eine in dieser Weise *bewusstseinsphilosophische* Theorieform sei. Jürgen Habermas (1985b, S. 426 ff.) hatte ihr dies vorgeworfen – freilich ohne die operative Anlage der Systemtheorie zu sehen. Sein Problem – und das scheint mir repräsentativ für jenen Affekt zu sein, der »Geschlossenheit« für unplausibel hält und mit jenem Mangel assoziiert, den man der bewusstseinsphilosophischen Tradition vorhalten musste: die soziale Welt nicht aus den egologischen Prozessen isolierter Iche ableiten zu können –, sein Problem bestand eher darin, »Systeme zweckrationalen Handelns« einerseits vor der Gefahr zu sehen, völlig abgekoppelt zu werden von der *Teilnehmerperspektive* der Lebenswelt. Andererseits sei das bewusstseinsphilosophische Erbe nicht in der Lage, die Isolierung der »Systeme« aufzuheben und zu einer *Einheit* zu verschmelzen, die allein all das garantieren könne, wofür die normativen Verheißungen der Moderne stehen. Man verlegte sich dann auf *Vernunft*, auf *kommunikative Vernunft*, gar auf die *vernünftige* Identität der *Gesellschaft*. Manchem genügte schon die Idee gemeinsamer Normen und Werte als Handlungsmovens und Medium der Handlungskoordination. Aus dieser Perspektive muss die Grundidee der radikalen *Geschlossenheit* von Systemen in der Tat die Assoziation einer Gesellschaftsvorstellung freisetzen, in der geschlossene Systeme blind sind füreinander, ohne Umweltkontakt operieren und sich in jener instrumentellen Rationalität verlieren, die man zielgerichteten Ego-Subjekten ohne soziale Erdung nachsagt.

Der Rekurs auf die bewusstseinsphilosophische Tradition fällt hier freilich völlig anders aus. Ich wiederhole noch einmal: Man kann an ihr lernen, wie *operativ* geschlossene Einheiten die Paradoxie ihrer Selbstanwendung entfalten – und muss dann gerade nicht die Lösung der »subjektphilosophischen Erbmasse« postulieren, sondern nach funktionalen theoretischen Äquivalenten fragen. Vielleicht müssen wir stärker lernen, die Tradition nicht nur als einen Fundus an Ideen zu lesen, dessen Tauglichkeit allein an ihrer aktuellen Tauglichkeit gemessen wird – oder deren Historisierung dann wenigstens die philologische Kleinarbeit rechtfertigt, mit der man sie pflegt. Die Tradition kann vielmehr auch als Zeugnis dafür gelesen werden, *wie* es gelang, Plausibilitäten zu erzeugen, und *wie* es gelang, mit Problemen der Selbstbezüglichkeit und der Paradoxie generierenden Form der Selbstanwendung umzugehen. Vielleicht muss man bei aller Verwerfung der *inhaltlichen* Lösungen für solche Probleme – Subjektphilosophie, Transzendentalphilosophie, Präsenz des Präsens, Ontologie der Unmittelbarkeit und wie Schlagworte auch immer lauten mögen – an der Tradition schätzen lernen, dass es *überhaupt* zu Lösungen gekommen ist und dass diese immer wieder substituiert wurden. Die Konstruktion der Probleme für Theorien, die sich Selbstanwendung und Selbstreferenz zumuten, ist der Tradition ähnlicher, als es zunächst scheint – und gerade deshalb kann die Novität von Problem*lösungen* überhaupt registriert werden. Anders als in den meisten systemtheoretischen Arbeiten sind die hier versammelten Studien gerade *nicht* so aufgebaut, die Novität des systemtheoretischen Denkens nur über die übliche (und: notwendige) Verfremdung zu suchen. Vielmehr beabsichtige ich die *Diskontinuität* systemtheoretischer Lösungsangebote durch Betonung der *Kontinuität* des Problemhorizonts selbstbezüglich operierender Einheiten in den Vordergrund zu stellen.

Ich werde immer wieder auf eine Figur zu sprechen kommen, die ich eine *theorieästhetische* Figur nenne. Diese Formulierung mag erstaunen, scheint die Angemessenheit einer Theorie doch vor allem darin zu liegen, für *gegenstandsangemessene* Beschreibungskapazitäten zu sorgen. Die Figur von *Geschlossenheit und Offenheit* freilich erlaubt es, den Konstruktionsformen des Theoretisierens selbst mehr Aufmerksamkeit schenken zu können. Unter einer *theorieästhetischen* Perspektive verstehe ich einen Blick darauf, *wie*, also mit welchen internen konstruktiven Mitteln theoretische Modelle dafür sorgen, Plausibilität zu ermöglichen. *Ästhetisch* ist an Theorien das, was sie letztlich nicht sagen, weil es ihrem eigenen Operieren eingeschrieben ist. Dass man also mit Figuren der *Selbstbezüglichkeit* beginnt, mit der Figur, *Fremdkontakt als Selbstkontakt* zu figurieren, verweist auf eine Ästhetik der Selbstanwendung. Wie der Zeichner als zeichnende Hand in Maurits Cornelis Eschers Lithographie »Zeichnen« von 1948 wieder vorkommt oder René Magrittes unzählige Bilder der Pfeife, die keine sei, die Selbstdementierung durch die Existenz des Bildes dementiert, so ist die *Ästhetik* der systemtheoretischen Lösung des traditionellen Problems der Selbstanwendung eine Lösung, die die Theorie selbst in der Theorie vorkommen lässt. Der Schreiber/der Beobachter bleibt beim Lesen sichtbar, ebenso steht in jeder Fußnote zu einer These, dies sei keine These.[2] Die Ästhetik der klassischen Lösung des europäischen Denkens (ich schenke mir den beliebten Hinweis auf ihr Alter) war eine, die den Fluchtpunkt der Gedankenlinien noch unbedingt außerhalb des Bildes platzieren musste – und wenn innerhalb, hat er unsichtbar zu sein. Der Fluchtpunkt war also entweder das ganz andere weit draußen – als transzendentale Bedingung der Möglichkeit – oder ganz innen – als ursprüngliches Mit-sich-vertraut-Sein, das so ursprünglich war, dass dafür die Begriffe fehlen und es als Geheimnis formuliert werden musste. Diese Spannung zwischen Klassik und Romantik wird hier aufgelöst, indem der Fluchtpunkt nicht nur *sichtbar* gemacht wird – das hat schon jeder Malerei-Schüler seit der Erfindung des perspektivischen Malens auf seinem Konzeptblock einüben müssen. Der Fluchtpunkt des Bildes *ist* nun das Bild. Die Paradoxie der Selbstanwendung wird aufgelöst – durch Selbstanwendung. Und es kommt dann darauf an, diese unvermeidliche Kreisbewegung[3] nicht nur zu beschleunigen und jegliche Bedeu-

2 Auch dies ist keine These.

3 Vgl. dazu Fußnote 1.

tung sich darin verlieren zu lassen. Es geht also nicht um eine in diesem Sinne *postmoderne* Form der Seinsvergessenheit, nicht um eine *postmoderne* Form, sich den Formen zu entziehen und sich in dandyhafter Ästhetisierung ohne Folgen zu genügen. Es geht darum, diese Form *empirisch* zu wenden, d. h. sie als Form des Gegenstandes zu entbergen, sie zur Genese von Beobachtungen über ihn zu nutzen. Allein das macht die Idee der Selbstanwendung soziologiefähig – alles andere bleibt in den Reservaten einer Ästhetik der *Selbst*anwendung ebenso narzisstisch wie folgenlos. Es geht um explizite Selbst*anwendung*, also um den Test der Form am Gegenstand. Insofern ist dies auch keine distanzierte Ästhetik, sondern eine, die an sich selbst die Welt sieht und sich selbst in der Welt.

Hinzu kommt, dass die Systemtheorie diese Paradoxiebearbeitung explizit an *sozialen* Systemen beobachtet und nicht nur an psychischen. Der einzige theoretische Gewinn, den eine solche Perspektive haben kann, besteht darin, sie mit Gewinn an soziologischen Themen, an der Beobachtung soziologischer Gegenstände zu testen – und so verfolgen die hier versammelten Studien ein doppeltes Ziel. Sie beabsichtigen zum einen, die Figur der *Offenheit als Funktion von Geschlossenheit* sowohl theoretisch zu explizieren, als auch an verschiedenen Anwendungsfeldern zu testen.[4] Zum anderen erfolgt dies an prominenten und aktuellen Themen soziologischer Theoriedebatten und soziologischer Forschung mit dem Ziel, die Besonderheit einer in diesem Sinne systemtheoretischen Analyse hervortreten zu lassen. Es ist ohnehin ein Manko vieler systemtheoretischer Texte, nicht nur mit wenig Rekurs auf die Fachtradition zu operieren, sondern auch mit wenig Sichtkontakt zu den aktuellen soziologischen Themendebatten. Die Studien dieses Buches versuchen, diesem Manko auf beiden Ebenen zu begegnen. Sie stellen sich damit in eine Reihe mit früheren Untersuchungen, in denen Ähnliches beabsichtigt war (vgl. Nassehi 1993; 1999).

Die Untersuchung ist in *fünf Abteilungen* gegliedert, denen jeweils zwei Kapitel zugeordnet sind. Die Ordnung der Abteilungen wird in den ersten beiden Kapiteln entfaltet, die unter dem Titel *Dy-*

4 Außer Acht bleibt hier im Übrigen eine Darstellung und Diskussion der Empiriefähigkeit systemtheoretischer Soziologie – ein Feld, auf dem die Figur der Offenheit als Funktion der Geschlossenheit in qualitative Forschungsdesigns umsetzbar ist (vgl. dazu Nassehi 1995d; 1997a und v. a. Nassehi/Saake 2002).

namik der Geschlossenheit subsummiert werden. Im Einzelnen wird folgendermaßen vorgegangen.

- Im *ersten Kapitel* wird die Figur der Selbstanwendung zunächst als *poststrukturalistische* Figur eingeführt. Es geht hier darum, die Kontinuität der Systemtheorie zu ähnlichen Formen der Selbstanwendung zu verdeutlichen. Die Grundfrage lautet letztlich, wie *Ordnung* möglich ist, obwohl sich alles, was geschieht, nur einer *selbst determinierenden* Dynamik der Geschlossenheit verdankt. Die grundlegende Figur ist die der *Vernichtung von Kontingenz*, d. h. der je selbst erzeugten Einschränkung von Möglichkeiten, die überhaupt erst *Ordnung* emergieren lässt – hier interessierend *soziale* Ordnung als Form der Selbsteinschränkung von Kommunikationssystemen durch rekursive Prozesse.
- Die Form der Geschlossenheit durch Kommunikation verweist auf Ereignisse, also auf eine operative Theorieanlage, und das verweist auf Systembildung. Das *zweite Kapitel* ist demnach damit befasst, die im ersten Kapitel grundlegend formulierte *Dynamik der Geschlossenheit* und der paradoxen Verfassung aller rekursiven Prozesse einerseits systemtheoretisch aufzufangen, andererseits durch Konstruktion einer kommunikationstheoretischen Systemtheorie soziologiefähig zu machen. Das unbescheidene Thema der beiden Kapitel ist also nichts anderes als die alte Frage: *Wie ist soziale Ordnung möglich?*
  In diesem zweiten Kapiteln werden die Topoi der folgenden Abteilungen thematisch vorbereitet und im Sinne der *Entfaltung eines Programms* eingeführt (s. S. 79 ff.). Die unterscheidungstheoretische Entfaltung *bestimmter* und *unbestimmter* Negation führt zum Begriff des *Bezugsproblems* (i. e. Zweite Abteilung); die operationstheoretische Fundierung der Systemtheorie verweist auf *Gegenwarten* (i. e. Dritte Abteilung); die Temporalisierung des Paradoxieproblems führt zur Frage von *Coping-Strategien* (i. e. Vierte Abteilung); und all das kulminiert in der Verschränkung von *Offenheit* und *Geschlossenheit* (i. e. Fünfte Abteilung).

Die *Zweite Abteilung* diskutiert Bezugsprobleme der Soziologie im Hinblick auf ihre Entstehungskontexte und plausibilisiert die *Geburt der Soziologie aus dem Geist der Individualität und der Modernität.*

- Die klassische Formierung der Frage nach den Bedingungen sozialer Ordnung bezog sich darauf, wie soziale Ordnung möglich sei, obwohl das Verhaltensrepertoire von Individuen größer ist, als es soziale Ordnungszumutungen vorsehen. Das *dritte* Kapitel nimmt diese Figur unter veränderten Bedingungen wieder auf und lässt in einer historischen Perspektive *soziologisches* Denken als generelle *Dekonstruktion* des Subjekts beginnen. Als systemtheoretische Rekonstruktion des genannten Ordnungsproblems wird gezeigt, dass Kommunikation – i. e. soziale Ordnungsbildung – nicht möglich ist, *obwohl* Bewusstseine füreinander intransparent sind, sondern *weil* dies so ist. Diese Einsicht dient als Basis für die Rekonstruktion der soziologischen *Individualisierungsdebatte*, auch für eine Kritik des systemtheoretischen Konzepts der *Exklusionsindividualität*, das an die bürgerliche Beschreibungsfolie der extrasozietalen Fundiertheit des Individuums gemahnt. Es wird vielmehr gezeigt, dass auch *Inklusion* in die Funktionssysteme der modernen Gesellschaft durchaus *individualisierende* Folgen hat.

- Im *vierten* Kapitel wird der Begriff der gesellschaftlichen *Moderne* unter die Lupe genommen. Hier wird gezeigt, dass die Rede von der *Moderne* auf unterschiedliche Unterscheidungsdimensionen verweist, auf unterschiedliche Kontexturen. Die Leitfrage lautet, was unterschieden wird, wenn man eine Gesellschaft *modern* nennt. Je nachdem ob Modernität zeitlich, sachlich, normativ oder sozialräumlich unterschieden wird, entstehen unterschiedliche Modernitätsbegriffe und damit auch unterschiedliche Grundverständnisse von Modernität. In diesem Kapitel werden anschließende Perspektiven auf gesellschaftliche Modernität in *temporaler* und *sachlicher* sowie in *sozialräumlicher* und *normativer* Hinsicht vorbereitet.

Die *Dritte Abteilung* widmet sich *Dynamiken der Gegenwart*, d. h. Dynamiken der echtzeitlichen, ereignisbasierten und perspektivischen Entfaltung gesellschaftlicher Ordnung. Es geht mithin um Differenzierung, also um die Entfernung *gleichzeitiger* Gegenwarten voneinander. Hier werden zwei Differenzierungsdimensionen angesprochen, zum einen die Systemdifferenzierung in Funktionssysteme, zum anderen die Perspektivendifferenzierung der Weltgesellschaft. Ersteres verweist auf eine *Gesellschaft der Gegenwarten*, Zweiteres auf die *Gegenwart einer Gesellschaft*.

- Aus der Perspektive der Systemtheorie »unterscheidet« sich die gesellschaftliche Moderne vor allem in temporaler und in sachlicher Hinsicht, es geht also um die Evolution von Differenzierungsformen und ihre sachliche Bestimmtheit. Das *fünfte* Kapitel nimmt das Differenzierungsparadigma auf und zeigt, wie sich gesellschaftliche Modernität als Ausdifferenzierung von funktionalen *Geschlossenheiten* begreifen lässt und wie diese eine je eigene Form der *Offenheit* auf die Welt erzeugen.
- Das *sechste* Kapitel widmet sich dann der sozialräumlichen und normativen Unterscheidung der Moderne. Eine Diskussion des Globalisierungsbegriffs und der Dimension der »Welt« im Terminus Weltgesellschaft zeigt, wie Globalisierungsprozesse nicht einfach weltumspannende ökonomische und politische Prozesse hervorgebracht haben. Zur *Welt*gesellschaft wird die moderne Gesellschaft erst dadurch, dass sich in ihr *Welten* gegenüberstehen, die sich *als* Welten v. a. dadurch erleben, dass sie als andere Welten anderer Welten erscheinen. Insofern muss der allzu singularisierende Nominalismus des Begriffs »Moderne« pluralisiert werden, so dass im globalen Raum multiple Modernen erscheinen.

Die Beschreibung selbsttragender Formen verweist auf Paradoxien, mit denen soziale Systeme umzugehen haben. Die *Vierte Abteilung* behandelt das *Coping with Paradoxes* am Beispiel des Kulturbegriffs der Kulturwissenschaften unter dem Stichwort der *Paradoxie der Sichtbarkeit* und am Beispiel von Religion und Moral unter dem Stichwort der *Paradoxie der Unsichtbarkeit*.

- Alle wechselseitigen Beobachtungsformen, die je eigene Geschlossenheiten von Perspektiven erzeugen, verweisen auf *Kultur* als eine Beobachtungsform, die einerseits eine vergleichende, andererseits stets eine reifizierende Position einnimmt. Das *siebte* Kapitel weist auf diese *Paradoxie der Sichtbarkeit* hin, indem es die paradoxen Versuche der Kulturwissenschaften andeutet, deren Versuche der Dekonstruktion von Eindeutigkeiten selbst solche Eindeutigkeiten hervorbringen. Es wird dies am Beispiel dreier *epistemologischer Geschwister* demonstriert, die paradigmatischen Charakter für die Helden jener kulturwissenschaftlichen Diskurse haben: postkoloniale Migranten, menschliche Klone und Transsexuelle.

- Am Beispiel von *Religion* und *Moral* wird im *achten* Kapitel gezeigt, wie diesen beiden Formen noch am ehesten zugestanden wird, auf Unbedingtheiten sich zu berufen – und welche merkwürdigen Parallelen sich hier auftun. Im Übrigen kann gezeigt werden, dass beide selbst dem Sog des *Kulturellen* insofern unterworfen sind, als auch sie trotz aller Unbedingtheitszumutungen dem unausweichlichen Vergleich ausgesetzt werden.

Die *Fünfte Abteilung* nimmt noch einmal die Figur der *Offenheit durch Geschlossenheit* auf und thematisiert die *Geschwätzigkeit des Todes* als Parabel auf diese Figur und macht schließlich auf den Status der Untersuchung als Wissenschaft aufmerksam.

- Der Tod verlangt geradezu nach Eindeutigkeitsstrategien, weil er sich allen Eindeutigkeiten widersetzt. An der Kommunikation des Todes lässt sich zeigen, wie sich Eindeutigkeiten ausschließlich internen Benennungs- und Bezeichnungspraxen verdanken. Der Tod – und das, was hier konstativ bezeichnet wird, hat nicht einmal einen genauer benennbaren Referenten – kann damit als eine geradezu vortreffliche Parabel auf *Geschlossenheit und Offenheit* dienen. *Eingeschlossen* in die kommunikative Bezeichnungs- und Benennungspraxis und in korrespondierende psychische sinnhafte Vorstellungswelten *eröffnet* sich cin Horizont möglicher Bedeutungen, deren Vielfalt dem *factum brutum* selbst geradezu spottet. Das *neunte* Kapitel nimmt in diesem Sinne die *Geschwätzigkeit* des Todes und seine gesellschaftliche Bezeichnungspraxis als *Parabel auf Offenheit und Geschlossenheit* ins Visier.
- Das letzte, das *zehnte* Kapitel schließlich lässt dieses Buch noch einmal im Buch selbst vorkommen. Es fragt nach den Bedingungen jener Unmöglichkeit, die während des Argumentationsgangs immer wieder behauptet wurde. Dabei wird am Ende keine die Paradoxie der Selbstbeobachtung auflösende wissenschaftstheoretische Zauberformel entwickelt – denn dieser bedürfte es, um die Paradoxie vergessen zu machen. Es wird vielmehr eine wissenschaftssoziologische Perspektive eingenommen, die die Be-

dingungen der Möglichkeit wissenschaftlicher Kommunikation *über* wissenschaftliche Kommunikation auslotet, also eine interne Anwendung der Figur von *Geschlossenheit und Offenheit.* Mit diesem letzten Kapitel schließt sich der Kreis. Die Abhandlung beginnt mit dem Gedanken einer *Dynamik der Geschlossenheit*, und diese Geschlossenheit wird am Ende dadurch exekutiert, dass die Beschreibungsoffenheit der vorliegenden Studien als Funktion ihrer begrifflichen Geschlossenheit beschrieben wird. Der Autor hofft dabei auf die Entfaltung einer *ästhetischen* Eleganz, die mit Nietzsches Zarathustra als *Schlangenästhetik* der Wiederkehr bezeichnet werden könnte: »Möchte ich klüger sein! Möchte ich klug von Grund aus sein, gleich meiner Schlange!« (Nietzsche 1980c, S. 27)[5]

Von den hier versammelten zehn Kapiteln sind vier eigens für diesen Band neu verfasst worden. Sechs der Beiträge basieren auf bereits publizierten Arbeiten. Allerdings handelt es sich in keinem dieser sechs Fälle um einen bloßen Wiederabdruck. Vielmehr wurden die Texte der Fragestellung und dem Argumentationsmuster dieses Bandes angepasst, an manchen Stellen präzisiert, an weiteren gekürzt, an anderen erheblich erweitert. Und wiewohl die einzelnen Kapitel durchaus einen je eigenständigen Charakter haben, erschließen sie sich in Gänze nur als Teil der Gesamtkonzeption des Bandes. Insofern gebe ich hier nicht die Leseanweisung, dass die Beiträge auch einzeln gelesen werden könnten, ohne dass eine solche Anweisung die eine oder die andere Möglichkeit ausschließen könnte. In jedem Falle sollen die Beiträge als Dokument gelesen werden, dass sich lebendige soziologische Theoriebildung nicht allein durch technische Begriffsarbeit erschließt, sondern nur durch

5 Die hier versammelten systemtheoretischen Studien eint eine Einschränkung: Sie rekurrieren allesamt in erster Linie auf die Systemreferenz *Gesellschaft*; und zumindest systematisch lassen sie Interaktionen und Organisationen außer Acht. Diese Konzentration auf *gesellschaftstheoretische* Fragestellungen ist freilich eine kontingente Auswahl. Sie bedeutet keineswegs, dass sich die Dynamik von *Geschlossenheit und Offenheit* nur *gesellschaftstheoretisch* bewähren könnte, also an Gegenständen wie *Gesellschaft* oder *Funktionssystemen.* Diese Beschränkung möge also nicht das beliebte Sprichwort unseres Faches promovieren, die Systemtheorie habe es ausschließlich mit *Makrophänomenen* zu tun. Dass die Theorieanlage selbst die Unterscheidung von makro-, meso- und mikrosoziologischen Perspektiven unterläuft, dürfte aus der Darstellung freilich deutlich werden.

konsequente Anwendung auf Problemstellungen, Themenfelder und Fragestellungen. Dass diese Lebendigkeit gelungen ist, kann ebenfalls nicht durch eine so lautende Bemerkung konditioniert werden, aber wenigstens die Hoffnung des Autors auf ein solches Gelingen darf hier zum Ausdruck gebracht werden.

Erste Abteilung: Dynamik der Geschlossenheit

1. Paradoxien und die Vernichtung von Kontingenz

Die Soziologie laboriert an einem schwierigen Objektverhältnis. Ihr Gegenstand ist ihr nicht äußerlich. Sie tritt als Reflexionstheorie ihrer selbst auf. Ihr Gegenstand steht ihr nicht entgegen, weil sie in ihm enthalten ist und da sie in allem, was sie betreibt, diesen ihren Gegenstand mitbetreibt – das gilt zumindest dann, wenn man an jenem Totalitätsbegriff »Gesellschaft« festhalten will, der der soziologischen Praxis in weiten Teilen bereits abhanden gekommen ist. Will man daran festhalten – und exakt das soll hier ausdrücklich geschehen –, muss auch Wissenschaft als ein möglicher sozialer Sachverhalt erscheinen und gehört damit zum potentiellen Gegenstandsbereich des soziologischen Blicks. Die soziologische Beobachtung könnte also auf ihrem eigenen Bildschirm auftauchen und destruiert damit das traditionelle Subjekt-Objekt-Verhältnis, das die Bedingung aller wissenschaftlichen Forschung ist – oder zumindest: das als Bedingung von Erkenntnis jedem besseren Forschungsdesign zugrunde liegt. Das schwierige Objektverhältnis der Soziologie ist also ein *Selbst*verhältnis: Soziologie kann auf ihrem eigenen Bildschirm auftauchen und müsste dann die Paradoxie erleben, dass Fremd- und Selbstreferenz der beobachtenden Operationen partiell zusammenfallen. Das schwierige Objektverhältnis, mit dem ich hier beginne, zwingt also dazu, den epistemologischen Status der Soziologie zu überdenken – und mit bloßer Epistemologie wird man nicht weiterkommen.

Dieses Problem des Reflexionszirkels wird nicht traditionell zu lösen sein, etwa durch Hypostasierung vorempirischer und damit invarianter Strukturen der reflektierenden Einheit oder durch Annahmen eines vorgängigen Mit-sich-vertraut-Seins, das die Paradoxie der Implosion der Subjekt/Objekt-Unterscheidung ins Unbeobachtbare verschiebt. Schon in jener Subjekttheorie, die Selbstreflexion allein fürs Bewusstsein reserviert hatte, können diese Möglichkeiten nicht mehr überzeugen, seit von transzendentalen auf operative Theorieanlagen umgestellt wurde. Am besten lässt sich soziologischerseits die Paradoxie offenbar mit einer klassischen Vermeidungsstrategie ertragen. Man verpflichtet Soziologie auf die Beobachtung von ihr äußerlichen Einzelphänomenen, zu denen sie tatsächlich in ein klassisches Objektverhältnis treten kann und deren soziologische Beobachtung dann nur noch einer angemessenen Kontrolle des Objektverhältnisses verpflichtet ist. Man nennt dies *Forschung*, und für die angemessene Kontrolle hat dann Methodenwahl und Wissenschaftstheorie zu sorgen. Der Kanon reicht vom strengen Methodenideal nomothetischer Erklärungen bis zur hermeneutischen Barmherzigkeit qualitativer Sozialforschung. Diese Vermeidungsstrategie haben kürzlich wieder Jürgen Friedrichs, M. Rainer Lepsius und Karl-Ulrich Mayer (Friedrichs/Lepsius/Mayer 1998, S. 9-31) zum kanonisierten Königsweg der Soziologie erklärt. In ein klassisches Objektverhältnis – also gewissermaßen die asymptotische Annäherung der Beobachtung ans Beobachtete kontrollierend – könne die Soziologie nur dann zu ihrem Gegenstand treten, wenn sie mit kontrollierbaren Einzelbeobachtungen hantiere, die sich in nomothetische Formen bringen ließen. Jede darüber hinausgehende Generalisierung soziologischer Beobachtungen etwa zu *Gesellschaftsdiagnosen* und *-theorien* versündige sich an wissenschaftlichen Standards, die in Distanz zu ihrem Gegenstand in der Lage seien, den Zusammenhang zwischen einzelnen Variablen zu kontrollieren. Es wird deshalb vor Diagnosen, vor allem vor solchen mit gesamtgesellschaftlichem Anspruch, gewarnt. Diese Warnung sowohl vor gesamtgesellschaftlicher *Diagnose* wie vor *Gesellschaftstheorie* ist konsequent. Sie erkennt in der Tat an, dass die Thematisierung von *Gesellschaft* als umfassender sozialer Einheit exakt auf das verzichten müsste, was der erklärenden empirischen Forschung als Bedingung ihrer eigenen Möglichkeit erscheint: auf ein distanziertes Objektverhältnis.

Schon wer *Gesellschaft* sagt, hat diese Distanz unweigerlich verloren. Anders als man das aus der Perspektive der *Forschung* sehen kann, ist das Problem der Erkenntnis von Gesellschaft kein quantitatives Problem in dem Sinne, dass der Gegenstand zu komplex sei, um alle Einzelphänomene in Betracht ziehen und Randbedingungen, erklärende Variablen und »objektive« Beschreibungen aufeinander beziehen zu können. Angesprochen ist hier gewissermaßen die Frage der *Handlichkeit* des Gegenstandes und der *Komplexität* möglicher Wirkursachen, die schwer in den Griff zu bekommen ist. Die Kritik des Rekurses auf *Gesellschaft* macht sich also Sorgen darum, dass man dann nur selektiv auf den Forschungsgegenstand zugreifen kann – als gelte das nicht prinzipiell für jede Form von Forschung, wie kleinräumig sie sich auch immer geben mag. Wer *Ge-*

sellschaft sagt, stößt damit also auch auf den blinden Fleck einer Art von Forschung, die sich zwar als Forschungssubjekt für Forschungsobjekte interessiert, nicht aber dafür, wie Subjekte und Objekte *durch* die und *in* der Gesellschaft konstituiert werden.[1] Hätte der Positivismusstreit den Konflikt weiland nicht ins Politische verschoben, hätte man das schon an ihm lernen können und den naiven Hempel-Oppenheim-Realismus ebenso hinter sich gelassen wie die dialektische Fixierung aufs Allgemeine – ich komme darauf zurück.

Was hier als Problem der *Forschung* erscheint, ist eher ein *Reflexionsproblem*. Eine Soziologie, die eine Theorie oder Diagnose der *Gesellschaft* stellen will, muss früher oder später auf exakt jene Implosion der Unterscheidung von Subjekt und Objekt stoßen, die sich daraus ergibt, dass die Soziologie Gesellschaft nicht extern beschreibt, sondern nichts anderes als eine *Selbstbeschreibung der Gesellschaft* anbietet. Indem sie Gesellschaft beschreibt, vollzieht sie sie mit.[2] Und indem sie etwa auf Strukturen und Funktionen anderer, also nicht soziologischer, nicht einmal wissenschaftlicher Beobachtungen und Beschreibungen ihres Gegenstandes stößt, kann sie an sich selbst erleben, dass sie sich nur jenen Unterscheidungen verdankt, die ihr als Soziologie der Wissenschaft der Gesellschaft zur Verfügung stehen. Damit verwandelt sich das *epistemologische* Problem des Reflexionszirkels in das *gesellschaftstheoretische* Problem der Frage nach dem gesellschaftlichen Ort und den gesellschaftlichen Bedingungen der soziologischen (Selbst-)Beobachtung von Gesellschaft.[3]

1 Pierre Bourdieu bemerkt dazu im Zusammenhang mit der *soziologischen* (sic!) Frage der Gegenstandskonstitution soziologischer Forschung: »Unter sozialen Gesichtspunkten gibt es nichts weniger Neutrales als das Verhältnis zwischen Subjekt und Objekt.« (Bourdieu 1993, S. 82.)

2 Darauf, dass sich der Selbstbeschreiber mit seiner Selbstbeschreibung mitverändert, hat Alois Hahn mit Bezug auf biographische Selbstbeschreibungen hingewiesen (vgl. Alois Hahn 1987, S. 9-24).

3 Eine dem nicht unähnliche Figur der Selbstanwendung findet sich bei James S. Coleman (1991), der jedoch umgekehrt argumentiert. Nicht die Soziologie wird in der Gesellschaft fundiert, sondern es wird die Idee des zielgerichteten Handelns und damit des nutzenmaximierenden Akteurs als Grundlage einer Theorie sozialer Systeme damit plausibilisiert, dass die Ausarbeitung und Verfolgung einer soziologischen Theorie selbst ein Ziel verfolge und damit Nutzen zu mehren trachte. Eine Soziologie also, die diese Grundpotentialität des Akteurs leugne, falsifiziere sich an sich selbst.

Damit ist im Übrigen nichts gegen *Forschung* eingewandt, im Gegenteil. Vielmehr soll hier ein Plädoyer dafür formuliert werden, das Datum der Selbstbezüglichkeit der Soziologie zum Anlass zu nehmen, über ihre Gegenstandskonstitution nachzudenken, also darüber, wie jene Einzeltatsachen überhaupt als Einzeltatsachen erscheinen, noch allgemeiner: wie sich überhaupt soziologisch über Gegenstände reden lässt, wenn man die Selbstbezüglichkeit und Beobachterabhängigkeit aller Beobachtung ins Kalkül zieht. Denn schon der Forschung selbst müsste geradezu praktisch deutlich werden, dass sich das Ergebnis der Forschung gerade dem Versuchsaufbau, der Fragestellung, den methodologischen Präsuppositionen und den methodischen Setzungen verdankt, dass es die Bilder der Forschung selbst sind, die den Forschungsgegenstand konstruieren und die Begriffe, mit denen das Forschungsobjekt begriffen wird. Dass die Welt unter einem optischen Mikroskop anders erscheint als unter einem Elektronenmikroskop, bezeichnet keineswegs nur einen quantitativen Aspekt variabler optischer Auflösung, sondern beobachtet ganz unterschiedliche Realitäten, in denen ganz und gar unterschiedliche Welten sichtbar werden. Wer die Bewegung einer Extremität aus der Perspektive der physikalischen Gesamtgestalt des Körpers, etwa der längs- und queraxialen Bewegungsrichtungen wahrnimmt, sieht etwas anderes als derjenige, der die Bewegung der Extremität aus der Perspektive der neuronalen Muskelreizungen der relevanten Muskelgruppen wahrnimmt. Und etwas *anderes* meint hier nicht nur *dasselbe aus einer anderen Perspektive*, sondern explizit *etwas anderes*. Das Problem ist das *Etwas*, also das, was durch den Blick erst erzeugt wird. Wahrnehmung ist keine passive Tätigkeit, keine *Re*zeption, sondern eine *Per*zeption, die für *wahr* nimmt, was sie wahrnimmt.

Und was für Zellen, Muskeln und Extremitäten gilt, gilt ebenso für die Gegenstände der Sozialwissenschaften. Wer je einen Fragebogen erstellt hat, weiß, dass die Fragen bereits die Antworten enthalten und die Unterscheidungen möglicher Antworten vorgeben, dass die Frage leitenden Unterscheidungen alle anderen möglichen antwortgenerierenden Unterscheidungen ohne Rest ausschließen. Wer je ein so genanntes qualitatives Interview geführt und ausgewertet hat, wird schnell darauf stoßen, dass die Interpretamente nicht aus dem Interviewtext abzuziehen sind, sondern der interpretierenden Beobachtung selbst entstammen. Wer je eine Statistik interpretiert hat, weiß, dass das bloße rechnerische Verhältnis von Variablen noch keine soziologische Bedeutsamkeit darstellt, sondern diese erst durch die Handhabung soziologischen Unterscheidungs- (i.e. Urteils-)Vermögens zustande kommt. Wem das Missverhältnis der unscharfen Konstruktion von Variablen und der Exaktheit der statistischen Berechnungen je aufgefallen ist, wird der Selbstbezüglichkeit des forschenden Blicks gewahr werden müssen. Wer je etwa die Entscheidung rationaler Akteure mehr oder weniger komplex *modelliert* hat, kann wissen, dass es sich um eine *Modellierung* handelt und nicht um ein Abbild einer faktischen Realität – um eine Modellierung, deren einziger Sinn darin besteht, Hypothesen überhaupt vergleichbar testen zu können. Und wer je ernsthaft zur Kenntnis genommen hat, wie unterschiedlich empirische Ergebnisse über den »gleichen« Gegenstand ausfallen können, wird an der Selbstdeterminierung des forschenden Blicks nicht mehr vorbeisehen können. Dass der alltägliche Konventionalismus des Forschens dies alles zumeist invisibilisiert, ist übrigens ebenfalls kein Argument gegen Forschung, denn all das Gesagte gilt auch für jene Form wissenschaftlicher Kommunikation, die im Rahmen der Sozialwissenschaften als *Theorie* auftritt. Auch hier sind es leitende Unterscheidungen und nachgeordnete Algorithmen, die dafür sorgen, wie und als was der Gegenstand erscheint, und die Unterscheidungen und Begriffe in einer Weise kondensieren können, dass sich die ganze Welt aus ihnen deduzieren lässt. Es wäre dann eine soziologische Frage, unter welchen Bedingungen es gelingt, bestimmte Formen der Forschung oder des theoretischen Kondensierens von Unterscheidungsgebrauch so zu kontinuieren und mit Plausibilität auszustatten, dass es gelingt, zu eindeutigen (oder zumindest: kommunizierbaren) Aussagen über einen konkreten Gegenstandsbereich zu kommen, ohne damit immer wieder einen grundlegenden Zweifel über die Bedingung der eigenen (Un-)Möglichkeit mitlaufen lassen zu müssen.

Geschlossenheiten

Wir sind hier schon am Beginn unserer Überlegungen an einem Scheidepunkt angelangt. Es gäbe zwei Möglichkeiten, hier anzuschließen. Die eine Richtung führte in das weite Land der Ideologiekritik und des Positivismus. Diese beiden Brüder, die in der Vergangenheit gerne als Antipoden aufgetreten sind, sind feindliche Brüder vom gleichen Stamm. Wo die einen sich die Schlichtheit einfacher Behauptungen über das So-Sein von Gegenständen und ihrer Mathematisierbarkeit leisten, vermuten die anderen überall ideologische Interessen und falsches Bewusstsein, das den Blick auf die objektiven Verhältnisse und Strukturen verdecke. Dieser Konflikt – den sachlich und personell zu rekonstruieren sich hier kaum lohnt – war so stabil, dass dabei aus dem Blick geriet, dass beide Seiten letztlich die Möglichkeit einer tatsächlich beobachterunabhängigen Realität voraussetzten. Sie unterschieden sich nur darin, entweder (im Falle der deduktiv-nomologischen Seite) geeignete Techniken und Methoden zu standardisieren, um dieser beobachterunabhängigen Entität ansichtig zu werden, oder aber (im Falle der Ideologiekritik) jene Bewusstseinsschranken aufzuheben, die den ungehinderten Blick auf die Wahrheit verstellen. Dass dabei die einen nur die Beobachtungsroutinen justierten und standardisierten und die anderen nur die moralische Unterfütterung ihrer Vorurteile, konnte angesichts des ebenso stabilen wie praktischen Konflikts vernachlässigt werden.

Die andere Richtung dagegen führt uns ins Reich des ausgeschlossenen Dritten – des ausgeschlossenen Dritten jedenfalls des beliebten Antagonismus von Positivismuskritik und Totalitätsverdacht. Es ist dies die Richtung in ein verändertes Theorieniveau, das auf einen Begriff zu bringen schwer fällt. Es handelt sich um eine Theorieform, die die konstitutive Distanz zwischen Subjekt und Objekt, zwischen Erkenntnis und Gegenstand, zwischen Erkenntnis und Erkanntem aufhebt und so auf Selbstbezüglichkeiten stößt, die das ontologische Paradigma des beobachterunabhängigen Seins des Seienden in Frage stellt. Mit der Überwindung des ontologischen Wissensparadigmas, wenigstens mit dem Versuch einer solchen Überwindung eröffnen sich Denkräume, die – erstaunlich – auf Geschlossenheiten verweisen. Wer nicht mehr die asymptotische Näherung an ein jenseits der Kognition liegendes Seiendes im Horizont führt, ebenso wenig das Postulat an eine wenigstens tendenziell mögliche Überwindung von Erkenntnis und Realgegenstand oder auch nur der regulativen Idee eineindeutiger Erkenntnis anhängt, wird zwar in eine Unendlichkeit gestoßen, die kaum mehr durch ein *ens realissimum* widerspenstig begrenzt und im Zaum gehalten werden kann. Er muss aber zugleich eine Begrenztheit erleben, die nicht mehr nur der Widerspenstigkeit einer vorgestellten kognitionsunabhängigen Realität geschuldet ist, sondern einer *Dynamik der Geschlossenheit*, die die Kognition in sich einschließt. Die Zeichenwelt verweist nicht auf die Welt, sondern nur auf sich – *also doch auf die Welt.* Das ist die Paradoxie des Zeichens, das zugleich für sich und das Bezeichnete steht. Diese epistemologisierende Perspektive einer sinnhaften Dynamik der Geschlossenheit macht nicht nur *den Beobachter* sichtbar, sondern vor allem *das Beobachten als Operation.*

Das Denken des 20. Jahrhunderts war voll von solchen Geschlossenheitsvorstellungen. Bereits seit Ferdinand de Saussures Grundlegung der Sprachwissenschaft ist dieser Gedanke der bedeutungsgenerierenden Geschlossenheit der Sprache als Verweisungszusammenhang geläufig. Die Sprache enthalte »weder Vorstellung noch Laute, die gegenüber dem sprachlichen System präexistent wären, sondern nur begriffliche und lautliche Verschiedenheiten, die sich aus dem System ergeben« (de Saussure 1967, S. 141). Spätestens seit de Saussure wird die Genese von Bedeutung nicht an eine wie auch immer geartete Adäquatheitsbeziehung zwischen Zeichen und Bezeichnetem gebunden, sondern an den sprachinternen Verweisungszusammenhang von Bedeutungen, die sich ihr Repräsentat gewissermaßen selbst erschaffen müssen. Freilich war diese Erkenntnis – wenn man so will, bis zu Jacques Derridas Dekonstruktion noch dieser Unterscheidung – allzu sehr im Sprachspiel der Metaphysik und ihrer Kritik verfangen, nämlich die *ontologische Differenz* zu denken. Dies sollte zwar dazu dienen, die Metaphysik zu überwinden, war aber doch selbst noch allzu infiziert von der ontologischen Grundkonstellation. Derridas Figur der *différance* reflektiert darauf, dass die Grenze zwischen Präsenz und Nicht-Präsenz, zwischen Anwesenheit und Abwesenheit kategorial unüberwindbar ist. Einfacher gesagt: Die zeichenhafte Referenz auf *Dinge* ist eben nur eine *Referenz* auf Dinge. Insofern hinterlässt das Sprechen nur Spuren, kein »Anwesen ..., sondern das Simulacrum eines Anwesens« (Derrida 1988, S. 49). Der Clou dieses poststrukturalistischen Unternehmens ist der, das Generieren von Bedeutung und Sinn als zeichenhaftes, und zwar ausschließlich zeichenhaftes Verweisungsgeschehen aufzufassen. Die Konsequenz ist, dass damit ein Spielraum freigesetzt wird, dessen Grenzen allein durch das Spiel selbst gesetzt werden. Nachdem die Differenz das Zeichen von seinem Gegenstand und seiner Referenz emanzipiert hat, referieren Zeichen ausschließlich auf sich selbst. In diesem Sinne: *Sinn verweist auf Sinn und auf sonst nichts.*

Derridas dekonstruktivistische Perspektive lenkt den Blick auf jene Dynamik der Geschlossenheit, die nachmetaphysisches Denken ausmacht und doch nicht ganz von der, so Derrida, *»metaphysischen Komplizenschaft«* (Derrida 1989, S. 426) des Zeichens lassen kann. Aus der Perspektive von Luhmanns Sinntheorie bildet diese Art des Poststrukturalismus gewissermaßen den Ausgangspunkt für eine zunächst nur zeichentheoretisch relevante Theorie der Selbstreferenz der Welt. Während sich dieser Dekonstruktivismus aber fast nur für die Form des (sprachlichen) Zeichens und Bezeichnens interessiert, also für eine *bestimmte* Form, geht Luhmann mit seiner Frage nach der Form der Form selbst noch einen Schritt weiter. Luhmann (1993, S. 199) schließt bekanntlich an die Formenlogik George Spencer Browns an, die behauptet, dass eine Bezeichnung nicht möglich sei, ohne eine Unterscheidung zu treffen (vgl. Spencer Brown 1971, S. 1), und dass damit die Welt sich nur per Beobachtung erschließt. Die Spencer Brown'sche Aufforderung *draw a distinction* kann man letztlich nicht hören, denn jedes Begonnenhaben hat sie bereits erfüllt. Insofern ist nicht die Form ein Resultat der Welt, sondern die Welt resultiert aus der formgebenden Unterscheidung (vgl. Nassehi 1995a). Die Unterscheidung, das ist der Beobachter, und er bringt stets eine Paradoxie hervor, indem er die Identität einer Differenz behauptet.

Geschlossenheiten – soziologisch

Die *soziologische* Wendung der *poststrukturalistischen* Einsicht in die Selbstbezüglichkeit allen Bezeichnens und der unaufhebbaren *différance* alles Referierens auf das Bezeichnete besteht nicht in einer völligen Leugnung von Eindeutigkeit, sondern darin, wie sich trotz der Uneindeutigkeit aller Bemühungen um Eindeutigkeiten solche Eindeutigkeiten, Sicherheiten, Referenzen, Wiederholbarkeiten, Strukturen, »Eigenwerte«, Kondensierungen etc. finden lassen. Von soziologischem Interesse ist die *Zeichenparadoxie* in dem Sinne, dass auch soziale Operationen mit den Mitteln nachklassischer Logiken, unterscheidungstheoretischer Kategorien und beobachtungstheoretischer Deontologisierung als selbstbezügliche Rückkopplungseffekte erscheinen, als Dynamiken der Geschlossenheit. Was in solchen Dynamiken »ist«, »ist« es nur dank dieser Dynamiken, und dennoch erzeugen solche *Geschlossenheiten Offenheit*. Es ist dies jene Denkungsart, die den gesamten Kosmos der klassischen Logik konterkariert und auf dessen Boden nicht mehr interpretierbar ist. Mit Gotthard Günther gesprochen, ließe sich formulieren, dass bestehende *Kontexte*, in denen sich soziale Operationen vollziehen, in jenen Geschlossenheitsdynamiken nicht verschwinden, sondern durch *Kontexturen* ersetzt werden. Es geht nicht mehr um das »Sein« der Kontexte, ihre von außen beobachtbare objektive Struktur, deren *monokontexturaler* Aufbau geradezu die Bedingung der Möglichkeit der Variablensoziologie und der Aufsplitterung etwa eines Handlungsmusters oder -motivs in *Faktoren* zum Zwecke der Differenzierung von *Kontextbedingungen* ist. Solche Modelle erzeugen eine »›monokontexturale‹ Struktur, deren Eigenschaften durch die klassische, zweiwertig-formale Logik adäquat beschrieben werden« (Günther 1979, S. 189) kann. Voraussetzung dafür ist einerseits die Standardisierung des Gegenstandes durch die Annahme stabiler, wenigstens benennbarer objektiver Kontextfaktoren, andererseits die Standardisierung des wissenschaftlichen Beobachters. Das Ziel der Vergleichbarkeit von Ergebnissen und der Validierung von Einzelstudien im Kontext (sic!) ganzer disziplinärer Forschungsverbünde – in der (Sozial-)Psychologie etwa durch den internationalen Einsatz derselben Forschungsinventare sicher schon fortgeschrittener als in der Soziologie – erfordert es geradezu, den wissenschaftlichen Beobachter letztlich unsichtbar zu machen, d.h. die Kontingenz des Beobachters ebenso auszuschalten wie die der Kontext(uren) des Gegenstandes.

Kontexturen dagegen erscheinen erst einem Beobachter, der Beobachtungen als Beobachtungen beobachtet. Günthers Begriff spielt darauf an, dass jede kognitive Operation das, was sie erkennt, durch ihre Perspektive selbst erzeugt. *Kontexte* werden als *Kontexturen* sichtbar, wenn von der zweiwertigen Logik des So-Seins eines bestimmten Kontextes auf die »mehrwertige Logik« (Günther 1979, S. 181 ff.) der Beobachterabhängigkeit allen Erkennens und damit auch: des Registrierens von Kontexten, umgestellt wird. Daraus resultiert ein Verständnis von *Polykontexturalität*, das einen einheitlichen, beobachterunabhängigen Seins- und Weltbegriff ausschließt. Der Begriff schließt aber ein, dass jede Beobachtung, jede Kontextur ein eigenes Universum konstruiert, aus dem es nicht ausbrechen kann, indem es sich um eine konkrete Unterscheidung herum etabliert und sowohl am positiven als auch am negativen Wert der Unterscheidung hängt. Exakt das ist es, was jede Beobachtung mit einer Paradoxie ausstattet: Sie basiert auf Voraussetzungen, die sie selbst erzeugt und voraussetzt.

Die Welt wird damit *verdoppelt*: Ihre Beobachtung erzeugt zwei Hälften. Die eine ist die Welt, wie sie dem Beobachter erscheint; die andere ist die Welt, wie sie »ist«. Die Paradoxie besteht darin, dass die Bezeichnung sowohl davon abhängig ist, dass diese Grenze nicht überwunden werden kann, als auch stets simulieren muss, dass sie genau dies tut. *Kontexturen* erzeugen also durchaus *Kontexte*. Aus der poststrukturalistischen *Zeichenparadoxie* wird also soziologisch die *Paradoxie der Beobachtung*. Die Frage sozialer Ordnung wäre dann die Frage, wie diese grundlegende Paradoxie bearbeitet wird, wie mit ihr umgegangen wird, in der Sprache der Logik: wie sie *entfaltet* wird.

Empirisch beobachten lässt sich dies etwa an der Bedeutung der Erfindung der *Schrift* und des Siegeszuges von Schriftkulturen für die Entstehung *polykontexturaler* Gesellschaften. Indem die Schrift Information, Mitteilung und Verstehen auseinander zieht und zeitfest beobachtbar macht, macht sie letztlich Unsichtbares sichtbar – und findet gerade in der Unsichtbarkeit des G(B)eschriebenen ihre höchsten Aufmerksamkeitswerte. Das Unsichtbare der Schrift ist ihre geradezu ästhetisch eindringliche Struktur, dass man ihr ansehen kann, dass man auch anderes hätte schreiben können oder dass andere über dasselbe anders schreiben oder dass ein Textcorpus ganze Welten entfaltet, die sich ausschließlich dem Text selbst verdanken. Wie die Buchreligionen die Überlieferung von der Autorität des gesprochenen Wortes (und v. a.: des autoritativen Sprechers) unabhängig machen, bauen sie noch in die Interpretation der Überlieferung einen zeitlichen und sachlichen Index ein, der gerade auf der Suche nach Eindeutigkeit diese strukturell ausschließt. Und dass die *wahre* Interpretation der Schrift bisweilen gewaltsam durchgesetzt werden muss (und wird), ist nur ein Hinweis auf die polykontexturalen Räume, die durch die Schrift entfaltet werden. »Wäre« die Schrift, was sie schreibt, könnte man nicht um sie kämpfen. Am Siegeszug der Schrift lässt sich dann beides ablesen: die gleichzeitige Autorisierung der religiösen Überlieferung und ihre Erschütterung, dass sich mit der Zeit auch andere Themen schriftlich darstellen und das Räsonnement der Bedeutung der Schrift im Medium der Schrift abspielt. So hat etwa die Luther'sche Bibelübersetzung beides provoziert: *einerseits* die Kenntnis der Heiligen Schrift, *andererseits* die Möglichkeit, sie *anders* zu interpretieren, jenseits der sozialen Kontrolle des geweihten Sprechers, der ja gewissermaßen eine *postmoderne* Position besaß, weil allein das Sprechen die Legitimation des Gesprochenen besorgte. Zusätzlich machte sie darauf aufmerksam, dass sie wirklich »geschrieben« wurde. Sie machte ihre merkwürdige Immanenz geradezu sinnlich erfahrbar, da man die heilige neben andere Schriften ins Regal stellen konnte. Das heilige *Sprechen* bindet die Dynamik der Geschlossenheit an die rituelle Situation eines sozialen Arrangements, die heilige *Schrift* dagegen öffnet sie für zeitliche Ausdehnung und sachliche Alternativen und macht die Differenz von Zeichen und Sinn, von Schrift und (G)Beschriebenem um so deutlicher.

Ähnliches gilt für die Ausdifferenzierung von *Wissenschaft* und die Entstehung wissenschaftlicher Disziplinen. Wissenschaft verdoppelt zwar die Welt, indem sie die atomare Substruktur der physikalischen Welt, die molekulare Struktur der belebten Welt, die Distributionsstruktur der sozialen Welt oder die raumzeitliche Struktur der kosmischen Welt beschreibt, aber sie bildet ihre Gegenstände nicht schlicht ab. Es bedürfte keiner ausdifferenzierten Wissenschaft, gäbe es einen unmittelbaren kognitiven Zugriff auf die Welt. Erkenntnis ist nur deshalb erforderlich, weil ein solcher Zugang fehlt. Und es sind die eher unsichtbaren Gegenstände, mit denen sich Wissenschaft am plausibelsten darstellt. Man denke nur an die Vernunft, an die Subjektivität, an das Atom oder an Handlungsfaktoren. Erstere kennen wir nur als Denkhorizont, Zweitere ist die sich selbst zumeist intransparente Bedingung der eigenen Möglichkeit, das Dritte kennen wir nur als Spur und das Letzte als Ergebnis statistischer Berechnungen. Die größte Plausibilität hat der Ausschlag auf einem Messgerät, die Bewegung auf einem Oszillographen, die unerwartete Faktorenladung einer komplexen Statistik, das anschauliche Modell eines Atoms oder Moleküls oder ein Kausalitäten per Vektoren darstellendes Bild. All dies *repräsentiert* das Erkannte nur, es *ist* nicht das Erkannte. Insofern verweist die ausdifferenzierte moderne Form von Wissenschaft sich selbst stets darauf, dass es in die *Kontexturen* verstrickt ist, die sie selbst erzeugt. Das Problem des *regressus ad infinitum* ist nicht nur eine Denkfigur, die sich dem radikalen Denken der Subjektphilosophie gestellt hat, sondern letztlich ein alltägliches Problem der Forschung. Empirisch relevant ist dann die Frage, wie Wissenschaft trotz ihrer selbsttragenden Form stabile Eigenwerte ausbilden kann.

Eine kontexturale Verdoppelung der Welt ist auch der *Ökonomie* zu entnehmen. Die mit der Ausdifferenzierung des Wirtschaftssystems erzeugte Stabilisierung des Geldes als ökonomischem Kommunikationsmedium verdoppelt alles, wofür gezahlt werden kann, in der Sprache seines (Geld-)Wertes und erzeugt damit eine Kontextur, die zwar alles in den Blick nehmen kann, aber eben nur im Rahmen einer *ökonomischen Kontextur*. Diese Repräsentationsfunktion des Geldes verweist darauf, dass die poststrukturalistische Kritik des Zeichens auch als marxistische Kritik des fetischisierten Warenwertes hätte beginnen können. Wie die Dekonstruktion des Zeichens die Authentizität der Bedeutung zerstört, korrumpiert der kapitalistische Gebrauch des Geldes den Wert des Wertes. Solange dies freilich mit dem Gestus der Kritik vorgetragen wird, muss es im Horizont der Möglichkeit geschehen, *wirklich* authentisch kommunizieren zu können und die *wirklichen* Bedürfnisse benennen zu können, die sich nicht als Geldwertes ausdrücken lassen. Entscheidend ist jedenfalls, dass man ökonomisch aus dem Zeichenuniversum des Geldes nicht ausbrechen kann und dass die Ökonomie stets eine Kontextur erzeugt, die sich der Sprache des Geldes bedient. Und wie selbsttragend, selbstreferentiell und zirkulär all das geschieht, lässt sich noch daran erkennen, dass der Wert des Geldes selbst geldwert ausgedrückt wird. Und es ist vielleicht am Beispiel der Geldwirtschaft am ehesten einsichtig zu machen, wie trotz der Kontingenz und der selbsttragenden Werthaftigkeit des Geldes in und durch den Geldverkehr selbst strenge Stabilitäten einer höchst fragilen Operativität entnommen werden, die in radikaler Immanenz verharrt.

Die Verdoppelung der Welt durch *Religion* scheint das noch deutlicher zu machen. Religiöse Formen haben es stets vermocht, das Offensichtliche, das Tatsächliche, die Mannigfaltigkeit der Welt in ihrer ganzen Unvertrautheit vertraut zu machen. Religion macht die Unbestimmtheit der Welt bestimmbar, indem sie einen Beobachter von außen simuliert, der das Ganze als Ganzes sehen kann. Religiösen Formen war es stets erlaubt, das Offensichtliche ans Offenbarte zu binden und dieses wiederum mit einem Moment Unsichtbarkeit zu versehen. Dabei ist zu beachten, dass Religion erst *als Religion* auftritt, seit sie eben nur eine bestimmte Kontextur erzeugt, die sich von anderen unterscheidet – insofern kann Religion als erstes ausdifferenziertes Funktionssystem gelten, weil sie historisch zum ersten Mal eine Spezialperspektive hervorgebracht hat, die sich von anderen *explizit* unterscheidet. Die Erzeugung einer spezifisch *religiösen* Kontextur birgt also zugleich den Keim für andere, in diesem Sinne dann *säkularisierte* Formen, die sich von religiösen explizit unterscheiden. War Religion vor dieser Ausdifferenzierung gewissermaßen so etwas wie eine Reflexionstheorie (oder besser: Reflexions*praxis*?) der Welt, entwickelt Religion nun eine eigene Reflexionstheorie ihrer selbst, die erst jene spezielle Kontextur der Glaubenskommunikation hervorbringt, die religiöse von anderer Kommunikation unterscheidbar macht. Die Reflexion der Religion in Form ihrer Theologie ist letztlich nichts anderes als die kunstvolle Entfaltung jenes Dilemmas, das Transzendente und Unendliche immanent und endlich kommunizieren zu müssen. Auch hier führt die Verdoppelung der Welt zu Asymmetrien. Die Immanenz der Schöpfung versperrt den Weg zum Schöpfer, und seit es Kultur und Gesellschaft nicht mehr gelingen kann, religiöse Formen zu verknappen und Geheimnisse so zu kommunizieren, dass sie Geheimnisse bleiben, muss man sich wohl im Jenseitsbereich der Religion aufhalten oder als einzige Transzendenz die Innerlichkeit des Individuums zulassen, dem man dann sogar die Zwiesprache mit Gott als eine Art inkommunikable Intimbeziehung überlässt. Und wiederum: Empirisch ist dann von Interesse, wie es dennoch gelingt, diesem dynamischen internen Verweisungszusammenhang Stabilitäten und Eindeutigkeiten abzugewinnen.

Auch das *Erziehungssystem* erzeugt einen eigenen kontexturellen Zugriff auf die Welt. Pädagogische Kommunikation lebt auch von der Verdoppelung der Welt – es kann über alles auch pädagogisch kommuniziert werden, aber eben nur pädagogisch. Ein Beispiel: Es wird in einer Schulklasse das Regierungssystem der Bundesrepublik durchgenommen. Dabei stellt der Lehrer die Frage, wie sich der Bundesrat zusammensetzt. Wird die Frage außerhalb pädagogischer Kontexte gestellt, so hat sie zumindest die Funktion, eine Informationslücke bei der fragenden Person zu schließen: Ich erwarte eine Antwort, um dies später zu wissen. Die pädagogische Frage dagegen beabsichtigt etwas anderes: Sie ist bereits im Horizont der Antwort gestellt, und die Antwort operiert gewissermaßen unmerklich mit Hilfe des pädagogischen Codes: *besser/schlechter* im Hinblick auf Verhaltensänderung und Stabilisierung von Personen in deren Zukunft. Der pädagogische Prozess selbst macht die Anwendung seines Codes damit gewissermaßen unsichtbar. Die unterstellte Erziehungsabsicht dient so als Sichtschutz – sie bewahrt sich selbst davor, die technologische oder moralische Absicht der erzieherischen Wirkung dadurch zu stören, dass der Code offen zutage tritt. Spätestens wenn das geschieht, mag zwar die Erziehungsabsicht sichtbar werden, aber die Kontinuität der erzieherischen Kommunikation wird gestört. Es ist also kein Zufall, dass jedes bessere humanistische Gymnasium sein Portal mit der Versicherung *Non scholae, sed vitae discimus* schmückt, wobei die explizite Betonung der gesellschaftlichen Funktion der Erziehung – Schelsky sprach von der Schule als »soziale Dirigierungsstelle« (vgl. Schelsky 1987) – ex negativo darauf verweist, dass sie im pädagogischen Prozess unsichtbar zu bleiben hat. Das erzeugt eine unhintergehbare Kontextur, die – wie alle – den Index der Selbstdetermination trägt. Und man weiß dann nicht genau, ob Erfolg im Bildungssystem für das qualifiziert, wofür dieser Erfolg nach seiner gesellschaftlichen Funktion stehen soll. Kompensiert wird das dann durch die Simulation von Stabilität und Nachhaltigkeit, durch flankierende schriftliche Aktenführung pädagogischer Prozesse, durch Zeugnisse und Zertifikate und durch die Regulierung von Zugangsvoraussetzungen für sukzedierende Bildungsmöglichkeiten.

Noch deutlicher wird die *Zeichenparadoxie* in der *Kunst*. Die Kunst verdoppelt die Welt, sie scheint sie geradezu nachzuahmen und kommt dann *in der Welt* mit einem *Bild der Welt* daher. Das Medium der Kunst scheint es also zu sein, mit der Unterscheidung von *Realität* und *nachgeahmter* oder *dargestellter* oder *verdoppelter Realität* umzugehen. Es entsteht die Unterscheidung *reale vs. fiktionale Realität* (vgl. Luhmann 1995a, S. 229ff. und S. 301). Künstlerisches scheint dort sichtbar zu werden, wo die Realität mit einer zweiten Version konfrontiert wird, als Abbild, als Nachahmung, als Gegenbild, als Täuschung, als eigentliche Realität, oder welche Formen sich auch immer zeigen mögen.

Die Frage der Verdoppelung scheint sich durch die Geschichte der Kunsttheorie zu ziehen, ob als Nachahmung der Nachahmung bei Platon, als Nachahmung der Ideen bei Aristoteles, als Nachahmung des Schöpfungsaktes bei Thomas von Aquin, als Nachahmung der Natur bei Leonardo da Vinci und Albrecht Dürer. Später beginnt sich das Kunstwerk von der ersten Version der Welt zu emanzipieren. Die Innerlichkeit des Künstlers und das Kunstwerk beginnen für sich selbst zu stehen. Bei Hegel hat dann das Kunstwerk seinen Zweck endgültig in sich selbst, einen Zweck, der darin liegt, »jede ihrer Gestalten zu einem tausendköpfigen Argus« (Hegel 1953, S. 197) zu verwandeln, also *argus panoptes* zu sein, der *Allesseher*, bis in der modernen Kunst damit gespielt wird, Bild und Gegenbild identisch zu setzen, um auf die Differenz erst aufmerksam zu machen. Ich will das nicht vertiefen, sondern nur darauf hinweisen, dass das Medium der Kunst ganz offensichtlich darin liegt, eine weitere Welt hervorzubringen, sie zu duplizieren. Und wenn sich in der Reflexionstheorie der Kunst der Ursprung der künstlerischen Form von der Naturnachahmung in die Innerlichkeit des Künstlers, von der perfekten Form der Schöpfung in die schöpferische Kraft des Genies verlagert, dann wird damit letztlich nur die Entwicklung vom Sein zum Bewusstsein, von der Ontologie zur Erkenntniskritik abgebildet. Am prinzipiellen Fokus der Verdoppelung ändert sich freilich nichts, sie tritt aufgrund der Emanzipation des Kunstwerks von seinem Vorbild nur noch radikaler hervor.

In einem entscheidenden Punkt freilich unterscheidet sich die Kunst von den anderen Verdoppelungsmedien. Während Sprache, Religion, Erziehung und Ökonomie die Asymmetrie ihres Mediums letztlich verdecken müssen oder zumindest simulieren, dass sich die Grenze überschreiten lässt, spielt die Kunst explizit mit dieser Grenze. Es scheint eine der Hauptfunktionen der Kunst in der modernen Gesellschaft zu sein, unbeobachtbare Welten zu beobachten, die Grenze zwischen realer und fiktionaler Realität anzuerkennen, mit der Repräsentation selbst zu spielen. Das Besondere der modernen Kunst ist also, wenn man so will: *Medien sichtbar zu machen.* Das Sichtbarmachen des Textes als Text und das Spiel mit Erzählperspektiven in der Literatur lässt die Sprache als Sprache erscheinen, als Material, als Medium, an dem sich Formen entfalten und brechen, das ganze Universen hervorbringt und wieder einstürzen lässt. Die Atonalität in der Musik macht auf die Töne als Medien musikalischer Formen aufmerksam und verleiht der klassischen Harmonie den Index des Kontingenten. In Bildhauerei und Plastik kommt es bisweilen zur völligen Reduktion auf das stoffliche Medium. Die Visibilisierung der Leinwand und des Strichs *als Pinselstrich* in der abstrakten Malerei weisen den Betrachter darauf hin, dass der Pinselstrich beides ist: realer Pinselstrich und fiktionales Element eines Werkes. Die Photographie bildet ab und spielt doch mit Licht und Schatten als Licht und Schatten. Die Architektur weist darauf hin, dass der Raum nur ein Medium ist, das konkrete *Räume* erzeugt, und spielt mit unseren Seh- und Raumgewohnheiten. Der Film kombiniert Perspektive und Bewegung, Sichtbares und Unsichtbares, Bewegung und Stillstand und vereint damit die Medien des Raumes, der Töne, der Sprache und nicht zuletzt der Zeit. Letztlich macht sogar die Idee des genialischen Künstlers und der Lebenskunst darauf aufmerksam, dass sich Lebensformen Formierungen eines Mediums verdanken, das als *Leben* weniger präskribiert, als es uns die Konventionen der Welt nahe legen. Noch wo die Kunst nahezu unveränderte Gegenstände zulässt und die Unterscheidung von realer und fiktionaler Realität zu unterminieren sucht, gelingt es ihr nicht, dieser Unterscheidung zu entkommen, denn auch das explizite Präsentieren etwa eines Alltagsgegenstandes *als Kunst* kann nur provozieren, wenn es die kunstleitende Unterscheidung voraussetzt. Also auch die Kunst laboriert an einer Asymmetrie, ist also dazu gezwungen, ihre eigene Fiktionalität für real zu halten, darf aber anders als alltägliche Sprache oder Religion mit dieser Asymmetrie spielen – und nicht umsonst geraten Texte, die dies tun, ebenso wie religiöse Formen und Symbole, die dieses Spiel spielen, sofort unter Kunstverdacht. Die Kontextur der Kunst ist es also, *auf die Kontextur selbst zu verweisen*, so dass in der modernen Kunst alles Kunst sein könnte – oder auch nichts. Und es ist kein Zufall, dass keine Reflexionstheorie der Moderne ohne den Rekurs auf diese Spezialfunktion der Kunst auskommt, der man zumeist deshalb eine besondere Sensibilität für das *ganz Andere* nachsagt, weil sie sich wie *alles Andere* verhält, aber dies zum Ausdruck bringt. Jedenfalls verweist die Transzendenz der Kunst radikal auf die Immanenz des Schaffens.

Von der Kunst ist es nicht weit zur *Kultur*. Will man unter *Kultur* nicht schlicht einen Algorithmus für die Generierung von Sinn und Bedeutung verstehen, also eine gewissermaßen *hinter dem Rücken der Akteure* laufende Bedeutungsgeberin und Bedeutungsverknapperin, die »*alle* unsere Wahrnehmungen, Deutungen und Handlungen« (Soeffner 1988, S. 12) muss begleiten können, öffnet sich der *empirische* Blick für die Frage, wie, unter welchen Bedingungen und mit welchen Folgen etwas als Kultur erscheint. Die Geschichte des kulturellen Blicks verweist auf den Vergleich, also darauf, dass sich Formen, Stile, Gewohnheiten, Selbstverständlichkeiten, Ideen und ganze Kosmologien von jeweils anderen Formen, Stilen, Gewohnheiten, Selbstverständlichkeiten, Ideen und ganzen Kosmologien unterscheiden. Der Buchdruck, die Entdeckung der Neuen Welt, die Erkundung von Lebensformen, die Differenzierung von Konfessionen, die Konstruktionen nationaler Eigenarten, die Herausbildung klassenspezifischer Lebensstile bei behaupteter Gleichheit der Menschen, die Diversifizierung ästhetischer und wissenschaftlicher Stile usw. machen darauf aufmerksam, dass alles sich im Horizont anderer Möglichkeiten zeigt – und als *Kultur* erscheint es einem Beobachter dann, wenn es darum geht, sein So-Sein auf Eindeutigkeiten, auf Benennbares so einzudampfen, dass man ihm einen Namen geben kann. Die *Kultur* des bürgerlichen Lebensstils etwa macht das Bürgertum für sich selbst adressierbar und chiffriert Anschlussmöglichkeiten und Sicherheiten – und erlaubt es, Selbstbeschreibungen mit Erhabenheit und Einzigartigkeit, mit Kontingenzlosigkeit und Annahmewahrscheinlichkeiten für bestimmte kommunikative Anschlüsse auszustatten. Und die Kultur Europas ist ohne den Vergleich mit und die Abgrenzung von »entdeckten« und kolonisierten Kulturen kaum denkbar.

Aber zugleich entfaltet *Kultur* einen Fluch. Sie macht mit der Hypostasierung des Eigenen als des Besonderen immer schon auf das Andere aufmerksam und erkauft sich die eigene Sicherheit mit dem Hinweis auf seine kontingente Basis. Sie laboriert am »Geburtsfehler der Kontingenz« (Luhmann 1995c, S. 48). Kurative Behandlung ist ausgeschlossen, und deshalb wird zu eher palliativen Strategien gegriffen: *Kultur* ersetzt oft die *sachliche* Emphase des Besonderen mit der *sozialen* Emphase der Solidarität oder der Abwertung des Anderen und macht aus dem Geburtsfehler eine Geburtstugend. Dass die Reproduktion etwa nationaler oder ethnischer *Kulturen*, aber auch von Klassen*kulturen* als Abstammungsgemeinschaft stilisiert wird, verweist auf dieses Geburtstrauma.

Die paradoxe Wirkung des Beobachtungsschemas *Kultur* besteht darin, dass die kulturelle Chiffrierung und ihre Funktion *einerseits* darin besteht, Handlungen und ihre Aspirationen in einen symbolischen Sinnhorizont einzubetten und ihnen eine gewisse strukturelle Stabilität zu verleihen. *Andererseits* aber korrumpiert die dem *Kulturschema* inhärente vergleichende und kompetitive Komponente exakt diese Funktion, weil sie die Kontingenz der eigenen Perspektive *als Perspektive* sichtbar macht. Seit man die Welten in der Welt als *Kultur* beobachten kann, erscheinen diese als selbsttragende *Kontexturen*, an dessen selbstdeterminierendem Charakter sich nur mit Hilfe der genannten sozialen Praktiken der Hierarchiebildung und der emphatischen Aufladung des Vertrauten vorbeisehen lässt.

Am deutlichsten freilich wird dieses Selbstanwendungsproblem am Beispiel der *Politik*. Die Grundfrage aller politischen Philosophie – wie kollektiv bindende Entscheidungen auch gegen den Willen Betroffener legitim durchgesetzt werden können – war stets auf der Suche nach dem Souverän. Und stets stieß man auch hier auf Probleme der Selbstanwendung, zumindest dort, wo sich aufgrund der Ausdifferenzierung eines politischen Systems die Souveränität des Souveräns nicht mehr schlicht per Rekurs auf nicht-empirische Größen – auf Transzendenz oder auf die unbedingte Geltung einer Tradition – konstituieren konnte. Wie vertragstheoretische Modelle stets an der Frage laborierten, welcher Vertrag die Vertragspartner dazu bringt, den ersten Vertrag einzugehen, leidet jede Demokratietheorie daran, dass sie ein Herrschaftsverhältnis zwischen dem Souverän und sich selbst organisieren muss. Und Theorien der schlichten Faktizität der Geltung von Verfahrensmodellen stoßen spätestens bei der Diagnose nicht akzeptabler politischer Lösungen durch akzeptable politische Verfahren auf die Frage der Legitimität der Lösung jenseits aller Verfahrensfragen. Insofern spannen die bekannten Texte von Nicolo Machiavelli und Carl Schmitt einen Bogen eines halben Jahrtausends, indem sie die radikale Selbstdetermination des Politischen auf den Begriff bringen – und die umstrittene Reputation dieser Texte verweist darauf, dass sie auf die offene Wunde des Politischen zielen. Wie es Machiavelli darum ging, die Logik des Politischen allein im Politischen zu fundieren und alle politischen Tugendfragen der Tugend des Machterhalts und -erwerbs zu subordinieren, ging es Carl Schmitt darum, die Selbstdetermination als Anfangspunkt aller politischen Souveränität anzusetzen.

Machiavellis »Fürst« macht als Erster darauf aufmerksam, dass die Logik des Politischen in den Anschlussbedingungen der politischen Praxis zu suchen ist, also im operativen Nacheinander allen politischen Geschehens. Er schreibt: »Die Handlungen aller Menschen und besonders die eines Herrschers, der keinen Richter über sich hat, beurteilt man nach dem Enderfolg.« (Machiavelli 1978, S. 74) Politische *phronesis* reduziert sich hier auf die Geschlossenheit der Ordnungsvorstellung des Politischen: die allein *politische* Determination des Politischen, deren *virtú* alle inhaltlichen Ausprägungen, Legitimationen und Gründe untergeordnet sind. Solche Inhalte, Legitimationen und Gründe werden dann in erster Linie *politische* Inhalte, Legitimationen und Gründe, und es wird dann unmöglich, sie in ihrer Substanz jenseits ihrer politischen Pragmatik zu beurteilen. Und so fällt es in der Tat schwer, etwa das Engagement einer Regierung für ein bestimmtes Anliegen, das Eintreten einer Partei für eine bestimmte Idee oder den Zorn der Opposition über die Entscheidungen einer Regierung, sogar die moralische Entrüstung über einen politischen Mord oder das ehrliche (sic!) Bemühen eines Staatsmannes um einen Ausgleich widerstreitender Interessen jenseits seiner politischen Codierung wahrzunehmen. Der Index der politischen *Kontextur* läuft immer mit und erzeugt einen Habitus, der die Suche nach Authentizität entweder als naive Spinnerei oder eben nur als eine besonders perfide politische Strategie wird dechiffrieren können. Die Zeichenparadoxie des Politischen besteht darin, der politischen Kontextur nicht entkommen zu können und so stets die *différance* des Politischen zu verschieben, je mehr man versucht, ihr zu entkommen.

Betont Machiavelli zunächst die Selbstdetermination des Politischen in der Praxis, betont er also gewissermaßen die praktische Souveränität des Politischen, ist es Schmitt darum zu tun, die Souveränität des Souveräns zu betonen, also den Anfangsgrund des Souveräns auf den Begriff zu bringen. Er bedient sich dazu ebenfalls einer Denkfigur des 16. Jahrhunderts, als die Entstehung des souveränen Staates die Legitimität der eigenen Rechtsquelle reflexiv werden ließ. Schmitts bekannte Sentenz, souverän sei, »wer über den Ausnahmezustand entscheidet« (Schmitt 1979), ist bereits von Jean Bodin 1576 vorformuliert worden: Souverän sei derjenige, der seinen Untertanen ohne deren Zustimmung Gesetze auferlegen könne und keinem fremden Willen untertan sei (vgl. Bodin 1981).

Was Schmitt hier – jenseits aller legitimatorischen Intentionen für autoritäre Herrschaftsformen – auf den Begriff bringt, ist der *Dezisionismus*, der aller souveränen Entscheidung zugrunde liegt, was nicht mit Beliebigkeit gleichgesetzt werden kann, sondern auf den je *politischen* Anfang aller Politik verweist. »Auctoritas, non veritas facit legem.« (Schmitt 1979, S. 54) Dieser Grundsatz allen positiven Rechts und aller verfahrenslegitimierten politischen Entscheidungsfindung reflektiert darauf, dass sich all dies innerhalb der politischen Kontextur abspielt und damit auch die Wahrheit der Macht untergeordnet ist – ein Gedanke, den später Foucault über den Bereich des Politischen hinaus generalisieren sollte.

Warum erwähne ich hier Carl Schmitt? Mich interessiert hier nicht die politische Philosophie Schmitts – seine politischen Konsequenzen erst recht nicht. Was man aber an Schmitts Denkungsart sehr deutlich studieren kann, ist die Konzentration der politischen Reflexionstheorie auf das Problem der Selbstbezüglichkeit aller politischen Entschiedenheit auf die politische Entscheidung. Umgesprochen auf das Problem der *Zeichenparadoxie* macht Schmitt darauf aufmerksam, wie alles politische Entscheiden sich im Zirkel der Selbstdetermination verliert und wie diese Paradoxie in der unbedingten Tat des Souveräns, der allein souverän ist, weil er es *tut*, entfaltet wird. Die Paradoxie wird damit unsichtbar, weil sie ihre Entfaltung letztlich *auslagern* kann, also in die Kontextur des politischen Aktes und seiner Legitimation selbst verlagert. Es ist dies exakt der Prozess, der die *Kontextur* als *Kontext* erscheinen lässt – und nur ein paradoxiebeobachtender Standpunkt *höherer Amoralität* vermag das zu sehen.[4] Das einzig Interessante an Schmitt ist, dass sich mit ihm noch die konkurrierenden Modelle – etwa in naturrechtlicher Tradition – theoretisch inkludieren lassen. Diese erzeugen innerhalb der politischen Kontextur einen externen Anker, mit dem sich das Problem der zirkulären Selbstanwendung und des

4 Spätere Kommentatoren kompensieren dann diese Position *höherer Amoralität* dadurch, dass sie vom unbedingten Dezisionismus dadurch absehen, dass sie die Bedingungen der politischen Entscheidung einem Jenseits des Politischen zurechnen. Paradigmatisch dafür ist sicher der viel zitierte Satz von Ernst-Wolfgang Böckenförde: »Der freiheitliche, säkularisierte Staat lebt von Voraussetzungen, die er nicht selbst garantieren kann.« (Böckenförde 1967, S. 93) Die Einsicht, dass es sich dabei weniger um ein legitimationstheoretisches, sondern um ein epistemologisches Problem handelt, stand offensichtlich nicht zur Verfügung.

regressus ad infinitum vermeiden lässt. Schmitts berühmte Formel, alle prägnanten Begriffe der modernen Staatslehre seien säkularisierte theologische Begriffe (vgl. Schmitt 1979, S. 49), referiert exakt darauf, dass sie die Immanenz des politischen Geschehens an eine Transzendenz ihres Entscheidungsgrundes binden. Man muss – man sollte – Schmitts Folgerungen in Richtung eines politischen Katholizismus nicht folgen, um dennoch sehen zu können, dass das der Theologie analoge Problem der *Immanenz aller Transzendenzaussagen* sich auch hier stellt. Wie dort die Figur *Gottes* eine paradoxe Figur ist, weil sie als Unsagbares gesagt werden muss, und damit zugleich totale Sicherheit und totale Unsicherheit spendet, scheint die Reflexionstheorie des Politischen auch stets auf *god-terms* (Burke 1961) zu stoßen, deren Unbedingtheit behauptet (und durchgesetzt) werden muss. Das gilt für die souveräne Entscheidung des Souveräns ebenso wie für den Wählerwillen in der Demokratie, der als einziges politisches Datum der politischen Kritik entzogen wird. Und das gilt erst recht für jene staatszentrierte Denkungsart, die in der Hegelschen Rechtsphilosophie sicher ihren Höhepunkt gefunden hat. Das Allgemeinheit – und darum muss es moderner Politik nach ihrem Selbstverständnis als Instanz gesellschaftlicher Steuerung stets gehen –, das Allgemeinheit also und damit Notwendigkeit in Freiheit transformierende Wesen des staatlichen Gemeinwesens stilisiert Hegel bekanntlich als die »substantielle Einheit«, die »absoluter, unbewegter Selbstzweck« (Hegel 1970a, S. 399) sei und damit zu einem »wirklichen Gott« (Hegel 1970a, S. 403) wird, der sich weiterer Begründbarkeit entzieht. Und selbst wenn in der rechts- und linkshegelianischen Nachfolge die Begriffe ihre theologische Gestalt ablegen, so bleibt ihnen doch die *säkularisierte Gestalt* eingeschrieben, stets den paradoxen Anfangsgrund aller politischen Herrschaft auf den Begriff zu bringen. In seinen undemokratischen Varianten reicht wohl schlicht die Faktizität der Machtausübung, flankiert durch die Sichtbarkeit möglicher Waffengewalt. In ihrer demokratischen Variante laboriert man dann an der Implosion der Herrschaftsbeziehung: Wie kann sich das beherrschte Volk *selbst* einschränken, also zugleich Herrscher sein? Die Lösungen reichen von eher auf ethnische und nationale Vergemeinschaftung setzenden Ansätzen (vgl. Smith 1991) über merkwürdig disparate Formulierungen einer »gesellschaftlichen Gemeinschaft« (Parsons 1972) bis hin zu »quasi«-transzendentalen Bestimmungen einer der Sprache ohnehin inhärenten Verständigungsabsicht, die erst in demokratisierten politischen Verhältnissen zu sich selbst kommen könne (vgl. Habermas 1981a).

Was hier am Beispiel der Schrift oder am Beispiel des Beobachtungsschemas Kultur, v.a. aber für gesellschaftliche Funktionssysteme vorgetragen wurde, gilt auch im Hinblick auf Organisations- und Interaktionssysteme. *Organisationen* sind geradezu das Paradebeispiel für Selbstdetermination. Die Organisationen eigene *absorption of uncertainty* (vgl. March/Simon 1958, S.164) stellt sich dadurch ein, dass ihre je eigenen Kontexturen sich ausschließlich auf das kaprizieren, was durch Entscheidungen entschieden werden kann. Die Technisierung von Kommunikation innerhalb von Organisationen und die hochgradige Selektivität ihrer Selbst- und Fremdreferenz im Hinblick auf Entscheidungen und Entscheidbares sorgen für eine Interdependenzunterbrechung innerhalb von Funktionssystemen, die es erlaubt, Stabilitäten und Eigenwerte in einen prinzipiellen offenen Raum für Anschlüsse einzubauen. Am schärfsten »sehen« Organisationen offenbar aufgrund ihrer Blindheit, also aufgrund der völligen Ausblendung der Bedingung ihrer eigenen Möglichkeit (vgl. Nassehi 2002a). Und an *Interaktionen* lässt sich die eigenlogische Strukturbildung und Selbststabilisierung geradezu sinnlich erfahren. Die Idee doppelter Kontingenz, also die gleichzeitige Abhängigkeit zweier Interaktionspartner von der Reaktion des anderen, ist eine in sich tautologische und paradoxe Situation, die nur dadurch überwunden werden kann, dass irgendwie begonnen wird, was das Potential möglicher Anschlüsse sofort verknappt. Die Interaktionspartner finden sich selbst dann gewissermaßen *in der Kontextur* eines Interaktionssystems wieder, das sie zu dem macht, als was sie erscheinen: zu Interaktionspartnern. Und selbst wenn man – wie große Teile dessen, was man in der Soziologie *methodologischen Individualismus* zu nennen pflegt, der doch nur eine Akteurstheorie ist, die sich explizit auf die letztlich *vorsoziologischen* Quellen zielgerichtet operierender Subjekte beruft[5] – hand-

5 »In gewissen wissenschaftlichen Disziplinen, zu denen Ethik, Moralphilosophie, politische Philosophie, Volkswirtschaft und Rechtswissenschaft gehören, fußt die Theorie auf einem Menschenbild, das von zielgerichteten und verantwortlichen Akteuren ausgeht. Zwischen diesen Disziplinen findet in einem gewissen Rahmen ein fruchtbarer Austausch statt, von dem die meisten Soziologen bisher nicht profitieren können, weil sie ihre Theorien einfach nicht auf derselben Grundlage auf-

lungstheoretisch operieren will, muss man doch konzedieren, dass die Effekte einzelner Handlungen im sozialen Raum weit über das hinausgehen, was der unterstellten Intention der Akteure entspricht. Interaktionen, das wissen wir bereits aus der Tradition des symbolischen Interaktionismus, lassen eine eigene Struktur zeitlich emergieren, die als Realität eigener Art jene Bedeutungsräume selbst erzeugen, in denen sie sich vorfinden. Und dass sich in Interaktionen Themenwechsel nicht sogleich als Unsicherheit oder unerhörte Kontingenz darstellen, liegt an der Verankerung des Kommunikationsgeschehens an den beteiligten Körpern und am Wahrnehmungsraum, der jenes *Dazwischen* schafft, das Mead als Sozialität beschrieben hatte.

Exkurs:
Totale Immanenz vs. Totalität der Immanenz

Auch die sehr kursorische Darstellung dieser Beispiele dürfte schon deutlich zeigen, dass die *soziologische* Konsequenz aus Theorien der Zeichenparadoxie und der Selbstdetermination aller Repräsentation nur darin bestehen kann, die empirische Faktizität solcher selbstreferentieller Formen zu beschreiben. Meine Beispiele weisen darauf hin, dass soziale Praxisformen, soziale Operationen selbst analog zu jenen zeichengenerierenden Prozessen beschrieben werden können und ihre jeweiligen »Gegenstände«, besser: das, was auf ihrem Bildschirm auftaucht, ihrem Bildschirm selbst verdanken. Sie sind dabei nicht allzu *wörtlich* zu nehmen. Mich interessiert hier weniger die konkrete Gestalt der Lösungen, sondern nur die generalisierbare Form des Umgangs mit dem Problem der Selbstanwendung. An dieser Stelle der Untersuchung ist jedenfalls nur so viel zu betonen: Es entstehen in und um diese Kontexturen *perspektivische Ordnungen*, die als Ordnung nur das sich zumuten, was sie selbst einschließen bzw. ausschließen. Es ist dies ein einfacher Gedanke – und doch zwingt er dazu, diese Form der Selbstanwendung, Selbstver-

gebaut haben. Moralphilosophen von Kant bis Rawls haben ihre Arbeiten auf der Vorstellung von zielgerichteten und bewusst handelnden Individuen begründet, so wie auch politische Philosophen wie Bentham, Rousseau, Mill und Locke.« (Coleman 1991, S. 21) stärkung, Selbstdetermination, Selbstreferenz und operativen Geschlossenheit in soziologische Einsichten umzusetzen, ohne die eine Soziologisierung der angedeuteten zeichentheoretischen Diagnosen kaum geleistet werden kann – und das lenkt den Blick zunächst auf die theoretische Form der Soziologie selbst.

Ich habe meine Überlegungen damit begonnen, dass die Soziologie nichts anderes sei als eine *Selbstbeschreibung* der Gesellschaft, die sie mit ihren eigenen Operationen mit vollzieht. Wer also die kybernetische Figur der Selbstanwendung wirklich ernst nimmt, muss die theoretische Bewegung selbst als Teil jener Bewegung auffassen, die sie beschreibt. Der Soziologie ist eine solche Perspektive letztlich schon dadurch ins Stammbuch geschrieben, dass sie zumindest in ihrer ersten akademischen Generation noch für die Etablierung ihrer selbst *mit soziologischen Mitteln* eintreten musste. Letztlich haben alle frühen soziologischen Ansätze die Legitimität dieser neuen Disziplin mit einer soziologischen Diagnose der Bedingungen begonnen, unter denen sie möglich und nötig ist. Das gilt – um willkürliche Beispiele anzuführen – bereits in der Mitte des 19. Jahrhunderts für Wilhelm Heinrich Riehl, der seine soziologische Bemühung bereits mit der soziologischen Diagnose des Traditionsverlustes begründet; ebenso beginnt Lorenz von Stein gleichzeitig mit der Neuartigkeit moderner Ungleichheitsverhältnisse, mit der er seine soziologische Arbeit begründet; dass Karl Marx' Denken sich selbst und seine Möglichkeitsbedingung an die Zeitläufe bindet, muss nicht erst erwähnt werden; Emile Durkheim begründet die Notwendigkeit einer Soziologie mit der grundlegenden Veränderung des gesellschaftlichen Integrationsgefüges; Max Webers soziologische Begriffsarbeit wurde der Frage subordiniert, wie ausgerechnet im Okzident jener Rationalisierungsprozess entstehen konnte, der die seinerzeitige Gegenwart des Kapitalismus mit seinen gesellschaftlichen Umwälzungen hervorgebracht hat; und – um einen Letzten zu nennen – Georg Simmels formale Soziologie ist nur denkbar vor dem Hintergrund der reflektierten Erfahrung, wie sehr sich die Stellung des Menschen im gesellschaftlichen Kosmos verändert hat (vgl. Nassehi 1998). Die Verwobenheit der Soziologie in ihrem Gegenstand wurde also durchaus bemerkt – freilich selten systematisch auf den Begriff gebracht. Zumindest wurde diese Verwobenheit nicht als paradoxiegenerierendes Problem der Selbstanwendung betrachtet – die Soziologie war noch zu sehr damit beschäftigt, sich überhaupt einen Begriffskanon zu schaffen, als dass sie darauf hätte stoßen können, dass sie nicht nur eine Beschreibung, sondern auch eine *Selbst*beschreibung ihres Gegenstandes abliefert – in ihr und an ihr selbst zeigt sich also das, wovon sie handelt.

Auf gleicher Augenhöhe mit dieser Einsicht bewegte sich erst die kritische Theorie. Es mag erstaunen, bei der Grundlegung eines systemtheoretischen Designs von Operativität und Kontingenzeinschränkung auf die kritische Theorie zurückzugreifen – zumal diese in der gegenwärtigen Theoriediskussion der Soziologie (und der Philosophie erst recht) von eher musealem und historischem Interesse zu sein scheint. Mein Rekurs auf diese Tradition soll denn auch nur den Zweck verfolgen, *einerseits* die Tradition des Problems zu formulieren, *andererseits* auf die allzu traditionelle Problemlösung in der kritischen Theorie hinzuweisen.[6]

Bewegten sich die frühen Texte Max Horkheimers aus den dreißiger Jahren noch vornehmlich im Kontext der Frage der Standortgebundenheit des bürgerlichen Denkers, dessen gesellschaftliche Position als *gesellschaftliche Position* aufgeklärt werden musste (Horkheimer 1973), betont der späte Adorno der sechziger Jahre die paradoxe Verschlingung der Soziologie mit ihrem Gegenstand. »Kein Standort außerhalb des Getriebes lässt sich mehr beziehen, von dem aus der Spuk mit Namen zu nennen wäre« (Adorno 1997a, S. 365), heißt es in der Grundsatzrede des damaligen DGS-Vorsitzenden zum 1968er Soziologentag. Damit bezieht Adorno eine ähnliche Stellung, die hier mit der *Dynamik der Geschlossenheit* angedeutet wurde. Es wird ein bleibender Ertrag dieser Art Soziologie bleiben, auf diese Verschlingung aufmerksam gemacht zu haben. Zugleich lässt sich aber an ihr zeigen, wie wenig dialektisches Denken in der Lage ist, aus dieser Verschlingung Kapital zu schlagen.

Zunächst: Adorno hat immer wieder darauf hingewiesen, dass sich die schlichte Beobachtung von Einzeltatsachen nicht zu einer Theorie der Gesellschaft aufrunden lasse. »... während Gesellschaft

6 Nur am Rande: Nach meiner Erfahrung als akademischer Lehrer ist die eigentümliche Kombination von Kontinuität und eindeutiger Unzeitgemäßheit der kritischen Theorie geradezu ein didaktisches Geschenk, an dem sich das theoretische Denken erlernen lässt – zumal für eine Generation von Studierenden, der die bereits vorgängige Entschiedenheit im Hinblick auf diese Tradition völlig fremd ist.

weder aus Einzeltatsachen sich abstrahieren noch ihrerseits wie ein Faktum dingfest machen lässt, gibt es kein soziales Faktum, das nicht durch Gesellschaft determiniert wäre. In den faktischen sozialen Situationen erscheint die Gesellschaft.« (Adorno 1997a, S. 10) An dieser Einsicht hatte sich weiland der Positivismusstreit abgearbeitet, und Adornos Kritik dessen, was man damals *Positivismus* zu nennen pflegte, war vor allem eine Kritik an der isolierten Betrachtung von *Einzel*tatsachen als Einzel*tatsachen*. Bis hier wäre Adorno problemlos zu folgen, wenn er den Horizont *Gesellschaft* als empirischen Sachverhalt oder als zwar operative, aber subjektlose Einheit hätte gelten lassen, aus dessen emergenter Struktur er Einzeltatsachen hätte soziologisch kontrollieren können. Für Adorno aber blieb *Gesellschaft* stets nur ein Horizont der *Vermittlung*. Gesellschaft war nichts anderes als das *Allgemeine*, das das *Besondere* jeder Einzeltatsache als solches erscheinen ließ. Der dialektische Gedanke der *Vermittlung* schloss letztlich einen empirisch gehaltvollen Begriff von Gesellschaft aus und ersetzte ihn durch ein funktionales Äquivalent dafür, was der dialektischen Philosophie als Ganzheit oder Allgemeinheit erschien.

Der aus den *Minima Moralia* stammende berühmte Aphorismus, das Ganze sei das Unwahre (Adorno 1997b, S. 55), ist keineswegs *gegen* Hegel gesprochen. Der Satz ist völlig kompatibel mit dessen Sentenz aus der Vorrede zur *Phänomenologie des Geistes*: »Das Wahre ist das Ganze.« (Hegel 1970b, S. 24) Nur was sich als das Ganze ausdrücken lässt, nur was in diesem Sinne als Prinzip, als das Absolute, als Anfang, als Ursprung etc. firmiert, kann überhaupt unter Wahrheitsverdacht geraten – und für Adorno ist, da das Ganze das Unwahre ist, das einzig Wahre, was sich über die gesellschaftliche Ganzheit sagen lässt, deren Unwahrheit. Es kommt mir hier nicht auf eine detailgetreue Exegese an – das hat eine ganze Generation soziologischer und philosophischer Schriftsteller in mimetischer Sensibilität betrieben. Mir kommt es nur auf die *Ästhetik* des Arguments an. Es erzeugt seine bildhafte Kraft dadurch, dass es stets den Horizont jenes Allgemeinheitsdenkens mitführt, das es theoretisch destruiert. In der *Negativen Dialektik* schreibt Adorno: »Der Totalität ist zu opponieren, indem sie der Nichtidentität mit sich selbst überführt wird, die sie dem eigenen Begriff nach verleugnet. Dadurch ist die negative Dialektik, als an ihrem Ausgang, gebunden an die obersten Kategorien von Identitätsphilosophie. Insofern bleibt auch sie falsch, identitätslogisch, selber das, wogegen sie gedacht wird. (...) Identität ist die Urform von Ideologie.« (Adorno 1997c, S. 150) Die ästhetische Konstruktion dieses Arguments liegt darin, dass die Einzeltatsache, das Besondere, die Erscheinung sich nur ausdrücken lässt in einer dialektischen Denkfigur, deren eigentlicher Gegenstand das Ganze *als Ganzes* ist. Da die historische Erfahrung des 20. Jahrhunderts freilich anders als das Selbstbewusstsein des frühen 19. Jahrhunderts Hegels eine positive Bestimmbarkeit des Allgemeinen schwermacht, bleibt Adorno nur die *negative* Dialektik, deren Bilderverbot auch der Selbstverteidigung dient. All das lässt sich nicht ohne die *Dialektik der Aufklärung* verstehen. Löst man den Text aus der Generationserfahrung einer akademischen Jugend, die von ihren Eltern keine Antworten bekam, erscheint er völlig anders. Es ist dies alles andere als eine Faschismustheorie. Vielmehr wird hier generell auf die *Negativität sozialer Ordnung* abgestellt. Mit Gewinn lässt sich der ästhetisierende, sich des Mittels der Übertreibung und apodiktischen Detailungenauigkeit bedienende Text dann lesen, wenn man ihn als eine Theorie der *Generierung sozialer Ordnung* liest. Die Dialektik der Aufklärung hebt an mit der Idee, dass schon einfache gesellschaftliche Ordnungen – der »Mythos« – Formen dessen entwickeln, was später »Aufklärung« heißen sollte, nämlich Formen der Fremd- und Selbstkontrolle, der Naturbeherrschung, v. a. aber der Verknappung von Sinn. Bereits der »Mythos«, so Horkheimer und Adorno, sei Aufklärung, indem er die Kontingenz der Welt kalkulierbar macht. »Der Mythos wollte berichten, nennen, den Ursprung sagen: damit aber darstellen, festhalten, erklären.« (Horkheimer/Adorno 1971, S. 11) Und er erzwang die Subordination der Menschen unter das Benannte und erzeugt dadurch dies: *Ordnung*. Dass Horkheimer und Adorno daraus eine radikale Kritik des Logozentrismus der westlichen Aufklärung gewinnen, ist bekannt, ebenso die Kritik an jenem wissenschaftlichen Ideal der *Objektivität*, durch die der Wissenschaftler die Dinge nur so weit kennt, als er sie kontrollieren kann. »Dadurch wird ihr An sich Für ihn.« (Horkheimer/Adorno 1971, S. 12) Was sie freilich in erster Linie formulieren, ist das Konstruktionsprinzip sozialer Ordnung, nämlich die Ordnungsleistung der *Einschränkung von Kontingenz*, die unausweichlich bleibt und deren Totalität sich zu einem *universalen Verblendungszusammenhang* aufrunden lässt – dessen Totalität das Mythische der Aufklärung darstellt. Und letztlich streichen

Horkheimer und Adorno selbst den Katastrophenzusammenhang, indem sie jede Art sozialer Ordnung dem Prinzip der Subordination unter einen Anfang – deshalb: Mythos! – zuschlagen. Das ist, genau genommen, die Theoriearchitektur und ihr ästhetisches Konstruktionsprinzip, nach dem die *Dialektik der Aufklärung* gezeichnet ist, nicht bloß der Gestus einer Kritik, die für eine Generation von enttäuschten Kindern des Prosperismus vielleicht deshalb so wohlfeil war, weil diese Generationslage sich die universale Absage an Subordination leisten konnte – außer der intellektuellen und feuilletonistischen Subordination unter ein Sprachspiel, dem man damit nicht gerecht wurde.

Jenem so genannten *schwärzesten Buch* des Jahrhunderts lässt sich in der Tat eine ziemlich aktuelle Theoriekonstruktion entnehmen, eine Theorie der Ordnung, die nichts anderes ist als die Ausschließung, als die *bestimmte* und *unbestimmte* Negation von Möglichem (s. u. S. 61 ff.). Dass sich der Verblendungszusammenhang als *universal* darstellt, stellt auf seine *Immanenz* ab. »Das Prinzip der Immanenz, der Erklärung jeden Geschehens als Wiederholung, das die Aufklärung wider die mythische Einbildungskraft vertritt, ist das des Mythos selber.« (Horkheimer/Adorno 1971, S. 15) Ohne Schwierigkeit lässt sich dies umsprechen auf jene Immanenz, die ich oben im Sinne einer *Dynamik der Geschlossenheit* eingeführt habe, eine Immanenz, aus der es in der Tat keinen Ausweg gibt, weil sie je für sich total wird. *Totale Immanenz*, das ist letztlich die Formel, auf die sich jene Folgen dessen bringen lassen, was mit dem Label der *Zeichenparadoxie* angedeutet war und das sich soziologisch in der Etablierung von *Kontexturen* rekonstruieren lässt – und darin, dass noch das Ausbrechen aus Kontexturen stärker sich in diese verstrickt. Wie sich politisch nicht aus der Politik aussteigen lässt und ökonomisch nicht aus der Ökonomie, so tritt auch Wissenschaftskritik als Wissenschaft auf, und so kontinuiert Gesellschaftskritik die Gesellschaft, wie die Betonung religiöser Unmusikalität oder atheistischer Bekenntnisse mit dem göttlichen Souverän immer schon rechnen – oder: *ab*rechnen – muss.

Mag diese Kontinuität einer *totalen Immanenz* noch erstaunen, dient ihre Betonung hier v. a. dazu, auf den Bruch aufmerksam zu machen. Zunächst: Schwer wäre Adorno mit meiner Interpretation zufrieden, die ja *jede* Form sozialer Ordnung als *Kontingenzeinschränkung* im Sinne einer Selbstfestlegung in einem »Anfang« fundieren würde. Soziale Ordnung wäre dann nichts anderes als die Etablierung und Kondensierung von Anschlüssen und damit die Etablierung von Erwartungen, die in gewisser Weise exakt das leisten, was Horkheimer und Adorno brandmarken: *Selbstdeterminierung und Selbstkontrolle*. Nur so lässt sich die prinzipielle Offenheit von Anschlüssen, die Beliebigkeit von Ereignisreihen ummünzen in eine erwartbare Ordnung und Strukturbildung. Und nur so lässt sich die *selbsttragende* – i.e. *immanente* – Ordnung jeder Bezeichnungsform mit einer Struktur ausstatten, die die grundlegende Paradoxie allen Beginnens unsichtbar macht. Freilich könnten die beiden auch das noch mitmachen, denn sie betonen ja selbst, dass es in der Tat *jede* soziale Ordnung ist, die sich dieser Strukturmittel bedient, denn das Ganze ist ja das Unwahre, will heißen: die *Totalität der Immanenz* gründet in den frühen Formen der Vergesellschaftung und hat sich historisch nur entfaltet. Freilich brandmarken sie gerade deshalb jede Ordnung, da *Unvernunft* aller Ordnung Anfang sei. Wenn die Systemtheorie hier opponieren muss, dann nicht, weil sie an diese Stelle die *Vernunft* setzte – denn auch die *Unvernunft* enthält ein Moment *Vernünftigkeit*, sonst wäre sie nicht zu registrieren. So viel Dialektik muss sein! Und die Systemtheorie muss dann betonen, dass sie nicht einmal *unvernünftig* daherkommt.

Kontingenzeinschränkung

Mein kurzer Exkurs in die Kritische Theorie sollte deutlich gemacht haben, dass sich jene Theorieform der Paradoxie und ihrer Entfaltung durchaus in einer Tradition befindet, zugleich aber völlig neu ansetzt. Ich schließe nun wieder an meine Erörterungen gesellschaftlicher Dynamiken der Geschlossenheit an. Dass sich meine kurzen Andeutungen bezüglich der Geschlossenheitsdynamiken in wissenschaftlichen, ökonomischen, religiösen, erzieherischen, künstlerischen und politischen Formen, im Medium der Schrift oder im Beobachtungsschema der Kultur, in Organisationen und Interaktionen jeweils als Kontexturen bildende soziale Formen darstellen, dürfte einsichtig sein. Und dass sich das Problem im Bereich des Politischen dramatisiert und zu besonders reichhaltigen Reflexionsformen geführt hat, dürfte nicht weiter erstaunen, hat sich doch zunächst die frühe Neuzeit und erst recht die Moderne in ihrer Reflexion seit der Emanzipation des Bürgertums und mit der Entstehung nationalstaatlicher Ordnung primär als *politische* Ordnung verstanden, deren Hauptfokus auf die *Allgemeinheitsfähigkeit* und *Kollektivität* ihrer Lösungen zugeschnitten war und ist und die Sozialität in erster Linie als Herrschaftsverband verstand. Nicht umsonst nehmen gerade die Reflexionstheorien des Politischen semantische Formen der Vernünftigkeit, des Naturrechts, der Souveränität, der Gottähnlichkeit des Staatlichen und der Willensbildung als letzter Zurechnungskategorie an. Mich interessiert dabei nicht, auf *was* hier im Einzelnen rekurriert wird, sondern *wie* dies geschieht.

Die Geschlossenheitsdynamiken der angedeuteten perspektivischen Ordnungen erzeugen nicht nur eine Kontextur, sondern damit auch einen Raum, in dem bestimmte Anschlüsse wahrscheinlicher werden, in denen Ordnungsbildung der Kondensierung von Unterscheidungen folgt und so erwartbare Zusammenhänge entstehen. Es lässt sich nun sehen, dass eine nachklassische, postontologische Theorieform nicht mehr das So-Sein der Dinge beschreiben kann, sondern danach zu fragen hat, wie überhaupt bestimmte Formen des So-Seins operationsfähig werden; oder anders formuliert: wie sich einer »Welt«, die sich der selbsttragenden Form einer Zeichenparadoxie verdankt, Eindeutigkeiten und Bedeutungen abgewinnen lassen. Ordnungsbildung, so lässt sich nun sehen, ist nicht möglich, *obwohl* die selbsttragende Struktur aller Verweisungsformen kaum auf externe Anker zurückgreifen kann. Ordnung ist vielmehr ein *Resultat* dieser Offenheit geschlossener Dynamiken. Gerade *weil* zeichenförmige oder soziale Ordnungen nicht präoperativ schon da sind, sind sie darauf angewiesen, Ordnungen zu generieren, um überhaupt zu Unterschieden zu gelangen.

Stellt man wiederum auf die Ästhetik der Theoriefigur ab, so wird man an die geradezu biblische Form des Übergangs vom Chaos zur Ordnung erinnert, von der prinzipiell möglichen Offenheit und unendlichen Anschlussmöglichkeit zur Selektivität einer bereits vorstrukturierten Welt, in der bestimmte Anschlüsse wahrscheinlicher sind, ohne dass damit ein Kausalschema entfaltet würde. Die Ästhetik dieser Theoriearchitektur ermöglicht es, mit nur sehr geringen Strukturvorgaben auszukommen und damit Ordnungsbildung selbst beobachten zu lernen. Im Unterschied zur Geschlossenheitsdynamik dialektischen Denkens geht es hier also nicht um die Entfaltung eines Allgemeinen, das die Selektivität des Besonderen besorgt, sondern ausschließlich darum, wie Selektivitäten sich entfalten, die die prinzipielle Fülle von Anschlussmöglichkeiten verknappen und damit Kontingenz einschränken. Ordnung übersetze ich hier mit der Einschränkung von Kontingenz, also mit der Verknappung von Verweisungsmöglichkeiten, deren Beliebigkeit Strukturbildung unmöglich machen würde. Sieht man sich Geschlossenheitsdynamiken genauer an – man denke nur an die, die ich selbst hier erwähnt habe –, entfalten diese sich durch die Einschränkung von Alternativen zugunsten einer sich kondensierenden Kontinuität, innerhalb derer Sinnmöglichkeiten so verknappt werden, dass es zu Bedeutungen und Eindeutigkeiten kommen kann. Für die Sprache gilt das schon geradezu sinnlich in der Weise, dass sprachliche Ausdrücke davon leben, dass sie nur dies und nicht das bedeuten, für ökonomische, politische, religiöse oder wissenschaftliche Kommunikation gilt, dass sie sich zur Strukturbildung je eigene Eindeutigkeiten herausbilden, die Anschlüsse für weitere Kommunikation erleichtern, und für jede Interaktion gilt, dass sie irgendeinen Anfang als Anfang zulassen muss, damit die Interaktionspartner ihre reziproke Wahrnehmung in Anschlüsse ummünzen, die sich der Etablierung von Unterscheidungen verdanken.

Lebte der klassische Strukturalismus etwa eines Saussure noch von der Idee eines *Systems* von Unterscheidungen, von internen Differenzen, die (relativ) stabile Bedeutungen generieren, und ist die *post*strukturalistische Idee der *différance* noch gefangen in der Kontextur der ontologischen Negation, löst das unterscheidungstheoretische Design noch diese Fixierung auf und lässt Ordnungsbildung als *je eigene* Etablierung von Unterscheidungen erscheinen. Was im Kontext der Luhmann'schen Theorie *Beobachtung* heißt, meint nichts anderes als die Handhabung von Unterscheidungen, die der Beobachtung nicht vorgeordnet sind, sondern die Beobachtung selbst je *sind*. Dabei ist die Bedeutung keineswegs nur von der bezeichneten Seite einer Unterscheidung abhängig, nicht nur von der positiven Seite, sondern auch von der negativen. Wer Subjekt sagt, meint *nicht* Objekt, ein Mann wird im Hinblick darauf bezeichnet, *keine* Frau zu sein, ohne die Sünde ist die Tugend nicht zu haben, das Gute ist vom Bösen ebenso abhängig wie das Kalte vom Warmen und das Land vom Meer. Subjekt, Mann, Tugend, das Gute, das Kalte und das Land ließen sich ohne Rekurs auf ihre je andere

Seite nur dann bezeichnen, wenn sie je ontologische Fakten wären, d.h. wenn sie nicht *gesagt* werden müssten, wenn sie einfach *sind*. Und die Etablierung von Eindeutigkeiten in der Kommunikation, also die Lösung der Ordnungsfrage erzeugt solche Ontologien *nolens volens* mit. Ordnungen im Sinne von Bezeichnungen, Sinnverweisungen, Repräsentationen, Kommunikationen etc. verweisen letztlich auf Kondensate, die so aussehen, als rekurrierten sie auf etwas anderes als sich selbst. Operieren im Medium des Sinns ist letztlich nichts anderes als jene Welten selbst zu erzeugen, in denen sie sich aufhalten. Sinnhafte Verweisung ist eine Praxis der *Negation von Beliebigkeit*, besser: der *Negation von Kontingenz* durch Ausschluss anderer Möglichkeiten. Die soziologische Arbeit beginnt dort, wo nach der empirischen Etablierung solcher Formen der Negation gesucht wird, wo also die *Praxis* der Etablierung von Unterscheidungen und Eindeutigkeiten beobachtet wird. An dieser Stelle lässt sich an das hier angedeutete Theoriedesign etwa mit empirischer Sozialforschung anschließen. Es kann dann gezeigt werden, wie Kommunikationsprozesse *selbst* Kontingenz einschränken, wie sie jene Bedeutungen und Eindeutigkeiten herstellen, mit denen sie sich selbst plausibilisieren usw. Ein solches Modell der empirisch kontrollierten *Beobachtung von Kontingenz* liegt bereits ausgearbeitet vor – und es bricht mit höherstufigen soziologischen Präsuppositionen, die nicht den elementaren Prozess der Kontingenzeinschränkung selbst in den Blick nehmen, sondern theoretisch bereits mit bestimmten Einschränkungsformen beginnen, etwa mit der Etablierung von Normen oder der Unterstellung erzählförmiger Authentizität.[7]

7 Die Erweiterung systemtheoretischer Theorieformen auf klassische Fragen der qualitativ-empirischen Sozialforschung verdanke ich v. a. der gemeinsamen theoretischen und empirischen Arbeit mit Irmhild Saake im Rahmen mehrerer empirischer Forschungsprojekte, in denen sich jene zwar abstrakte, aber gerade dadurch im Hinblick auf beobachtungsleitende Vorgaben sparsamere Form der Forschung bewährt hat (vgl. dazu Nassehi/Saake 2002 sowie Nassehi/Weber 1990; Nassehi 1995d; Weber/Nassehi/Weber-Schlenther/Saake/Kneer 2003; Nassehi/Brüggen/Saake 2002).

2. Warum Systeme?

Die Einschränkung von Kontingenz, der Gebrauch von Unterscheidungen, die kontexturelle Erzeugung von Horizonten verweist auf Systembildung. Das inter- und transdisziplinäre Paradigma *Systemtheorie* verweist bei aller Heterogenität darauf, der Vorstellung der Welt als eines *Kausalitätskontinuums* entgegenzutreten. Die traditionelle Vorstellung der Welt als einer Ganzheit von innerer Widerspruchsfreiheit und kausaler Bestimmtheit (und: Bestimmbarkeit) und der Ausschließung aller dritten Möglichkeiten zwischen Eindeutigkeit generierenden Oppositionen wird ersetzt durch die Idee der Unterbrechung von Kausalität. Systembildung verweist darauf, dass Operationen eines Systems als selbst erzeugende und selbst verstärkende Iterationen Strukturen hervorbringen, die nach *außen* Kausalitäten und Interdependenzen unterbrechen und nach *innen* ein Maß von Unbestimmtheit erzeugen, das Bestimmungen ermöglicht. Ohne die prinzipielle *Unbestimmtheit* von Systemen gäbe es weder die prinzipielle Möglichkeit noch die funktionale Notwendigkeit der Strukturbildung, die nur als *selektives* Geschehen, also als auch *anders mögliches* Geschehen denkbar ist. Aus Unbestimmtheit Bestimmtheit zu gewinnen, oder: aus Geschlossenheit eine *eigene* Offenheit zu generieren, ist das, was man an Systemen beobachten kann, die sich von einer Umwelt abgrenzen und damit die Welt je nur aus ihrer eigenen Perspektive »sehen« können, indem sie sie erzeugen.[1] Anders als es die erste Assoziation des Systembegriffs nahe legen könnte, steht *System* nicht für eine *vorgängige Ordnung*, sondern zunächst für einen prinzipiellen Zustand der *Nicht-Ordnung*, der je neu in Ordnung, d. h. in Strukturbildung überführt werden muss. Auch steht *System* nicht für *Stabilität*, sondern ist ge-

1 In der Sprache der *second order cybernetics* geht es um die wechselseitige Kontrolle dessen, was in der klassischen Kybernetik noch »Kontrolleur« und »Kontrolliertes« oder Aktor und Reaktor (vgl. Glanville 1988, S. 201; auch Bateson 1990, S. 407f.) hieß. Ein solches Modell bekommt noch nicht in den Blick, dass sich Kontrolle immer in Form wechselseitiger Interaktion zeigt, wie die *second order cybernetics* lehren: »das, was ›kontrolliert wird‹ (diese Rolle zugeschrieben bekommt), kontrolliert zugleich das, was ›kontrolliert‹ (diese Rolle zugeschrieben bekommt).« (Glanville 1988, S. 205) Hier wird Kausalität von einem Weltprinzip letztlich zum selektiven Beobachtungsprinzip eines Beobachters degradiert, dessen Blick erst identifiziert, welche der interagierenden Seiten der Kontrolleur ist.

radezu von einer systemeigenen *Instabilität* abhängig, um überhaupt *selbst* zu Stabilitäten gelangen zu können.

Selbst, das ist die Formel, an der alles hängt. Was ist dieses Selbst? Und kann man so fragen? Vielleicht müsste es heißen: Wie erzeugen Systeme jenes Selbst, das sie je schon sind? Schon die Frageform weist auf die Zirkularität hin, die in die Selbststabilisierung von Systemen eingebaut ist. Die Tradition hatte etwa das Selbst des Selbstbewusstseins immer schon vorausgesetzt – als transzendentale Bedingung der Möglichkeit oder als vorgängiges Mit-sich-Vertrautsein des Bewusstseins mit sich selbst. Diese theoretischen Lösungen erlaubten es noch, die empirische Faktizität konkreter Selbste mit der transzendentalen Geltung einer Subjektivität »überhaupt« zu versöhnen und diesem dann gleich Vernunft einzuhauchen – jenen Begriff, der die Versöhnung des Besonderen mit dem Allgemeinen in zweifacher Weise besorgte: zum einen als Partizipation des Einzelnen an seiner allgemein gedachten Möglichkeitsbedingung, zum anderen als Weltprinzip, das sich für die konkreten Selbstheiten dann letztlich nicht weiter interessieren musste. Der Vernunftbegriff ermöglichte es, trotz der bürgerlichen, in diesem Sinne modernen Spaltung zwischen Selbst und Welt diesen Spalt wieder zu schließen und dies dann dem intelligiblen Konformismus der konkreten Subjekte – letztlich eine *contradictio in adiecto* – zu überlassen.

Das Selbst der Systemtheorie ist ein empirisches Selbst, eine in Operationen selbst erzeugte Selbigkeit. Die Systemtheorie interessiert sich dafür, wie jenes Selbst durch die Operationen erzeugt wird, die es selbst hervorbringt. Es ist auch dies sprachlich schwer auf den Begriff zu bringen, da die hier gebräuchliche Sprache in ihrer Satzstruktur immer ein Subjekt und ein Objekt voraussetzt. Die Systemtheorie ist freilich weder eine Subjekt- noch eine Objekttheorie. Sie interessiert sich für das Prädikat, für das Es-geschieht, nicht für die Abstraktheit von Unterscheidungen und Kontexturen, sondern für deren Gebrauch, was in der Theorieform wieder einen subjektivistischen Begriff in substantivischer (sic!) Form hervorbringt – und selbst die Verbform *gebrauchen* hilft nicht weiter, weil die Sprache die Frage erzwingt: Wer? Die einzige mögliche Antwort: das *Selbst*, aber das ist ja nicht die *Lösung* gewesen, sondern das *Problem*.

Meine kryptischen Vorbemerkungen verweisen zunächst auf dreierlei: *erstens* darauf, dass Unterscheidungen offenbar die Räume, die sie entfalten, selbst entfalten und damit sowohl intern als auch extern ausschließen. Es geht also um das Problem der Negation. *Zweitens* verweisen sie darauf, dass etwas geschieht, es geht also um die prädikative Entfaltung der Systemzustände als Systemoperationen. Und *drittens* verweisen Operationen als konkretes Geschehen auf Geschichte – und zwar in doppeltem Wortsinne: als Geschichte im Sinne eines konkreten Geschehens und auf Geschichte im Sinne der Aufzeichnung, i. e. Beobachtung dieses Geschehens. Die gemeinsame Problemformel heißt: *Zeit*.

Bestimmte und unbestimmte Negation: Bezugsprobleme

Soziale Ordnung und Strukturbildung ist also letztlich eine Funktion der Einschränkung von Möglichkeiten, der Vernichtung von Kontingenz, der Negation von Unendlichkeit, der Etablierung von Unwahrscheinlichkeit. Wäre in einem sozialen System alles prinzipiell gleich wahrscheinlich (oder besser: unwahrscheinlich), wäre das System nicht in der Lage, zu Erwartungsbildung zu kommen, zu kondensierbaren Unterscheidungen und strukturellen Stabilitäten. Ordnung ist nichts anderes als die Emergenz solcher Einschränkungen von Möglichem, die stets auch etwas ausschließt. Der Vorteil des unterscheidungstheoretischen Designs soziologischer Systemtheorie besteht darin, nicht nur auf die markierte Seite des Bezeichneten zu sehen, also auf die Strukturbildung selbst, auf das, was als Möglichkeit realisiert und damit sichtbar wird. Epistemologisch gesehen, ist die andere, die negative Seite ebenso strukturbildend. Denn jedes kommunikative Ereignis schließt mit dem Einschluss von Sinn auch Sinn aus. Um es banal zu sagen: Wenn A geschieht, dann geschieht nicht B, wobei auch B ein möglicher Anschluss gewesen wäre. Diese einfache Negation beinhaltet freilich so etwas wie einen realistischen Fehlschluss. Woher weiß man, dass B ausgeschlossen wurde und nicht C? Und wer weiß das? Es ist deshalb notwendig, die Negation selbst noch einmal zu unterscheiden: in eine *bestimmte Negation* der anderen Seite einer beobachtungsleitenden Unterscheidung und in eine *unbestimmte Negation* aller anderen möglichen, aber nicht mitvollzogenen Unterscheidungen.

Für alles Kommunizieren, so Luhmann, gilt, dass seine Unterscheidungen als »Sinngebrauch in sozialen Systemen immer auch

Verweisungen auf Unbekanntes, auf Ausgeschlossenes, auf Unbestimmbares ... mitführt« (Luhmann 1997, S. 38). Diese *Mitführung* von Unbestimmtem allerdings lässt Luhmann weitgehend unbestimmt. Ich schlage deshalb vor, von *bestimmter Negation* dann zu sprechen, wenn in einer Kommunikation eine *bestimmte* andere Möglichkeit ausgeschlossen wird, was die Form einer Entscheidung annehmen, aber auch schlicht die Wahl zwischen benannten oder auch nur mitgemeinten Möglichkeiten bedeuten kann, wenn also die Bezeichnung *Mann* die Nicht-Bezeichnung *Frau* mitlaufen lässt und damit durch die Ausschließung mitbezeichnet. Von *unbestimmter* Negation ist dort zu reden, wo die andere, die ausgeschlossene Seite im Dunkeln bleibt, gar nicht im Horizont möglicher Anschlüsse auftaucht und die Beobachtung eines Systems mit einem unbeobachtbaren Horizont ausstattet – der paradoxerweise nur ein Horizont werden kann, wenn er nicht mehr unbeobachtet bleibt, und den es ohne eine solche Beobachtung gar nicht »gibt«. Denkbar wäre also, *Mann* auch von *Kind*, von *Schlappschwanz* oder wovon auch immer zu unterscheiden. Diese Negation bleibt aber völlig unbestimmt, sie bleibt letztlich nicht einmal *nicht* realisiert, weil sie nicht einmal als die andere Seite des Bezeichneten herangezogen wird, sondern schlicht unbestimmt bleibt. Die unbestimmte Negation nimmt eine fast *transzendentale* Form an, wenn man diese von einer *empirischen* Form unterscheiden will. Die *unbestimmte Negation* steht für jenen unsichtbaren Schnitt in die Welt, den jeder sichtbare Schnitt einer *bestimmten Negation* auch hinterlässt. Sie ist aber nur eine theoretische Figur, ein theoretischer Horizont, der verdeutlichen soll, dass nichts dazu zwingt, dass ausgerechnet die realisierte Form der Unterscheidung realisiert wurde, dass dies aber dann jene »Welt« erzwingt, die sich als Einheit der Unterscheidung verdankt. Die *unbestimmte Negation* unterscheidet – ja, was unterscheidet sie? Sie unterscheidet buchstäblich *nichts* und lässt damit die Arbitrarität aller tatsächlichen Unterschiedenheit (nicht!) hervortreten. Es ist dies sprachlich letztlich nicht auszudrücken, weil eine Nicht-Markierung markiert werden müsste, die das Unmarkierte nur verschiebt – Analoges hatte die Zeichenparadoxie des Poststrukturalismus bemerkt. Das *Nichts* der unbestimmten Negation markiert also so etwas wie die Einheit der Unterscheidung von Aktualität als realisierter Möglichkeit und Potentialität als nicht realisierter Möglichkeit, deren Möglichkeitscharakter im nicht markierten Raum dieser nicht vollziehbaren Unterscheidung verschwindet.

Man mag das womöglich nur für eine logische Spielerei halten – aber exakt an dieser Art Logik hängt der epistemologische Status dessen, was man soziologisch zu Gesicht bekommt, wenn man sich *Kontexturen* ansieht, die sich als Systeme selbst erzeugen und die die Grundlage für einen Gesellschaftsbegriff legen werden, dessen Einheit sich eben nicht mehr in der dialektischen Figur der Vermittlung und des individuellen Allgemeinen einer jeden Erscheinung wird fundieren lassen, sondern nur noch in der unversöhnlichen Differenz aller kontextureller Differenzen – ich komme ausführlich darauf zurück. Die Umstellung auf eine in dieser Weise radikalisierten Perspektivität allen Geschehens, allen Beobachtens, aller Praxis wird von erheblicher praktischer Konsequenz dafür sein, wie die soziologische Systemtheorie ihren Gegenstand konstituiert und in welcher Weise sie Zumutungen an die »Gesellschaft« wird adressieren können – von ihrer eigenen kontexturellen und perspektivischen Beobachterposition *innerhalb ihres Gegenstandes* ganz zu schweigen. Gezeigt werden soll damit nur, dass auch Unterscheidungen keinen dinghaften, keinen ontologischen Status genießen, sondern letztlich die Position von Schöpfern einnehmen, deren eigene Genese unklar bleiben muss, weil sie sich selbst tragen. Exakt deshalb verweist jeder Unterscheidungsgebrauch auf die Paradoxie, dass er selbst das generiert, woran er sich orientiert. Eine Theorie dieser Art macht in ihrer eigenen ästhetischen Verfassung nicht einmal den Anschein, mehr zu sein als eine sich selbst tragende, selbstreferentielle Konstruktion – sie mutet aber auch ihrem Gegenstand nicht weniger (oder besser: nicht mehr) zu. Die sinnhafte Realität paradoxer Selbsterzeugung durch Dynamiken der Geschlossenheit eröffnet damit einen Horizont, der sich exakt dafür interessiert: für die Schöpfung ihrer selbst.

Alles was geschieht, geschieht also in einem doppelten Horizont: im Horizont des sinnhaft, d.h. konkret und benennbar Ausgeschlossenen sowie im nicht eröffneten Horizont unsichtbarer anderer Möglichkeiten. Anders gesagt: Die Handhabung bestimmter Unterscheidungen schließt andere Unterscheidungen aus, und wollte man das noch sehen und andere mögliche Unterscheidungen zu Rate ziehen, schlösse man wieder all das aus, was noch möglich geworden wäre. Die Rede von der Paradoxie aller Unterscheidung ist also keine bloß logische Spielerei, sondern letztlich eine empirische Beschreibung der selbsttragenden Konstruktion aller Anker, die man im Meer der Kontingenzen auswirft. Jede Operation kann sich nur an dem Tau festhalten, das sie selbst flicht und das durch ihre Anschlüsse zu einem systemischen Gewebe kondensiert, das einen Raum geringerer Unwahrscheinlichkeit emergieren lässt.

Diese Andeutungen sollen genügen, um zu folgendem Schluss zu gelangen: Allen Systemprozessen liegt ein Ausschließungsvorgang zugrunde. Das meiste, was irgendwie kommunizierbar ist, wird letztlich ausgeschlossen. Und erst das ist es, was Ordnung emergieren lässt, Eindeutigkeiten und Bedeutungen hervorbringt und jene Stabilitäten erzeugt, die sich dadurch entparadoxieren, dass sie den Blick auf ihre operative Genese suspendieren. Das Attraktive an solchen Theorien der Geschlossenheit ist es wohl, das Signum jener Epoche auf den Begriff zu bringen, der die historische Einsamkeit, das Selbsttragende, das Aushalten des *regressus ad infinitum* ohne göttliche oder natürliche Ankerplätze bis in die Epochenbezeichnung eingeschrieben ist. Das Moderne ist stets das Neue des Alten. Es verweist auf Epiphanie ohne Schöpfer, aber stets auf Neuschöpfung. Vielleicht bringt das das Lebensgefühl einer Zeit auf den Begriff, das in Paradoxien, Dissonanzen und Zusammenbrüchen, in der Erwartung des Unerwartbaren jene Struktur entdeckt, die nur auf Geschlossenheit verweist. Die Kultur unserer Kultur ist ein einziger Verweisungszusammenhang ohne Verweisungsmuster, eine in sich eingeschlossene Dynamik ohne die Abgeschlossenheit eines sich entfaltenden Programms.

Diese Konstellation ist trostlos. Sie sieht keinerlei Tröstung vor und deutet vielleicht gerade deshalb, wie Gianni Vattimo meint, »das Ende jenes Phänomens an, das als Säkularisation bezeichnet worden ist« (Vattimo 1999, S. 15), also eines Phänomens, das Tröstung und Erlösung innerweltlich, wissenschaftlich, vernünftig und politisch versprach. Diese modernen Tröstungen waren Tröstungen, die Eindeutigkeit und Genauigkeit versprachen, geboren aus der modernen Angst vor Unbestimmtheit, die im Sinne Zygmunt Baumans die entscheidende Antriebsfeder für jene modernen Einheitsstrategien war, denen wir die Standards der Moderne verdanken, die wir heute noch im trotzigen Festhalten an der Einheit der Vernunft, an der Einheit der politischen Repräsentationsfähigkeit, an der Einheit der wissenschaftlichen Erkenntnis oder der Einheit des Subjekts besichtigen dürfen – mehr museal freilich als praktisch. Allenthalben sprießen die Uneindeutigkeiten, jene Verunsicherungen moderner Einheitsstrategien, die mit ihrem Anderen konfrontiert werden: das Subjekt mit dem Individuellen, die moralische und vernünftige Unbedingtheit mit ihren Bedingungen, die Doxa mit ihren Paradoxien, Weltperspektiven in einer unbeobachtbaren Welt. Und was als postmoderne, poststrukturalistische, autopoietische oder nachklassische Form der wissenschaftlichen Reflexion auf jene Veränderungsprozesse erscheint, ist der Versuch, jene Uneindeutigkeiten auf Begriffe zu bringen, denen bisweilen das abgeht, was man bis dato von Begriffen verlangt hatte: eindeutige Referate auf Referenten. Insofern exekutieren diese Theorien, die ich versuchsweise unter dem Signum einer *Dynamik der Geschlossenheit* subsumiere, das, wovon sie künden (vgl. Nassehi 2003b). In besonderem Maße gilt das für die Systemtheorie, die an sich selbst wie an ihrem Gegenstand beobachten kann, dass jegliche Problembearbeitung sich auf die *bestimmte* Negation einer konkreten Form bezieht, die eine bezeichnete und eine unbezeichnete Seite markiert und somit je eine Welt hervorbringt, die sich der formgebenden Unterscheidung verdankt. Dass – wie oben schon formuliert (vgl. Kap. 1) – sich die Welt der formgebenden Unterscheidung verdankt und nicht diese jener, exekutiert die Systemtheorie an sich selbst insofern, als jegliche Form systemischer Perspektiven als Etablierung einer selbst erzeugten Perspektive erscheint. Die funktionalistische Figur des *Bezugsproblems*, auf das Systemprozesse reagieren, ist also in der Weise zu präzisieren, dass alles Operieren jeweils nur die Probleme lösen kann, die es sich *selbst* zumutet. Die Selbstbezüglichkeit, die *Dynamik der Geschlossenheit* sozialer Systeme beinhaltet also auch die Selbsterzeugung von Bezugsproblemen und ihrer jeweiligen Lösungsstrategien.

An operation called operation: Gegenwarten

Bis jetzt war in erster Linie von der Dynamik der *Geschlossenheit* die Rede. Ich richte den Fokus nun auf die *Dynamik* der Geschlossenheit. Der Systembegriff setzt zunächst nur voraus, dass die Elemente des Systems in einer spezifischen Weise relationiert sind und dass es diese Relationen sind, die das System ausmachen. So kann man etwa an die Organismus-Metapher denken, die eine Art Arbeitsteilung der Systemelemente vorsieht, eine Wechselwirkung, die sich nicht schlicht als Kausalitätsbeziehung beschreiben lässt und die eine gewisse zeitfeste Struktur hervorbringt. Autopoietische Systeme dagegen sind keine zeitfesten Entitäten, sondern Systeme, deren Relationierung ihrer Elemente in erster Linie eine *zeitliche Relationierung* ist. Es handelt sich bei autopoietischen Systemen um *temporalisierte Systeme*, deren Elemente in einem Nacheinander angeordnet sind und die folgerichtig gezwungen sind, zu enden und neuen Elementen Platz zu machen. Dieser »Zwang zum Verschwinden« (Luhmann 1980c, S. 241) lässt die Elemente von Systemen zu *Ereignissen* werden. Dieser Gedanke der ereignisbasierten Hervorbringung von Strukturen ist keineswegs neu. Man kann ihn bereits in der Ereignisphilosophie Alfred North Whiteheads (1984, S. 205) finden oder auch in Edmund Husserls Phänomenologie des inneren Zeitbewusstseins (Husserl 1966), die in erster Linie darauf abstellt, dass ein »Bewusstseinsstrom« dadurch zustande kommt, dass sich »urimpressionale Gegenwarten« ablösen, deren retentionale und protentionale Beobachtungen jene Kontinuität des Bewusstseins, jene interne Kontinuität hervorbringen, die letztlich der bloßen Ereignishaftigkeit der Operationen nicht entnommen werden kann. Ein autopoietisches System *besteht* also nicht bloß aus dem Nacheinander seiner Elemente, sondern aus der rekursiven Selbstbezüglichkeit dieser Elemente, die ihre Struktur eben aufgrund dieser rekursiven Selbstbeobachtung und damit Zustandsdeterminiertheit hervorbringen. Die Idee des Systems besteht darin, dass sich *in der Zeit* Unterscheidungsgebrauch wiederholt, verändert, bewährt oder nicht bewährt, dass aber all das *in Operationen des Systems selbst* geschieht. Die Idee des Systems setzt voraus, dass Systeme keine Idee von sich selbst haben, nicht mit sich vertraut sind, keine vorgängige Systemstruktur haben, sondern dass all das, was *im* System geschieht, *im* System geschieht. Auch die Selbstbeobachtung des Systems gehört zu seinen eigenen Operationen und verändert den Zustand des Beobachteten. Erarbeitet sich ein System also eine Idee seiner selbst – etwa in Form einer für weiteren Gebrauch kondensierten und erinnerbaren Selbstbeschreibung –, dann ist diese Idee selbst nur ein Aspekt des Systems selbst. Auch (Selbst-)Beobachtungen sind Operationen. Systeme können nicht aus sich selbst heraustreten, sie können die rekursive Selbstbezüglichkeit nicht suspendieren oder sich selbst quasi von außen konditionieren. Insofern werden Systeme letztlich von sich selbst *überrascht*, weil sie auf zukünftige Zustände je nur im Modus einer gegenwärtigen Erwartung oder Antizipation zugreifen können – was selbst wiederum zu den Systemoperationen gehört, mithin also die radikale Gegenwartsbasiertheit allen Operierens nicht suspendiert. Der Aspekt der Überraschung (s. u. S. 119 ff.) weist darauf hin, dass das System je nur in Echtzeit, in konkreten Gegenwarten operiert und sich ebenso Bestand wie Wandel in konkreten Gegenwarten bewähren muss.

Die theoretische Idee des *Systems* ist die Radikalisierung der Idee der Geschlossenheit – einer Idee, die letztlich so alt ist wie die *kritische Philosophie* der europäischen Moderne, die sich aber nicht wie diese quasi künstliche Positionen einer Außenbeobachtung leistet, nicht als transzendentale Position, nicht im Sinne einer phänomenologischen *epoché*, nicht durch Rekurs auf eine vorgängige Vernunft und das Vertrauen auf die (womöglich verborgene) Kausalität der Welt, nicht durch das Rechnen mit einer zwar sich selbst, aber einen in ihr bereits angelegten Endzweck entfaltenden Geschichte, nicht einmal durch Zugehörigkeit zur *Philosophie* als nicht-wissenschaftlicher Wissenschaft jenseits der Wissenschaften.

Die Systemtheorie exekutiert Geschlossenheit auch theorieästhetisch, indem sie die zirkuläre Selbstanwendung von Systemen letztlich in ihre eigene Begrifflichkeit einbaut. Sie verzichtet auf eine besondere kommunikativ durch Erhabenheit erzeugte Beobachterposition, sondern beobachtet sich selbst in der Weise, dass sie an sich selbst sehen kann, was sich »in der Welt« ändert, wenn man Systemzustände ändert. Die soziologische Verfremdung von Bekanntem durch die Systemtheorie dient dazu, zu sehen, dass man nicht sehen kann, was man nicht sehen kann. Die Leitfrage wäre also: Was sieht man, wenn man soziales Geschehen *als systemhaftes* Geschehen sieht, und was ändert sich dadurch am Gegenstand, wenn man den Blick ändert. Es ist dies dann keine bloß *analytische* im Unterschied zu einer *realistischen* Theorie – nicht um einen womöglich unrealistischen Begriff des Realen zu retten, sondern weil die Unterscheidung einer analytischen von einer realistischen Perspektive eine Kontextur erzeugt, die das Zweitere für möglich hält. Die *Realität* von Systemen lässt sich dann lediglich an der *operativen Realität ih-*

rer Dynamik ablesen und damit an jener Realität, die sie durch rekursives Operieren *selbst* erzeugt.[2]

Die *Dynamik der Geschlossenheit* von Systemen erzeugt eine rekursive Eigenstruktur, und sie dementiert damit die Möglichkeit, die Welt als ganze zu adressieren. Die Systemtheorie behauptet nicht, die Welt sei selbst ein System, sondern sie kann lediglich Systeme in der Welt beschreiben. Die »Welt« ist dann – wiederum analog zu Husserl – nur als ein »Horizont« denkbar, den man nur erreichen kann, wenn man etwas tut, und das geschieht stets aus der Perspektive eines beobachtenden Systems, das sich abschließt – wenn ein Beobachter so will: vom *Rest der Welt*, der freilich immer ein Rest bleibt, weil er prinzipiell unerreichbar bleiben muss. Das unterscheidet die mit dem Problembewusstsein erkenntnistheoretischer, ontologischer, auch metaphysischer Perspektiven der Philosophie ausgestattete Systemtheorie von der Philosophie, deren einzige Existenzberechtigung sich immer noch der Frage nach dem prinzipiell möglichen Universalismus ihrer Aussagen verdankt – selbst wenn man sich entweder im Existenzkampf mit den »richtigen« Wissenschaften mit der Universalisierbarkeit ethischer Begründungen für moralische Dilemmata zufrieden gibt, oder aber mit universalistischen Mitteln die Unmöglichkeit universalistischer Begründungen begründet und es damit postmodern ironisch schafft, sowohl im philosophischen Spiel mit dem Allgemeinen zu bleiben, zugleich aber seinen eigenen intellektuellen Brötchengeber zu dementieren.

Die *soziologische* Systemtheorie interessiert sich für *soziale* Ereignisse, die Luhmann bekanntlich als *Kommunikationen* bezeichnet. Konnte man der Tradition bereits durchaus Plausibilitäten für die *psychische* Dynamik der Geschlossenheit, also der bewusstseinsmässigen operativen Selbstherstellung von Offenheit – Husserl: *Bewusstsein ist immer Bewusstsein von etwas* – entnehmen, scheint die operative Geschlossenheit sozialer *Ereignisketten* auf den ersten Blick weniger einsichtig zu sein. Ich möchte deshalb im Folgenden einen zweiten Blick aus der Perspektive des Kybernetikers Ranulph Glanville präsentieren, der zwar davor zurückschreckt, soziale Sys-

2 Ich habe an anderer Stelle vorgeschlagen, die ontologische Selbstplausibilisierung von Systemprozessen und damit die durch kondensierte Beobachtungsroutinen entstehende Selbstausstattung von autopoietischen Systemen mit einer *Realität* als Prozess der »Autoontologisierung« zu beschreiben (vgl. Nassehi 1992).

teme als operativ geschlossene Systeme zu behandeln, dessen Perspektive man aber exakt das entnehmen kann. Zunächst geht Glanville – ähnlich wie Husserls Phänomenologie der Intersubjektivität – von der Grundfrage aus, wie Kommunikation möglich sein kann, *obwohl* die Kommunikanden jeweils operativ geschlossen sind.[3] Indem Glanville daran festhält, dass jedes selbstreferentielle System mit eigenen Unterscheidungen arbeitet, die an die je eigenen Operationen gebunden sind, stellt sich Kommunikation zwischen solchen Systemen als hochkontingentes Geschehen dar, da es keinerlei prästabilierte Koinzidenzen gibt, die sich in einem solchen konstruktivistischen Modell abbilden ließen. Folgerichtig betont Glanville, dass die theoretische Annahme distinkter Beobachtungen fällt, wenn man »das traditionelle Konzept einer von einer gemeinsamen Sprache getragenen allgemeinen Semantik (annimmt) ..., um Kommunikation unter diesen Umständen zu ermöglichen« (Glanville 1988, S. 109). Er betont dagegen, auf einen von Gordon Pask (1978, S. 15 ff.) stammenden Begriff rekurrierend, »Konversation« als »Verhandlung zwischen Teilnehmern um die Etablierung gemeinsamer Bedeutung« (Glanville 1988, S. 109) anzunehmen. Es stellt sich allerdings auch hier die Frage, wie es gelingen soll, *Konversation* angemessen zu beschreiben, setzt diese doch wiederum voraus, dass es etwas gibt, auf dessen Basis sie stattfinden kann – und das kann letztlich nichts anderes sein als das, was per Konversation erklärt werden soll. Freilich setzt Glanville diese Möglichkeit nicht schlichtweg voraus, sondern betont auf differenztheoretischer Basis, dass jede Kommunikation zwischen distinkten Beobachtern selbst auf die Basis von Distinktionen angewiesen ist: »Es konnte gezeigt werden, dass sich individuelle Unterscheidungen eventuell gegenseitig implizieren, das heißt, sie sind wiedereintrittsfähig und wer-

3 Husserl hatte dieses Problem bekanntlich nicht lösen können und musste dann schlicht die »ontologische Weltform« als »Welt für alle« voraussetzen, um Intersubjektivität erklären zu können (vgl. Husserl 1952, S. 469). Auch die Lösung, der Primordialität des anderen Bewusstseins eine besondere Qualität einzuräumen, oder die Idee einer Leib-Körper-Analogie zeigt letztlich nur, dass Intersubjektivität nur mit nicht-phänomenologischen Mitteln zu begründen ist. Es war dann Alfred Schütz, der dieses Scheitern der Phänomenologie vor dem Problem der Intersubjektivität – wenn man so will: vor ihrer möglichen Soziologisierung – eingestand, indem er Intersubjektivität schlicht als Generalthesis voraussetzt, als »Urerfahrung« und »Grundkategorie des menschlichen Seins in der Welt«, und zwar »so lange Menschen von Müttern geboren werden« (Schütz 1971a, S. 116).

den selbstreferentiell und schaffen große Netzwerke von Erfahrungen und Wissen, in denen wir uns einrichten« (ebd.) – es ist dies vergleichbar mit dem, was Heinz von Foerster mit dem Begriff der *Eigenwerte* belegt, also strukturelle Selbsteinschränkungen, die Anschlussmöglichkeiten einschließen und ausschließen und damit Unterscheidungen kondensieren lassen (vgl. v. Foerster 1985, S. 210).

Glanville bleibt hier bei einer Engführung auf *Psychologie*. Trotzdem betont er die *Selbstreferentialität* der wiedereintrittsfähigen Unterscheidungen im Nacheinander von kommunikativen Ereignissen; und es ist nur ein kleiner Schritt, von der Selbstreferenz der kommunikativen Ereignisse auf Systembildung, und zwar auf *soziale* Systembildung zu schließen. Glanville stößt hier, obwohl ihm ein soziologischer Systembegriff nicht zur Verfügung steht, auf die Rekursivität kommunikativer Ereignisse, deren Rekursivität dadurch operativ geschlossen wird, dass die beteiligten distinkten Bewusstseinssysteme füreinander intransparent bleiben. Da exakt dies die Ausgangssituation des Kontaktes zwischen jenen distinkten Systemen war, kann die Emergenz sozialer Systeme nun als *Funktion* jener Intransparenz, jener Geschlossenheit psychischer Systeme interpretiert werden. Also nicht *obwohl* Bewusstseinssysteme keinen unmittelbaren Kontakt zueinander aufnehmen können, sondern *weil* sie diesen unmittelbaren Kontakt nicht haben, kann sie als die Emergenzbedingung einer sozialen Systemebene angesehen werden.

Luhmann hat auf diese Einsicht seine Kommunikationstheorie aufgebaut. Kommunikation ist damit als dreistellige Relation zu verstehen, die der zweistelligen Relation von Information und Mitteilung eine dritte hinzufügt: das *Verstehen*. In einem berühmt gewordenen Aufsatz hatte Theodore Abel (1947, S. 211-218) von jener *operation called »Verstehen«* als Bedingung für soziale Interaktion gesprochen, abhängig von einer gemeinsamen Semantik und einem gemeinsamen Weltverständnis. Im Luhmann'schen Kontext löst sich der Verstehensbegriff von dieser Bedeutung des gegenseitigen Einverständnisses, von der wenigstens asymptotisch näherbaren Verschmelzung von Perspektiven zugunsten des Gegenteils: Verstehen ist nur noch eine Komponente der Kommunikation und meint nichts anderes als den Anschluss des nächsten kommunikativen Ereignisses. *Verstehen* meint einfach das Weiter-Operieren. *Verstehen* ist Autopoiesis. Es geht nur noch um die *operation called operation*, also um die völlig kontingente Form der Einschränkung von Kontingenz durch Anschlussereignisse (vgl. dazu Kneer/Nassehi 1991; Nassehi 1997a; Nassehi/Saake 2002). Nur so lässt sich die Ereignishaftigkeit von sozialen Systemen beschreiben, ihre Operativität als einzige Realitätsgarantie. Die Bedingung sozialer Systeme ist ihr Weiterprozessieren, und das Dazwischen der einzelnen Ereignisse ist es, das Strukturen hervorbringt, das Selbstbeobachtungsmöglichkeiten freisetzt, das Rekursivität ermöglicht, in dem Information über sich selbst (sic!) generiert werden kann und das von psychischen Kommunikationsversuchen und Wahrnehmungen zwar radikal abhängig ist, aber doch operativ davon getrennt bleibt.

Diese systemtheoretische Figur behauptet keineswegs eine Abkoppelung sozialer Dynamiken von Individuen – eine solche Unterscheidung wäre ohnehin zu einfach gebaut. Viel interessanter ist letztlich auch hier der theorieästhetische Aspekt. In den meisten soziologischen Kommunikations- und Handlungstheorien ist Kommunikation ein Medium der Annäherung, ein Medium, in dem sich Formen etablieren, die Verständigung, Gemeinsamkeit, Fraglosigkeit, Geselligkeit, Einverständnis, womöglich sogar Versöhnung ermöglichen. Der theoretische Horizont ist derjenige der sozialen Nähe – wohlgemerkt der Horizont, nicht der Nahraum. In diesem lässt sich dann Ferne, Kälte, Sinnlosigkeit, Gleichgültigkeit, mangelnde Anerkennung usw. diagnostizieren, allesamt begriffliche Kandidaten für eine Beschreibung eines defizienten Modus von Sozialität. Man kann dann nicht anders, als etwa eine geteilte Moral als Bedingung für gelungene Kommunikation anzusetzen (vgl. Habermas 1981a; Luckmann 1989) oder das Gesellschaftliche immer schon an die Funktion einer Gemeinschaft zu binden (vgl. Parsons 1972). Solcher Art Kommunikationstheorien interessieren sich fast nur für den sozialen Aspekt der Kommunikation, nicht aber für den sachlichen und den zeitlichen, und erst recht nicht für den operativen, selbstreferentiellen Aspekt.

Die Systemtheorie dagegen wundert sich exakt von der anderen Seite her. Sie wundert sich eher darüber, wie es überhaupt zu Kommunikationsformen kommen kann, die sich als Konsens, als Verständigung, als Einverständnis, als Versöhnung strukturieren können. Sie interessiert sich dafür, welche Unterscheidungen sich etablieren müssen, um einen Konsens als Konsens stehen lassen zu können, sie wundert sich darüber, welche Unterscheidungen ausgeschlossen werden müssen, um Fraglosigkeit und Einverständnis zu kommunizieren. Ähnlich Michel Foucaults Interesse richtet sie ihren Blick auf jene Ausschließungsprozeduren, die es einem sozialen System ermöglichen, sich in jener einschließenden Weise darzustellen. Systemtheorie als Theorie des Nacheinanders von kommunikativen Operationen ist ja gerade eine Theorieform, die sich dafür interessiert, welche rekursiven Bedingungen dafür gegeben sein müssen, damit sich Unterscheidungen innerhalb praktischer Kommunikationsprozesse durchhalten lassen, und welcher eigenwertigen Dynamik diese ausgesetzt sind. Die Systemtheorie kann die Annäherungsfunktion von Kommunikation, man könnte sagen: den *communio*-Aspekt des Kommunizierens nicht mit höherer Wahrscheinlichkeit ausstatten als das Gegenteil. Das Theoriedesign der Systemtheorie ästhetisiert Kommunikation nicht zuerst als Medium der Nähe, sondern als *Distanzmedium*. Es hängt dies mit der veränderten Fragerichtung zusammen. Wer Kommunikation für möglich hält, *obwohl* die Kommunikationsteilnehmer intransparent sind füreinander, formuliert völlig andere Erwartungen an Kommunikation als jene Perspektive, für die Kommunikation gerade eine *Funktion der wechselseitigen Intransparenz* ist. Kommunikation trennt eher, und nicht nur, weil die Sprache nicht nur Ja-, sondern auch Nein-Formen kennt, sondern deshalb, weil die Kommunikation immer weiter geht. Sie ist unabschließbar, sie geschieht weiter, sie versetzt – gerade aufgrund ihres operativen Charakters – jede Gegenwart in den Zustand einer überwundenen Vergangenheit. Und sie macht gerade dort, wo die Herstellung von Nähe und Verständigung, von Einverständnis und Gemeinschaftlichkeit explizit Thema der Kommunikation ist, besonders darauf aufmerksam, dass die Perspektiven der Sprecher intransparent bleiben – sonst müsste das nicht explizit, und historisch gesehen: immer expliziter, betont werden.

Dass überhaupt *Kommunikation* als besonderes Thema der Soziologie auftaucht – das gilt neben der Systemtheorie für die Habermas'sche Lebensweltheorie, für die Sozialphänomenologie, auch für Bourdieus Beschreibung des Distinktionskampfes –, ist ein Hinweis darauf, dass die Intransparenz der Akteure füreinander und die Intransparenz der gesellschaftlichen Dynamiken zugenommen hat. Und es ist die besondere Leistung der Systemtheorie, den Kommunikationsbegriff von seinem lebensweltlichen Entgegenkommen gelöst zu haben. Kommunikation, verstanden als systembildende Operationsform, ist kein Garant für sozialen Ausgleich. Mehr Kommunikation bedeutet keineswegs ein Mehr an Koordination, ein Mehr an Ausgleich, ein Mehr an sozialer Ordnung etc. Man kann das unter anderem daran erkennen, dass etwa die vergemeinschaftende Funktion ritueller Kommunikation den Informationsaspekt zugunsten des Mitteilungsaspektes fast völlig ausklammert. Kommunikation wird damit eher zu einer Art Rhythmus, in dessen zeitliches Nacheinander sich psychische Autopoiesis einklinken kann. Das gilt ebenso für die religiöse Liturgie wie für das Skandieren bei einer Demonstration, für gemeinsames Musizieren wie für Interaktionen, deren Themenvorrat bereits festgelegt ist auf das Sagbare. Es geht hier fast nie um Information, sondern darum, Überraschungen zugunsten von Ordnung zu vermeiden – und die Vermeidung von Überraschung ist gleichbedeutend mit der Vermeidung von Information. Der systemtheoretische Kommunikationsbegriff ist damit außerordentlich einfach und voraussetzungslos gebaut. Er wird eingedampft auf bloße Operativität, auf das bloße Nacheinander strukturbildender Ereignisse mit rekursivem Selbstbezug – und erst diese theoretisch sehr sparsame Beschränkung auf den Operationsaspekt, auf die Bildung von Eigenwerten erzeugt jene empirische Sensibilität dafür, die sonst als Bedingungen für »echte« Kommunikation gepriesenen Voraussetzungen als Folgen beschreiben zu können – als Folgen kommunikativer Prozesse und Ordnungsbildungen. Die Hauptoperation der Kommunikation ist also das *kommunikationsinterne Verstehen*, das Nacheinander kommunikativer Akte, die rekursive Vernetzung von Operationen in der Zeit, *an operation called operation*. Systeme vollziehen sich also in *Gegenwarten*, und die Systemtheorie kann Ordnungsbildung, Kontinuität und Wandel stets nur als je gegenwartsbasierte Formen auffassen, zu Anschlüssen zu gelangen. Die *operation called operation* ist radikal auf sich selbst verwiesen – und kann sich nicht auf Dauer stellen, sondern muss mit neuen Operationen anschließen. Deshalb kann man weder auf die Vergangenheit noch auf die Zukunft vertrauen – und auf Gegenwarten auch nicht.

Entparadoxierung – zeitweise: Coping-Strategien

Das operative Theoriedesign der soziologischen Systemtheorie lässt jeglichen sozialen Ordnungsaufbau als Ordnungsaufbau aus rekursiven Selbstbezüglichkeiten sozialer Systeme erscheinen. Autopoietische soziale Systeme sind demnach Systeme, die je nur in einer Gegenwart sich entfalten und letztlich von sich selbst überrascht werden. Es hatte bereits in der phänomenologischen Tradition das Problem gegeben, wie sich die *urimpressionale Gegenwart* angemessen beschreiben lässt, wenn es doch die jeweilige operative Gegenwart ist, die erst das vorangegangene Ereignis durch Beobachtung sichtbar macht. Bereits Husserl war auf das Problem gestoßen, dass sich die urimpressionale Gegenwart nicht phänomenologisch beschreiben lässt (vgl. Husserl 1966). Die Selbstgegenwart des Bewusstseins, also: die operative Gegenwart eines Systems, lässt sich demnach nicht paradoxiefrei auf den Begriff bringen. Das hat Kritiken von unterschiedlichen Seiten hervorgebracht. Jacques Derrida hat in seinem kleinen Essay »Die Stimme und das Phänomen« (Derrida 1979) Husserl vorgeworfen, in der Präsenz des Präsens der Urimpression werde die urimpressionale Gegenwart zur metaphysischen Präsenz hypostasiert und dass man deshalb die Finger von jenem *Simulacrum der Anwesenheit* lassen müsse. Derrida plädiert also dafür, die urimpressionale Gegenwart im Dunkeln zu halten und damit die *metaphysische Komplizenschaft* aller Bezeichnung anzuerkennen.

Manfred Frank dagegen argumentiert umgekehrt: Er plädiert für mehr Licht im Dunkel der Gegenwart. Seine Argumentation läuft darauf hinaus, dass Husserls Modell der Intentionalität einen tragfähigen Begriff der Gegenwart ausschließt. Denn wenn das Bewusstsein sich wahrnimmt, beugt sich eine urimpressionale Gegenwart auf sich zurück, so dass eine frühere Gegenwart als Retention »auf dem Bildschirm der Gegenwart« erscheint. Dies schließt aber aus, dass die urimpressionale Gegenwart sich selbst bewusst sein kann. Frank: »(...) wir haben Bewußtsein auch von unserer Gegenwart und müssen – *per absurdum* zu sprechen – nicht erst warten, bis das ›Urbewusstsein‹ zur Retention gekommen ist.« (Frank 1990, S. 59) Frank zieht aus dem Gesagten die Konsequenz, die Urgegenwart des Bewusstseins stärker zu bestimmen als Husserl: als präreflexives Vertrautsein des individuellen Bewusstseins mit sich selbst zur Vermeidung des reflexionstheoretischen Zirkels (ausführlich dazu vgl. Nassehi 1993, S. 55f.). Ich erwähne dies hier nur deshalb, um zu zeigen, wie die europäische Tradition unter dem Titel »Philosophie« das angedeutete Problem gelöst hat. Die drohende Paradoxie wird durch die Benennung eines Unbenennbaren unschädlich gemacht – um den Preis freilich, eine solche Präsupposition nicht mehr empirisch ausweisen zu können. Und die Metaphorisierung der *inneren Unendlichkeit* des Bewusstseins – nicht umsonst arbeitet Manfred Frank mit Schleiermachers Reflexionstheorie des Individuums – lässt genug Raum für die Unbestimmtheit der Begründung, um sich mit ausreichender Plausibilität auszustatten. Wie das *ontologische Sein des Seienden* in der frühmodernen europäischen Philosophie zum *Bewusstsein des Seienden* verwandelt wird, so scheint auch das *Geheimnis der äußeren Welt als ganzer* zum *Geheimnis der inneren Welt* umfunktioniert zu werden – um dann als individuelles Allgemeines oder als Subjektivität wieder mit dem Ganzen versöhnt werden zu können. Für eine operative Theorie sozialer (und psychischer) Systeme käme dieses Verfahren freilich der Preisgabe der theoretischen Möglichkeiten gleich, den kontingenten Ordnungsaufbau von temporalisierten Systemen als selbst organisierende Struktur zu beschreiben – an dieser Stelle dürfte das wirklich Neue jener Theorieform im Verhältnis zur Tradition deutlich werden, neu in dem Sinne, dass die *alten* Problemformeln wieder aufgenommen, aber anders entfaltet werden. Dass diese Neuentfaltung heute unter dem Firmenschild *Soziologie* auftritt, hat sicher damit zu tun, dass die Allgemeinheitszumutungen, unter denen man all dies als *Philosophie* vorgetragen hatte, sich heute empirischen Dekonstruktionen stellen müssen.

Die klassische Logik der Tradition hatte auf die Frage nach der Bedingung der Möglichkeit von Selbstbewusstsein stets die unbefragte Annahme verbunden, Selbstverhältnisse müssten stets *vollständiges* Mit-sich-Vertrautsein implizieren. Reflexion aufs Selbst hieß immer Reflexion *als Ganzheit und Einheit*. Abgesehen davon, dass es mir fraglich erscheint, wie eine vollständige Transparenz des Selbst für es selbst vonstatten gehen kann, scheint mir dieses holistische Modell von Selbstbewusstsein einem logischen Kategorienfehler zu unterliegen. Stellt man von der Auffassung einer Seelensubstanz oder funktionaler Äquivalente auf empirische Ereignisse um, bekommt man Folgendes in den Blick: Selbstreferentielle Operationen nehmen notwendigerweise die Form eines *Paradoxons* an. »Die Referenz verwendet dann genau die Operation, die das Selbst konstituiert, und wird unter dieser Bedingung entweder überflüssig oder paradox.« (Luhmann 1984, S. 59) Die Paradoxie besteht darin, dass die bezeichnende Operation zum Bezeichneten gehört und damit einen Zirkel verursacht, ähnlich dem Reflexionszirkel der Bewusstseinsphilosophie. Löst man den Zirkel aber dahingehend auf, dass die je gegenwärtige Operation eine – wie auch immer begründete – ursprüngliche Selbstbeziehung besitzt, unterstellt man einem operierenden System eine invariante Substanz *jenseits* seiner Operationen. Hält man dagegen wie Luhmann am Ereignisbegriff fest, muss das Problem der Referenz aufs Selbst wiederum mit Hilfe einer Unterscheidung beobachtet werden. Die hier angesprochene *Unterscheidung* ist die *zwischen Beobachtung und Operation* (vgl. Luhmann 1990a, S. 114ff.; Luhmann 1988, S. 14f.). Jede Beobachtung, also das Handhaben einer Unterscheidung, ist selbst eine Operation des Systems. Die explizite Referenz aufs Selbst liegt dann in der Form einer *Selbstbeobachtung*, d. h. der Anwendung der System/Umwelt-Differenz auf sich selbst, vor, die selbst eine Operation des Systems ist (vgl. Luhmann 1984, S. 245). Die Paradoxie der Selbstbezüglichkeit tritt in autopoietischen Systemen dann auf, wenn das System die Unterscheidung von System und Umwelt auf sich anwendet und sich damit – traditionell formuliert – Selbstbewusstsein bescheinigt.[4] Damit ist aber ausgeschlossen, dass die selbstbeobachtende Operation selbst in der Beobachtung enthalten ist, denn eine Beobachtung kann nicht in der Lage sein, sich selbst zu beobachten. Luhmann betont, »dass die Operation des Beobachtens sich in ihrem Vollzug nicht selbst (...) bezeichnen kann, sondern dass dies voraussetzt, dass nun diese Beobachtung ihrerseits beobachtet wird« (Luhmann 1990a, S. 85). Ein System ist sich sozusagen immer schon vorweg, da es sich nie in seiner Gänze beobachten kann.[5]

Es könnte nun eingewandt werden, dass hier nichts anderes beschrieben wird als die allseits bekannte Paradoxie der Reflexion aufs Selbst. Dem wäre nicht zu widersprechen. Allerdings unterscheidet sich die Auflösung des Zirkels hier erheblich von der philosophi-

4 Eine präzise, systemtheoretisch vorgehende Beschreibung der Paradoxie der Selbstbezüglichkeit findet sich bei Elena Esposito (1991); aus der Perspektive der *second-order-cybernetics* vgl. Glanville (1988, S. 210f.).

5 Es handelt sich hier um ein Sich-vorweg-Sein in der Gegenwart der Operation und analog zu Heideggers Sich-vorweg-sein in der Antizipation einer Zukunft, nämlich des Todes als Äquivalent für das erreichte Ganze (vgl. Heidegger 1979, S. 235ff.), dessen operative Unerreichbarkeit – *wenn ich bin, ist der Tod nicht, wenn der Tod ist, bin ich nicht* – die »Unmöglichkeit des Ganzseinkönnens« symbolisiert.

schen Tradition – und hier kommt *Zeit* ins Spiel. Würde man Beobachtungen als substantielle Entitäten behandeln, wäre in der Tat in Fichtescher Manier nach den *Beobachtungen hinter den Beobachtungen* zu fragen, hinter denen – wenn man die Beobachtung nicht stoppt – unendlich viele weitere Beobachtungen folgen würden. Jedoch werden *Elemente* in der Theorie autopoietischer psychischer und sozialer Systeme als *Ereignisse* geführt, also als *temporalisierte Elemente*, die nur in Kurzzuständen des Systems je gegenwärtig *sind*. Damit eine Beobachtung eines Systems von einer zweiten Beobachtung des gleichen (!) Systems beobachtet werden kann, bedarf es demnach keiner *Systemsubstanz* und keiner invarianten Elementstruktur des Systems, sondern nur der Unterscheidung von Vorher und Nachher, d. h. der *Zeit*. Wenn ein System sich beobachtet, tritt die Paradoxie auf, dass die Beobachtung zum Beobachteten gehört. Im Moment der Beobachtung selbst kann das Ereignis dies aber nicht sehen. Die Beobachtung ist selbst nicht in der Lage, den eigenen Vollzug zu beobachten. »Sie tut, was sie tut« (Luhmann 1990a, S. 85), und kann demnach nicht einmal sehen, dass sie nicht sehen kann, was sie nicht sehen kann. Sobald das System sieht, dass die Beobachtung, die das System beobachtet, zum System gehört, ist diese Beobachtung bereits eine retentionale Modifikation durch eine neue Beobachtung, die sich selbst nicht sehen kann. Diese retinierende Modifikation geht so lange weiter, wie ein autopoietisches System operiert.

Als *Ergebnis* kann festgehalten werden, dass die Auflösung des Zirkels der Reflexion in der Theorie autopoietischer Systeme von *Substanz* auf *Zeit* umstellt. Während traditionelle Lösungen des Problems eine *invariante Substanz* als Entparadoxierung annehmen, die den Akt der Selbstbeobachtung immer schon enthält, *entparadoxieren sich ereignisbasierte, autopoietische Systeme durch Zeit.*[6] Sobald ein neues Ereignis auftritt, gehört die Beobachtung, die durch gleichzeitige Zugehörigkeit und Nichtzugehörigkeit zum System eine Paradoxie verursacht hat, nun eindeutig zum System, wie eine neue Beobachtung sehen kann, die aber selbst auch eine neue Paradoxie produziert. In diesem Sinne bemerkt Luhmann: »Eine erste

6 Es handelt sich hier um ein vollständiges Umkehrungsverhältnis: Während Kant in der *Beharrlichkeit der Substanz* eine Bedingung für zeitliche Extension von Gegenständen sieht (vgl. Kant 1983, S 226), ist hier *zeitliche Differenz* Bedingung für die Fortsetzung der Autopoiesis.

Unterscheidung kann nur operativ eingeführt, nicht ihrerseits beobachtet (unterschieden) werden. Alles Unterscheiden von Unterscheidungen setzt diese ja voraus, kann nur nachher erfolgen, erfordert also Zeit bzw., in anderen Worten, ein in Operation befindliches autopoietisches System. Und alle Rationalisierung ist deshalb Postrationalisierung.« (Luhmann 1990a, S. 80)[7] Man könnte also sagen, dass die Aufhebung der Paradoxie der Selbstbezüglichkeit durch die *Zeit* nur *zeitweise* erfolgen kann, nämlich von Ereignis zu Ereignis.

Die ausführliche Erläuterung des Problems der Selbstbeobachtung eines Systems – in der traditionellen Formulierung: Selbstbewusstsein – ist letztlich nur ein extremer Spezialfall. Denn jede Operation verursacht zumindest die Paradoxie, dass sie ausschließlich durch sich selbst getragen wird. So ist jeder fremdreferentielle Rekurs auf »etwas« stets nur ein selbstreferentieller Rekurs, und so ist die Dynamik, die das System »trägt«, das System selbst, das damit eine selbsttragende, sich selbst ermöglichende Form erhält. Letztlich tritt diese Paradoxie der Selbstanwendung, des Verlustes aller »äußeren« Anknüpfungspunkte in jedem Ereignis erneut auf – und muss damit je neu »entfaltet« werden, damit es zu Eindeutigkeiten, zu Strukturfestlegungen, zu Bedeutungen, zu sinnhaften Verweisungen kommt. Auch hier geht es nicht um eine logische Spielerei, sondern ausschließlich um die theoretische Beschreibung sich selbst ermöglichender Dynamiken, die Offenheit *durch* operative Geschlossenheit ermöglichen. Die Frage *Warum Systeme?* lässt sich also damit beantworten, dass die Systemtheorie eine Theorie ist, die *erstens* jene sich im 20. Jahrhundert entfaltende Theorieform der *Dynamik der Geschlossenheit* am entschiedensten umsetzt und in eine soziologiefähige Form bringt und die *zweitens* – entgegen dem ersten Anschein – eine Theorie mit außerordentlich sparsamen Vorannahmen ist. Wie in ihrem Gegenstandsbereich – also bei selbstreferentiell operierenden Systemen – arbeitet sie mit einem hohen Maß an Unbestimmtheit als Bedingung für Bestimmungen. Exakt deshalb sind abstrakte, »lebensweltferne« Begrifflichkeiten ein Garant für Sparsamkeit, weil sie in ihrer abstrakten Unbestimmtheit einen höheren Auflösungs- und Rekombinationsgrad erreichen können. Die systemtheoretische Soziologie ist eine Soziologie, die mit möglichst

7 Luhmann bezieht sich hier auf Glanville 1988, S. 175-194, v. a. S. 181.

geringen inhaltlichen, wenn man so will: empirischen Voraussetzungen beginnt, um sich für Empirie offen zu halten. Vielleicht kann man sogar so weit gehen, zumindest ihre ahistorische Begrifflichkeit für einen Vorteil zu halten – wohl wissend um die Koketterie, die diese Behauptung beinhaltet. Denn sie ist alles andere als ahistorisch, weil sie gerade die historische Erfahrung der Geschlossenheitsvorstellung auf den Begriff bringt. Sie sieht aber auf den ersten Blick so aus, weil sie nicht mit konkreten Fällen beginnt, auch nicht damit, was dahinter steckt, sondern mit sich selbst.

Geschlossenheit und Offenheit: Entfaltung eines Programms

Ich bin an dem Punkt angelangt, an dem sich das Programm dieser Untersuchung entfalten lässt. Die *systemtheoretische* Wendung meiner Überlegungen zur *Dynamik der Geschlossenheit* macht auf Motive aufmerksam, an denen sich die soziologische Entfaltung der Systemtheorie bewähren muss. Das theoretische Programm der Systemtheorie würde letztlich nur folkloristisch entfaltet, wenn man sich damit zufrieden gäbe, Motive der theoretischen Soziologie schlicht in eine systemtheoretische Sprache zu übersetzen. Hier geht es darum, die abstrakten Formen der Systemtheorie auf die Theorie der modernen Gesellschaft in der Weise anzuwenden, als damit sowohl im Gegenstandsbereich *Dynamiken der Geschlossenheit* aufgedeckt werden, als auch die theoretische Bewegung selbst als eine Dynamik erscheint, die ihrer *internen* Problemgenerierung *externer* Sachverhalte gewahr wird. Systemtheoretische Soziologie beginnt dort, wo radikal auf die Gegenwartsbasiertheit und auf die Selbstreferentialität aller Operationen aufmerksam gemacht wird. Alles andere entfaltet sich dann nur noch als Konsequenz dieser Formvorschrift, die außerordentlich sparsam mit Selbstfestlegungen auf irgendwelche Bedingungen des Sozialen umgeht.

Die nachstehenden Kapitel entfalten ein Programm, das mit den drei hier entwickelten Theorieelementen korrespondiert.

– Es ist dies zum *Ersten* die Einsicht in die *selbstreferentielle* Herstellung von *Bezugsproblemen* jeglicher Operation, die ihre Formen durch *bestimmte* Negationen erzeugt und *unbestimmte* Negation in den schwarzen Löchern des Unbeobachtbaren versenkt.

- Es ist dies zum *Zweiten* die Idee, dass jegliche Systemoperationen radikal auf ihre je eigenen *Gegenwarten* verwiesen sind. Autopoietische Systeme werden als Systeme konzipiert, deren Operationsbasis immer nur die jeweilige Ereignisgegenwart ist. Die theoretische Konsequenz besteht dann darin, dass Ordnungs- und Strukturbildung als eine Form beschrieben werden muss, die Stabilität nur in der Dynamik von Anschlussoperationen entdecken kann.
- Es ist dies *drittens* der Versuch, der radikalen Verunsicherung und Vorläufigkeit solcher Geschlossenheitsdynamiken nicht mit dem Gestus zu begegnen, aus dem Hinweis auf Paradoxien allein postmodern-esoterische Diagnosen zu gewinnen. Zu bewähren hat sich die soziologische Dekonstruktion aller Stabilität durch die radikale Temporalisierung des Systembegriffs vor allem darin, jene empirischen *Coping-Strategien* von Systemen zu beschreiben, die trotz der paradoxalen Gestalt aller selbstreferentiellen Operationen Stabilitäten entstehen lassen und so zu Ordnungsbildung führen.
- Schließlich kulminiert all dies *viertens* im theoretischen *basso continuo* dieses Programms. Jegliche Form von Offenheit, von Fremdreferenz, von Welt- und Perspektivenerzeugung wird als Resultat operativer Geschlossenheit beschrieben.

Diesem Programm entspricht das Nacheinander der drei folgenden Abteilungen, denen jeweils zwei Kapitel zugeordnet sind. Unter der Überschrift *Bezugsprobleme der Soziologie* wird gezeigt, wie sich die Soziologie als akademische Disziplin zwei selbst erzeugten Zumutungen stellt: *zum einen* dem Bezugsproblem, wie soziale Ordnung möglich ist, obwohl Individuen und Akteure als *frei* gedacht werden, *zum anderen* wie sich der offensichtliche Epochenwandel von der traditionalen zur modernen Gesellschaft auf den Begriff bringen lässt. Die beiden Kapitel behandeln also zentrale Bezugsprobleme der Soziologie, die ihre Etablierung als akademische Disziplin ebenso betreffen wie ihre aktuelle Gestalt. Entscheidend ist dabei, ob es gelingt, die Geburt der Soziologie aus dem Geist der *Individualität* (Kap. 3) und aus dem Geist der *Modernität* (Kap. 4) als jeweils soziologisch selbst erzeugte Bezugsprobleme darzustellen, vor deren Hintergrund sich rezente Debatten der Soziologie verstehen lassen.

Daran schließt unter der Überschrift *Dynamik der Gegenwart* eine Rekonstruktion des soziologischen Diskurses über die Theorie funktionaler Differenzierung und über den Globalisierungsdiskurs an. Beide Kapitel verbindet die Grundannahme, dass sich die Struktur der modernen Gesellschaft vor allem der Gleichzeitigkeit von Unterschiedlichem, mithin also der Fixierung auf instabile Gegenwarten verdankt. Im Falle der Differenzierung in Funktionssysteme geht es um die Gleichzeitigkeit unterschiedlich codierter Anschlusszusammenhänge, die weder sachlich noch zeitlich einer externen Koordination unterliegen. Es entsteht dadurch eine *Gesellschaft der Gegenwarten*, in denen Koordination, Wechselseitigkeit und gegenseitige Reaktion sich je in Echtzeit bewähren müssen und aufgrund der gesellschaftlichen Ausdifferenzierung nicht auf eine strukturelle Dauer zu stellen sind (Kap. 5). Der Differenzierung von Gegenwarten durch funktionale Differenzierung entspricht komplementär schließlich die Singularisierung der modernen Gesellschaft zur *Weltgesellschaft* (Kap. 6). Es wird dabei deutlich, dass jener Gesellschaft der Gegenwarten die *Gegenwart einer Gesellschaft* entspricht, die selbst der gleichzeitigen Gegenwart unterschiedlicher Perspektiven unterliegt. Zentrum des Argumentes wird sein, wie sich in *einer* Weltgesellschaft *Welten* etablieren, die sich wechselseitig wahrnehmen und damit ermöglichen.

Die nächste Abteilung ist überschrieben mit dem Stichwort *Coping with Paradoxes*. Die soziologische Systemtheorie muss sich darin bewähren, Entparadoxierungsformen empirisch zu beschreiben und damit auf die Entparadoxierungs*praxis* hinweisen, die sich an sozialen Systemen beobachten lässt. Ich werde dies an solchen Fällen testen, an denen sich *Eindeutigkeiten* etablieren, die gegen die Ambivalenz und die Paradoxie der auch *anders möglichen Beobachtung* ankämpfen. Es geht also um semantische Formen, deren Eindeutigkeitsstrategien letztlich darauf reagieren, mit der Paradoxie und der Kontingenz aller selbsttragenden Formen zurechtzukommen. Zunächst werde ich auf die *Paradoxie der Sichtbarkeit* hinweisen, die jegliche Strategie der *Kulturalisierung* ethnischer, nationaler oder geschlechtlicher Beschreibungen erzeugt (Kap. 7). Kulturalisierungsstrategien erzeugen eine Paradoxie, weil die Beschreibung durch sich selbst darauf hinweist, dass auch *andere* Beschreibungen möglich sind, und weil kulturelle Formen stets auch auf *andere* kulturelle Formen verweisen. Der Vergleich unterminiert damit den Versuch, Eindeutigkeiten herzustellen. Aber auch die kulturwissenschaftliche *Kritik* der Beschreibung stabiler kultureller Identitäten verfängt sich in einer Paradoxie, weil auch die Kritik der Sichtbarkeit Sichtbarkeiten erzeugt. Hat es *Kultur* mit Sichtbarkeiten zu tun, operieren *Religion* und *Moral* mit *Unsichtbarkeiten* (Kap. 8). Die semantischen Eindeutigkeiten, von denen die Simulation von »Unbedingtheit« sowohl durch religiöse wie durch moralische Kommunikation abhängig ist, haben mit der *Paradoxie der Unsichtbarkeit* umzugehen. Es geht hier um Referenzen auf Unbeobachtbares, auf Eindeutigkeiten ohne empirische Stabilisierungsmöglichkeiten, die Eindeutigkeiten und Stabilität erzeugen sollen, worauf die beiden Kommunikationsformen durch die Exklusion der *Bedingungen* ihre Möglichkeit aus religiöser und moralischer Kommunikation reagieren.

Die letzte Abteilung schließlich bringt die Figur der *Offenheit durch Geschlossenheit* noch einmal anhand zweier Topoi auf den Begriff. Zunächst wird die Kommunikation des *Todes* als *Parabel* auf diese theoretische Figur eingeführt (Kap. 9) – als Parabel deshalb, weil dem Tod in der Tat kein empirischer Sachverhalt entspricht, der sich als Erfahrung ausgeben könnte. Es soll gezeigt werden, wie sich die *unterschiedlichen* Geschlossenheitsdynamiken der modernen Gesellschaft dieses Themas annehmen und zu je unterschiedlichen Realitäten des Todes gelangen. Schließlich werde ich am Ende noch einmal auf die *Geschlossenheit* der Soziologie als wissenschaftlicher Kommunikation zu sprechen kommen (Kap. 10). Es kommt hier noch einmal das Buch im Buch selbst vor und verweist darauf, aus welcher Perspektive hier über Perspektiven räsoniert wird.

Exkurs: Geschlossenheit und Offenheit – theorieästhetisch

Theoretische Arbeit dieser Art exekutiert an sich selbst, was sie in ihrem Gegenstandsbereich auffindet. Sie bedient sich der – viel gescholtenen – Geschlossenheit ihrer Begriffsarchitektur, um sich damit Offenheit für Beobachtungen ihres Gegenstandsbereichs zu erarbeiten. Sie hält diese Geschlossenheit nicht für einen Mangel, sondern für die *empirische* Gegebenheit jeder Operation, die ihre *Weltoffenheit* nur ihrer eigenen systemischen Rekursivität verdankt. Sie rechnet nicht mit einer unabhängigen Realität – und damit auch nicht damit, sich dieser methodisch annähern zu können. Sie rechnet nur mit Selbstbewährung, und sie hofft auf Anschlussfähigkeit, die bekanntlich die einzige Form der Realitätsgarantie innerhalb von dynamischen Systemen sein kann. Sie kann an sich selbst studieren, dass soziale Systeme operative Einheiten sind, deren Offenheit sich der Geschlossenheit ihrer Operationen verdankt. Und sie kann an sich selbst studieren, dass das auch für andere Perspektiven, für ihre Umwelt, für ihren Gegenstandsbereich gilt. Es geht also nicht darum, offene von geschlossenen Systemen zu unterscheiden, sondern darum, *Offenheit als Funktion von Geschlossenheit* anzusehen. Soziale Systeme – Interaktionen, Organisationen, Funktionssysteme, Gesellschaft – differenzieren sich aus einer diffusen *Welt* heraus und ermöglichen sich eine Form von Unbestimmtheit, der sich Bestimmtheiten entnehmen lassen. Für die Soziologie ist all das insofern entscheidend, als damit nicht nur die Welt als allerletzter Horizont, sondern auch die soziale Welt als multipler Horizont unterschiedlicher Perspektiven zu denken ist. Der Vorteil einer solchen Perspektive besteht darin, die Bedingungen zu untersuchen, nach denen operative Geschlossenheiten Formen von Offenheit erzeugen, die die soziale Welt ohne den Anker einer Zentralperspektive denken lässt.

Es war nun schon öfter von der *Ästhetik* der Theoriearbeit die Rede. Mein Rekurs auf Ästhetik in Theoriefragen mag erstaunen. Aber womöglich ist es oft die *ästhetische* Konstruktion von Theorien, die ihre Plausibilität ausmachen. So lebt etwa die Ästhetik des Hempel-Oppenheim-Realismus von einer klaren Zentralperspektive mit naturalistischem Abbildungsethos. Die Ästhetik der Sozialphänomenologie lebt vom Aufforderungscharakter des Sozialen. Sie gewinnt ihre Plausibilität über das *Déjà-vu*-Erlebnis lebensweltlicher Erfahrung und lebensweltlicher Zumutungen im Kleide der wissenschaftlichen Einstellung. Die Ästhetik der klassischen Gesellschaftsstrukturanalyse ist eine politisierbare Ästhetik des *goal attainment*. Die Ästhetik der kritischen Theorie in der klassischen Variante Adornos ist eine Ästhetik des Ausgeliefertseins, der paradoxen Beschreibung der Bedingung ihrer eigenen Unmöglichkeit; die der späteren Habermas'schen Variante ist eine Ästhetik der exakten Wissenschaftlichkeit und der exakten Letztbegründung. Es ist ferner eine ästhetische Figur, die sich nicht nur wissenschaftlich, sondern sogar alltagsweltlich bewähren soll. Die Ästhetik der ethnomethodologischen Befremdung der Alltagsroutine ist eine Ästhetik der kleinen Dinge, eine Art soziologisches Stillleben mit einem *surplus* an Decouvrierung der alltäglichen Absurdität mancher Selbstverständlichkeit. Diese sehr kursorischen, hier nicht weiter zu erläuternden Bestimmungen von Theorieformen nach ihren *ästhetischen* Aspekten mögen lediglich dazu dienen, plausibel zu machen, was damit gemeint ist. Die Ästhetik einer Theorie ist so etwas wie das Resultat ihrer Darstellungsform. Man könnte vielleicht sagen: Das was eigentlich gesagt werden soll, ohne dass es gesagt werden kann. Es ist der distanzierte Blick auf die Form der Theorie, auf ihre *Ästhetik* eben. Vielleicht lässt sich der Streit der soziologischen Fakultäten, das bisweilen lächerliche Festhalten an bestimmten Theorieschulen, das geradezu eifersüchtige Bemühen um folkloristische Originaltreue in der Theoriearbeit eher an diesen *ästhetischen* Gesichtspunkten festmachen. Es wäre vielleicht – andernorts – der Pfad weiterzuverfolgen, ob nicht jede Theorieform so etwas wie einen Habitus im Sinne Bourdieus hervorbringt, inkorporiertes Wissen, über das die Träger dieses Wissens selbst am wenigsten sagen können – was mich nicht daran hindern soll, einen Blick auf die Ästhetik der Systemtheorie zu werfen.

Die Ästhetik der Systemtheorie – darin trifft sie sich mit der Kybernetik zweiter Ordnung, mit Theorien transklassischer Logik, auch mit dem Poststrukturalismus – ist eine konstruktivistische Ästhetik. Es ist – im Sinne M. C. Eschers – eine Ästhetik, die den Zeichner in das Bild hineinzieht. Es ist – im Sinne Douglas Hofstadters – eine Ästhetik der *strange loops*. Es ist – im Sinne von Nietzsches Zarathustra – eine Schlangenästhetik. Es ist eine Ästhetik, die nicht einfach Formen anbietet, sondern auf die Form der Form selbst aufmerksam macht. Das grundlegende ästhetische Prinzip besteht hier darin, dass sie ihre eigenen Konstruktionsprinzipien in ihrem eigenen Gegenstandsbereich auffindet. Die Ästhetik der Systemtheorie ist damit – anders als die der Ethnomethodologie – nicht einfach eine Verfremdungsästhetik, obwohl sie auch das ist. Und sie ist keine Ästhetik der Selbstdementierung wie die kritische Theorie, obwohl sie auch das ist. Ihre Ästhetik setzt an der nicht enden wollenden Selbstentfremdung an. Sie vertraut nicht einmal ihren eigenen Begründungen, weil sie Paradoxien an sich selbst beobachtet – und hätte damit doch so etwas wie eine Vertrauensbasis geschaffen. Sie beweist ihre Thesen, indem sie sie praktisch dementiert, und sie dementiert sie, indem sie sie beweist. Sie kann begründen, obwohl sie die Paradoxie aller Begründung in der Selbsterzeugung des Grundes auffindet. Und sie kann die Entfaltung von Paradoxien vorführen, indem sie ganz und gar »realistische« Aussagen macht. Vielleicht besteht das Besondere dieser Ästhetik darin, sich hohe Freiheitsgrade darin zu verschaffen, Erwartungen *nicht* zu bedienen und Alltagsplausibilitäten vollständig zu konterkarieren. Und vielleicht ist die grundlegende *ästhetische* Kategorie dieser Theorie der praktische, selbstbezogene, operative Nachweis, dass Offenheit eine Funktion von Geschlossenheit ist und dass das für alles gilt, was im kommunikativen Raum der Gesellschaft vorkommt. Sie bietet eine Ästhetik an, die im Bereich der Kunst jeden einen Künstler sein ließe oder jeden Gegenstand als Kunst identifizieren könnte.

Nicht dass ich die Systemtheorie unter Kunstverdacht stellen möchte, aber mit moderner Kunst gemein hat sie den steten, bisweilen ironischen Hinweis darauf, dass eine schräge Beobachtung das Selbstverständliche seiner Selbstverständlichkeit beraubt und damit erst verstehbar macht. War die Sichtbarkeit des *Pinselstrichs* in der naturalistischen Malerei ein Hinweis auf technische Unfertigkeit, ist die Sichtbarkeit *des Pinselstrichs als Pinselstrich* in der abstrakten Malerei ein Hinweis auf die Konkretheit des Malens und die Beobachtung des Malers. Die Ästhetik der Systemtheorie ist dementsprechend eine Ästhetik des Pinselstrichs, d.h. sie bemüht sich erst gar nicht darum, den Gegenstand so aufscheinen zu lassen, wie er *ist*, weil er ja nur so ist, wie er theoretisch *gemalt ist*. Das lässt systemtheoretische Texte oftmals auf den ersten Blick als ziemlich artifiziell erscheinen – als könnte es nicht artifizielle Perspektiven überhaupt geben, es sei denn, man mute sich eine naturalistische Verdoppelung der sozialen Welt zu. In der Kunst ist so etwas heute nur als Zitat oder als Ironie möglich. In der Soziologie wäre daran noch zu arbeiten.

Zweite Abteilung: Bezugsprobleme der Soziologie

3. Die Geburt der Soziologie aus dem Geist der Individualität

Ganz ohne Ironie kommt die soziologische Debatte um die Individualität des Individuums aus. Die Individualisierungsdebatte spaltet. Sie perpetuiert den alten Streit um Individualismus und Kollektivismus und konnotiert Individualität bisweilen allzu sehr mit Autonomie, Freiheit und Wohlleben oder gar Egoismus, Orientierungslosigkeit und Desintegration. Nach wie vor gilt Individualisierung, also die berühmte Freisetzung individueller Verhaltenserwartungen aus mehr oder weniger alternativlosen Strukturen als eine Gegenbewegung zur Gesellschaft, manchen soziologischen Beobachtern als ein Schreckgespenst – wohlgemerkt: nicht das Phänomen, sondern die Diagnose. Geradezu rührend liest sich etwa Günter Burkarts Furcht vor der »Selbstauflösung der Soziologie« (Burkart 1997, S. 271), die ihr dann drohe, wenn man behauptet, »dass jeder tun und lassen kann, was er (oder sie) will, weil alle Normen unverbindlich geworden seien – man kann heiraten oder nicht, allein leben oder zu mehreren, Kinder in die Welt setzen oder sich auf eine Partnerschaft beschränken« (ebd.) –, und schon ist sie weg, die Soziologie und ihr Gegenstand. Andere parieren die Diagnose der Individualisierung mit dem Hinweis darauf, es handle sich um ein Reflexionsphänomen von Intellektuellen (vgl. Mayer 1991; Treibel 1996, S. 431; Friedrichs 1998, S. 7), was womöglich ein intellektuelles Selbstmissverständnis ist. Was hier mit dem gütigen Blick der Sorge um die große Masse daherkommt, lässt als *Individualisierung* dann nur das durchgehen, was sich dem ins Privileg der berufsmäßigen Reflexion verstrickten Individualisten und seiner Selbstbeschreibung als »freischwebender Intelligenz« fügt. Die Fremdbeschreibung lautet: *Ihr seid das Volk!*

Was in der Debatte um Individualisierung bisweilen fehlt, ist der Hinweis darauf, dass die Soziologie das Phänomen der Individualisierung nicht nur beschreibt und ihm einen Namen und eine entsprechende theoretische Gestalt gibt. Womöglich ist Soziologie selbst nichts anderes als eine Reaktion auf das Problem, wie Soziales trotz der Individualität sozialer Akteure möglich ist. Diese Formulierung impliziert zunächst zweierlei: *Zum einen* ist damit die Frage angesprochen, wie sich in einer individualisierten Gesellschaft so etwas wie sozialer Ausgleich herstellen lässt, wie sich individualisierte Akteure den Prärogativen der Gesellschaft beugen können – und doch Individuen bleiben können. Dies ist die gängige Formierung des Problems: das Verhältnis von Individuum und Gesellschaft im Sinne einer Art Summenkonstanz auf den Begriff zu bringen. *Zum anderen* erinnert die Formulierung an meine obige Charakterisierung des Bezugsproblems systemtheoretischer Soziologie, Sozialität, also die Emergenz von Kommunikationssystemen, als Funktion der Individualität (i.e. Intransparenz und operative Geschlossenheit) psychischer Systeme zu begreifen. Die laufende Individualisierungsdebatte wäre vor diesem Hintergrund neu zu justieren bzw. jenseits des allzu simplen Antagonismus individualistischer oder kollektivistischer Ansätze zu rekonstruieren.

Soziologie beobachtet ihren Gegenstand, die Gesellschaft, nicht von außen. Sie gehört selbst zu ihrem Gegenstand, leistet also einen Beitrag zur *Selbstbeschreibung der Gesellschaft* und müsste sich entsprechend daraufhin beobachten lassen, auf welchen Problemdruck sie mit ihrer Nomenklatur und ihren Leitunterscheidungen reagiert. So unterschiedlich sich die klassischen soziologischen Diagnosen der Individualisierung auch darstellen, einig sind sie sich darin, dass gesellschaftliche Modernisierungsprozesse sich v.a. an dem zunehmenden Differenzerleben individueller und gesellschaftlicher Perspektiven ablesen lassen. Es gibt von Anthony Giddens die schöne Charakterisierung der Moderne, diese selbst sei »in ihrem inneren Wesen zutiefst soziologisch« (Giddens 1995, S.60), was man auch so lesen kann: Eines der Grundprobleme moderner Vergesellschaftung, nämlich die Versöhnung von individuellen und sozialen Ansprüchen bei gleichzeitiger Anerkennung ihrer Differenz, bildet zugleich das Konstituens soziologischer Theoriebildung, wenn diese sich die Frage danach zumutet, wie sich individuelle Aspirationen und soziale Erwartungen, wie sich die Immanenz des individuellen Bewusstseins und ihre gesellschaftliche Transzendenz, wie sich individuelles Verhalten und kollektive Strukturen und Folgen zueinander verhalten. Die soziologische Theorie der Moderne beginnt letztlich damit, das Steigerungsverhältnis von Individualität und Gesellschaft zu beschreiben. Dahinter fällt zurück, wer das Verhältnis von Individualität und Gesellschaft im Sinne einer Summenkonstanz liest – mit der Konsequenz, mit zunehmender Individualität von Akteurslagen Gesellschaft aus dem Blick zu verlieren und deshalb Individualisierungsdiagnosen scheuen zu müssen.

Steigerungsverhältnisse

Dass zwischen der Individualisierung von Lebenslagen und der Komplexität und Differenziertheit der Gesellschaft ein Steigerungsverhältnis besteht, ist der Soziologie nicht verborgen geblieben. Historisch gesehen, beginnt die Reflexion auf die Welt als *soziologische Reflexion* mit Diagnosen der zunehmenden Referenz des Individuums auf sich selbst als Folge von Steigerungen gesellschaftlicher Komplexität und Dynamik. Laut Max Weber sind es die kulturellen Wirkungen der Reformation, die das »Gefühl einer unerhörten Vereinsamung des *einzelnen* Individuums« (Weber 1988, S. 93; Hervorh. A. N.) auf Dauer gestellt und dieses Gefühl schließlich von seinen religiösen Wurzeln abgekoppelt haben. Nur als heroisches Individuum, so Weber, also »von innen heraus« (Weber 1972a, S. 658) lasse sich Widerstand gegen die entfesselte und verselbständigte Moderne leisten – seiner Unmöglichkeit ebenso wie seiner Unausweichlichkeit bewusst. Auch Emile Durkheim stellt einen direkten Zusammenhang zwischen gesellschaftlicher und individueller Differenzierung her: Es »hängen die Fortschritte der individuellen Persönlichkeit und die der Arbeitsteilung von ein und derselben Ursache ab« (Durkheim 1988, S. 475), und zugleich diagnostiziert Durkheim, »dass das Individuum, obgleich es immer autonomer wird, immer mehr von der Gesellschaft abhängt« (ebd., S. 82). Ähnliches liest man bei Georg Simmel über das Steigerungsverhältnis gleichzeitig zunehmender Abhängigkeit und Unabhängigkeit immer mehrerer Menschen voneinander (vgl. Simmel 1989, S. 394). Die soziologische Selbstbeschreibung der Gesellschaft scheint also von Beginn an – mit je unterschiedlicher Konnotation – die Selbstbeschreibung des modernen Menschen als *autonomem Subjekt* zu dekonstruieren. Die Semantik der Subjektivität war in dem Kontext entstanden, ein funktionales Äquivalent dafür zu entwickeln, dass mit der Umstellung auf funktionale Gesellschaftsdifferenzierung auf Inklusionsvorgaben verzichtet werden musste, die mit der Selektivität des Gesamtsystems parallel liefen. Der Appell an Subjektivität bezeichnete gewissermaßen die andere Seite der Unbestimmtheit des Individuums durch die Gesellschaft. Die theoretische Figur des Subjekts sollte die Leerstelle der unproblematischen, wenn man so will: trivialen Inklusion des Einzelnen in die Gesellschaft doppelt auffüllen: durch Hinweis auf die *Selbstreferenz jedes einzelnen konkreten empirischen Individuums* sowie *unter Absehung konkreter empirischer Unterschiede von Individuen*, d. h. »weder gesellschaftstheoretisch noch empirisch« (Luhmann 1997, S. 1025), sondern *transzendental*.

Man kann schön sehen, dass diese epochemachende Figur exakt den Mechanismus verdeckt, zu dessen Erklärung sie letztlich angetreten war. Wenn die Umstellung auf funktionale Differenzierung die Individualität von Individuen zunehmend unbestimmt lässt und damit zu *empirischen Bestimmungen* nötigt, die dann entsprechend unterschiedlich ausfallen, kann eine angemessene Bestimmung von Individualität nur unter Absehung der *empirischen Individualität selbst* erfolgen. An der zunehmenden Schriftlichkeit individueller Selbstdarstellungen (vgl. etwa Bohn 1999) und an der »Inszenierung des Selbst« (van Dülmen 1997, S. 85) in Autobiographien, Tagebüchern, Briefwechseln und Romanen ließen sich die empirischen Unterschiede, die radikalen Negationsmöglichkeiten und Variationschancen nicht mehr unbeobachtbar halten und erforderten es geradezu, dem ein Allgemeines entgegenzusetzen, dessen Allgemeinheit nicht durch die Mannigfaltigkeit der Welt irritierbar war. *Subjektivität* wurde zwar Individuen zugeschrieben, ist aber nichts Individuelles im Sinne der konkreten Mannigfaltigkeit des empirischen Auftretens, sondern Allgemeinheit schlechthin, mithin also von konkreten Individuen ebenso Abstrahierendes wie diese Verbindendes. Immanuel Kant hat diese Differenz in der »Grundlegung zur Metaphysik der Sitten« als Differenz zwischen »vernünftigen Wesen« und mit »Begierden und Neigungen, als zur Sinnenwelt gehörigen« Menschen ausgearbeitet. Erstere zeichnen sich dadurch aus, »dass die Idee der Freiheit mich zu einem Gliede einer intelligiblen Welt macht, wodurch, wenn ich solches allein wäre, alle meine Handlungen der Autonomie des Willens jederzeit gemäß sein *würden*«, was für Zweitere als kategorischer *Imperativ* mit einem *Sollen* versehen werden muss (alle Zitate Kant 1974, S. 89 f.). Das empirische, das konkrete, das sich von anderen in seinen empirischen Neigungen unterscheidende Individuum – »selbst der ärgste Bösewicht« (ebd.) – hat Teil an jener intelligiblen Welt, die gewissermaßen eine Theodizee des Willens als *individueller, empirischer Äußerung* bietet und so den Überraschungswert des Individuellen – sowohl empirisch wie theoretisch – abzumildern versucht.[1] Die Paradoxie, die entsteht, wenn man den gesellschaftlichen, politischen oder moralischen Zusammenhang der Menschen als Gemeinschaft von Individuen/Subjekten beschreibt, wurde also dadurch verdeckt, dass dem einzelnen Individuum, dem offenkundig *empirisch* jede Allgemeinheit abging, diese *transzendental* als Subjektivität nachgewiesen werden konnte – dass man das dann sogar für eine *denknotwendige* Bedingung gehalten hat, macht die Zirkularität des Arguments allzu deutlich.

Die Individualität des Menschen ist dann der einzige Grund seiner Allgemeinheit – und wo die eindeutige gesellschaftliche Normierung durch Identifikation des Menschen mit seiner Position innerhalb einer ständischen oder traditionalen, d. h. der sozialen Gestaltung und Veränderbarkeit kaum unterworfenen Struktur ausfällt, bleibt theoretisch nur noch die Ausflucht in die Anthropologie, die *den Menschen* als Kollektivsingularität zum letzten Grund aller je individuellen und allgemeinen Bestimmungen macht (vgl. Luhmann 1981, S. 243). *Dem* Menschen widerfährt dann theoretisch wie praktisch dies: Er wird radikal unterbestimmt gehalten, damit alle nun möglichen gesellschaftlichen Bestimmungen passen, und ihm wird die Bestimmung seiner selbst, wenn man so will: *Selbstbestimmung* geradezu oktroyiert. »Äußere« Unterbestimmung und »innere« Überbestimmung gehen Hand in Hand und machen aus dem empirischen Individuum das Subjekt seiner selbst und der Welt. Hier beginnt die große Erzählung der *Individualisierung*.

Dekonstruktion des Subjekts

Soziologie beginnt mit der *Dekonstruktion des Subjekts*. Am Beginn stand freilich weniger das Interesse am Individuum, sondern die

1 Wie sehr sich eine solche Theoriefigur auch heute noch müht, das Individuelle mit dem Allgemeinen zu versöhnen, lässt sich exemplarisch sehr schön an Manfred Franks Rekonstruktion der Schleiermacher'schen Hermeneutik ablesen. Auch hier geht es immer noch um die Frage, wie »die Singularität des Allgemeinen und die Universalität des Einzelnen als untrennbare Momente eines einigen Ganzen« (Frank 1985, S. 157) sich ausdrücken lasse.

Kritik des Individualismus, den Emile Durkheim die »große Krankheit unserer Zeit« (Durkheim 1986, S. 54) nannte. Erst über die Analyse des Individualismus, also über die kulturellen und politischen Folgen einer gesellschaftlichen Strukturveränderung, die gesellschaftliche »Bedürfnisse, die nicht auch die unseren sind« (Durkheim 1990, S. 393), hervorbringt, gelangt Durkheim zu den Individuen. Individualität erscheint dann nicht als vorsoziale Entität, schon gar nicht als der Ort der Subjektivität in Abgrenzung zur Welt, sondern als Produkt gesellschaftlicher Differenzierungsumstellungen. Niklas Luhmann paraphrasiert Durkheim treffend so: »Nicht die Individuen begründen die Gesellschaft, indem sie sich zum Zusammenleben entschließen und einen entsprechenden Vertrag schließen, sondern die Gesellschaft begründet die Individuen, indem sie es ihnen ermöglicht, sich als Individuen zu behandeln, Verträge zu schließen, sich wechselseitig zu binden, verantwortlich zu machen, zu sanktionieren.« (Luhmann 1995b, S. 129 f.) Selbst dort, wo die Soziologie nicht vom *Subjekt* lassen will, ist sie doch als *Soziologie* stets damit konfrontiert, *einerseits* die Differenz der Subjekte beschreiben zu müssen, andererseits die Formen »subjektiver« Lebenslagen, »subjektiv« gemeinten Sinns oder auch nur »subjektiver« Interessen als andere Seite eines Objektverhältnisses zu behandeln. Indem »subjektive« Lebenslagen eben Lagerungen im sozialen Raum sind, »subjektiv« gemeinter Sinn von den möglichen Kulturbedeutungen der sozialen Umwelt des Handelnden abhängt und »subjektive« Interessen eben Interessen in sozialen Kontexten sind, *dekonstruiert* der soziologische Blick die Subjektivität des Subjekts, *ob er will oder nicht.* Letztlich scheint die Soziologie selbst davon überrascht worden zu sein, was vom »Subjekt« übrig bleibt, wenn es im sozialen Raum vorkommt. Wie auch immer die andere Seite des Subjekts hieß: *Lebenswelt, Gesellschaft, Figuration, social system, Soziale Welt* oder *Sozialer Raum*, die Soziologie hat darauf aufmerksam gemacht, dass *Subjektivität* eine *Zwei-Seiten-Form* ist. Was *Subjektivität* sein kann, hängt dann immer von der anderen Seite ab, und insofern ist das Individuum in seiner *Subjektivität* stets das Andere seines Anderen, mithin also ein Produkt seines Gegenübers, des Gegenstandes der Soziologie.

Es ist hier nicht der Ort, dies im Einzelnen in den verschiedenen Spielarten soziologischer Theorie nachzuweisen; im Übrigen dürfte ein solcher Nachweis sich mit ziemlicher Wahrscheinlichkeit nicht mit der Selbstbeschreibung soziologischer Theorien decken, zumal die soziologische Öffentlichkeit immer noch zu goutieren pflegt, wenn man sich einer *subjektorientierten Soziologie* verschreibt, den *Akteur* nicht aus dem Blickfeld verlieren will, die Logik des *Handelns* gegen die der *Systeme* hochhält oder die *Subjekte* selbst sprechen lässt. Das scheint bisweilen weitere theoretische Begründungsprobleme zumindest unsichtbar zu machen. Eine *Soziologie der Soziologie* freilich, die das soziologische Selbstverständnis gegen den eigenen Strich bürstet, dürfte hier mehr zutage fördern, als sich manche soziologische Selbstbeobachtung der Soziologie zumuten will. Was hier geschehen soll, ist dies: aus systemtheoretischer Perspektive aufs Individuum zu reflektieren.

Die bisherigen Vorbemerkungen scheinen mir nötig gewesen zu sein, um den Problemrahmen abzustecken. Wer das Individualisierungsproblem allzu sehr auf das Problem des Individualismus als kollektiver Bewegung reduziert, bekommt womöglich gar nicht in den Blick, von welchem Bezugsproblem die Soziologie ohnehin seit ihrer ernsthaften Etablierung als akademischer Disziplin ausgegangen ist. Die Frage lautet: *Wie ist soziale Ordnung möglich, obwohl Individuen/Subjekte/Akteure sich nicht mehr eindeutig durch ihre Stellung innerhalb dieser sozialen Ordnung konditionieren lassen – weder empirisch-gesellschaftlich noch sozialtheoretisch?* Diese Frage macht den Gesellschaftsbezug der Soziologie deutlich. Sie reflektiert nicht von außen auf die Gesellschaft, sondern ist selbst ein Teil jener Bewegung der Moderne, die die Differenz individueller Selbst- und Weltkonstitution und gesellschaftlichen Erwartungsbildungen und Ordnungsvorgaben als zentrales Thema entdeckt. In diesem Sinne ereignet sich *die Geburt der Soziologie aus dem Geist der Individualität.* Und in diesem Sinne sind wir mitten im systemtheoretischen Kontext, wenn die Soziologie bei der Reflexion ihres Gegenstandes auf sich selbst stößt.

Eine folgenreiche Umkehrung

Noch stärker als von Durkheim profitiert eine systemtheoretische Soziologie des Individuums von George Herbert Mead. »Anstatt eine Voraussetzung für gesellschaftliches Handeln zu sein, ist das gesellschaftliche Handeln eine Voraussetzung für Bewußtsein.« (Mead

1988, S. 56) Und: »Bewußtsein ist funktional, nicht substantiv.« (Ebd., S. 153) Individuelles Bewusstsein ist für Mead bekanntlich die Folge und die Instanz jener Handlungshemmung, die in komplexen Handlungssituationen zwischen die Wahrnehmung einer Situation und den Handlungsvollzug innerhalb dieser Situation geschaltet ist. In der Handlungshemmung erfolgt jene Perspektivenübernahme des Handelnden, die dafür sorgt, dass die Anschlüsse von Handlungsprozessen eine soziale Eigendynamik entwickeln. Das individuelle Bewusstsein steht also, was seine Komplexität angeht, in einem unmittelbaren Steigerungsverhältnis mit sozialer Komplexität. Individualität entsteht dadurch, dass Handlungshemmungen zunehmen, und die Form der Individualität hängt wiederum davon ab, welcher Art diese Handlungshemmungen sind.

Aber nicht nur dies ist es, was wir Mead verdanken. Mit dem Gesagten lässt sich lediglich die bereits geläufige These der Wechselseitigkeit individueller (psychischer) und sozialer Komplexität untermauern. Mead verdanken wir auch dies: Er kann zeigen, dass soziale Anschlussfähigkeit nicht möglich ist, *obwohl* Bewusstseine füreinander intransparent sind, sondern *weil* dies der Fall ist. Ego muss die Perspektive Alter Egos *übernehmen*, weil er sie nicht *haben* kann. Und nur deshalb entwirft die Handlungshemmung *Symbole*, deren Funktion darin besteht, Bedeutungsidentität zu ermöglichen. *Symbolische Interaktion* ist damit ein *funktionales Äquivalent* für die wechselseitige Unzugänglichkeit und Intransparenz der Handelnden füreinander.

Mead kehrt also die Fragerichtung der klassischen bewusstseinsphilosophischen Tradition um, die das Problem der Konstitution einer *sozialen* Welt für alle aus den Strukturen des Bewusstseins erklärt. Man denke etwa an Edmund Husserls grandioses Scheitern am Problem der Intersubjektivität (vgl. dazu Nassehi 1993, S. 70 ff. und 140 ff.). Luhmann steht vor einem ganz ähnlichen Problem, stellt aber eine völlig andere Frage. Die phänomenologische Tradition hat sich gefragt, wie Intersubjektivität, gemeinsame Welterfahrung und Sozialität möglich sind, *obwohl* die Bewusstseinsströme unterschiedlicher Menschen füreinander kategorial intransparent sind. Luhmann dagegen kehrt die Bedingungsverhältnisse um. Nicht *obwohl*, sondern *weil* Bewusstseine füreinander radikal intransparent sind, entsteht so etwas wie die funktionale Notwendigkeit für die Emergenz von sozialen Operationen, von Kommunikationen. Indem das eine Bewusstsein eine Kommunikationsofferte macht, kann das andere daran anschließen, woraufhin das erste wieder reagiert und so weiter. Das ist eine recht banale Beschreibung, und sie ist in ihrer Banalität zunächst auch völlig unproblematisch. Was Luhmann daran jedoch interessiert, ist dies: Indem diese beiden Bewusstseine kommunizieren, geht weder ihre operative Geschlossenheit verloren, noch sind sie im engeren Sinne die Subjekte des Kommunikationsgeschehens. Vielmehr bildet das Kommunikationsgeschehen – wie ich bereits oben (s. u. S. 68f.) mit Ranulph Glanville (1988, S. 109) gezeigt habe – selbst so etwas wie *wiedereintrittsfähige, sich selbst verstärkende und damit selbstreferentielle Unterscheidungen* aus. In der Kommunikation selbst entsteht ein rekursives Nacheinander von mitgeteilten Informationen, *weil* Bewusstseine füreinander intransparent sind. Die Emergenz von Kommunikation, so könnte man sagen, ist die funktionale Folge der radikalen *Individualität psychischer Systeme* (vgl. Luhmann 1984, S. 346ff.), die ihre schon physiologisch bedingte operative Unabhängigkeit voneinander nur in Form einer emergenten Operationsebene des Sozialen überleben können.

Auch die Theorie autopoietischer Sozialsysteme ist also aus dem Geist der Individualität geboren – zunächst der Individualität psychischer Systeme, deren Intransparenz füreinander die Emergenz ausschließlich *sozialer Anschlüsse* in der Kommunikation bewirkt. Dass Kommunikationssysteme in diesem Sinne autopoietische Systeme sind, meint nichts anderes als die Tatsache, dass Soziales nicht an Psychisches anschließen kann, es sei denn im Hinblick auf die Überführung sozialer in psychische Komplexität in der Verweisungsform von Sinn.[2]

Aus all dem folgt, dass die Diskussion um Individualisierungsprozesse aus der Perspektive der Theorie sozialer Systeme zunächst einmal davon ausgehen muss, dass die *Individualität psychischer Systeme* letztlich kein steigerbarer Sachverhalt ist. Steigerbar ist ausschließlich die Form, in der sich psychische Systeme gezwungen sehen, ihrer Individualität in Form von Selbst- und Fremdbeobachtung und -beschreibung gewahr zu werden. Die Diagnose der *Individualisierung* hat also die Frage der operativen, der (selbst)beobachtenden und (selbst)beschreibenden Erzeugung von Zurechnungs-

2 Zu den sinntheoretischen Implikationen der Theorie autopoietischer Sozialsysteme vgl. Nassehi 2003d.

adressen und -routinen zum Gegenstand. Die Frage muss also lauten: *Unter welchen Bedingungen wird es Individuen zugemutet, sich als Individuen zu erleben und ihre Individualität zur Basis ihrer Selbstbeschreibung zu machen?*

Differenzierung

Ganz im Durkheim'schen Sinne ist hier an Differenzierungstheorie zu denken. Die Umstellung von stratifikatorischer auf funktionale Differenzierung als primäres Differenzierungsprinzip der Gesellschaft hat zur Folge, dass Personen nicht mehr als ganze Personen in die Gesellschaft inkludiert werden, sondern jeweils nur in funktionssystemrelevanten Kontexten. Die Folge ist, »dass die konkreten Individuen nicht mehr konkret placiert werden können. Sie müssen an allen Funktionssystemen teilnehmen können, je nachdem, in welchen Funktionsbereich und unter welchen Funktionsbereich und unter welchem Code ihre Kommunikation eingebracht wird« (Luhmann 1997, S. 625). Die Ausdifferenzierung des Gesellschaftssystems in Systeme für Ökonomie, Politik, Recht, Wissenschaft, Erziehung, Religion, Medizin, Kunst etc. hat nicht nur eine Gesellschaft ohne Zentrum und Spitze zur Folge, die eine Integration und damit wechselseitige Konditionierung der Teilsysteme – im Sinne einer der *organischen Solidarität* entsprechenden Moral – ausschließt, sondern auch eine eindeutige und totalitäre Einordnung des Einzelnen in die Gesellschaft. »Individuen müssen sich an all diesen Kommunikationen beteiligen können und wechseln entsprechend ihre Kopplungen mit Funktionssystemen von Moment zu Moment« (ebd.). Die Kommunikationen, an denen der Einzelne teilnimmt, werden nicht mehr einem Gesamtschema untergeordnet, sondern nur noch der Koordinationsleistung von Einzelnen unterstellt.

Wenn es stimmt, dass das Bezugsproblem sozialer Ordnung die Bearbeitung der Frage ist, wie sie möglich ist, *obwohl/weil* Individuen füreinander intransparent sind, reagiert die vormoderne soziale Ordnung auf dieses Problem durch Totalkonditionierung des Individuums, also durch Identifikation des Einzelnen mit einer eindeutigen sozialen, d. h. kommunikativen Adresse. Inklusion folgt damit dem Prinzip gesellschaftlicher Differenzierung. Unter Bedingungen funktionaler Differenzierung dagegen entfällt diese Totalkonditionierung zugunsten einer Selbstkonditionierung des Individuums. Individualität wird damit radikal auf Selbstreferenz verwiesen, auf die Orientierung und Aufrechterhaltung der eigenen, der psychischen Autopoiesis, die ihre Kontinuität gewissermaßen gegen die Diskontinuität einer sozialen Umwelt behaupten muss, zu deren wesentlichen Reproduktionsbedingungen es gehört, gerade *nicht* auf ganze Personen, sondern ausschließlich auf funktions-, organisations- oder interaktionsspezifische Kommunikationen zuzugreifen. Die Inklusion in die moderne Gesellschaft erfolgt also in der Form, dass die Individualität des Individuums sich jenseits seiner jeweiligen kommunikativen Anschlussfähigkeit erweisen muss. Ist *Inklusion* der Mechanismus, »nach dem im Kommunikationszusammenhang Menschen bezeichnet, also für relevant gehalten werden« (Luhmann 1994, S. 20), dann findet die Reflexion des Individuums auf seine Individualität in der Tat jenseits der vielfältigen Zugriffe der Gesellschaft auf die Komplexität von Individuen statt, als *Exklusion* nämlich. »Das Individuum kann nicht mehr durch Inklusion, sondern durch Exklusion definiert werden.« (Luhmann 1989a, S. 158) Der Modernisierungsprozess stellt sich als Übergang »von Inklusionsindividualität auf Exklusionsindividualität« (ebd., S. 160) dar. Das heißt nicht, Individuen lebten außerhalb sozialer Bezüge oder gewönnen an Unabhängigkeit von diesen. Im Gegenteil: Die Semantik der Individualität und des Individualismus, die zunehmende Zurechnungsfähigkeit und das wachsende Zurechnungsrisiko des Individuums bilden eine geradezu kompensatorische Technik gegen die vielfältigen sozialen Erwartungslagen, in denen sich Individuen in der modernen Gesellschaft vorfinden. Es ist im Übrigen nicht die bloße *Menge* der Erwartungen, wie es auch nicht bloße Differenzierungs*steigerung* ist, was die moderne Gesellschaft ausmacht. Vielmehr hat sich die *Form* jener Erwartungen völlig verändert. Moderne Individualität zeichnet sich dadurch aus, dass sie – entsprechend der Differenzierungsform der Gesellschaft – auf unkoordinierte Erwartungen trifft, auf Erwartungen, deren Differenzen keinem Schematismus unterliegen. Dabei wird das auf sich selbst verwiesene Individuum keineswegs aus dem Sozialzusammenhang entlassen, sondern gerät zur notwendigen *ökologischen Bedingung* der modernen Gesellschaft. Dass sich die prinzipielle *Individualität operativ geschlossener psychischer Systeme* in der Moderne als *individuelle soziale Zurechnungsadresse im sozialen Raum* reflektiert, ist gewissermaßen die Bedingung der Möglichkeit einer Gesellschaft, die Individuen die Speicherung und Abrufbarkeit von Sinn und die Bereitstellung von Komplexität ebenso zumutet, wie sie darauf verzichten kann, für eine *bewohnbare Welt* zu sorgen, für einen gesellschaftlichen Raum, der seinen Mitgliedern Geselligkeit und totalitäre Konditionierungen oktroyiert.

Inklusion/Exklusion

Luhmann betont völlig zu Recht, dass von Inklusion nur sinnvoll gesprochen werden kann, »wenn auch Exklusion möglich ist« (Luhmann 1997, S. 621), d. h. wenn bezogen auf bestimmte Personen bzw. Personengruppen Inklusionsmöglichkeiten in einzelne oder mehrere Funktionssysteme beschränkt werden können. Luhmann meint gar, »dass die Variable Inklusion/Exklusion in manchen Regionen des Erdballs drauf und dran ist, in die Rolle einer Meta-Differenz einzurücken und die Codes der Funktionssysteme zu mediatisieren« (Luhmann 1997, S. 632). Und in der Tat scheinen innerhalb (sic!) der Weltgesellschaft durchaus Exklusionen aus den Funktionssystemen zuzunehmen, d. h. Personen fallen aus dem Bestimmungsbereich der Funktionssysteme heraus. Sie können weder das Rechtssystem in Anspruch nehmen noch Knappheitsausgleich über Geld vornehmen und an keinen Verfahren für kollektiv verbindliche Entscheidungsfindung teilnehmen. Freilich sind auch sie nicht *aus der Gesellschaft* exkludiert, solange sie an Kommunikation teilnehmen – selbst wenn ihre Erfahrung mit Gesellschaft sich auf *Interaktionen* reduziert. Insofern kann in solchen *Exklusionszonen* der Gesellschaft gerade das nicht entstehen, was Bedingung für die moderne Erfahrung der Individualisierung ist, *Exklusionsindividualität* nämlich, die sowohl Freiheitsgrade individueller Selbstreferenz in Anspruch nimmt als auch Anschlusserwartungen in den Funktionssystemen erfüllen muss. Inklusion wird hier über strikte Integration geleistet, über interaktions- und gewaltnahe sowie körperorientierte Ordnungsformen. *Individualität* als Rückzug – sowohl in die Reflexivität besonderer Formen individualisierter psychischer und kommunikativer Reflexionen als auch in die Abgeschlossenheit »privater« (Wohn-)Räume – ist hier ausgeschlossen.

Inklusion ist letztlich unvermeidlich. Solange Personen an kommunikatives Geschehen angekoppelt sind, erfahren sie Inklusion, in welcher Form auch immer – selbst wenn es in Form der *Exklusion* aus den Funktionssystemen geschieht, was eine besondere Inklusionsform nach sich zieht. In Regionen der Weltgesellschaft, in denen solche radikalen Exklusionsformen nicht anzutreffen sind oder nur als radikale Ausnahmefälle vorkommen, ist sogar die Inklusion in die Funktionssysteme unvermeidlich. Erstaunlich normativ formuliert Luhmann: »Im Prinzip *sollte* jeder rechtsfähig sein und über ausreichendes Geldeinkommen verfügen, um an Wirtschaft teilnehmen zu können. Jeder *sollte* als Teilnehmer an politischen Wahlen auf seine Erfahrungen mit Politik reagieren können« usw. (Luhmann 1997, S. 625; Hervorh. A.N.)[3] Und in der Tat liegt es ja in der »Logik der funktionalen Differenzierung, jedem Teilnehmer am gesellschaftlichen Leben Zugang zu allen Funktionen zu erschließen« (Luhmann 1980a, S. 168). Das könnte suggerieren, die strukturellen Probleme individueller Lebenslagen seien bereits durch das bloße Faktum der Inklusion ausreichend beschrieben. Und es könnte – im Hinblick auf die Individualisierungsdebatte – bedeuten, dass mit der *strukturellen* Beschreibung der Inklusionsindividualität, die ja strikt an die Diagnose der *funktionalen Differenzierung der Gesellschaft* gekoppelt ist, das Phänomen ausreichend beschrieben sei.

Zweifel an der Individualisierungsthese laufen ja – in der deutschen Diskussion – bekanntlich in die Richtung, dass Individualisierung nur ein Mittelschichtphänomen sei und die Diagnose der Individualisierung gewissermaßen Ausdruck bürgerlich-akademischer Selbstzufriedenheit, wie etwa Annette Treibel (1996, S. 431) ebenso lautstark wie argumentationsschwach zu betonen pflegt. Rainer Geißler (1996, S. 319-338) wittert »ideologische Gefahren«, wenn man die integrative Kraft von Klasse und Schicht als Grundkonstituenten sozialer Ordnung bezweifelt, und Rolf Eickelpasch (1997, S. 26) verhilft dem »stummen Zwang der Verhältnisse« zu einiger Lautstärke, v. a. referierend auf Hans-Peter Müller (1992, S. 375), der in den Unterschichten, anders als in den »individualisierten« Mittelschichten, allenfalls eine Lebensführung vorfindet, »die wenig Spielraum für Stilisierungsexperimente lässt«. Unterschichten sind nicht so, wie sie wollen, sondern sie »sind so, wie sie

3 Man weiß nicht so recht, wer da spricht: Luhmann oder die Logik der Systeme?

sind, weil sie nicht anders können« (Müller 1989, S. 57; vgl. auch Müller 1994). Die These lautet also: *Individualisierung muss man sich leisten können, und leisten kann man sich nur etwas, wenn man »erfolgreiche« Inklusion v. a. in die Systeme für Ökonomie und Erziehung/Bildung erfährt.*

Aus systemtheoretischer Perspektive müsste nun zweierlei geprüft werden. *Erstens:* Lässt sich Inklusion in die Funktionssysteme als steigerbarer Sachverhalt bzw. graduell differenzieren? *Zweitens:* Wenn ja bzw. wenn nein, was sind die Konsequenzen für die Diagnose der *Individualisierung*?

Womöglich sind die Kritiken der Individualisierungsdebatte im Kontext der Theorie sozialer Systeme in der Weise zu rekonstruieren, dass Unterprivilegierten und Unterschichten *weniger* Inklusion in die Funktionssysteme widerfährt. Dies hätte dann entsprechende Konsequenzen für die theoretische Konstruktion von *Exklusionsindividualität*, da dann gewissermaßen die strukturellen Bedingungen für das entfielen, was sich differenzierungstheoretisch als Bedingung für *Individualisierung* herausgestellt hat. Freilich scheinen mir erhebliche Zweifel angebracht zu sein.

Aber: Wie lassen sich nun Formen der Armut, Krisen des Beschäftigungssystems, die Ausgrenzung ganzer Bevölkerungsgruppen von möglichen Lebenschancen theoretisch fassen? Wie wenig trenn- und tiefenscharf ein gradueller Inklusionsbegriff ist, zeigt sich in folgender Überlegung. Ein von Armut Betroffener ist keineswegs *weniger* in das Wirtschaftssystem inkludiert als jemand mit erheblichem Geldvermögen. Man könnte nicht feststellen, wer *mehr* inkludiert ist als andere. Etwa derjenige, der sechsstellige Guthaben bei einer Bank hat, oder derjenige, der Schulden hat? Oder gar der, der per saldo die höchsten Zahlungsvorgänge auf seinem Konto versammelt? Gerade die Inklusion ins Wirtschaftssystem zeigt, dass eine *explizite Zahlungsunfähigkeit* eine ganz und gar unhintergehbare Form der *Inklusion* in das Wirtschaftssystem ist, wenn man unter Inklusion tatsächlich diejenige Form verstehen will, in der Funktionssysteme auf Personen zugreifen, sie thematisieren und ansprechen. *Nicht* zahlen kann man nur im Kontext von Zahlungen, also dort, wo Zahlungen als Knappheitsausgleich erwartet werden können. Zur *Exklusion* kommt es erst dann, wenn man nicht einmal *nicht* zahlen kann, wenn also Geld nicht einmal im Horizont von Möglichkeiten steht. Analog gilt: *Unrecht* kann nur bekommen, wer

Ansprüche an Erwartungen eines Rechtssystems stellen kann, *politisch unterrepräsentiert* zu sein ist eine hochgradig voraussetzungsreiche Form der politischen Inklusion, *Bildungsnachteile* bekommt man explizit nur als Operation des Bildungssystems bescheinigt, etwa in Form fehlender Abschlüsse oder schlechter Noten, und von den Leistungen des Funktionssystems sozialer Hilfe kann man nur ausgeschlossen werden, wenn man potentiell Klient sein könnte. Der Clou der Theorie funktionaler Differenzierung besteht ja gerade darin, dass die negativen Werte ihrer Codierungen keinesfalls minderer Natur sind. *Nicht-Zahlungen* können nur im Wirtschaftssystem vorkommen, wie auch *Unrecht* nur im Rechtssystem möglich ist, mangelnde *Bildung* nur im Bildungssystem zu erwarten ist und *politische Einflusslosigkeit* im politischen System erzeugt wird.

Man darf Inklusion nicht mit Gleichheit oder auch nur Gleichartigkeit verwechseln. Im Gegenteil: Es sind die Funktionssysteme selbst, die Ungleichheiten erzeugen, nicht nur als Nebenfolge übrigens, sondern bisweilen explizit. Und die Tatsache, dass sich in Individuen die Ansprüche und Erwartungen der untereinander nicht mehr vorsortierten und miteinander nicht koordinierten Funktionssysteme bündeln, macht es umso wahrscheinlicher, dass Benachteiligungen im Bestimmungsbereich des einen Funktionssystems Benachteiligungen in anderen Funktionssystemen nach sich ziehen. Wer ökonomisch benachteiligt ist, muss damit rechnen, auf weniger Rechtsmittel zugreifen zu können oder weniger Bildung in Anspruch nehmen zu können. Und wer weniger Bildung erfährt, wird womöglich im medizinischen System nicht auf der Höhe der Leistungsrollenträger kommunizieren und entsprechende Benachteiligung erfahren. Die Funktionssysteme produzieren also nicht nur Ungleichheit durch eigene Entscheidungen, sondern diese Ungleichheiten scheinen bei bestimmten Gruppen zu kumulieren.

Die Theorie der funktionalen Differenzierung scheint lange Zeit den Blick davor verschlossen zu haben, dass individuelle Lebenslagen *quer* zu jener Differenzierung der Gesellschaft in der Sachdimension gesellschaftlicher Funktionen liegen. Die Differenzierungstheorie Luhmann'scher Provenienz hat das Problem sozialer Ungleichheit und damit verbunden die Destabilisierung von Lebenslagen bis jetzt kaum systematisch aufgegriffen – bis auf einen recht unscharfen Begriff von *Exklusion*, der letztlich Ungleichheiten und Benachteiligungen, v. a. die Kumulation von Benachteiligungen kaum als *Inklusionsfolge* zu erkennen vermag. Die Brisanz und Bedeutung sozialer Ungleichheit sehe ich – systemtheoretisch gesprochen – gerade darin, dass kulturelle und ästhetische Ungleichheiten und Pluralitäten auf horizontaler Ebene wie auch materielle Differenzen und Ungleichheiten von Lebenschancen auf vertikaler Ebene *keine Systemdifferenzierungen des Gesellschaftssystems* sind, sondern selbst *quer zu den Differenzierungsgrenzen* verlaufen. All dies spricht übrigens nicht gegen das Theorem der funktionalen Differenzierung. Vielmehr lässt sich zeigen, dass soziale Ungleichheiten sozusagen als *Parasiten* der funktionalen Differenzierung fungieren und sich deshalb der Gesellschaftsstruktur selbst entziehen. Die empirische Brisanz sozialer Ungleichheit liegt ja gerade darin, dass sie im Geflecht wechselseitiger Beobachtungsleistungen funktionaler Teilsysteme kaum unmittelbar stört. Ihre Folgen kommen höchstens indirekt wieder auf dem Bildschirm der Funktionssysteme an: als Zahlungsunfähigkeit oder verblassende politische Loyalität, als Problem rechtlicher Regulierung oder als hypertrophes Wachstum Anspruchsberechtigter im Hilfesystem. Folgen sozialer Ungleichheiten verlieren dann zunehmend ihre Gestalt in der Sozialdimension. An diesem Problem laborieren Gewerkschaften und politische Parteien ebenso wie Klassenzurechnungen und sonstige Mobilisierungserwartungen. Schichtung verliert ihren Gruppencharakter, Benachteiligungen werden zunehmend individuelle Faktoren, selbst wenn sich ihre »Objektivität« in der empirischen Sozialforschung erweist. Womöglich besteht eine der Selbstgefährdungen der modernen Gesellschaft darin, *dass* ihre funktionale Differenzierungsform in der Lage ist, extreme soziale Ungleichheiten zu tolerieren, gerade weil diese das primäre Differenzierungsprinzip kaum tangieren.

Für die Frage der Individualisierungsdiagnose ist nun dies entscheidend: Wenn es stimmt, dass die Schichtung der Gesellschaft – das primäre Kriterium der klassischen Sozialstrukturanalyse – unter Bedingungen funktionaler Differenzierung letztlich *quer* zur Gesellschaftsstruktur liegt, scheint dies ein Hinweis darauf zu sein, dass die einfache Rechnung, *oben* gebe es mehr Individualisierung als *unten,* kaum aufgehen kann. An der *strukturellen* Dimension der Exklusionsindividualität ändert auch eine gesellschaftlich benachteiligte Position nichts. Man darf Individualisierung nicht mit Selbstbestimmung und Autonomie oder gar Freiheitsgewinn verwechseln. Letztlich wird das Individuum *als* Individuum gesellschaftlich konstituiert. Individualisierung *widerfährt* den Individuen. Wer *Individualisierung* ausschließlich mit der Semantik bürgerlicher Autonomie oder ihren neumodischen Erlebnis- und Selbststilisierungsvarianten gleichsetzt, geht womöglich erst recht dem Mittelschichtsselbstverständnis liberalprotestantischer Lebensführungskonzepte auf den Leim. Exklusionsindividualität meint mehr. Sie reflektiert als *systemtheoretische* Diagnose darauf, dass das Individuum sich gerade angesichts der widersprüchlichen und unkoordinierten Erwartungen der Funktionssysteme auf zunehmenden Koordinationsbedarf zurückgeworfen sieht. Es ist nicht zu sehen, dass dies in den – wenn man so formulieren will – »Unterschichten« nicht der Fall sein soll. Dass hier überwiegend Muster kopiert werden, ist nur ein Hinweis darauf, dass das auch im hochkulturellen, im bürgerlich-akademischen wie im eher an »Selbstverwirklichung« orientierten Milieu gilt, um die gängigen Klassifikationen aufzugreifen. Womöglich gibt es in diesen unterschiedlichen Milieus lediglich unterschiedliche Formen, wie man adäquat an sich leidet oder wie der Heroismus des Selbst sich gegen die Widerstände der Welt durchsetzt. Aber an der strukturellen Diagnose ändert dies nichts. Die Diagnose der Exklusionsindividualisierung reflektiert also schlicht darauf, dass sich die soziale Adresse von Individuen gerade für diese selbst immer weniger über die Fremdreferenz von Gruppenzugehörigkeit ergibt. Indem Exklusionsindividualität aber nur die andere Seite der je spezifischen Inklusionsform in die Funktionssysteme ist, findet sich die Referenz aufs Selbst stets im strikten Bestimmungsbereich der Funktionssysteme und der in ihnen organisierten Optionsmöglichkeiten vor. Auch noch das unerfreulichste Schicksal, noch die größte Ungerechtigkeit und noch die schlechteste herkunftsbedingte Konkurrenzposition findet sich zunächst als individuelle Position vor und kann soziologisch nicht mehr angemessen als Klassen- oder Schichtschicksal beschrieben werden. Und selbst wenn die Korrelation zwischen Schichtzugehörigkeit und Bildungs-, Berufs- und Einkommenschancen stabiler ist, als man bisweilen erwartet, so treten Personen doch stets in einer individuellen Position auf. Neben dieser strukturellen Beschreibung freilich fällt auf, dass die entlastende (und vereinfachende) Referenz auf Klassen-, Schicht- und Geschlechtsschicksale als Folie individueller Selbstbeschreibungen vergleichsweise stabil genutzt wird, um sich beschreibbar zu halten. Ohnehin schlägt strukturelle Individualisierung keineswegs notwendig auf semantisch individualisierte Selbstbeschreibungen durch.

Exklusionsindividualität/Inklusionsindividualität?

Die Rede von der *Exklusions*individualität ist missverständlich. Denn keineswegs ist die Individualität des Individuums ausschließlich etwas, das in Kommunikationen außerhalb der Funktionssysteme vorkommt. Ohnehin geriert sich die Luhmann'sche Stilisierung des exklusionsindividualisierten Individuums, das sich außerhalb der Funktionssysteme selbst begegnet, allzu sehr wie eine Karikatur auf das selbstdistanzierte, differenzierte, protestantisch sich in innerer Unendlichkeit suchende und – horribile dictu – womöglich sogar findende bürgerliche Individuum. Dieses Individualitätskonzept bietet ein Muster an, das in der Kultivierung einer die Widersprüche der Welt in sich aufhebenden Selbstbeschreibung zu sich selbst kommt und Multiinklusion biographisch zu einer »Persönlichkeit« verdichtet. Und wo dieses bürgerliche Individuum jene »Aufhebung« nicht schafft, kann es immer noch die Unversöhnlichkeit der Welten in dieser Welt an sich selbst erleben und damit im Leiden an sich selbst seine (und der Welt) Einheit reflektieren oder intellektuell und künstlerisch zur Erhabenheit bringen.

Diese etwas übertriebene Stilisierung soll zeigen, dass eine angemessene systemtheoretische Rede von »Individualisierung« eine höhere Sensibilität dafür entwickeln muss, dass es nicht um *Individuen* als Gegenpole zur *Gesellschaft* geht, sondern dass es um die operative Geschlossenheit von Kommunikationssystemen geht, deren interne, also kommunikative Form Personen ausschließlich *als Individuen* anzusprechen vermag. *Exklusionsindividualität* wäre dann also nichts, was irgendwie aus der Gesellschaft exkludiert wäre, eingeschlossen in die innere Unendlichkeit des reflektierenden Individuums, so etwas wie die säkularisierte Variante der protestantischen Zwiesprache mit Gott. *Exkludiert* wäre diese Form der Reflexion lediglich in der Weise, dass sie sich nicht mit dem Differenzierungsprinzip der Gesellschaft parallelisieren ließe. Die *Individualität der Person* wäre demnach nichts anderes als eine sich in Kommunikationsprozessen bewährende Form der Adressierung, eine soziale Zumutung, die es Individuen kaum mehr erlaubt, ihre soziale Adresse allein auf Gruppen-, Schichten- oder Familienzugehörigkeit beschränken zu können. Dass sich im intellektuellen und bürgerlichen Milieu dafür die elaboriertesten semantischen Formen nachweisen lassen, ist nur ein Hinweis darauf, dass es offensichtlich unterschiedliche Formen der kommunikativen Bewältigung individueller Adressierbarkeit gibt. Im Übrigen dürfte sich der Individualitätstopos wirklicher *Bürgerlichkeit* noch viel stärker mit »gesellschaftlichen« Notwendigkeiten und Unausweichlichkeiten arrangieren und Individualität vor allem als *Selbstkontrolle* erleben und semantisieren, während die eher *intellektuelle* Variante eher *Selbstentfaltung* zum Programm erhebt und sich aller Grenzen entledigt. Wenn man das an literarischen Autoren festmachen will, denkt man bei der ersteren Figur eher an die Helden Thomas Manns, bei der zweiteren eher an die Houellebecqs.[4]

Was für den so genannten Exklusionsbereich der Funktionssysteme gilt, gilt letztlich auch für die Funktionssysteme, die ebenfalls die explizit *individualisierte* Individualität von Personen in Anspruch nehmen. In den meisten Programmen der Funktionssysteme ist Inklusion so vorgesehen, dass die Teilnehmer an Kommunikation tatsächlich als Individuen thematisiert werden, was freilich keineswegs die Diagnose relativiert, dass sich die Individualität von Individuen selbst im Exklusionsbereich der Gesellschaft verorten müsse. Es ist im Übrigen zu bedenken, dass das *Außen*, auf das der Exklusionsbegriff hier abstellt, kein *topographisches* Außen meint, sondern ausschließlich ein *operatives* Außen. Gemeint ist damit lediglich, dass die Annahmewahrscheinlichkeit von Kommunikation innerhalb der Funktionssysteme als *codierter* und *mediatisierter* Form der Kommunikation sich davon unabhängig machen kann, Personen anders zu adressieren denn als Zurechnungspunkte für funktionssystemspezifische Formen. Das schließt nicht aus, dass Personen als konkrete Personen adressiert werden, das schließt auch nicht aus, dass Personen nach Merkmalen adressiert werden, die

4 Womit nicht behauptet wird, die Helden Houellebecqs seien intellektuell anspruchsvoller als die Manns. Das sicher nicht. Aber sie kommen als *interessante Figuren* gegenwärtigen »postmodernen«, d. h. auch: antibürgerlichen intellektuellen Milieus sicher eher entgegen, weil sie die Selbstreflexion bis zur Absurdität treiben und damit die Unausweichlichkeit und Unabgeschlossenheit des Reflektierens reflektieren.

funktionssystemspezifisch nicht von Relevanz sind – etwa nach so genannten kulturellen, nach ethnischen, »rassischen«, lebensaltersmäßigen und vor allem geschlechtlichen Gesichtspunkten –, aber diese Adressierungsformen stehen letztlich quer zur Mediatisierung und Codierung von Funktionssystemen, und es ist dann ein enormes theoretisches Problem, warum etwa die Unterscheidung von Männern und Frauen *einerseits* dort, wo Männer und Frauen *wahrgenommen* werden können (in Interaktionen also), sogar in die expliziten Vermeidungsversuche der Unterscheidung hineingezogen werden, *andererseits* aber kaum behauptet werden kann, die Unterscheidung habe eine *gesellschaftsstrukturelle* Relevanz.[5] Entscheidend ist jedenfalls, dass auch innerhalb der Funktionssysteme, d. h. durch codierte und mediatisierte Kommunikationsformen, mit *individualisierbaren Adressen* gerechnet wird.

Die reflexive, in diesem Sinne ihre eigene Einheit außerhalb der Funktionssysteme herstellende Individualität von Individuen ist geradezu die Bedingung für das Funktionieren der modernen Gesellschaft und reflektiert sich in vielfältigen Programmen von Funktionssystemen. So greift etwa die *Ökonomie* stets auf den individuellen Zahler zu, ihre dominante Reflexionstheorie erhebt geradezu den *Homo oeconomicus* zum individualistischen Entscheidungsträger, dessen individuelle Intransparenz es gerade ist, die die emergente Dynamik des Marktes am Laufen hält, und das Beschäftigungssystem ist nichts anderes als ein Markt individueller Anbieter bei knappem Angebot. Dabei greift das Wirtschaftssystem nicht einfach auf eine Art *personales Substrat* zu, sondern erzeugt jene Form des individualistischen Entscheiders selbst, als der dieser sich adressieren lässt. Es ist dies eine geradezu klassische Form der *Inklusionsindividualisierung* (vgl. dazu Nassehi 2002d).

Das *Recht* ist darauf spezialisiert, Ansprüche auf individuelle Träger zuzurechnen und Verantwortlichkeiten bei zurechnungsfähigen individuellen Adressen zu suchen. Rechtliche Formen wie Gleichheit vor dem Gesetz, universale Menschenrechte, Vertragsfähigkeit, Strafmündigkeit und Anspruchsberechtigung beziehen sich auf eine vorausgesetzte Autonomie zurechnungsfähiger Individuen. Ferner

5 Vgl. dazu meinen Versuch, noch die *Wahrnehmung* des vermeintlich *außersozialen* körperlichen Geschlechts in die Dynamik der Geschlossenheit sozialer Systeme einzubauen, verbunden mit dem Versuch, den Funktionssinn der *Asymmetrie* der sexuellen Unterscheidung zu bestimmen (Nassehi 2003a).

koppelt sich das moderne Recht an die besitzbürgerliche Form des Privatbesitzes. Wie in der Ökonomie setzt auch das Recht individuelle Adressen nicht schlicht voraus, sondern erzeugt diese semantisch.

Das *politische System* hat zwar die Funktion, kollektiv bindende Entscheidungen bereitzustellen, produziert aber damit eine Kollektivität individueller Adressen. Sowohl das Programm der Nation als auch das Programm der Demokratie bindet individuelle Interessenlagen und Aspirationen an eine Loyalitätsverpflichtung, die von Individuen Loyalität und Partizipation einfordert – nicht real, aber als folgenreiche Selbstbeschreibung. Ferner dürfen die individualisierenden Effekte der Anspruchsberechtigung in modernen Wohlfahrtsstaaten nicht unterschätzt werden.

Erziehung/Bildung kapriziert sich auf Fähigkeiten und Leistungen von Menschen im Hinblick auf ihren je individuellen antizipierbaren Lebenslauf; *soziale Hilfe* individualisiert soziale Probleme zu je konkreten Anspruchsberechtigungen; *Religion* ist nur noch dort anschlussfähig, wo sie auf individuelle Ganzheiten zugreift; und *Kunst* rechnet immer mehr mit individuellem Erleben und individualisierter Rezeption. Die Funktionssysteme sind also in ihren Programmen explizit daran beteiligt, dass Inklusion individualisiert und als Exklusionsindividualität reflektiert und gegebenenfalls integriert werden muss. In diesem Sinne ist *Exklusionsindividualisierung* eine ökologische Bedingung für das Funktionieren der funktional differenzierten Gesellschaft. Die Programme der Funktionssysteme etablieren gewissermaßen entgegenkommende Bedingungen für jenes Passungsverhältnis von radikaler gesellschaftlicher Differenzierung und gesellschaftlichem Zwang zur Individualität. Und diese Erkenntnis vermag womöglich dazu beizutragen, das Thema der Individualisierung zu entzaubern, es seiner merkwürdigen Assoziation mit bürgerlich-akademischer Stilisierung zu entkleiden.

Das große Thema der *Subjektivität,* des Individuums als jeweiligem Weltzentrum hat hier seinen Ausgangspunkt: Die Funktionssysteme müssen dem Individuum suggerieren, dass es so etwas wie das Subjekt seiner selbst sei, das in seiner Subjektivität als Individuum auftritt – und damit als Ganzheit für sich selbst verantwortlich ist. Dass es die Gesellschaft selbst ist – auch in Gestalt der Programme ihrer Funktionssysteme –, die die Individualität der Individuen als Reflexionsform konstituiert, muss dann den zentralen Mythen des modernen, autonomen Subjekts, des Schmiedes je eigenen (Un-)Glücks und der Selbstbeschreibung der Individuen als Individuen gegenüber unsichtbar gehalten werden. Nur so können Individuen sich ihre Individualität selbst zurechnen, und nur so vermögen es die moderne Gesellschaft und ihre Funktionssysteme, auf eine vorgängige Koordination ihrer Inklusionsangebote und -zumutungen zu verzichten. Selbst die Soziologie, die ja angetreten war, diese Zurechnungsprozesse aufzudecken, tut sich schwer, die unbedingte *ontologische* Würde des *Subjekts* zu bestreiten – dabei wird man vielleicht gerade der *empirischen* Würde des *Individuums* eher gerecht, wenn man seine Bedingtheiten, seine Widerfahrnisse, seine soziale Natur anerkennt: der Paradoxie zu unterliegen, eine unverwechselbare Kopie zu sein.

Die *individualisierende* Inklusion und meine Rede von einem daraus resultierenden *Passungsverhältnis* darf nicht in der Weise einer harmonisierenden Beschreibung missverstanden werden. Die Funktionssysteme greifen recht direktiv in die Konstitution des Individuums ein. Wiewohl Exklusionsindividualisierung sehr wohl stilisierte *Selbst*referenz einfordert und alternativlos erwartet, so werden Individuen in ihrer *»Subjektivität«* gerade durch die individualisierende Inklusion erst *konstituiert.* Dieses Argument ähnelt Michel Foucaults »Analytik der Endlichkeit«, die »den Menschen« als kollektivsinguläre Einheit als Ergebnis der Determination durch Diskurse vorstellt. Indem die Analytik der Endlichkeit »zeigt, dass der Mensch determiniert ist, handelt es sich für sie darum, hervorzuheben, dass die Grundlage dieser Determination das Sein des Menschen selbst in seinen radikalen Grenzen ist« (Foucault 1971, S. 408 f.). Und diese Grenzen sind eben dadurch gesetzt, dass sich Individualität gewissermaßen im Bestimmungsbereich entsprechender Erwartungen vorfindet. In der »Leere des verschwundenen Menschen« (ebd., S. 412) zu denken bedeutet dann, den blinden Fleck der Behauptung einer Subjektivität des Subjekts auf seine diskursiven bzw. gesellschaftlichen Antezedenzbedingungen hin zu befragen. In diesem Sinne erweisen sich manche programmatischen Strategien der Funktionssysteme als diejenigen diskursiven Techniken, in denen man mit Foucault die *Konstitution des Subjekts* erkennen kann. So greift *Ökonomie* nicht nur auf individuelle Zahler zu, sondern *konstituiert* damit auch erst das interessegeleitete Subjekt utilitaristischen Zuschnitts; *Recht* und *Politik* rechnen nicht nur individuell zu, sondern fordern individuelle Konformität, gesellschaftlichen Zwang zum Selbstzwang (Elias), Selbstkontrolle und Loyalität als subjektives Vermögen sowie die freiwillige Unterwerfung unter (staatliche) Kollektive ein; *(Human- und Bio-)Wissenschaften* »erfinden« den Menschen, verlangen von ihm Autonomie und konstituieren ihn als empirisch-transzendentale Dublette (Foucault) oder womöglich bald als industriell-genetisches Produkt; *Religion* übt Geständnisse ein, die sich dann im Recht, in der Liebe und in der Medizin säkularisieren; *Erziehung* trainiert Triebaufschub und Langsicht usw. Es soll dies kein Kuriositätenkabinett werden, auch keine naive Kritik von Unterwerfungstechniken. Vielmehr zeigt sich hier, dass die theoretische Annahme, dass die Form der jeweiligen Individualität eine Reaktion auf gesellschaftliche Erwartungsbildung sei, sich der Selbstbeschreibung des (allgemeinen) Subjekts als kollektivsinguläres Versprechen gelungenen Lebens oder des (besonderen) Individuums als Kontingenzformel für das heldenhafte Aushalten von Verschiedenheit nicht recht fügen will. Die Funktionssysteme konstituieren also selbst gewisse Individualitätstypen, sie erschaffen gerade durch die jeweilige Inklusionsform passende Sozialcharaktere und *Identitäten*. Das mag befremdlich erscheinen. Aber befremden darf das nur den, der auf der Summenkonstanz von Individuum und Gesellschaft beharrt.[6]

Exkurs: Identität

Was derzeit unter dem Titel *Individualisierung* diskutiert wird, ähnelt in vielem einer Debatte, die eine Generation zuvor mit dem sozialpsychologischen Begriff der *Identität* verbunden wurde. Er gab

6 Das Summenkonstanzargument wird oft gegen Ulrich Beck ins Feld geführt, und dieser erscheint manchen dann als der Totengräber der Soziologie, weil er ihren Gegenstand zunichte macht – ein eher unberechtigter Vorwurf. Aber bisweilen hört man auch bei Beck (und hier: Beck-Gernsheim) selbst Anklänge eines solchen Modells, wenn er sich gegen Systemtheorien wendet, »die eine vom Handeln und Denken der Individuen unabhängige Existenz und Reproduktion des Sozialen annehmen« (Beck/Beck-Gernsheim 1994, S. 29f.), als hätte jemals eine Systemtheorie eine vom Handeln und Denken der Individuen »unabhängige« Existenz und Reproduktion des Sozialen postuliert und als sei zumindest »Handeln« ernsthaft ein ausschließlich irgendeinem Vermögen von »Individuen« entspringendes Phänomen. Das zu sehen, bedarf es freilich nicht einmal der Systemtheorie.

der Soziologie ein recht stabiles Selbstverhältnis. Identität war eine Art *key-concept* der soziologischen Nomenklatur, das darauf abstellte, dass Identitäten nicht mehr schlicht gegeben waren, sondern erworben werden mussten. Eine Identität auszubilden taugte als Zielformulierung. Identität konnte ebenso verfehlt wie auch gesteigert werden – und wurde somit zum Abbild einer komplexen Gesellschaftsstruktur, die Identitäten nicht mehr als schlichte Abbilder sozial eindeutiger Adressen formieren konnte. Nicht nur Menschen oder veritable Subjekte freilich waren identitätsfähig. Gar die Frage, ob »komplexe Gesellschaften« eine Identität ausbilden könnten, wurde gestellt, mehr noch: eine »vernünftige« Identität, noch mehr: einer »erst im Entstehen begriffenen Weltgesellschaft« (Habermas 1976, S. 117) erschien im Horizont des Möglichen. »Identität« war zentraler Untersuchungsfokus und Subtext der Soziologie zugleich – ähnlich wie einige Zeit später fast alle sozialen Phänomene den Soziologemen »Individualisierung« und noch später »Globalisierung« subordiniert wurden. Und wenn dies sicher nicht für das Fach als solches gilt, so gilt es zumindest für die Identifikation ihres Kanons und ihrer Fragestellungen von außen, von fremden, etwa medialen Beobachtern.

Wie die soziologische Semantik der *Individualisierung* versuchte sich auch die *Identitätssemantik* an der Soziologisierung des Problems des Selbstbewusstseins, wobei es hier weniger um die Frage ging, wie Selbstbewusstsein als Selbstverhältnis – etwa als Lösung des Reflexionszirkels des sich auf sich beziehenden Ichs – möglich ist. Die Frage war eher die eines Fremdverhältnisses. Reagiert die Individualisierungssemantik auf den Verlust einer eindeutigen sozialen Adresse, macht die Identitätssemantik die Adresse zum Problem: Wie *Identität* trotz aller Entzweiungen der Welt möglich ist, die innerhalb ebenso wie zwischen Subjekten klaffen. Die klassische Lösung dieses Problems hatte stilbildend Hegel angeboten. Ihm war die Fundierung der Weltlichkeit des Individuums in seiner Ichheit (Hegel 1970c, S. 321) Anlass, den bürgerlichen Subjekten, »die in selbständiger Freiheit und als *Besondere* für sich sind«, zu bescheinigen, sie verlören ihre »sittliche Bestimmung«. Diese »Atomistik« habe »der Staat als bürgerliche Gesellschaft« aufzuheben. Die Hegel'sche Aufhebung des bewusstseinsphilosophischen Innerlichkeitsmodells in seiner Philosophie des Geistes ist gewissermaßen die erste gesellschaftstheoretische Fassung des Identitätsproblems, also des Problems der Versöhnung des Einzelnen mit seinen Differenzen: mit den *zeitlichen* Differenzen einer je eigenen Vergangenheit und Zukunft, die als biographischer Horizont zum legitimen Fokus der Selbstbeschreibung wird; mit den *sachlichen* Differenzen in einer sich entzweienden Moderne, die den Zusammenhang alltäglicher Tätigkeiten nicht vorreguliert; mit den *sozialen* Differenzen einer Gesellschaft der Individuen, die Individuen nur so weit sein konnten, als sie sich der Einsicht in die Notwendigkeit fügten und dafür eine sittliche Totalität benötigten, die im postrevolutionären Zeitalter Hegels noch in der sittlichen Totalität des Staates zu finden war und in der Sprache der späteren Soziologie normative Integration heißen sollte.

Die theoretische Formierung des Identitätsproblems erfolgt offensichtlich innerhalb folgender Kontextur: Wie kann es unter Bedingungen der modernen Gesellschaftsstruktur – also unter Bedingungen einer Multiinklusion in einer funktional differenzierten Gesellschaft – gelingen, dass Individuen in ihrer strukturell *atomistischen* sozialen Lagerung eine soziale *Aufhebung* erfahren? Von ihrem Hegelschen Erbe scheint die Soziologie also letztlich nie sich wirklich emanzipiert zu haben, von jenem Erbe nämlich, das *Gesellschaft*, konfundiert im Staat, als das Allgemeine beschreibt, dem die Individuen als das je Besondere gegenüberstehen. Deren Identität ist dann stets – und hier bekommt der Identitätsbegriff eine geradezu ironische Bedeutung – nicht nur ein Identisch-Sein oder -Bleiben mit sich selbst, sondern eine Identität des Besonderen mit dem Allgemeinen, das in dialektischer Verschlingung sein je anderes je ist. Wie in Hegels Rechtsphilosophie das staatliche Gemeinwesen als die »substantielle Einheit ... absoluter, unbewegter Selbstzweck« (Hegel 1970a, S. 399) ist und damit zu einem »wirklichen Gott« (ebd., S. 403) gerät, scheint auch die soziologische Selbstbeschreibung der modernen Gesellschaft in einem staatsanalogen Gebilde ihren allgemeinen Fokus gefunden zu haben. Es ist letztlich der Hegel'sche Volksgeist als objektiver Geist des (staatlich formierten) Gemeinwesens, der von Durkheims *conscience collective* über Parsons' *societal community* bis zu Habermas' *vernünftiger Identität* einer komplexen Gesellschaft so etwas wie den optischen Fluchtpunkt des gesellschaftstheoretischen Denkens darstellt.

Die Kontextur der Hegel'schen Gesellschaftstheorie, die die *Identität von Identität und Differenz* betont und dabei die dialektische

Versöhnung von subjektivem und objektivem Geist anstrebt, ist ganz offensichtlich die Frage danach, wie sich die Unterwerfung des Besonderen unters Allgemeine als Freiheit denken lässt – das Besondere sei »durch seine Reflexion in sich mit dem Allgemeinen ausgeglichen« (Hegel 1970a, S. 55). Erst dies macht es plausibel, den Staat für einen *wirklichen Gott* zu halten. Denn allein die Unterwerfung unter einen Gott lässt sich letztlich in Freiheit umdefinieren, wie die theorietechnische Funktion der Sittlichkeit, als deren Wirklichkeit der Staat erscheint, die Einschränkung individueller Handlungsmöglichkeiten zugunsten eines Allgemeinen postulieren kann. Es wäre eine Überinterpretation, der *Mainstream*-Gesellschaftstheorie eine Hegel'sche Denkfigur zu unterstellen – aber die Hegelsche Kontextur des Problemaufrisses ist dieselbe: Wie lässt sich soziale Ordnung denken, obwohl Individuen prinzipiell mehr Handlungsmöglichkeiten zur Verfügung stehen, als sie letztlich wählen? Wie lässt sich Allgemeinheit herstellen, obwohl Akteure sich – gesellschaftsstrukturell gesehen – als besondere, als Ichheiten, als endlich setzen?[7] Die Antwort auf diese Fragen lautet: *Identität.*

Die Kontextur der Identitätssemantik lässt sich am *locus classicus* der sozialpsychologischen Identitätstheorie deutlich ablesen, nämlich an der in den 40er und 50er Jahren des 20. Jahrhunderts entstandenen Theorie von Erik H. Erikson. Erikson beginnt als klinischer Psychologe und führt Psychopathologien vor allem darauf zurück, dass es der Person nicht gelingt, seine Individualität mit der kollektiven oder gesellschaftlichen Realität zu versöhnen. Ähnlich wie in der Tradition Durkheims und Mertons sozialpathologisches (abweichendes) Verhalten damit begründet wird, dem Individuum stünden keine legitimen Mittel zur Zielerreichung zur Verfügung, macht Erikson die Psychopathologie am Fehlen geeigneter Mittel fest, die Ansprüche des Individuums mit denen der Gruppe, der Gesellschaft zu versöhnen. Ein »starkes Ich«, so Erikson (1966, S. 51), zeichne sich dadurch aus, dass es »durch seine Gruppe in seiner Identität gesichert ist« und insofern keine abweichenden/pathologischen Reaktionen hervorbringt. Dabei ist sich Erikson durchaus bewusst, dass Identität keine starre Form ist, sondern gerade durch die moderne Gesellschaftsstruktur erhebliche Flexibilität bereitstellen

7 »Durch dies Setzen seiner selbst als eines *Bestimmten* tritt *Ich* in das *Dasein* überhaupt; – das absolute Moment der *Endlichkeit* oder *Besonderung* des Ich.« (Hegel 1970a, S. 52)

muss: »Der geheilte Patient wird imstande sein, die Diskontinuitäten des amerikanischen Lebens und die polaren Spannungen in seinem eigenen Kampfe um eine wirtschaftliche und kulturelle Identität ins Auge zu fassen, nicht als eine von außen auferlegte feindliche Realität, sondern als potentielles Versprechen einer universalen kollektiven Identität.« (Erikson 1966, S. 37) Eine gelungene Identität ist also eine Identität, die sich zwischen den Zielen einer Gruppe und denen eines Individuums einstellt, das also gewissermaßen auf dem Boden einer *allgemeinen Sittlichkeit* steht und in ontogenetischer Entwicklung eine *Ich-Identität* ausbildet, d. h. ein reflexives Bewusstsein dieser gruppenspezifischen Quelle des Individuellen erlangt (vgl. Erikson 1966, S. 17). Man könnte in Abwandlung von Hegels Affirmation des Wirklichen mit dem Vernünftigen sagen: *Das Gesunde ist das Vernünftige.*

Die Identitäts-Kontextur scheint sich kaum verschoben zu haben. Auch hier geht es um das Bezugsproblem einer sozialen Ordnung, die stabil zu halten ist, obwohl sich Individuen anders verhalten könnten, als sie sollen – sonst müssten sie nicht »sollen«. Auch Erikson empfiehlt Subordination aus freien Stücken, Einschränkung als Horizonterweiterung, Identisch-Werden eben, als Besonderes identisch mit einem Allgemeinen. Die besondere Leistung Eriksons freilich besteht darin, zu zeigen, dass dieses Identisch-Werden niemals abgeschlossen ist, sondern eine »lebenslange Entwicklung« (Erikson 1966, S. 140) ist, die von allerlei Identitätskrisen geprägt ist. Sobald innerhalb eines Lebenszyklus bestimmte Aufgaben erfüllt sind – wenn man so will: Inklusionsmuster prekär werden oder verändert werden müssen –, entstehen Differenzerfahrungen, Anpassungskrisen, *psychosoziale Krisen*, die bei erfolgreicher Justierung mit den gesellschaftlichen Erwartungen zu einer neuen Festigung der Identität führen. Insofern macht der Mensch nach Erikson solche Krisen notwendigerweise durch, und eine gut funktionierende Gesellschaft braucht Institutionen und Routinen, Lebensplanmodelle und normative Muster, die solche Krisen sowohl erlauben als auch kanalisieren, ja geradezu sukzessive bereitstellen.

Wenn *Identität* also die Lösung ist, dann ist das Problem *Nicht-Identität*, also die soziale Verhinderung von Abweichung und Beliebigkeit. Noch genauer heißt die Frage: *Wie kann eine Gesellschaft Strukturen ausbilden, Erwartungssicherheiten herstellen, Ressourcen für kollektive Zielerreichung bereitstellen?*

Das Konzept *Identität* dient also letztlich dazu, das Ordnungsproblem auf den Begriff zu bringen. *Identität* ist damit als Brückenkonzept gebaut, die als Freiheit gedachte Individualität des Individuums mit der als integrative Ordnung gedachten Struktur der Gesellschaft zu versöhnen. Es ist dies letztlich ein dialektisches Konzept, das Identität stets nur als Identität des Besonderen mit einem Allgemeinen denken kann. Es ist eine Kontextur, die sich in der Differenz einer *subjektiven* und einer *objektiven* Ebene des Sozialen einrichtet und der als Gesellschaftskonzept letztlich nichts anderes zu denken bleibt als eine Container-Struktur, deren Allgemeinheit Zugehörigkeit ermöglicht – oder eben zurückweist. Es geht um die Versöhnung des Enthaltenen mit dem Behältnis. *Gelungene Identität* wäre dann die Versöhnung zwischen Allgemeinem und Besonderem. *Identität* ist also etwas, das von außen bezogen wird, es ist – um es noch einmal in Hegel'schen Kategorien zu sagen – Bewährung am objektiven Geist. Es ist dies diejenige Kontextur, die die Semantik der Identität, also der Versöhnung der (vermittelten) Differenz von Allgemeinem und Besonderem, dort als Reflexionsbegriff anschlussfähig werden lässt, wo das Allgemeine längst abhanden gekommen ist: Es ist die Kontextur einer unheilbar *funktional differenzierten Gesellschaft*, der man – spätestens mit dem Prekärwerden ihrer nationalstaatlich domestizierten Gestalt – kaum mehr so etwas wie eine Allgemeinheit wird abziehen können, die als Adresse noch wird fungieren können, als jene Adresse, die in der klassischen Identitätstheorie konstitutiv war für die Behauptung des Identisch-Seins und -Werdens mit sich und den Erwartungen der Gesellschaft.[8]

Die Identitätstheorie hat auf den offenkundigen Verlust jener

8 So hat auch die Differenzierungstheorie stets so etwas wie eine Identitätssemantik begleitet, die seit den Zeiten Durkheims als Integrationstheorie gebaut wurde – und nicht umsonst sind die gegenwärtig beliebten Diagnosen der gesellschaftlichen *Desintegration* zugleich Diagnosen *gefährdeter Identitäten*, wie sie in dieser Kombination in Deutschland am prominentesten von Wilhelm Heitmeyer und seiner Forschergruppe formuliert werden (vgl. Heitmeyer 1997), rekurrierend auf den klassischen Bestand einer Soziologie, die den Gesellschaftsbegriff letztlich stets als *normativen* Begriff gebildet hat, dem ein gewisses Maß an Integration, Integrität, Gemeinschaftlichkeit und Verpflichtung innewohnte und der selbst als *Reflexionsbegriff* öffentliche, insbesondere politische Selbstbeschreibungen der Gesellschaft konditioniert – und damit *Identität* auf die Verpflichtung zugunsten jener *politisch* formierten *kollektiven* Ziele festlegte. Insofern waren die Topoi *Identität* und *kollektive Identität* letztlich identisch zu setzen. Und insofern sind alle

Allgemeinheitsstruktur, die in der Parsons'schen Gesellschaftsstruktur in der Gestalt der *gesellschaftlichen Gemeinschaft* überlebt hat, gegenläufig reagiert. Es werden nun nicht mehr universalistische, sondern partikulare Aspekte betont, die das Identitätskonzept diversifizieren. Kulturelle und ethnische Identitäten werden nun bemüht, geschlechtliche und sexuelle Identitäten, regionale oder stilistische Identitätsmerkmale etc. (vgl. etwa Assmann/Friese (Hg.) 1998; Brubaker/Cooper 2000). Eine Person kann dann – ohne dass die logische Merkwürdigkeit tatsächlich aufgefallen wäre – mehrere Identität*en* haben. Das Bemühen um solche partikularen Identitätsmuster weist auf dreierlei hin: *erstens* darauf, dass sich die Idee *einer* gesellschaftsweiten (was immer diese Weite einschränkt) Identitätsfolie kaum mehr durchhalten lässt, weil die Partikularidentitäten sich nicht mehr unter das Dach einer gemeinsamen Identität subordinieren lassen. Gerade an dieser Diversifizierung der Identität*en* lässt sich ablesen, wie prekär jener unbeobachtete, zumeist aber vorausgesetzte Gesellschaftsbegriff geworden ist, der an einen Container, an ein Behältnis, an etwas sozial Schließendes gemahnt. *Zweitens* verweist diese kleinräumigere Identitätsanmutung immer stärker auf Distinktion, auf Vergleich, auf Differenz. Dies korrespondiert letztlich mit dem neuen Interesse an »Kultur«, wenn man diesen schillernden Begriff als einen Hinweis auf Vergleiche, auf Wahrnehmung des anderen, auf das Prekärwerden des zuvor Alternativlosen lesen will (s. u. S. 231 ff.). *Drittens* verweist die Partikularisierung und Diversifizierung kollektiver Identitätsfolien auf eine bedeutsamer werdende Orientierung am Problem der *genetischen* Identität, also an der Frage, wie ein Individuum trotz Wechsels seiner Zustände mit sich identisch bleiben kann.[9] Diese Problemformulierung trifft dann exakt das, was im Anschluss an die

theoretischen Versuche, diese »kollektive« Bedingung der Möglichkeit individueller Identitätsbildung an die postnationale Konstellation anzuschließen, Versuche, die sich jener Kontextur nach wie vor verpflichtet fühlen. Das gilt ebenso für Habermas' Insistieren auf einen postnationalen Bürgerstatus wie für die Rawls'sche Gerechtigkeitsidee. Und das gilt erst recht für die kommunitaristische Liberalismuskritik, die man gerade in ihren kollektivorientierten Zielen als unmittelbare Reaktion auf jene postnationale Konstellation lesen kann, der die Naturwüchsigkeit der anderen, der allgemeinen Seite jenes Besonderen längst abhanden gekommen ist.

9 Sowohl in der Methodologie als auch in der Theorie der soziologischen Biographieforschung etwa wird denn auch die konsistente, die widerspruchsfreie (oder

Identitätskonjunktur mit dem Begriff *Individualisierung* belegt wurde.

Erst vor diesem Hintergrund wird vielleicht plausibel, warum die Soziologie bisweilen so tun konnte, als formiere sich die Individualität der Person *jenseits* sozialer Zumutungen. Und erst vor diesem Hintergrund werden die absurden Befürchtungen denkbar, die *Individualisierungsdiagnose* lasse den Gegenstand der Soziologie verschwinden (vgl. noch einmal Burkart 1997, S. 271). Solche Befürchtungen zeugen nur davon, dass den Kritikern – man muss befürchten, ohne dass sie davon auch nur die Spur einer Ahnung haben – nur ein Gesellschaftskonzept zur Verfügung steht, das an der Hegel'schen Idee des Allgemeinen hängt, das die objektive Seite jener subjektiven darstellt, die mit dem Verschwinden des containerkompatiblen Konzepts der *Identität von Besonderem und Allgemeinem* sich dann in einem Nichts auflöst – und das ohne die Tröstungen einer wie immer gearteten *Aufhebung*. Freilich hat auch die *kritisierte* Seite, also die *Individualisierungssemantik* offenbar keine angemessenen Kategorien für die Überwindung der Dichotomie von »Individuum« und »Gesellschaft«. So lässt sich mit dieser Dichotomie, also mit der Engführung des Individualisierungsdiskurses an der Frage, ob es nun eher die »Gesellschaft« oder eher das »Individuum« sei, das den Gang der Dinge bestimmt, eine soziologische Tradition des Problems herschreiben, die der *Geburt der Soziologie aus dem Geist der Individualität* geschuldet bleibt.[10] Es ist dies immer noch Ausdruck jener Kontextur soziologischen Denkens, die das Besondere nur als Entäußerung eines Allgemeinen will gelten lassen – oder eben als Protest, Widerstand oder Antinomie dagegen. Zu konzedieren ist freilich, dass die Individualisierungsdebatte den Blick dafür schärft, dass sich individuelle/individualisierte Lebens-

wenigstens: Widersprüche erklärende) Reflexion der eigenen Lebensgeschichte prämiiert – als hätte es literarische Vorlagen des Bruchs, der Nicht-Erzählbarkeit konsistenter Geschichten etc. nie gegeben. All dies sind Motive auch einer *postmodernen* Dekonstruktion des Identitätsgedankens, die auf Diversifizierung, Dynamisierung und Pluralisierung von Identitäten angelegt ist und eine Reihe von identitätskritischen Identitätstheorien hervorgebracht hat (vgl. nur Hall 1996; Kamper 1980; Welsch 1990; Gergen 1996; Jameson 1993).

10 Eine tiefenscharfe und detailreiche synoptische Systematisierung klassischer und gegenwärtiger Individualisierungstheorien, freilich begrenzt auf den Konventionalismus dieser Kontextur von »Individuum/Gesellschaft«, findet sich bei Schroer (2001).

formen *operativ erzeugen*, dass sie einer Dynamik unterliegen, dass sie das Ergebnis einer Aktivität sind – wer immer das beobachtet und wem immer dann zuschreibt. Eine Umstellung auf eine operative Theorie der Gesellschaft impliziert das jedoch noch nicht.

Überraschungen

Aus der Perspektive der Theorie autopoietischer Systeme kann Identität sich weder auf eine Art beharrlicher Substanz eines Systems beziehen noch auf ein jenseits der Operationen liegendes Strukturmerkmal. *Identität* kann für ereignisbasierte Systeme nur das Ergebnis einer Beobachtung sein. Entscheidend ist freilich, was beobachtet wird, die Operation oder die Beobachtung? Auf der Seite der bloßen Operation könnte ein Beobachter *Identität* insoweit registrieren, als sich womöglich immer wiederkehrende Formen beobachten lassen, kondensierte Anschlussroutinen oder bewährte Schemata, etwa Konditionalprogramme in Organisationen, die Wiederholung von Themen in Interaktionen usw. Freilich wird man *Identität* in diesem Sinne weniger an sozialen Systemen beobachten wollen, mit Ausnahme von Organisationen, die gewissermaßen als Akteure, als zurechnungsfähige überindividuelle *Personen* behandelt werden. Üblicherweise wird man das Schema *Identität*, also die Unterstellung eines So-Seins-Kerns, jedoch »natürlichen Personen« zuschreiben.[11] Und auch hier kommt es auf die Beobachtung an, und es ist schwer zu entscheiden, ob man auf der Seite der *Operationen* oder auf der Seite der *Beobachtung* beobachtet.

Auf der Ebene der *Operationen* stößt man auf das, was ich oben (s. u. S. 73 ff.) die *zeitweise* Entparadoxierung der Selbstbezüglichkeit in der Zeit genannt habe. Für die Identitätstheorie hat das die Konsequenz, dass ereignisbasierte Systeme letztlich von ihrer eigenen Identität *überrascht* werden, denn sie bringen sich zwar selbst hervor, müssen dies aber mehr oder weniger *blind* tun, weil eine *bewusste* Planung des nächsten Ereignisses insofern ausgeschlossen ist, als bereits dies ein Sich-Ereignen voraussetzt. Ich spreche von *über-*

11 Jürgen Habermas (1976) freilich hält auch *Gesellschaften* für identitätsfähig, und dass er gerade ihnen eine *vernünftige* Identität evolutionstheoretisch (geschichtsphilosophisch?) zuschreiben möchte, verweist auf das Hegel'sche Erbe, das hier aufgegriffen wird.

raschten Identitäten deshalb, weil die Struktur eines Systems, sein – wenn man so will – *So-Sein* letztlich nur in der Dynamik einer sich je neu ereignenden Anschlussfähigkeit der eigenen Elemente herstellt. Und es dürfte einige empirische Evidenz dafür sprechen, das Operieren von autopoietischen Systemen in solchen *Überraschungsmomenten* zu beschreiben. Für Kommunikationssysteme wird das zunächst einleuchtender sein als für Bewussteinssysteme. Kommunikation findet sich stets *überrascht* vor, d. h. sie muss darauf reagieren, was geschieht, sie ist *zustandsdeterminiert*. Es bleibt ihr gar nichts anderes übrig, als je dort anzuschließen, wo sie gerade steht, und es ist fast ausgeschlossen, Kommunikationsprozesse eindeutig zu konditionieren und die Überraschung auszuschalten – mit der Ausnahme vielleicht von Kommunikationsformen, die exakt zur Vermeidung von Überraschungen strukturiert sind, religiöse Riten etwa.

Aber auch Bewusstseinssysteme operieren in dieser Weise von sich überrascht, ohne diese Überraschung registrieren zu müssen. *Überraschung* meint hier keine reflexive Befindlichkeit, sondern die schlichte Tatsache, dass in einer Ereignisreihe das für sich selbst blinde gegenwärtige Ereignis bereits rascher operiert hat, als es für das nächste Ereignis registriert werden kann. *Überraschung* bedeutet übrigens nicht chaotische Strukturlosigkeit. Auf der Seite der bloßen Operation bedeutet es zunächst nur, dass schlicht Operationen an Operationen anschließen. *Identität* freilich wird man erst in der Form von Regelmäßigkeiten entdecken, in Form von Kondensierungen von Unterscheidungen, bewährten Mustern etc. Es entsteht ein »Kondensat einer Mehrheit von Operationen«, die »mit verschiedenen Situationen kompatibel ist, also einen gewissen Spielraum von Möglichkeiten anzeigt« (Luhmann 1990b, S. 22). Diese *Identität* eines Systems macht es von unmittelbarer Konditionierung von seiner Umwelt unabhängig – und das ist letztlich nichts anderes als das *definiens* von Systemen schlechthin, die Unterbrechung von Interdependenzen, die Erzeugung von Geschlossenheit und systemspezifischer Offenheit. Dieses *operative* Identitätsverständnis stellt auf den eigendynamischen, operativen Ordnungsaufbau von Systemen ab – und muss doch beobachtet werden, um registriert werden zu können. Man kann es dann behandeln wie etwas, das sich *zeitfest in der Zeit* erhält und also mit sich »identisch« bleiben/werden kann.

Diese operative Identitätstheorie verzichtet auf alle subjekttheoretischen Implikationen, sie verlegt *Identität* in das Auge des Betrachters. *Identität* wird dann von einem Beobachter in Operationen hineinprojiziert – und diese Projektion wirkt dann selbst zurück auf jene Operationen. Und damit schließt sich der Kreis zur Inklusionstheorie, mit deren Hilfe ich den Topos der Individualität von Personen eingeleitet habe. Wenn es stimmt, dass Inklusion jenen Mechanismus darstellt, durch den Menschen in Kommunikationsprozessen als Personen für relevant gehalten werden, ist es nun nur ein kleiner Schritt zu der theoretischen Formierung der Rückwirkung solcher kommunikativer Zumutungen auf die Selbstbeobachtung und Selbstbeschreibung von psychischen Systemen als Personen. Die *individualisierende Inklusion* sowohl innerhalb der Funktionssysteme und deren Organisationen als auch die als *Exklusionsindividualität* titulierte Form der Selbstbeschreibung ist eine kommunikative Erwartung, die je nach Kontext zu unterschiedlichen Identitätsbehauptungen führt.

Diese Zumutungen gelten im Übrigen nicht nur für Kommunikationen, die anderen zugeschrieben werden. Man darf auch diejenigen Zumutungen nicht unterschätzen, von denen Sprecher durch ihr eigenes Sprechen überrascht werden. Kontakt zu bestimmten kommunikativen Formen führt nicht einfach über Wahrnehmung oder Registrierung zur Formierung individueller Präferenzen, Erwartungsstrukturen und Gewohnheiten, sondern über die praktische Bewährung kommunikativer Anschlussfähigkeit. Psychische Perspektiven werden letztlich durch jene kommunikativen Formen in Echtzeit *überrascht*, mit denen sie sich im kommunikativen Raum bemerkbar machen können und durch die sie für sich selbst bemerkbar werden. Ich insistiere hier auf *Überraschung*, um sowohl den temporalen Aspekt zu betonen als auch die operativen Geschlossenheiten. Systemtheoretisch gesprochen, ist die Koinzidenz psychischer und kommunikativer Ereignisse, also die Gleichzeitigkeit struktureller Kopplung etwas, das sowohl psychische Wahrnehmung von Kommunikation – auch der eigenen – in der Gleichzeitigkeit und Echtzeit des Kommunikationsprozesses überrascht, als auch Kommunikation der Komplexität und Nicht-Konditionierbarkeit der Kopplung psychischer Perspektiven aussetzt, von der diese letztlich nur überrascht werden kann. Selbstverständlich ist auch die theoretische Figur der Überraschung nur ein Beobachtungsschema, das als theoretisches Beobachtungsschema darauf abstellt, den operativen Aspekt des Ordnungsaufbaus sozialer und psychischer Systeme zu betonen. Und es dient dazu, das womöglich intellektualistische Selbstmissverständnis zu korrigieren, das, was man *Individualisierung* nennt, auf komplexe innere Reflexionsprozesse zurückzuführen. Diese sind nicht der Generator, sondern die Folge operativer Kopplungen zwischen psychischen und sozialen Systemen. Von individualisierender Kommunikation wäre also dann zu sprechen, wenn kommunikative Anschlussprozeduren Personen als Individuen ansprechen und diese zu *individualisierten* Zurechnungsformen zwingen. Praktische Individualisierungsprozesse wären dann solche, in denen Individuen sich selbst als zurechnungsfähige Individuen präsentieren und nicht als Zugehörige von Gruppen, als Exemplare oder ohne konkrete Zurechnungsform. Vor diesem Hintergrund ist es nicht erstaunlich, dass gesellschaftliche Individualisierungsprozesse vor allem am Beispiel von Familien auffallen. Familien sind Sozialsysteme, deren Persistenz nicht-individueller, sondern gruppenförmiger Zurechnungsformen sich stabiler gegen Umweltzumutungen stabilisieren konnten, als das anderen gruppenförmigen Inklusionsformen gelang. Insofern hatte (und hat) individualisierende Kommunikation Familienmitgliedern gegenüber einen besonderen Informationswert – auch für den soziologischen Individualisierungsdiskurs. Und insofern dürfte die individualisierende Kommunikation der ausdifferenzierten Funktionssysteme, die ich oben angedeutet habe, an Plausibilität gewinnen. Die im Intellektuellenblick höher im Kurs stehende reflektierende Selbstsuche entpuppt sich dann eher als Folge jener multiinkludierenden, zugleich individualisierenden und in diesem Sinne identitätsbildenden sozialen Zumutungen.

Der *Grad* an Individualität einer Person lässt sich an den kommunikativen Anschlussformen ablesen. Das Individuum unternimmt einen Kommunikationsversuch, und über den »Erfolg« dieses Versuchs wird im kommunikativen Raum entschieden, nämlich schlicht dadurch, dass an eine ganz bestimmte Kommunikationsofferte eine weitere Kommunikation anschließt – oder eben nicht. Das in der Kommunikation auftretende Individuum also, die Person, kann damit als ein Effekt von Kommunikation rekonstruiert werden, aber nicht in dem Sinne, das Individuum als so etwas wie die Entäußerung eines objektiven Geistes oder einer anonymen

Struktur zu verstehen, sondern in dem Sinne, dass *Personen* dadurch entstehen, dass sie im sozialen Raum positionierbar werden. Das hat übrigens nichts mit Konformität zu tun. Auch Abweichung oder Kritik werden erst durch Anschlussfähigkeit sichtbar – und das so weit, dass Abweichung oder Kritik so erwartbar werden können, dass sie mit Konformität zusammenfallen. Und es ist eine empirische Frage, ob Abweichung, Kritik, Konformität usw. in der Kommunikation überhaupt registriert werden.

Erst die Registrierbarkeit, dass es sich bei sozialen Erwartungen um Erwartungen handelt, die auch *anders* ausfallen könnten, lässt die *Identität* eines Individuums *mit sich selbst* psychisch und sozial zum Thema werden – denn Selbstidentität ist als Bebachtungspunkt nur denkbar, wenn sie auch verfehlt werden könnte. In jedem Falle wird das Beobachtungsschema *Identität* erst dann relevant werden, wenn die Anschlussfähigkeit der Person kontingent wird. So wird also – paradox formuliert – eine *stabile Identität* kaum mit dem Schema Identität/Differenz thematisiert werden, während das Identitätsproblem dort thematisch werden dürfte, wo es um komplexe, also nicht eindeutige Anschlüsse geht, wo *Identität* von *Differenz* bedroht wird und wo das Individuum als konkrete Person angesprochen wird. Das reicht von der Banalität, dass man von Unbekannten gerne den Namen erfährt, bis zu der Beobachtung, dass etwa in biographischen Interviews der empirischen Sozialforschung Rekurse auf *Identität* nur unter bestimmten Voraussetzungen gemacht werden und andernfalls nur subkutan mitlaufen und dann einem interpretierenden Beobachter auffallen. Deshalb sind qualitative Sozialforscher bisweilen überrascht, wenn sich Probanden nicht *individualisiert* darstellen oder ohne die Reflexionsform der Integration individueller Einheit auskommen, und erleben das dann womöglich als *Verweigerung* oder *Vermeidung* – ähnlich wie Psychologen eine Selbsteinschätzung als nicht therapiebedürftig, als *Widerstand* deuten.

Je länger und mit je mehr Konvergenz von Erwartung und tatsächlichem Anschluss von Kommunikationen man sich in einem solchen sozialen Raum aufhält, umso weniger bedarf es komplexer psychischer oder auch kommunikativer Reflexivität im Hinblick auf Anschlüsse. Insofern erweisen sich wohl auch psychische Strukturen und Erwartungsroutinen als Effekt kommunikativer Anschlussfähigkeit. Und die Idee der Identität als einer Form besonderer Allgemeinheit erweist sich dann als eine Figur, die in der Tat die Mannigfaltigkeit kommunikativer Anschlussmöglichkeiten und die Notwendigkeit, dies komplexitätsreduzierend einzuschränken, miteinander versöhnt.

Dieses Modell ähnelt nicht nur auf den ersten Blick solchen Theorien, die die Idee des Subjekts und seiner Identität vom Bewusstsein und vom Individuum abkoppeln und deren Strukturbildung in den sozialen Raum verlagern. Sowohl Jürgen Habermas' Idee der Umstellung von individueller auf kommunikative Rationalität (vgl. Habermas 1981a) als auch etwa Axel Honneths Gedanke der Subjektbildung im Sinne eines »Kampfes um Anerkennung« (vgl. Honneth 1994) machen darauf aufmerksam, dass sich die *Identität* des Subjekts im sozialen Raum entfaltet und nicht schlicht die Bedingung der Möglichkeit von Kommunikation ist (ähnlich Taylor 1994). Der theoretische Vorteil der Systemtheorie scheint mir aber darin zu liegen, dass hier die Form von Anschlussfähigkeit nicht von vorneherein theoretisch durch normative Modelle einer stabilen, biographisch durchhaltbaren und entwicklungslogisch lernbereiten Identität eingeschränkt wird. Die Systemtheorie hält sich theoretisch offener für die Möglichkeit von Brüchen, für Nichtanschlussfähigkeit und nicht zuletzt auch dafür, den, wie Habermas formuliert, revisionsfähigen Status moderner Subjektivität *nicht* vom Standpunkt eines Revisors aus zu betrachten.

Aus meiner systemtheoretischen Perspektive kommt es also darauf an, empirisch danach zu suchen, wie sich Personen in der Kommunikation *als Individuen*, präziser: wie Kommunikationen Personen *als Individuen* darstellen. Dabei kommt es nicht nur auf die inhaltliche Seite an, also was da kommuniziert wird, sondern auch wie es individuellen Selbstbeschreibungen gelingt, sich sozial ansprechbar zu halten. Für die soziologische Individualisierungstheorie heißt das dann, strikt zu unterscheiden: *einerseits* strukturelle Individualisierung als Folge der Multiinklusion in Funktionssysteme der modernen Gesellschaft, *andererseits* Individualisierung als ein eine *Identität* der Person erzeugendes Beobachtungsschema. Beide Seiten freilich sind aus der kommunikationstheoretischen Perspektive der Systemtheorie als Formen zu verstehen, die die Individualität der Person durch *individualisierende Kommunikation* erzeugen. Die Identität und Individualität des Individuums ist damit weder eine außergesellschaftliche Tatsache, wie sie Helmut Schelsky, der große

Teile der heutigen Individualisierungsdebatte schon vorweggenommen hatte, in seiner *transzendentalen Theorie der Gesellschaft* (vgl. Schelsky 1959) formuliert hat. Noch ist sie – in der Hegel'schen Tradition der dialektischen Identität von Allgemeinem und Besonderem – das Ziel unbedingter Dazugehörigkeit, versöhnt mit der radikalen Unterschiedlichkeit der Dazugehörenden. Aus systemtheoretischer Perspektive ist sie vielmehr ein Effekt der spezifischen Kopplung psychischer und sozialer Systeme in der modernen Gesellschaft. Erst eine in dieser Weise von der Substanz des Individuums und seiner fast antisozialen Aspiration lassende Theorie des Individuums wird das Geburtstrauma der Soziologie überwinden, die *praktische* Dekonstruktion des Subjekts immer wieder *theoretisch* dementieren zu müssen. Die öffentliche Prominenz des Themas – und damit auch seine sträflichen Simplifizierungen in öffentlichkeitswirksamen Debatten – scheint damit zu tun zu haben, dass diese spezifische Kopplungsform auf *das* alltägliche Problem von Individuen in der modernen Gesellschaft hinweist: *für jene Aufmerksamkeit und Ansprechbarkeit selbst zu sorgen, der sich das klassisch moderne, bürgerliche Individuum in emanzipatorischer Absicht noch entziehen wollte.* In diesem Sinne leben wir tatsächlich in einem postemanzipatorischen Zeitalter.

4. Die Geburt der Soziologie aus dem Geist der Modernität

Wenn bisher von gesellschaftlicher Moderne die Rede war, ist das recht undifferenziert geschehen. Der Begriff der Moderne wird zumeist unterscheidungslos gebraucht, d. h. ihm ist nicht unmittelbar zu entnehmen, welche Seite einer Form er darstellt. Ist die andere Seite die Vormoderne, vielleicht inzwischen die Postmoderne. Oder ist es eine regionale Unterscheidung, die hier getroffen wird? Hier modern und dort – ja, was dort? Nicht-modern? Oder ist es eine normative Unterscheidung? Im folgenden Kapitel werde ich versuchen, auf diese Fragen Antworten zu geben, und ich werde dabei weniger eine gegenstandsbezogene Analyse vornehmen, sondern den Unterscheidungsgebrauch der Soziologie selbst unter die Lupe nehmen. Einmal mehr stellt sich dabei heraus, dass die Soziologie eine Selbstbeschreibung der Gesellschaft anfertigt und dass eine genauere Reflexion des Ortes dieser Selbstreflexion den jeweiligen Unterscheidungsgebrauch verstehbarer macht.

Zunächst assoziiert man mit dem Adjektiv modern in der Tat Normatives. Komposita mit modern scheinen Novität und Qualität zu garantieren. Da wird in der Werbung ein modernes Antriebskonzept für sparsame Automobile angepriesen, die Parteien streiten um ein modernes Staatsbürgerschaftsrecht, die Fußball-Nationalmannschaft versucht sich an einem moderneren Spielsystem, moderne Managementkonzepte setzen nicht mehr auf Befehle, sondern wollen überzeugen, moderne Antibiotika haben weniger Nebenwirkungen, und moderne Waffen treffen einfach besser. Und die moderne Gesellschaft? Hier gestaltet sich der Begriffsgebrauch des besagten (und inzwischen ziemlich betagten) Begriffs schon schwieriger. Dass der Bedeutungshorizont des Begriffs zugleich geradezu grenzenlos und ubiquitär wie auch sehr begrenzt ist, zeigt sich darin, dass fast keine soziologische Theorie oder Studie ohne ihn auskommt. Wenn man nach einem relativ unstrittigen Label für unsere Gesellschaftsform sucht, dann bietet sich in der Tat der Begriff moderne Gesellschaft an, ohne dass damit aber schon viel gesagt wäre. Unstrittig mag vielleicht sein, dass moderne Gesellschaften eine demokratische Staatsform bevorzugen, dass sie einen hohen Grad an Arbeitsteilung aufweisen und für Vollinklusion ihrer Bevölkerungen in Bildungssysteme sorgen, dass sie positives Recht als Konfliktregelungsstrategie benutzen, dass sie zunehmend universalistische Werte ausbilden, inzwischen auch: dass ihre Ökonomie kapitalistisch organisiert ist. Aber all dies ist wenig tiefenscharf und präzise.

Die »Modernität« der Soziologie

Wer etwas beschreiben will, braucht zu seinem Gegenstand eine gewisse Distanz, um sich von ihm unterscheiden zu können. Für das Verhältnis von Moderne oder moderner Gesellschaft und Soziologie trifft diese Voraussetzung jedenfalls nicht zu, denn was ist die Soziologie anderes als der Versuch, die moderne Gesellschaft gerade in ihrer Modernität verstehen und beschreiben zu wollen? Die Soziologie ist nicht nur historisch ein Kind der Moderne, sondern auch systematisch, will heißen: dass sich Gesellschaften als Gesellschaften beschreiben und nicht einfach als Welt oder Schöpfungsordnung oder Ähnliches, ist bereits ein Zeichen ihrer Modernität.[1] Als Gesellschaft, das bedeutet letztlich nichts anderes, als dass das Zusammenleben der Menschen, ihre Gesellungsform sich selbst zum Problem wird, weil sie ganz offensichtlich gestaltbar geworden ist. Gesellschaft als soziologischer Begriff könnte selbst eine Chiffre dafür sein, dass sich die Welt nicht mehr von selbst versteht und keine unwandelbare Gestalt besitzt, sondern sich in permanenter Veränderung befindet, die nicht nur gestaltet werden kann, sondern permanent gestaltet werden muss. Sicherlich wurde auch in früheren Epochen die Welt gestaltet, aber dass sich der Mensch bzw. die Gesellschaft nun selbst gewissermaßen als Schöpfer ihrer selbst zu verstehen beginnt, ist vielleicht eines der entscheidenden Modernitätsmerkmale.

Soziologie als wissenschaftliche Disziplin ist untrennbar mit diesem Merkmal verbunden. Sie wurde geboren im Kontext gesellschaftlicher Entwicklungen, die aufgrund radikaler Umwälzungen seit dem 18. Jahrhundert überkommene Strukturen aufgelöst und tatsächlich eine neue Epoche hervorgebracht haben: die Moderne. Worin diese Umwälzungen im Einzelnen bestanden haben, wird

1 Eckart Pankoke (1977, S. 354ff.) spricht treffend von der »Entdeckung der ›sozialen Welt‹«.

weiter unten noch zur Sprache kommen, denn zunächst möchte ich die Aufmerksamkeit auf den vorigen Satz lenken. Er begründet nämlich das Erscheinen der Soziologie selbst soziologisch. Es ist von gesellschaftlichen Entwicklungen die Rede, was zunächst nichts anderes besagt als dies: Das Verstehen der Welt und ihrer Probleme stößt auf gesellschaftliche Probleme wie soziale Ungleichheit, sozialen und kulturellen Zusammenhalt oder politische Steuerung. Nicht dass es zuvor keine soziale Ungleichheit gegeben hätte oder dass politische Machtausübung ohne Selbstreflexion ausgekommen wäre, entscheidend ist vielmehr, dass die angedeuteten Probleme deshalb als Probleme erscheinen, weil sie als prinzipiell lösbar gelten. Soziologie als wissenschaftliche Disziplin ist gewissermaßen eine Reaktion auf einen völlig neuen Problemdruck, darauf nämlich, dass die soziale Welt sich selbst zum Thema wird (vgl. Smart 1999, S. 33). Probleme der Welt werden zunehmend als soziale Probleme wahrgenommen, und die Sozialwissenschaften werden damit zur Schlüsseldisziplin – wenn nicht zur Lösung, dann wenigstens zur Entdeckung und Formulierung von Problemen.

Shmuel N. Eisenstadt hat kürzlich mit seinem Konzept der *multiple modernities* gesellschaftliche Modernität als Bewegung, als Projekt charakterisiert. Modernität heißt für Eisenstadt Kontingenzbewusstsein und ein Verhältnis zur Welt, das auf Änderbarkeit und Gestaltbarkeit zielt. »Subjekt« solcher Änderung und Gestaltbarkeit sind nicht mehr geschlossene Oberschichten, sondern politisch erzeugte und erzeugbare Kollektivitäten, deren gemeinsame Identität für gewissermaßen revolutionäre Energien sorgt. Modernität sorgt für die Adressierbarkeit von Kollektivitäten (vgl. Eisenstadt 2000a; 2000b).[2]

Der enorme Vorteil von Eisenstadts Vorschlag besteht darin, *modernization* und *westernization* nicht identisch zu setzen. Er formuliert also eine strukturelle, von konkreten Inhalten zunächst völlig unabhängige Form von Modernität, die freilich einen erheblichen politischen *bias* hat: Es geht um die Idee kollektiver, d. h. politischer Weltgestaltung, um die politische Umwälzung der Gesellschaft. Ich komme weiter unten darauf zurück, dass der »gesellschaftliche Ort« der Moderne offensichtlich ein politischer Ort zu sein scheint. Hier soll zunächst der Hinweis darauf genügen, dass die Soziologie selbst

2 Ich komme weiter unten noch einmal ausführlicher auf Eisenstadts Konzept zurück (s. u. S. 209 ff.).

sich als Reflexionstheorie jener Bewegungs- und Projektform der Moderne etabliert hat und damit tatsächlich eine durch und durch moderne Wissenschaft ist. Eine Reflexion gesellschaftlicher Modernität muss also stets auch eine Reflexion jener Begriffe und Unterscheidungen beinhalten, die die Soziologie zur Beschreibung und Formierung ihres Gegenstandes anbietet.

Das Doppelgesicht der Moderne

Die kulturelle Selbstbeschreibung der Moderne war stets von einer erheblichen Ambivalenz geprägt. Zum einen konnte man sich das erste Mal in der abendländischen Geschichte mit der Zumutung ausstatten, man sei selbst Urheber des innerweltlichen Geschehens. Die moderne Kultur ist geradezu beseelt davon, an die Gestaltbarkeit der Welt, an den Fortschritt der menschlichen Geschichte und an die nahezu universale Problemlösungskompetenz von Wissenschaft, Politik und Ökonomie zu glauben: Wissen gegen das Vorurteil der Religion und der Metaphysik, Demokratie gegen den Herrschaftsanspruch feudaler und geistlicher Aristokraten; Unternehmergeist und Arbeitsmoral gegen die Wohlstandsmängel der Subsistenzwirtschaft und die soziale Not von Mangelökonomien. Die kulturelle Moderne setzt damit ein Selbstbewusstsein frei, das die Gestaltbarkeit der Welt keineswegs nur als intellektuelles Gefühl oder als Stimmung erlebt, sondern mit handfesten gesellschaftlichen Umwälzungen verbunden ist. Man denke nur an die Entwicklungen in Wissenschaft, Technik und Medizin, an die Industrialisierung der Produktion, an flächendeckende bürokratische Verwaltung und Sozialplanung, an die Entstehung und spätere Demokratisierung von Nationalstaaten, an die Entstehung obligatorischer Bildungssysteme, an das Wachstum städtischer Lebensformen, an reflexive Formen von Kunst und v. a. Literatur, deren Verbreitung durch den Buchdruck eine ungeheure Reflexionstätigkeit über Fragen des öffentlichen Lebens, der angemessenen Lebensführung und kollektiver Identitäten freisetzte. Zum anderen aber prägt die moderne Kultur eine grundlegende Verunsicherung: Die Enttraditionalisierung der Lebensführung, die so genannten Freisetzungsprozesse aus traditionalen Sozialbeziehungen, die Rationalisierung und Versachlichung von Sozialbezügen und Weltanschauungen haben ein kulturelles Syndrom hervorgebracht, das in der Moderne eher Lähmung denn aktive Gestaltungskräfte freizulegen scheint. Moderne steht nicht nur für produktive Entfaltungsmöglichkeiten, nicht nur für Aufbruchstimmung und Gestaltung, sondern auch für ein ungeheures Zerstörungspotential, das sich in der zum Teil erheblichen »Toleranz« sozialer Ungleichheit gegenüber und in der Verwissenschaftlichung und Industrialisierung des Krieges ebenso zeigt wie in den gesellschaftlichen Totalitarismen des 20. Jahrhunderts, für die der deutsche Nationalsozialismus ebenso singulär wie in seiner übersteigerten Form typisch ist. Sie haben mit modernen Mitteln – rationale Planung, strategische Kontrolle, Einsatz von Massenmedien, Herstellung kollektiver Identitäten etc. – den Optimismus der kulturellen Moderne praktisch dementiert. Diese beiden hier nur angedeuteten Wurzeln der Moderne – die titanische Produktivität und Selbstüberschätzung und die paralysierende und selbstdementierende Verunsicherung und Zerstörung – haben die Selbstbeschreibungen der modernen Kultur stets mitbegleitet (vgl. dazu Nassehi 1999a). Und so fallen auch soziologische Theorien der Moderne ambivalent aus.

Ich möchte diese Ambivalenz an zwei deutschen Theorien vorführen, die in einer besonderen Gemeinsamkeit koinzidieren und doch im Hinblick auf die Ambivalenz der Moderne zu radikal unterschiedlichen Diagnosen kommen. Das Gemeinsame ist, dass beide das Prädikat kritisch im Programm führen. Die Diagnosen freilich könnten kaum weiter voneinander entfernt sein – und es ist diese Spannung, die eine ganze Generation von soziologischen Diagnostikern der Moderne in Atem gehalten hat und den gesellschaftstheoretischen Diskurs – nicht nur in Deutschland – entscheidend geprägt hat. Gemeint sind die Dialektik der Aufklärung von Max Horkheimer und Theodor W. Adorno und Jürgen Habermas' Beschreibung der Moderne als unvollendetes Projekt. Horkheimer und Adorno (1971) destruieren das Selbstverständnis der Moderne als Aufklärung und Überwindung der mythischen Techniken gegen die Angst. Ihre Hauptthese lautet, dass bereits der Mythos Aufklärung war, weil er die Angst des Menschen durch Unterwerfung unter göttliche Gesetze erzwang, wie die Aufklärung die restlose Unterwerfung unter die Gesetze der Logik erzwingt. Ebenso aber falle die Aufklärung in Mythologie zurück, weil sie den Menschen vollständig dem Diktat der verwertbaren Logik unterwirft, ihn damit in die Knechtschaft moderner »Götter« treibt und »die Unterwerfung alles Seienden unter den logischen Formalismus« (ebd., S. 39) betreibt.

In einem solchen Ansatz sieht Habermas nichts anderes als die endgültige Verleugnung der aufklärerischen und vernünftigen Potentiale der Moderne. Habermas' Theorie der Moderne beginnt mit dem Selbstbewusstsein Hegels, der im »Prinzip der modernen Staaten« die Möglichkeit verwirklicht sieht, dass sich »das Prinzip der Subjektivität ... zum selbständigen Extreme der persönlichen Besonderheit« vollenden, die Subjektivität aber zugleich »in die substantielle Einheit zurückführen« (Hegel 1970a, S. 407) könne. Dieser Gedanke der Versöhnung von Besonderem und Allgemeinem, von individuellen und gesellschaftlichen Aspirationen sollte eines der Grundmotive der Selbstvergewisserung der gesellschaftlichen Moderne werden – bis in die soziologische Nomenklatur hinein, wie ich im vorigen Kapitel am Beispiel der Identitätstheorie angedeutet habe. Wiewohl Habermas dieses Problem ganz anders als Hegel löst, was hier nicht weiter interessieren muss,[3] steht er exakt in dieser optimistischen Tradition, die Moderne als ein – wenn auch unvollendetes – Projekt anzusehen, dessen Verwirklichung möglich ist (vgl. Habermas 1981b). Bei aller Kritik der Moderne und bei allen selbstdementierenden Entwicklungen innerhalb der Geschichte des Modernisierungsprozesses macht Habermas den normativen Gehalt der Moderne vor allem in den »Bedingungen eines immer weiter und immer feiner gesponnenen Netzes sprachlich erzeugter Intersubjektivität« (Habermas 1985b, S. 400) aus. »Verständigung als Mechanismus der Handlungskoordinierung« (Habermas 1981a/II, S. 488) ist für Habermas damit nicht nur ein utopisches Konstrukt oder ein bloßer normativer Horizont, sondern ein faktisches Potential, das sowohl eine permanente Selbstkritik der Moderne ermöglicht als auch eine Kraft darstellt, den verdinglichenden Tendenzen einer Kolonialisierung der Lebenswelt durch Geld und Macht (ebd., S. 522) zu begegnen.

Diese kurze Gegenüberstellung ist alles andere als erschöpfend, sie soll lediglich demonstrieren, wie breit im Rahmen sozialwissenschaftlicher Theorien der gesellschaftlichen Moderne argumentiert wird. Das mag ein Hinweis darauf sein, dass der Begriff der Moder-

3 Zu Habermas' explizitem Anschluss an Hegel sowie zu seiner Kritik an Hegels Subjektivitätsphilosophie vgl. Habermas 1985a.

nität selbst nicht als Definiens taugt und letztlich nur eine Chiffre, eine Kontingenzformel darstellt, die gewissermaßen als Verlegenheitslösung dient, dem gegenwärtigen Zeitalter einen Namen zu geben. Der Begriff der Moderne scheint also genauso ambivalent zu sein wie sein Gegenstand. Als bloßer Begriff jedenfalls kann er die Modernität der modernen Gesellschaft nicht repräsentieren. Was er aber in jedem Fall transportiert, ist dies: dass die Moderne eine Epoche sei. Dies verweist auf ein spezifisches Zeitbewusstsein der Moderne.

Das Zeitbewusstsein der Moderne

Schon im späten Mittelalter wird der Begriff »modern« benutzt, um ein zeitliches Verhältnis zu beschreiben. Die Unterscheidung zwischen den *antiqui* und den *moderni* dient etwa dazu, sich theologisch von den Kirchenvätern oder den Juden des Alten Testaments abzusetzen. »Modernus« war bis dahin nur ein Ausdruck für das Heutige, das Gegenwärtige, ohne dass damit eine weitere qualitative Dimension angesprochen wäre. Später kommt der Begriff des Modernen dann v.a. in Diskursen der Renaissance vor, in denen es um das zeitliche und qualitative Verhältnis zur Antike geht.[4] Besonders bedeutsam für den Begriffsgebrauch war die »Querelle des Anciens et des Modernes«, ein literarischer Streit in Frankreich seit Ende des 17. Jahrhunderts, in dem es ebenfalls um die Frage des qualitativen Verhältnisses von antiker und »moderner« Dichtung ging (vgl. Gumbrecht 1978, S.99ff.). Zunächst ein »reiner Zeitbegriff, noch ohne selbständigen und sachlichen Inhalt« (Gumbrecht 1977, S.375), wandelte er sich in der *Querelle* zu einem Begriff, der eine »neue Zeit« bezeichnet, »nämlich neu zu sein in dem Sinne des ganz

4 In diesem Zusammenhang ist erst die Epochenbezeichnung des »Mittelalters« entstanden. Wurde in der Renaissance das Verhältnis zur Antike noch als Wiedergeburt interpretiert und verstand sich die Reformation durchaus als Wiederbelebung urchristlicher Elemente, spielte der zeitliche Abstand zu den jeweiligen Vorbildern im Vergleich zu den sachlichen und systematischen Ähnlichkeiten und Differenzen nur eine untergeordnete Rolle. Erst als sich Renaissance und Reformation als *Epochenbegriffe* verstanden und als *Epochenschwellen* interpretiert wurden, entwickelte sich jene zeitliche und qualitative Bestimmung des Modernen heraus, das danach bestimmend werden sollte (vgl. dazu ausführlich Koselleck 1977, S.271).

Anderen, gar Besseren gegenüber der Vorzeit. Dann indiziert die neue Zeit neue Erfahrungen, die so zuvor noch nie gemacht worden seien, er gewinnt eine neue Emphase, die dem Neuen einen epochalen Zeitcharakter beimisst« (Koselleck 1977, S. 271). Wenn es etwa bei Michel de Montaigne noch vorsichtig heißt: »Eine Wahrheit ist nicht deshalb vernünftiger, weil sie alt ist« (Montaigne 1969, S. 365), heißt es bei Francis Bacon schon: »Das günstige Vorurteil für die Alten ist aber ganz grundlos und steht fast mit dem Worte selbst in Widerspruch. Denn es gebührt dem spätern mündigern Alter der Welt, also unsern und nicht jenen jüngern Zeiten, worin die so genannten Alten lebten, der Name des Alterthums. Jene Zeit ist in Rücksicht auf die unsrige zwar älter, aber in Rücksicht der Welt selbst jünger.« (Bacon 1974, S. 62) Während bei Montaigne Epochen noch prinzipiell und potentiell gleich gut und gleich schlecht sein können, was sich schon von der Heilsgeschichte der göttlichen *kairoi* wie von der Begeisterung der Renaissance für die Antike absetzt, wird Wahrheit bei Bacon verzeitlicht: Die Abfolge der Epochen ist ein Reifungsprozess von der jungen Antike zur älteren Gegenwart, wobei die Geschichte selbst als Mutter der Wahrheit betrachtet wird. Bacon nennt »die Wahrheit eine Tochter der Zeit, nicht des Ansehns« (ebd., S. 63).

Jürgen Habermas bringt dieses aus der Verzeitlichung der Welt resultierende Bedürfnis der frühen Moderne, sich im Nacheinander der (historischen) Ereignisse zu identifizieren, folgendermaßen auf den Begriff: »... die Moderne kann und will ihre orientierenden Maßstäbe nicht mehr Vorbildern einer anderen Epoche entlehnen, sie muss ihre Normativität aus sich selber schöpfen. Die Moderne sieht sich, ohne Möglichkeit der Ausflucht, an sich selbst verwiesen. Das erklärt die Irritierbarkeit ihres Selbstverständnisses, die Dynamik der ruhelos bis in unsere Zeit fortgesetzten Versuche, sich selbst ›festzustellen‹.« (Habermas 1985c, S. 16) Die Moderne ist letztlich eine historisch einsame Epoche, sie ist »ausweglos auf sich selbst verwiesen« (Luhmann 1992, S. 42), sie hat keine anderen Vorbilder als sich selbst bzw. ihre eigenen Zukunftsentwürfe. Insofern bekommen sowohl Geschichte als Orientierung an einer überwundenen (sic!) Vergangenheit und Fortschritt als Erwartung einer Zukunft, für die die Gegenwart eine überwundene Vergangenheit darstellen wird, eine besondere Bedeutung für die Selbstbeschreibung der Moderne. In den Begriffen Geschichte und Fortschritt – im Singular! – als Zentralkategorien des modernen Selbstverständnisses bündeln sich Geschichten und Fortschritte – im Plural! – in Wissenschaft und Technik, Moral und Kunst, Recht, Politik und Ökonomie zu einer universalistischen Kategorie, zur Geschichte überhaupt, die stets neue Zeiten hervorbringt und der *neuesten Zeit*, der Mode, dem Aktuellen eine besondere Bedeutung beimisst. »Und dabei muß die schnelle Durchsetzung des Begriffs der neuesten Zeit als Indikator eines *beschleunigten* geschichtlichen Erfahrungswandels und seiner erhöhten bewußtseinsmäßigen Verarbeitung gedeutet werden.« (Koselleck 1977, S. 279; Hervorh. A.N.)

Die Erfahrung der Beschleunigung hat zwei Konsequenzen, nämlich zum einen das Bewusstsein einer Schrumpfung des Gegenwartsbewusstseins und zum anderen das Erleben der Gleichzeitigkeit des Ungleichzeitigen. Die vollständige Verzeitlichung des gesellschaftlichen Geschehens und die Erfahrung der Weiterentwicklung und des permanenten Gestaltungs- und Entscheidungszwangs aufgrund der Auflösung der traditionellen, vormodernen Sozialstrukturen, in denen sich eins ins andere fügte und in denen Veränderung letztlich nicht vorgesehen war, zwingt dazu, gesellschaftliche Prozesse nach ihrem Entwicklungsstand zu bewerten. Die ungeheure Ereignisdynamik der modernen Welt und die daraus resultierende Bewegungserfahrung lässt Gegenwarten letztlich zu Zeitpunkten zusammenschrumpfen, die immer stärker unter den Druck der Vergangenheit, aus der sie resultieren, v. a. aber der Zukunft, die sie erwarten, geraten (vgl. dazu Nassehi 1993, S. 342). »Moderne« Gegenwarten sind dann nicht mehr wie in der *Querelle* ganze Epochen, sondern Zeitpunkte, die sogleich wieder vorbei sind. Alles unterliegt damit dem Verdikt der Änderbarkeit, nichts kann als endgültig und ein für alle Mal gesichert gelten. Prägnant bringt Franz-Xaver Kaufmann dies auf folgende Formulierung: »Modern sind soziale Verhältnisse insoweit, als ihre Änderbarkeit und damit Vergänglichkeit in ihrer Definition mitgedacht wird.« (Kaufmann 1986, S. 292)

Die ungeheure Beschleunigung der gesellschaftlichen Dynamik bringt nicht nur eine Schrumpfung der Gegenwartserfahrung hervor, sondern auch das Bewusstsein einer Gleichzeitigkeit des Ungleichzeitigen. In diesem Ausdruck kommen die beiden Wortbedeutungen von Zeit zum Tragen: Das »Ungleichzeitige« meint, dass qualitativ unterschiedliche Entwicklungsstufen »gleichzeitig«, d. h. innerhalb der quantitativ messbaren Zeit aufeinander treffen. Das

Erleben der Gleichzeitigkeit des Ungleichzeitigen hat mindestens zwei Wurzeln: Es reagiert zum einen auf die Konfrontation mit den überseeischen Kulturen der »Neuen Welt« (sic!), die als rückständiger, primitiver und weniger entwickelt angesehen wurden und die die weltgeschichtliche Bedeutung Europas als höchstentwickelter Weltregion dokumentierten (vgl. Koselleck 1977, S. 290). Zum anderen breitet sich auch innerhalb Europas so etwas wie ein permanentes Ungleichzeitigkeitsproblem aus, das nicht zuletzt durch den höheren Differenzierungs- und Komplexitätsgrad der modernisierten Gesellschaft bedingt ist (auf den ich noch zu sprechen komme). Die unterschiedlichen Entwicklungen in Wissenschaft und Kunst, Politik und Ökonomie, Familie und Öffentlichkeit, Stadt und Land befinden sich in einem permanenten Nebeneinander von Entwicklungslinien, die immer unabhängiger voneinander werden und gerade deshalb aufeinander abgestimmt werden müssen (vgl. Nassehi 1993, S. 332 ff.; Bornschier 1998, S. 80 ff.). Zudem entsteht ein pragmatischer Abstimmungsbedarf in allen Lebensbereichen: Sowohl individuelle Lebensführungen müssen aufeinander abgestimmt werden, als auch arbeitsteilige Prozesse in der industriellen Produktion, die zeitlich koordiniert werden müssen. Insofern sind es Uhren, die zur paradigmatischen »Maschine« der Moderne werden, ohne die der Koordinationsbedarf der modernen Gesellschaft schlicht nicht zu decken wäre (vgl. Giddens 1987, S. 142; Zerubavel 1981, S. 69).

Um es auf eine (allzu einfache) Formel zu bringen: Das Zeitbewusstsein der Moderne wandelt sich von einer emphatischen Selbstbeschreibung im historischen Kontext einer fortschreitenden Weltgeschichte zu einem eher neutralen Gegenwartsbewusstsein, das sich als jeweilige Vergangenheit einer Zukunft erlebt, die durch geeignete Maßnahmen gestaltet werden muss. Bereits am semantischen Haushalt des Zeitbewusstseins der gegenwärtigen Moderne lässt sich ablesen, was ich später theoretisch als eine *Gesellschaft der Gegenwarten* entfalten werde (s. u. S. 159 ff.). Es ist dies eine Gesellschaft, die sicherlich dadurch am deutlichsten charakterisiert werden kann, dass sie radikal auf die Gleichzeitigkeit ihrer Systemprozesse verwiesen ist – eine Gleichzeitigkeit, die einen hierarchischen oder kausalen Wirkungszusammenhang ausschließt. Dies ist eine Gesellschaft, die durch wechselseitige Intransparenz aufgehört hat, *einer* Zentralperspektive sich unterwerfen zu können. Das schließt eine voraussetzungsreiche Koordination von Funktionssystemen ebenso aus wie eine temporale Gleichschaltung der Gesellschaft auf Synchronisation oder historische Teleologie. Genau deshalb verfügt das Zeitbewusstsein der gegenwärtigen, der späten Moderne[5] nicht mehr über jene emphatischen und utopischen Energien des Fortschritts und der historischen Überwindung von vergangenen, imperfekten Entwicklungsstadien. Vielleicht ist das Zeitbewusstsein der moderneren Moderne eher durch Risikobewusstsein geprägt, eher durch Erwartungen des Scheiterns und des Unheils als des Heils und der Erlösung durch die Vollendung der Geschichte.[6]

Um noch einmal auf theorieästhetische Gesichtspunkte zu sprechen zu kommen, wird deutlich, dass die Theorie autopoietischer Systeme in ihrer operativen Struktur, in ihrer Ereignishaftigkeit und in ihrer gegenwartsbasierten Strukturgenese jenem veränderten Zeitbewusstsein der Moderne Rechnung trägt. Diese Veränderung reicht von der Entfaltung eines sich in der Zeit entfaltenden Programms der Geschichte und des Fortschritts über die Rekonstruktion einer zwar kontingenten, aber doch einer Logik gehorchenden Geschichte der Vernunftentfaltung, wie sie in Habermas' Rekonstruktion der normativen Gehalte der Moderne beschrieben wird, bis zu jenem Gegenwartsbewusstsein, das sich weder als Ergebnis eines Programms versteht noch als Station auf dem Weg zu einem Ziel. Das Zeitbewusstsein der Moderne, das in erster Linie zu einem Gegenwartsbewusstsein geschrumpft sein dürfte, behandelt Zeit nicht mehr als das grundlegende Medium, dem sich die Formen der Moderne entnehmen lassen.

Im Übrigen entspricht auch mein angedeuteter Hinweis auf das Problem der Synchronisation von Zeitperspektiven jener systemtheoretischen Ästhetik, die das Ganze zugunsten ausdifferenzierter, operativ geschlossener Perspektiven auf das Ganze dekonstruiert hat. Die funktional differenzierte Gesellschaft erzeugt zeitliche Perspektiven, die nicht einmal mehr zeitlich koordiniert werden können, sondern deren Synchronisationsbemühungen sich ausschließlich den jeweiligen Perspektiven verdanken (vgl. dazu ausführlich Nassehi 1993). Aus der qualitativen Zeit als integrativem Faktor, der

5 Man gerät hier schon in Formulierungsprobleme. Eigentlich müsste von einer Art *moderner* Moderne die Rede sein, wenn man der Moderne (als Epoche) je unterschiedliche moderne (also: gegenwärtige) Charakteristika zuweist.

6 Zum speziellen Zeitbewusstsein des Risikos vgl. Nassehi 1997c und 1999b, S. 49 ff.

die Gesellschaft in der Zeitdimension auch sachlich zusammenhält, wird die quantitative Zeit als abstrakte Messgröße, deren Synchronisationsfunktion darin besteht, dass die Zeigerstellung (oder der Zahlenwert) auf einer Uhr die einzige temporale Reziprozität wird, die noch denkbar ist. Die »Trostlosigkeit« der Systemtheorie ist letztlich Ausdruck der »Trostlosigkeit« ihres Zeitbegriffs, der nichts anderes mehr implizieren kann als die bloße Anschlussfähigkeit zukünftiger Ereignisse, eine *Gesellschaft der Gegenwarten* eben.

Soziologische Klassiker und die Krise der Moderne

Was ich hier in groben Zügen als Zeitbewusstsein der Moderne angedeutet habe, nämlich den Wandel von der Emanzipation des Gegenwartsverständnisses von einer übermächtigen Vergangenheit und von dem Vertrauen in die Verbesserung der Verhältnisse in der Zeit zu einem eher skeptischen, besorgten, alles andere als zukunftsgläubigen Gegenwartsverhältnis lässt sich nicht nur für das allgemeine kulturelle Selbstverständnis der Moderne feststellen, sondern auch für die Soziologie selbst. Begonnen hatte die Soziologie zunächst als Reflexionstheorie des modernen Fortschrittsglaubens. Bei ihrem Namensgeber Auguste Comte etwa steht die Moderne für das »positive Zeitalter«, das theologische und metaphysische Epochen ablöst und in dem allein wissenschaftliche, gemäß den Naturwissenschaften gebildete Vernunftgründe Geltung besitzen. Der Soziologie wies Comte nicht nur die zentrale Rolle gesellschaftlicher Planung und Steuerung zu, sondern erwartete von ihr gar Züge einer positivistischen Zivilreligion, die eine Versöhnung von Ordnung und Fortschritt garantieren sollte (vgl. Comte 1933).[7] Auch der britische Gründervater der Soziologie, Herbert Spencer, erwartet im Rahmen seines evolutionstheoretischen Modells, das hauptsächlich auf Analogieschlüssen zur naturgeschichtlichen Evo-

7 Der historische Hintergrund des Postulats der Versöhnung von Ordnung und Fortschritt – übrigens heute noch in der Staatsflagge Brasiliens (*»ordem e progreso«*) zu beobachten – bildet die Erfahrung der Französischen Revolution, die im Verständnis Comtes zwar dem Fortschritt hin zu einer »positiven« Gestaltung der Gesellschaft gedient habe, aber zunächst chaotische, ungeordnete gesellschaftliche Zustände hinterlassen hat, die Comte auf die mangelnde Anwendung positiver Vernunftgründe zurückführt.

lution basiert, einen entwicklungslogischen gesellschaftlichen Fortschritt, den er v. a. in der Ausdifferenzierung arbeitsteiliger Funktionen sieht (vgl. Spencer 1885). Und auch bei Karl Marx wurde das »ökonomische Bewegungsgesetz der modernen Gesellschaft« mit quasi-natürlicher Notwendigkeit ausgestattet. Vom politischen Prozess der Befreiung des Proletariats erwartete er lediglich, dass sich »die Geburtswehen abkürzen und mildern« (Marx 1988, S. 15 f.) lassen, die sich ohnehin einstellen. Gemeinsam ist diesen Positionen ein unerhörtes Vertrauen in die Zukunft und in die gesellschaftlichen Gestaltungskräfte, die sich im wissenschaftlichen Geist der Epoche entfalten sollten. Und hier dürfte erneut deutlich werden, wie sehr die Soziologie und ihr Gegenstand miteinander verwoben sind. Wilhelm Dilthey schreibt dazu 1883 sehr treffend: »Der Ursprung der Soziologie lag in der Erschütterung der europäischen Gesellschaft seit dem letzten Drittel des 18. Jahrhunderts; eine neue Organisation der Gesellschaft sollte unter der Leitung des im 18. Jahrhundert mächtig herangewachsenen wissenschaftlichen Geistes sich vollziehen; von diesem Bedürfnis aus sollte der Zusammenhang des ganzen Systems der wissenschaftlichen Wahrheiten, von der Mathematik aufwärts, festgestellt und als ihr letztes Glied die erlösende Wissenschaft der Gesellschaft begründet werden.« (Dilthey 1959, S. 4)[8] Was Dilthey hier freilich als Soziologie anspricht, ist zunächst an die französische Schule Comtes gerichtet, also an das – aus heutiger Sicht: naive – Selbstverständnis der Epoche, die Welt lasse sich durch Anwendung entsprechender wissenschaftlicher Prinzipien linear steuern. Neben dieser optimistischen und letztlich modernistischen Position hat sich auch eine weniger emphatische Denkrichtung etabliert, die etwa – um zwei konträre Gewährsmänner zu nennen – mit Wilhelm Heinrich Riehl (1885) und Lorenz von Stein (1888) erheblich skeptischer argumentieren und sich auch für die eher krisenhaften Folgen des Modernisierungsprozesses, v. a. für die Neuorganisation der Produktion und neue Dimensionen sozialer Ungleichheit, interessieren. Schon hier wird deutlich, dass Modernisierungsprozesse nicht bloß emphatisch zu feiernde, lineare und positiv bewertete Wege nehmen, sondern auch Krisen und Folgeprobleme verursachen. Diese Krisen und Folgeprobleme sind es, die die eigentliche Konsolidierungsphase der Soziologie als eigen-

8 Es ist dies der Eisenstadt'schen Charakterisierung von Modernität als *Projekt*, als *Bewegung* sehr ähnlich.

ständiger wissenschaftlicher Disziplin um die Jahrhundertwende ausmachen und die in Frankreich v. a. mit dem Namen Emile Durkheim verbunden sind und im deutschen Sprachraum mit Ferdinand Tönnies, Georg Simmel und v. a. Max Weber.

Die klassische akademische Soziologie gibt den Fortschrittsglauben auf und setzt damit nicht nur die Zukunft kontingent, sondern auch die Gegenwart. Soziologie versteht sich dann nicht mehr als utopische und normative Welterklärung, sondern als Instanz zur angemessenen Beschreibung der Gegenwart, des gesellschaftlichen Seins. »Aber die Beschränkung auf das Sein wirft zugleich die Frage auf, wie die Unzahl der Dinge zu fassen, zu ordnen oder überhaupt anzugehen ist.« (Rammstedt 1988, S. 281) Und die Formel für diese Flüchtigkeit des Augenblicks, für die Kontingenz der Gegenwart, für den Ort, an dem sich der soziologische Beobachter der Gesellschaft je befindet, lautet: *Modernität.* »Modernität gilt den Soziologen also als Eigenschaft jeder Gegenwart, indem sich etwas gesellschaftlich Neues vom Hintergrund der immerwährenden Gesellschaft abhebt: das Produzierte gegenüber dem Natürlichen, das Neue gegenüber dem Alten, das Plötzliche gegenüber dem Stetigen.« (Ebd., S. 281 f.) Die klassische Soziologie der Moderne war alles andere als eine Apologetin dieser Entwicklung. Die soziologische Diagnose von Modernität war von einer erheblichen Skepsis geprägt. Die klassische Soziologie lehnte zwar die enormen gesellschaftlichen Strukturveränderungen, die mit der Industrialisierung der Produktion, der Bürokratisierung der Verwaltung, der Verwissenschaftlichung des Wissens, der Säkularisierung der Kultur und vor allem im Zusammenhang mit der »sozialen Frage« einhergingen, nicht generell kulturkritisch und -pessimistisch ab. Letztlich sind sich die Klassiker Tönnies, Durkheim, Weber und Simmel einig in der Verteidigung »der Moderne« gegen eine bloß traditionalistische und konservative Kritik (vgl. Rammstedt 1988, S. 294; Wehling 1992, S. 66). Im Zentrum der Deutungen der Moderne standen freilich schon Verlustdiagnosen, die darauf reagierten, dass traditionale Sicherheiten und Erwartbarkeiten einer erheblichen Erosion unterlagen. Wenn man diese Diagnosen auf kurze Labels bringen will, dann eint die soziologische Diagnose der Moderne um die Jahrhundertwende die Motive Gemeinschaftsverlust und Sinnverlust.

»Wo immer … rational empirisches Erkennen die Entzauberung

der Welt und deren Verwandlung in einen kausalen Mechanismus konsequent vollzogen hat, tritt die Spannung gegen die Ansprüche des ethischen Postulates: dass die Welt ein gottgeordneter, also irgendwie ethisch sinnvoll orientierter Kosmos sei, endgültig hervor. Denn die empirische und vollends die mathematisch orientierte Weltbetrachtung entwickelt prinzipiell die Ablehnung jeder Betrachtungsweise, welche überhaupt nach einem ›Sinn‹ des innerweltlichen Geschehens fragt.« (Weber 1972b, S. 564) Nicht umsonst ist Max Webers Theorie der Moderne in erster Linie Religionssoziologie. Es ist der – wohlgemerkt – »religionsgeschichtliche Prozess der Entzauberung der Welt« (ebd., S. 94), der das Selbstverständnis der modernen Kultur hervorbringt, nach dem man – »wenn man nur wollte« (Weber 1994, S. 4) – die Welt durch Berechnung beherrschen könne. Es breche damit die »Weltherrschaft der Unbrüderlichkeit« (Weber 1972b, S. 571) an, in der Einzelne eben nicht Brüder oder Schwestern anderer sind, sondern jeder dem Dämon dienen müsse, der seines Lebens Fäden hält. Die moderne Gesellschaft ist für Weber eine Form, die den Menschen aus den Sicherheiten der gemeinschaftlichen Solidarität in die Kälte der gesellschaftlichen Rationalität entlasse – zu der es freilich keine Alternative gebe, weder die Restituierung des Religiösen noch so etwas wie ein Charisma der Vernunft.

Die Unterscheidung *gemeinschaftlicher* und *gesellschaftlicher* Sozialformen ist es, von der die Soziologie der Moderne eines Ferdinand Tönnies ihren Ausgangspunkt nimmt. Gemeinschaft meint eine vorindustrielle Sozialform, die durch affektive Nähe, unreflektierte Verbundenheit und gemeinsame Überzeugungen geprägt ist und in der der einzelne Mensch in familiären, lokalen und weltanschaulichen Einheiten aufgeht. Gesellschaft dagegen wird verstanden als ein »Kreis von Menschen, welche, wie in Gemeinschaft, auf friedliche Art nebeneinander leben und wohnen, aber nicht wesentlich verbunden, sondern wesentlich getrennt sind« (Tönnies 1991, S. 39). Gesellschaft ist prinzipiell unbegrenzt, die bestehenden Grenzen sind mehr oder weniger zufällig gezogen. Begegnen sich Menschen in der Gemeinschaft letztlich als Brüder und Schwestern, so scheint in der modernen Gesellschaft »jedermann ein Kaufmann« (ebd., S. 51) zu sein, wie Tönnies in Anlehnung an Adam Smith formuliert. Es ist das Geld, das als Symbol für jene unpersönliche, auf Berechnung und rationalem Kalkül basierenden Sozialform steht, die die organisch gewachsene Einheit der Gemeinschaft durch das mechanische Kalkül der Gesellschaft ersetzt (vgl. ebd., S. 1 ff.).

Was bei Tönnies die organische Gemeinschaft der Vormoderne und die mechanische Gesellschaft der Moderne ist, entspricht bei Emile Durkheim der *mechanischen Solidarität* der Vormoderne und der *organischen Solidarität* der Moderne. Unter mechanischer Solidarität versteht Durkheim eine Gesellschaftsform, die auf Ähnlichkeit aufgebaut ist, d. h. die Teile einer Gesellschaft stehen in unmittelbarer Reziprozität zueinander und sind in diesem Sinne mechanisch aufeinander bezogen. Eins fügt sich hier dem anderen, und ein relativ homogenes und stabiles Kollektivbewusstsein führt dazu, dass die Gesellschaft sinnhaft und sozial zusammengehalten wird. Organische Solidarität dagegen erwächst aus fortschreitender Arbeitsteilung und führt zum Erleben von Unterschieden, da eine stärker arbeitsteilig organisierte Gesellschaft den unterschiedlichen Teilen der Gesellschaft und den Individuen zunehmend unterschiedliche Aufgaben und Tätigkeiten zuweist. Den Prozess der gesellschaftlichen Modernisierung sieht Durkheim v. a. in der Entwicklung weg von mechanischer hin zu organischer Solidarität: »Wir können also den Schluss ziehen, indem wir sagen, dass alle sozialen Bande, die der Ähnlichkeit entstammen, allmählich ihre Kraft verlieren. Dieses Gesetz allein reicht bereits hin, um die ganze Gewichtigkeit der Rolle der Arbeitsteilung aufzuzeigen. Denn in der Tat, da die mechanische Solidarität immer schwächer wird, muss sich entweder das eigentliche soziale Leben vermindern oder eine andere Solidarität muss nach und nach an die Stelle derer treten, die im Begriff ist, sich aufzulösen.« (Durkheim 1988, S. 228) Durkheims Theorie der Moderne sagt nicht, dass Arbeitsteilung, also die Differenzierung der Gesellschaft in unterschiedliche Teile und das damit notwendig einhergehende Komplexerwerden der Gesellschaft, per se zu einem Verlust von Solidarität führt. Durkheim sieht vielmehr in der Arbeitsteilung, in der organischen Differenzierung der Gesellschaft eine Quelle für eine neuartige Form der Solidarität und Moral. »Die Arbeitsteilung übernimmt immer mehr die Rolle, die früher das Kollektivbewusstsein erfüllt hatte.« (Ebd.) Arbeitsteilung heißt in diesem Sinne also nicht, dass die gesellschaftlichen Teile unabhängig voneinander werden. Vielmehr soll die Bedeutung unterschiedlicher Gesellschaftsteile für das Ganze – Durkheim denkt hier v. a. an Berufsgruppen – in ihrem Beitrag für die Einheit der unterschiedlichen Teile gesucht werden.

So selbstbewusst modern und zumindest prinzipiell optimistisch diese theoretische Option ist, so kritisch fällt freilich Durkheims Urteil über die Entwicklungen seiner Zeit aus. Zunächst habe sich die Moral der mechanischen Solidarität überlebt und sei nicht mehr in der Lage, der Gesellschaft ein neues sozialmoralisches Band, ein neues Kollektivbewusstsein zu vermitteln, »ohne dass sich an deren Stelle die neue genügend rasch entwickelt hat« (ebd., S. 479). Modernisierung, also zunehmende Arbeitsteilung, hat für Durkheim zunächst nur Verunsicherung und Verlust von gemeinschaftlicher Solidarität hervorgebracht, nicht zuletzt den Verlust kollektiv geteilter Sinnentwürfe und auch die Entfernung individueller Aspirationen von Möglichkeiten ihrer sozialen Verwirklichung, »das individuelle Urteil hat sich vom Kollektivurteil gelöst« (ebd.). Gesellschaft wird dann als anomisch erlebt, als eine Struktur, die keine Regeln und Methoden vorgibt, nach denen zu leben sei. Die daraus erwachsende Krise kann nur gemeistert werden, wenn die unharmonisch gewordenen Beziehungen der unterschiedlichen Teile der Gesellschaft wieder harmonisch, also: organisch aufeinander bezogen werden können. »Mit einem Wort: Unsere erste Pflicht besteht heute darin, uns eine neue Moral zu bilden. Ein derartiges Werk kann nicht in der Stille der Studierstube ersonnen werden; es muss aus sich selbst entstehen, nach und nach, unter dem Druck innerer und notwendiger Ursachen.« (Ebd., S. 479 f.) Es ist dies das Motiv einer Integration trotz Differenzierung, des Bemühens um Einheit in der Vielheit, auf das weiter unten noch zurückzukommen ist.

Durkheims Theorie der modernen Gesellschaft bietet in der Tat auch eine Verlustdiagnose an, ohne jedoch auch nur den Anschein zu erwecken, man könnte das Verlorene irgendwie wiedererlangen. Als Verlust erscheint dies ihm nur deshalb, weil sich noch keine adäquaten neuen Formen der Moral herausgebildet haben, die die Funktionsstelle des Kollektivbewusstseins einnehmen könnten. Diese Theorie der Moderne steht nicht der Moderne als solcher, sondern ihrem bisherigen Entwicklungsstand kritisch gegenüber. Letztlich ist Durkheim ein Verfechter der Moderne, wenn man so will jemand, der die Moderne ebenso wie Habermas als Projekt ansieht, das der Verwirklichung harrt.

Ganz anders, aber in der durchaus positiven Bewertung neuer Vergesellschaftungsformen ähnlich, argumentiert Georg Simmel. Für ihn ist v. a. die *Geldwirtschaft* der entscheidende Träger der gesellschaftlichen Moderne. In seiner Philosophie des Geldes zeichnet Simmel ein ambivalentes Bild der Moderne. Die Entstehung des modernen Geldverkehrs habe zu einer Versachlichung der Beziehungen zwischen den Menschen geführt, die die Persönlichkeiten als Ganzheiten hinter den partikularen Funktionen ihrer Rollen zurücktreten ließen. »Die allgemeine Tendenz aber geht zweifellos dahin, das Subjekt zwar von den Leistungen immer mehrerer Menschen abhängig, von den dahinter stehenden Persönlichkeiten als solchen aber immer unabhängiger zu machen.« (Simmel 1989, S. 394) Nun ist es Simmel keineswegs darum zu tun, mit dieser Diagnose die Moderne zu verdammen und ihr den Stempel einer Lebensform aufzudrücken, die den Menschen durch die Partikularisierung seiner Rollen in der arbeitsteilig organisierten, über den Geldverkehr sich reproduzierenden Gesellschaft zum willenlosen Opfer objektiver Strukturen macht. Nicht den Untergang des Abendlandes macht Simmel damit aus, sondern eine paradoxe Situation, die in der Entpersönlichung des öffentlichen Verkehrs zugleich die Bedingung der Möglichkeit für die volle Entfaltung der Individualität des Menschen sieht. Der Geldverkehr, so Simmel, hat die gegenseitigen Abhängigkeiten der Gesellschaftsmitglieder erheblich erhöht, die Handlungsketten sind länger und der Vernetzungsgrad zwischen einzelnen Handlungsbereichen ohne Zweifel komplexer geworden. Damit sich diese Form der Komplexität aber durchsetzen kann, müssen die Handlungsketten ein von den Persönlichkeiten unabhängiges tertium comparationis, nämlich Geld, ausbilden, das zwischen Handlungsträgern vermittelt, ohne dass jeder einzelne Sozialkontakt über die unzumutbare Komplexität nicht auswechselbarer Persönlichkeiten laufen muss. Moderne Akteure sind weder durch ein einigendes Band der Kultur noch durch Verheißungen unversehrter Intersubjektivität miteinander kurzgeschlossen, sondern vielmehr durch »nichts als das in Geld ausdrückbare Interesse« (ebd., S. 396). Und erst daneben und jenseits dieses Interesses lassen sich Formen des Lebens finden, in denen der moderne Mensch sein Leben als Individuum führt. Diese beiden Seiten – Individuum und Gesellschaft – verhalten sich bei Simmel keineswegs als zwei Seiten einer Medaille, sozusagen als sich ergänzende Größen, die gemeinsam die Vermittlung von Subjekt und Objekt bzw. von Individuum und Sozialität ausmachen.[9] Simmel

9 Um Missverständnissen vorzubeugen: Diese Diagnose bedeutet keineswegs, Sim-

versteht sie vielmehr komplementär, ja geradezu kontrapunktisch als sich ausschließende Strukturprinzipien, deren eine – Gesellschaft – die andere – Ich-Identität – radikal in ihren Seinsmöglichkeiten einschränkt. Individuum und Gesellschaft gelten Simmel letztlich als unversöhnliche Gegensätze, gleichwohl aber untrennbar miteinander verschmolzen. Diese offensichtliche Unhintergehbarkeit der Verbindung zweier disparater Größen macht für Simmel die »Tragödie der Kultur« aus, die für den modernen Menschen darin besteht, »von einer Unzahl von Kulturelementen umgeben zu sein, die für ihn nicht bedeutungslos sind, aber im tiefsten Grunde auch nicht bedeutungsvoll« (Simmel 1923, S. 264). Dieser Bedeutungsverlust der innerweltlichen Ereignisse für das von diesen stets in Anspruch genommene Ich ist es, der die radikale Differenz zwischen Individuum und Gesellschaft setzt. Die – um im Weber'schen Idiom zu sprechen – »Sinnlosigkeit der innerweltlichen Selbstvervollkommnung zum Kulturmenschen« (Weber 1972b, S. 569) lässt das Ich als Gegenpart hervortreten und soll nun selbstbezüglich das ersetzen, was die Gesellschaft nicht – oder: nicht mehr? – zu leisten imstande ist. Bei Simmel erscheinen Gemeinschaftsverlust und Sinnverlust dann als Voraussetzungen dafür, wie der Mensch seine individuellen Fertigkeiten erst voll entfalten kann. Vielleicht macht gerade diese Diagnose Simmels Theorie zur modernsten (sic!) aller klassischen Theorien der Moderne.

Es wäre sicher zu einfach, die vier hier nur skizzenhaft angedeuteten klassischen Versionen einer Soziologie der Moderne allzu sehr über einen Kamm zu scheren. Dafür sind die erwähnten Theoretiker und Theorien doch zu unterschiedlich. Als gemeinsames Motiv freilich lässt sich schon eine gewisse skeptische Haltung der Moderne gegenüber ausmachen. Die Moderne wird also weder kulturkritisch abgelehnt und abgewertet, noch wird sie unkritisch und affirmativ gutgeheißen. Die Soziologie der Moderne scheint vielmehr erst dort zu beginnen, wo einerseits die radikalen Veränderungen des gesellschaftlichen Lebens als irreversibel anerkannt werden und diese andererseits nicht schlicht bewertet, sondern methodisch und v. a. theoretisch kontrolliert analysiert werden. In diesem Sinne

mel sehe auf den beiden Seiten *Individuum* und *Gesellschaft* unterschiedliche Substantialitäten walten, die nichts miteinander zu tun hätten. Im Gegenteil: Eine der Stärken der Simmel'schen Theorie besteht darin, die Individualisierung des modernen Menschen *als Vergesellschaftungsform* zu beschreiben.

dient die klassische Soziologie der Moderne auch dem Selbstverständnis und der Selbstkonsolidierung der modernen Gesellschaft, die in ihrer Soziologie einen Spiegel ihrer selbst erkennen könnte: sich mit ungewohnten, konkurrierenden und in diesem Sinne kontingenten Mitteln selbst verstehen zu müssen, weil ihr nichts mehr selbstverständlich gegeben ist.

So unterschiedlich die Diagnosen der gesellschaftlichen Moderne ausfallen, so sehr scheint sie doch ein gemeinsames Thema zu beschäftigen, nämlich das Problem der Moral, hier nicht verstanden als ethische Reflexion des Guten im Hinblick auf das Böse, sondern im Durkheim'schen Sinne als Frage der kollektiven Bindungskraft von Ideen und Regeln. Liest man die Diagnose des Sinn- und Gemeinschaftsverlustes im Hinblick auf ihr Bezugsproblem, wird Folgendes deutlich: Die *Geburt der Soziologie aus dem Geist der Modernität* ist selbst Teil jener modernen Bewegung, die im Sinne Eisenstadts an Kollektividentitäten, an die Gestaltbarkeit der Gesellschaft und an ihre Politisierbarkeit appelliert. Soziologie entsteht mit der Frage, wie soziale Ordnung möglich ist – und die Frage verweist darauf, dass sich Ordnung nicht mehr von selbst erschließt. Abstrakt formuliert, wird gesellschaftliche Ordnung selbst rekursiv als Resultat jener Ordnung verstanden, die Gestaltung sowohl für möglich als auch für gefährdet hält: durch Sinn- und Gemeinschaftsverlust. Es sollte dies eine der Hauptfragen der soziologischen Reflexion auf die moderne Gesellschaft bleiben: *Wie kann in einer komplexen Welt, die sich als außerordentlich differenziert und heterogen darstellt und in der vormals miteinander verschmolzene Lebens- und Funktionsbereiche radikal entzweit und entkoppelt sind, Einheit und Ausgleich erreicht werden?* Und bezogen aufs Individuum lautet die Frage: *Wie lässt sich in einer sozialen Welt, in der Individuen mehr und mehr auf sich selbst bezogen sind, so etwas wie Gemeinsinn, Interessenausgleich und Konsens herstellen?* Diese Fragen verweisen auf ein theoretisches Motiv, das vielleicht als der *basso continuo* fast aller Theorien der gesellschaftlichen Moderne angesehen werden kann, nämlich auf das differenzierungstheoretische Motiv, dass (moderne) Gesellschaften differenzierte Einheiten sind.

Modernität und Differenzierung

Wenn es eine zentrale theoretische Kategorie für die Beschreibung gesellschaftlicher Modernität gibt, dann kommt als einzige Kandidatin sicher Differenzierung in Frage. Das gilt nicht nur wegen der zunächst nichts sagenden Allgemeinheit des Begriffs, sondern auch, weil in ihm beide Seiten des kulturellen Selbstverständnisses der Moderne – der titanische Tatendrang wie die permanente Verunsicherung – zumindest metaphorisch vereint sind. Differenzierung steht sowohl für die Emanzipation unterschiedlicher Teile der Gesellschaft voneinander wie für den Verlust gesellschaftlicher Einheit und eindeutiger Zurechenbarkeit; sowohl für effizienzsteigernde Arbeitsteilung und Komplexität als auch für den Verlust von Unmittelbarkeit und Durchschaubarkeit gesellschaftlicher Prozesse; sowohl für die kulturelle Steigerung gesellschaftlicher Teilbereiche, ihrer entfesselten Logiken und ihrer berufsmäßigen Vervollkommnung als auch für die kulturelle Verarmung, die ein Fachmenschentum ohne Geist (Max Weber) hervorbringt, ohne Geist, der für einen einheitlichen Horizont hätte sorgen können; sowohl für die Entstehung pluralistischer Lebenswelten und für die Entlassung letzter Stellungnahmen zur Welt aus unmittelbarem gesellschaftlichem Zugriff als auch für den Verlust sozialer Bindungen und fragloser Zugehörigkeiten. Mit dem Differenzierungsbegriff, so Luhmann lapidar, »konnte die moderne Gesellschaft sich bewundern und kritisieren« (Luhmann 1997, S. 596). Ein bloß metaphorischer Gebrauch des Differenzierungsbegriffs scheint also selbst zumindest als Medium für Ambivalenzen zu taugen – er verändert sich selbst kaum, welche Form das mit ihm Bezeichnete auch immer annimmt.

Im Rahmen soziologischer Gesellschaftstheorie hat sich der Differenzierungsbegriff jedenfalls nahezu konkurrenzlos durchgesetzt. Es gibt hier einen weitgehenden *common sense*, den Prozess gesellschaftlicher Modernisierung als Differenzierungsprozess zu beschreiben. Bereits der klassische Theoriebestand der Soziologie sieht in der Differenzierung spezialisierter Handlungsbereiche der Gesellschaft den entscheidenden Grundzug des gesellschaftlichen Modernisierungsprozesses. Ob man an Herbert Spencers Prinzipien der Soziologie denkt, dessen an biologischen Modellen geschulte Evolutionstheorie zum Ergebnis einer fortschreitenden »Differenzirung der Functionen« (Spencer 1885, S. 6) als Motor der gesellschaftlichen

Entwicklung kommt, oder, wie bereits erwähnt, an Emile Durkheims Theorie sozialer Arbeitsteilung, die einen Übergang von mechanischer zu organischer Solidarität postuliert, der in höheren Sozialordnungen ein »System von verschiedenen Organen« (Durkheim 1988, S. 237) sich nebeneinander entfalten sieht, stets wird gesellschaftliche Entwicklung und Modernisierung als ein Prozess der wechselseitigen Interdependenzunterbrechung spezifizierter Handlungsbereiche konzipiert. Ähnlich lässt sich in Georg Simmels Theorie sozialer Differenzierung der Modernisierungsprozess als Prozess der effizienzsteigernden Autonomisierung gesellschaftlicher Funktionsbereiche voneinander nachverfolgen (vgl. Simmel 1992a), wie Max Webers These von der fortschreitenden Entzauberung der Welt in der Erkenntnis kulminiert, dass die moderne Kultur in unterschiedliche Wertsphären zerfällt, die »nach ihren Eigengesetzlichkeiten rationalisiert und sublimiert« (Weber 1972b, S. 544) werden. Auch in der nachfolgenden Konsolidierung soziologischer Gesellschaftstheorie, insbesondere im amerikanischen Mainstream Parsons'scher Prägung (vgl. Parsons 1972) sowie in dessen gegenwärtiger Reformulierung und Rekonsolidierung etwa durch Richard Münch (1991) und Jeffrey C. Alexander (1993), aber auch in konkurrierenden Modellen, wie etwa in Norbert Elias' Zivilisationstheorie (Elias 1980) oder in Jürgen Habermas' (1981b) Theorie des kommunikativen Handelns, spielt das Differenzierungskonzept eine zentrale Rolle.[10]

Bei allem weitverbreiteten Konsens über das Differenzierungsparadigma, also darüber, dass von der modernen Gesellschaft als einer funktional differenzierten Gesellschaft zu sprechen sei und dass sich Modernisierungsprozesse in erster Linie als Differenzierungsprozesse deuten lassen, erschöpft sich damit schon die Gemeinsamkeit. Denn darüber, in welcher Weise der Zusammenhang der auseinander strebenden Momente der Moderne zu deuten sei, wie man also die Einheit der Gesellschaft als differenzierte Einheit sowohl im theoretischen Sinne zu deuten als auch im praktischen Sinne zu vollziehen habe, herrscht alles andere als Einigkeit. Gemeinsamer Horizont einer zum Teil sehr kontrovers geführten Debatte um das Differenzierungsparadigma ist letztlich die Frage, welche gesellschaftlichen Möglichkeiten und Mechanismen denkbar sind, trotz

10 Eine gute und übersichtliche Einführung in soziologische Differenzierungstheorien findet sich bei Uwe Schimank (1996).

Differenzierung Einheit herzustellen. Die Lösungen reichen von der These einer Integration des Differenzierten als Möglichkeitsbedingung des Sozialen überhaupt (vgl. Parsons 1972) über schwächere Versionen dieses Modells einer Theorie normativer Integration (vgl. Münch 1991, 1997; Alexander 1993) bis hin zu einer Differenzierungstheorie, die die normative Integration der modernen Gesellschaft weder als gesellschaftliches Ziel formuliert, noch sie überhaupt für möglich hält (vgl. Luhmann 1977a, 1992, 1997), wobei auch hier stärkere und schwächere Varianten diskutiert werden (vgl. Willke 1989, Kneer 1992, Bendel 1993, Schwinn 1995). Ich belasse es hier zunächst bei der Diagnose der Prominenz des Themas und nehme weiter unten eine ausführliche Rekonstruktion des Differenzierungsparadigmas vor (s. u. S. 159 ff.).

Der Nationalstaat als »gesellschaftlicher« Ort der soziologischen Moderne

Was im Rahmen des Differenzierungsparadigmas theoretisch als Integrations- oder Desintegrationsproblem diskutiert wird, findet praktisch auf dem Boden des Nationalstaates statt. Gesellschaft, so Jürgen Habermas treffend, ist vielleicht nur der Titel, »unter dem sich die Spannungen, Widersprüche und Fraglichkeiten zusammenfassen, die sich mit der Wirksamkeit der Ideen von Freiheit und Gleichheit ergeben« (Habermas 1998a, S. 92) und, so muss man hinzufügen, die sich mit der Organisation sozialer Ungleichheit ergeben. Was ich oben als den Glauben der Moderne an die Gestaltbarkeit der Welt bzw. als ihren Gestaltungszwang beschrieben habe, ist empirisch letztlich soziale Gestaltung auf dem Boden des Nationalstaates. Wenn man den klassisch modernen Nationalstaat auf eine kurze Formel bringen will, dann lässt er sich als eine Instanz beschreiben, die die prinzipielle rechtliche und politische Gleichheit der Menschen mit ihrer ökonomischen Ungleichheit wenn nicht versöhnt, dann doch zumindest vermittelt. In seinem berühmten und durchaus schulbildenden Vortrag *Citizenship and social class* von 1949 macht Thomas H. Marshall auf diese beiden widerstreitenden Logiken des Modernisierungsprozesses aufmerksam: ein Gleichheit generierendes Staatsbürgerschaftsrecht, das für ein historisch nie da gewesenes universalistisches Mitgliedschafts- und Partizipationspotential sorgt auf der einen Seite, einen Ungleichheit generierenden Mechanismus des Industriekapitalismus und eines liberalen Wirtschaftssystems auf der anderen Seite. So zutreffend und stichhaltig diese Diagnose auch den Nerv des klassischen modernen Nationalstaats mit demokratisiertem politischem System, industrieller Produktion, positivem Recht und interventionistischer (Wohlfahrts- und Sozial-)Politik trifft, so erstaunlich ist doch, wie sie den entscheidenden Mechanismus der gesellschaftlichen Integration nur nebenbei erwähnt, nämlich die Tatsache, dass die politische, ökonomische und rechtliche Einheit – symbolisiert im nationalgesellschaftlichen Staatsbürgerstatus – nur über das Postulat einer gemeinsam und loyal geteilten (National-)Kultur zusammengehalten wird. Marshall schreibt lapidar: »Der Staatsbürgerstatus setzt eine Bindung (...) voraus, ein unmittelbares Gefühl der Mitgliedschaft in einer Gemeinschaft auf der Grundlage der Loyalität gegenüber einer Kultur, die von allen geteilt wird.« (Marshall 1992, S. 62) In diesem Statement reflektiert sich die gesellschaftliche Selbstbeschreibung der klassischen Soziologie der Moderne, die sich – wie Anthony Smith (1979, S. 191) formuliert – eines methodologischen Nationalismus bedient, indem sie den Begriff der Gesellschaft an die zentrale politische Einheit der klassischen Moderne bindet, an den Nationalstaat nämlich, der insbesondere durch die nationalgesellschaftliche Schließung von Nationalökonomien, nationalen Bildungs- und Schulsystemen, nationalen kirchlichen Traditionen, nationalen Arbeitsmärkten und Versorgungsagenturen, den nationalen Raum erreichbaren Massenmedien und eben: nationalen Kulturen gespeist wird.

Im Nationalstaat des westlichen Typs materialisiert sich letztlich das Modell parlamentarisch-demokratischer Industriestaaten der westlichen Hemisphäre, die für den amerikanischen soziologischen *mainstream* seit den 50er Jahren des 20. Jahrhunderts paradigmatisch für das standen, worum es hier geht: die moderne Gesellschaft. Es entstanden so genannte Modernisierungstheorien, deren Funktion v. a. darin bestand, ein empirisch anwendbares Instrumentarium für den Entwicklungs-, i. e. Modernisierungsprozess von Entwicklungsländern zu entwickeln. Nicht zuletzt bestand die Intention dieser Theorien darin, die Modernität des Westens gegenüber dem staatssozialistischen »Ostblock« zu behaupten. So betont etwa Daniel Lerner, »daß das westliche Modell der Modernisierung gewisse

Komponenten und Sequenzen aufweist, die universell relevant sind« (Lerner 1969, S. 362), und Talcott Parsons weist dem westlichen, hier: amerikanischen Modell der modernen Gesellschaft »die Führung in der jüngsten Modernisierungsphase« (Parsons 1972, S. 146) zu. Als Modernitätskriterien gelten etwa Lerner der Urbanisierungsgrad, die Ausbreitung von Elementarbildung, die Nutzung von Massenmedien sowie der Grad der Teilnahme am demokratischen politischen Geschehen (vgl. Lerner 1969, S. 371 ff.). Ähnlich liest sich dies bei Parsons, dessen Modell der modernen Gesellschaft ein homöostatisches Bild abgibt. Gleichheitsaspirationen und Ungleichheitsrisiken sollen durch ein funktionierendes System von Anreizen organisiert werden, für das die Institutionen des Staates ebenso sorgen wie ein rein leistungsorientiertes Wirtschaftssystem; eine gemeinsam geteilte Kultur soll für Loyalität sorgen und die divergierenden Kräfte der Gesellschaft zusammenhalten; Bildung soll Positionen innerhalb der Gesellschaft legitim zuweisen; und all dies soll in einer pluralisierten Lebenswelt geschehen, die Individualisierung und Gemeinsinn versöhnt.

Unverkennbar ist diese Theorie der modernen Gesellschaft keine Krisendiagnose mehr. Sie unterscheidet sich von den Klassikern durch einen Optimismus und das Bewusstsein, dass sich die Welt im Sinne des technischen Paradigmas der Aufbruchjahre nach dem Zweiten Weltkrieg nach dem Bilde des Westens müsse erschaffen lassen.[11] Freilich nimmt diese Phase einer Theorie der gesellschaftlichen Moderne zumindest ein Motiv von den Klassikern auf, nämlich die Frage, inwieweit es einer sich zunehmend ausdifferenzierenden Gesellschaft gelingen kann, Gemeinsinn und gesellschaftliche Einheit sowie Loyalität und soziale Einbindung mit dem modernen Individualismus und seinen Freiheitsaspirationen zu kombinieren. Die Lösung von Parsons bietet eine Kombination aus den antinomischen Begriffen der klassischen Soziologie der Moderne an, nämlich gesellschaftliche Gemeinschaft: »Die vielleicht allgemeinste Funktion einer gesellschaftlichen Gemeinschaft besteht darin, ein Normensystem mit einheitlicher und kohärenter kollektiver Organisation hervorzubringen. ... Der kollektive Aspekt ist die gesellschaftliche Gemeinschaft als eine einzige abgegrenzte Gesamtheit.

11 Wie sehr diese Theorie von dem inzwischen selig verschiedenen Antipoden jenseits des Eisernen Vorhangs lebte, scheint erst jetzt, nach dessen endgültigem Dahinscheiden, so recht deutlich zu werden.

Die gesellschaftliche Ordnung erfordert klare und deutliche Integration, womit wir einerseits normative Kohärenz und andererseits gesellschaftliche ›Harmonie‹ und ›Koordination‹ meinen. Außerdem müssen als Normen definierte Pflichten im großen und ganzen akzeptiert werden, während umgekehrt Gesamtheiten über normative Sanktionsmöglichkeiten zur Erfüllung ihrer Funktionen und Verfolgung ihrer legitimen Interessen verfügen müssen.« (Parsons 1972, S. 21 f.)

Es ist ganz offenkundig der Staat, der als Nation kulturelle Loyalitäten erzeugt, der als Wohlfahrtsstaat für eine gewisse Versorgungssicherheit sorgt und der als Rechtsstaat legitime Sanktionsmöglichkeiten bereithält. Der Erfolg der modernen Gesellschaft steht und fällt nach diesem Modell also mit der Fähigkeit staatlich-politischer Einheiten, den freien Willen seiner Bewohner in den Dienst einer »harmonischen« und »koordinierten« gesellschaftlichen Einheit zu stellen – einschließlich der Domestizierung der Folgen sozialer Ungleichheit. Wiewohl die Form dieser Domestizierung auch innerhalb der westlichen Hemisphäre erheblich variiert, wenn man an die ganz unterschiedlichen Sozialstaatsvarianten innerhalb Europas und Nordamerikas denkt (vgl. Flora/Heidenheimer 1981; Albert 1992; Bornschier 1998), so kann doch innerhalb des westlichen Modells der Staat als derjenige Rahmen und diejenige Einheit gedacht werden, durch die und in der sich Institutionen des (mehr oder weniger befriedeten) Konflikts zwischen »Kapital« und »Arbeit« herausbilden. Diese Einheit ist im Sinne der Theorie der modernen Gesellschaft der Nationalstaat westlicher Prägung mit seinem institutionellen Arrangement von Ökonomie, Recht, Bildung, Wissenschaft, Kultur und Politik.

Dass der »gesellschaftliche« Ort der soziologischen Moderne der Nationalstaat ist und dass die Soziologie – zumindest in ihrem *mainstream* – Gesellschaft als Container konzipiert hat, verweist darauf, dass die Geburt der Soziologie in der Tat dem Geist der Modernität sich verdankt. Im Übrigen verhalten sich die beiden Geburtstraumata, die ich hier eingeführt habe, nämlich *Individualität* und *Modernität*, komplementär zueinander. Wenn es stimmt, dass die klassische Moderne die Identität des Individuums als Identität des Besonderen mit einem Allgemeinen konzipiert (s. o. S. 111 ff.), dann spielt der nationalstaatliche Container sowohl als theoretische Figur wie als praktischer Horizont die Rolle jener Allgemeinheit, dessen Besonderem Identität abverlangt wird. Der Geist der Individualität wie der Geist der primär nationalstaatlich integrierten Modernität fungieren als jenes Hegel'sche Erbe, dem die Geburt der Soziologie und ihr Bezugsproblem unterliegen. Dass diese Art von Hegelei der Soziologie zumeist nicht explizit bewusst und thematisch ist, kann geradezu als Nachweis ihrer selbst erzeugten Stabilität gelten – und dass sich dieses mein Argument geradezu dialektisch geriert, spricht nicht gegen die Kritik dieser subkutanen Fortsetzung des Hegel'schen Erbes.

Unterschiedliche Unterscheidungen

In die bisherige Darstellung der modernen Gesellschaft haben sich unter der Hand und fast unmerklich ganz unterschiedliche Begriffsbedeutungen eingeschlichen, die kaum mehr als die Begriffsbedeutung gemein haben. Was verbindet etwa die Emphase der frühen Moderne mit der soziologischen Moderne der Klassiker, und was diese mit dem Optimismus der amerikanischen Modernisierungstheorie? Und was meint Modernität heute, da sich sowohl der Optimismus der Modernisierungstheorie wie der Glaube an die historische Selbstentfaltung des Projekts der Moderne merklich abgekühlt haben? Gemeinsam ist allen jedenfalls, dass es sich beim gesellschaftlichen Phänomen der Moderne um eine radikale Veränderung im strukturellen Aufbau der Gesellschaft handelt. Dass diese Veränderung etwas mit dem Übergang vom feudalen Herrschaftssystem zu staatlicher Politik mit bürokratischer Verwaltung zu tun hat, ist ebenso unbestritten wie die Verbindung von Modernität und Industrialisierung. Und dass Urbanisierung und flächendeckende Bildung eindeutige Modernisierungsphänomene sind, dürfte ebenso wenig zu bezweifeln sein. Doch was macht das Moderne der modernen Gesellschaft letztlich aus, um eine Formulierung von Niklas Luhmann (1992) aufzugreifen? Anders gefragt: *Auf welche Unterscheidung verweist Modernität?* Oder: *Was ist die Form der Moderne?* Es scheinen vier Unterscheidungsmöglichkeiten vorzuliegen, nämlich eine *zeitliche*, eine *sachliche*, eine *normative* und eine *sozialräumliche*, die je unterschiedliche Formen von Modernität generieren.

Am plausibelsten dürfte zunächst die *zeitliche* Dimension sein.

Schon die Unterscheidung *antiqui/moderni* verweist auf Modernität als historischen Zustand oder besser: Abstand. Abgelöst wird dieses Verständnis durch den Gedanken der Entwicklung, des Fortschritts oder zumindest der Veränderung. Dieses Selbstverständnis von Modernität als historischer Bewegung hat eine fast vollständige Temporalisierung des Weltbildes zur Folge, das den jeweiligen Jetztzustand als potentielle Vergangenheit einer erwartbaren Zukunft versteht. Es ist v. a. die Zukunft, die das Zeitbewusstsein der Moderne bestimmt, eine Zukunft als Selektionshorizont, der sich schon dadurch eröffnet, dass die Tradition immer weniger als Vorbild taugt und dass die Gegenwart einen erheblichen Überschuss an Handlungsmöglichkeiten erzeugt (vgl. dazu Gumbrecht 1978, S. 130 f.; Luhmann 1975a, S. 104; Nassehi 1993, S. 315 ff.). Allein freilich kann die Zeitdimension nur wenig qualifizieren. Sicher trägt die Charakterisierung eines Zustandes als modern immer temporale Züge, was aber das Verhältnis *vorher/nachher* oder *Vergangenheit/Gegenwart/Zukunft*[12] im Einzelnen ausmacht, lässt sich nur in Kombination mit den anderen Unterscheidungsmöglichkeiten des Modernen näher beschreiben. Modernität als zeitliche Form konstituiert also selbst wiederum unterschiedliche Formen, die die Zeitform parasitär nutzen.

Zunächst bietet sich eine Unterscheidung der Moderne in der *Sachdimension* an. Es werden also vormoderne und moderne Zustände nicht einfach in ihrem zeitlichen Abstand qualifiziert, sondern es wird in dieser Zeit eine grundlegende Veränderung wahrgenommen, die die Diagnose eines Zeitsprungs, eines Epochenwechsels überhaupt rechtfertigt. Was sich im Zuge der gesellschaftlichen Modernisierung strukturell verändert hat, ist relativ unstrittig: Freisetzung der Menschen aus alternativlosen Traditionsbindungen, weitgehende Ablösung feudalistischer Politikformen durch staatliche Systeme, Entstehung von »bürgerlichen« Öffentlichkeiten und Partizipation am politischen Geschehen, (langsame) Demokratisierung der politischen Verfahren, Ausbreitung obligatorischer Bildungssysteme, Buchdruck und Massenmedien, Urbanisierung etc. Es war ja gerade die soziologische Moderne, also die Selbstbeschreibung der Gesellschaft durch eine theoretisch und methodisch kontrollierte Gesellschaftswissenschaft, die für eine empirische

12 Dass mit diesen beiden Unterscheidungen völlig unterschiedliche Zeitverhältnisse bezeichnet werden, lasse ich hier unkommentiert. Vgl. dazu aber Nassehi 1993, S. 63 ff.

Beschreibung dieses Wandels gesorgt und somit zur Selbstvergewisserung der gesellschaftlichen Moderne beigetragen hat. Es ist vielleicht das größte Verdienst der frühen Soziologie, theoriegeleitete Unterscheidungsmöglichkeiten von vormodernen und modernen gesellschaftlichen Verhältnissen bereitgestellt zu haben, und zwar Beschreibungen, die sich als wissenschaftliche Beschreibungen nicht unmittelbar im tagespolitischen Kampf um Anerkennung bewähren mussten. Sosehr sich aber gerade die um die Wende zum 20. Jahrhundert entstandene akademische Soziologie um Werturteilsfreiheit (Max Weber) und Neutralität in der soziologischen Analyse bemüht hat (vgl. Rammstedt 1988, S. 279 f.), so sehr trägt das Selbstverständnis der Moderne – das akademisch-soziologische und noch mehr das öffentlich-politische – wertende Züge. Neben der zeitlichen und der sachlichen Unterscheidungsmöglichkeit der Moderne kommt also dem normativen Verständnis der Moderne eine besondere Bedeutung zu.

Wie oben gezeigt, beginnt das Ringen um die *normativen* Grundlagen der Moderne bereits in der französischen *Querelle* des 17. und 18. Jahrhunderts, die freilich noch stark von der Emanzipation von einer übermächtigen Vergangenheit geprägt war. Erst danach etablierte sich jene historische Einsamkeit der Moderne, die – nochmals in den Worten von Jürgen Habermas – dazu führt, dass die Moderne ihre »orientierenden Maßstäbe nicht mehr Vorbildern einer anderen Epoche entlehnen [kann], sie muss ihre Normativität aus sich selber schöpfen. Die Moderne sieht sich, ohne Möglichkeit der Ausflucht, an sich selbst verwiesen« (Habermas 1985c, S. 16). Dass die Moderne eine normativ aufgeladene Qualität besitzt, lässt sich nicht nur in der Phase der Fortschrittseuphorie des späten 18. und 19. Jahrhunderts beobachten, sondern lässt sich, bezogen auf die soziologische Reflexion der Moderne, v. a. im soziologischen *mainstream* der Nachkriegszeit beobachten, in der die soziologische Theorie durchaus als Reflexionstheorie des Selbstverständnisses des modernen westlichen Staats- und Gesellschaftsmodells auftritt. Das gilt im Übrigen auch für jenen Nachfolger der kritischen Theorie, dem man sicher nicht vorwerfen kann, ein unkritischer Apologet der »amerikanischen« Moderne zu sein, nämlich Jürgen Habermas, der aber am aufklärerischen, westlichen Projekt der Moderne festhält und in diesem normative Standards walten sieht, die zwar nicht vom Himmel fallen, aber durchaus ein Moment Unbedingtheit in sich tragen. Dieses Selbstbewusstsein des okzidentalen Modernisierungsprozesses hält am Begriff der Moderne als normativem Begriff fest.

Gerade dieses westliche Selbstverständnis der Moderne verweist auf eine *sozialräumliche* Unterscheidungsmöglichkeit. Der europäisch-nordamerikanische Westen sieht sich seit der globalen Ausbreitung seiner Wirkmächtigkeit stets mit der Gleichzeitigkeit des Ungleichzeitigen konfrontiert und definiert sich selbst als eine entwickeltere Region des Erdballs, auf dem es gleichzeitig weniger entwickelte Regionen gibt. Wiewohl sich die gesamte Weltgesellschaft in modernen Zeiten befindet, befindet sie sich gleichwohl nicht in ihrer Gänze in der Moderne – so muss man zumindest argumentieren, wenn man an einem sachlichen oder normativen Verständnis der Moderne festhält. Sind die meisten Regionen Afrikas etwa weniger modern als Europa? War der Staatssozialismus des Ostblocks modern? Und wie steht es mit Japan, das sowohl urbanisiert als auch industrialisiert und demokratisiert ist, uns aber bisweilen reichlich unmodern vorkommt? Und gibt es nicht mitten in der Moderne des Westens allerlei Enklaven, die alles andere als modern erscheinen?

Die Form der Moderne hängt also – wie jede Form – davon ab, was die andere Seite der Form nicht bezeichnet und damit mitbezeichnet. Die Form der Moderne hängt also von einer *bestimmten* Negation ab. Empirisch freilich treten diese Formen selten in Reinkultur auf. So benutzen sicher alle Formen der Moderne die zeitliche Form mit, und die sozialräumliche Form kommt zugleich nicht ohne wenigstens eine sachliche, zumeist wohl aber normative Formierung aus. Modernität ist also alles andere als ein selbsterklärender Begriff, sondern nur als eine Seite einer Form zu verstehen – und es dürfte einen erheblichen Unterschied machen, welche Unterscheidung zur Anwendung kommt. Deutlich ist freilich zu sehen, dass der Begriff Modernität in allen dargestellten Formen ein *komparativer* Begriff ist. Er unterscheidet nicht nur, er vergleicht und baut in den Vergleich stets eine Asymmetrie ein[13] – es muss dies keine normative Asymmetrie sein, sondern womöglich eine sachliche (»Das ist nicht modern!«), eine temporale (»Das ist eine Ungleich-

13 Deshalb ist die Multiplizierung der Moderne etwa als *Zweite* oder *andere* Moderne so beliebt (vgl. Beck 1986; 1996) oder auch die Historisierung der Moderne als *Postmoderne* (vgl. etwa Bauman 1995).

zeitigkeit!«) oder eine sozialräumliche (»Wir hier sind modern!«) Form. Aller Vergleich verweist auf Kultur, auf die kulturelle Erzeugung von benennbaren und abgrenzbaren Einheiten, auf *Sichtbarkeit.* Insofern ist der Begriff der Moderne zumeist ein kulturell kontaminierter Begriff, der in der gepflegten Benennbarkeit seines Gegenstandes exakt das macht, was kulturelle Strategien stets tun: *Sie erzeugen das, wovon sie handeln.* Und auch hier zeigt sich, wie die Geschlossenheit des Unterscheidungsgebrauchs eine je spezifische Offenheit der Bedeutungsgenerierung erzeugt. Ich werde auf diese Frage der kulturellen Formierung von Identität und Differenz weiter unten unter dem Stichwort der *Paradoxie der Sichtbarkeit* (s. u. S. 231 ff.) zurückkommen.

Es geschieht nun dies, was die Erfahrung mit fast jeder Dekonstruktion erzeugt: Je genauer man nun hinsieht, um so ungenauer wird der Begriff. Man muss sich schon fragen, was eigentlich bezeichnet wird, wenn soziologische Texte (von anderen ganz zu schweigen) ihren Gegenstand *modern* nennen und wenn sie die Gesellschaft als ganze als *moderne* Gesellschaft qualifizieren. Meistens ist der Begriff eine Verlegenheitslösung, die soziologische Texte davon entlastet, genauer zu qualifizieren, was nun eigentlich genau unterschieden wird, wenn von der modernen Gesellschaft die Rede ist. Vielleicht lohnt es sich ja, solchen Begriffsgebrauch nach den vier vorgeschlagenen Unterscheidungsmöglichkeiten, der zeitlichen, der sachlichen, der normativen und der sozialräumlichen Dimension, einzuordnen, um dem Begriff mehr entnehmen zu können als einen fachweiten common *sense*, der spätestens dann alles andere als ein *common* sense sein dürfte, je genauer man nach dem *common sense* fragt. Auf eine Formel gebracht: Es lässt sich kaum bezweifeln, dass wir in einer modernen Gesellschaft leben, was das aber bedeutet, kann der Begriff nicht transportieren, sondern muss den (mehr oder weniger nicht zufällig gewählten) theoretischen Vorentscheidungen entnommen werden, die im jeweiligen Kontext einer Theorie der gesellschaftlichen Moderne auftauchen. Meistens jedenfalls meint moderne Gesellschaft wohl wenig anderes als das gesellschaftliche *hic et nunc*, womit sich der Begriff wieder dem mittelalterlichen Sprachgebrauch angenähert haben dürfte, nach dem die *moderni* eben die Jetzigen sind. Modern (sic!) am heutigen Begriffsgebrauch ist lediglich, dass der Begriff stets eine temporale Dynamik mittransportiert, und zwar eine *Dynamik der Gegenwarten.*

Dritte Abteilung: Dynamiken der Gegenwart

5. Vom Setzkasten zur Echtzeitmaschine: Eine Gesellschaft der Gegenwarten

Differenzierungstheorie kann mit Fug und Recht als das dienstälteste sozial- und gesellschaftstheoretische Konzept gelten, mit dem die Soziologie als Selbstbeschreibung der modernen Gesellschaft reüssiert hat. Letztlich kommt keine gesellschaftstheoretische Perspektive an der grundlegenden Einsicht vorbei, dass es sich bei der modernen Gesellschaft um eine *differenzierte Einheit* handelt. Und darin scheint sich durchaus eine grundlegende Erfahrung mit Modernität auszudrücken: dass sich gesellschaftliche Teilbereiche einerseits zunehmend verselbständigen, andererseits aber hochgradig aufeinander bezogen und voneinander abhängig sind. Es war diese Einsicht, die die Gesellschaftstheorien von Spencer und Durkheim, von Weber und Simmel, von Parsons und Eisenstadt, von Alexander und Münch und von Luhmann und Habermas verbindet. Schon dieses Kabinett großmeisterlicher Namen müsste eigentlich genügen, um die enorme Bedeutung dieses Paradigmas für die Soziologie deutlich zu machen, zumal einige der Debatten durchaus aktuell sind – etwa die Auseinandersetzung um die Luhmann'sche Gesellschaftstheorie vornehmlich in Deutschland oder aber die Rekonstruktion des Parsons'schen Programms durch Jeffrey Alexander als *Neofunktionalismus* in den Vereinigten Staaten (vgl. Alexander 1985; 1990).[1]

Ich habe bereits oben (s. S. 34 ff.) angedeutet, dass das Differenzierungsparadigma in geradezu klassischer Weise das Verhältnis von *Geschlossenheit* und *Offenheit* bearbeitet. *Differenzierung* meint die *gleichzeitige* Herausbildung und Entkoppelung von Kontexturen, die je eigene Perspektiven entwickeln, die sich der *Geschlossenheit* des je eigenen Unterscheidungsgebrauchs verdanken und damit ihre je eigene *Offenheit* erzeugen. Ich werde im Folgenden zeigen, dass

1 Es fällt auf, dass die Debatte um Differenzierungstheorie im angelsächsischen und im deutschsprachigen Bereich durchaus unterschiedlich geführt wird. Während in der angelsächsischen Version eher thematisch und historisch konkrete Forschungsfragen dominieren und das systemtheoretische Theoriedesign eine eher untergeordnete Rolle spielt, ist die deutsche Debatte eher an allgemeinen theoriekonstruktiven Fragen interessiert. Diese Differenz wird in der Debatte selbst durchaus ebenso wahrgenommen (vgl. dazu Colomy 1990, S. 491).

dieses dienstälteste Programm soziologischer Gesellschaftstheorie ein durchaus aktuelles und zukunftsträchtiges Programm ist – wenn es denn mit soziologischen Mitteln arbeitet, die heute möglich sind. Ich werde mich bei meiner Rekonstruktion nicht nur darüber wundern, dass der Gesellschaftsbegriff und damit die Grundbegrifflichkeit der Soziologie immer noch allzu sehr an zweierlei orientiert ist: an der Frage der *Integration* der divergierenden Teile des Gesellschaftsganzen sowie an der immer noch bestehenden Gleichsetzung gesellschaftlicher Grenzen mit Nationalstaatsgrenzen – ganz in dem oben (s. S. 148 ff.) angedeuteten Sinne, den »gesellschaftlichen« Ort der Moderne in den Nationalstaat zu verlegen. Ich will dabei auch zeigen, dass sich diese begriffliche Engführung unmittelbar aus der Geschichte des Modernisierungsprozesses und seiner Soziologie ableiten lässt und dass das Paradigma der gesellschaftlichen Differenzierung an dieser Engführung mitgestrickt hat. Ziel dieser Ausführungen ist es, der Differenzierungstheorie eine perspektivische Bedeutung zu verleihen, die in der Lage ist, auf grundlegende Veränderungen des (welt-)gesellschaftlichen Wandels zu reagieren.

Disembedding und *Reembedding* von Funktionssystemen

Auf den ersten Blick kommt das Konzept bisweilen wie ein Setzkasten daher, in dem die unterschiedlichen Funktionssysteme je ein Kästchen besetzen und der Rahmen den Zusammenhang stiftet. Dass Ökonomie für die Produktion und Verteilung knapper Güter sorgt, Wissenschaft für sichere Wahrheiten, Erziehung für angemessenes Personal, Recht für Regeln und Konfliktbewältigung, Familie für einen Rückzugsbereich intimer Privatheit, Kunst für interesseloses Wohlgefallen und Politik für die Herstellung und Durchsetzung kollektiver Verbindlichkeiten, ist die Karikatur, nach der wir unsere Welt gerne nach dem Abbild unserer gewohnten Begrifflichkeiten erschaffen. All das hört sich nach einer wohlfeilen Arbeitsteilung an, deren verborgener Sinn darin besteht, dass die unterschiedlichen Subsysteme der Gesellschaft so ineinander greifen, dass sie über wechselseitige Austauschprozesse den Bestand des Ganzen befördern. Das Bild mit dem Setzkasten ist übrigens leibhaftig zu besichtigen, man bestaune nur die Vier-Felder-Akrobatik auch der Nach-Parsons-Ära, die Richard Münch (1991, S. 364-371; 1993) zu wahrer Meisterschaft getrieben hat. In dieser am alten Strukturfunktionalismus geschulten Differenzierungstheorie fällt immer noch auf, dass sie mit Einheit beginnt, d. h. mit einem Begriff des Ganzen, dessen Teile sich aus diesem deduzieren lassen. Es bleibt dann nichts anderes übrig, als das Ganze immer schon zu kennen und ein Funktionen-Schema immer schon vorempirisch (i. e. transzendental) vorauszusetzen, um daran empirische (Differenzierungs-)Fälle zu messen. Das Dilemma der Differenzierungstheorie scheint darin zu liegen, jene Struktur immer schon zu kennen, die sie in ihrem Gegenstand auffindet. Zumindest gilt dies für Durkheim und, wie Jeffrey Alexander (1988, S. 49 ff.; 1990) deutlich gezeigt hat, v. a. für Parsons, dessen AGIL-Schema ja schon fast sprichwörtlich für die Reifikation eines auf Stabilität und Bestand gerichteten Systems steht, das den Rahmen für interne Gleichgewichtsverschiebungen abgibt. Dieses *funktionalistische* Modell ist vielfältigen Kritiken unterzogen worden, und diese Kritik – v. a. die Kritik in der amerikanischen Gegenbewegung gegen die Übermacht des Parsonianismus – hat mit dem, was man Funktionalismus nannte, für einige Zeit völlig gebrochen. Es waren vor allem individualistische Theorieformen auf der einen und kritische auf der anderen, die je für sich entweder den angeblichen objektivistischen Charakter des Parsons'schen Modells oder den auf die Stabilität der Verhältnisse setzenden Aufbau des Modells brandmarkten. Allerdings stellt sich aus der historischen Distanz jene Kritik an der Statik und der Bestandsperspektive des parsonianischen Modells nicht nur als eine interne theoretische Auseinandersetzung der Soziologie dar, sondern wirft auch ein Licht darauf, dass die Soziologie als eine wissenschaftliche Selbstbeschreibung der Gesellschaft selbst Teil ihres Gegenstandes ist. Ich komme darauf zurück.

Die entscheidende Weiterentwicklung der Differenzierungstheorie ist von Luhmann bereits in seinen frühen Aufsätzen expliziert worden. Darin versucht er zu zeigen, dass sich die Probleme der Differenzierungstheorie nicht durch schlichte Umkehrungen der Begrifflichkeiten überwinden lassen, »so die *Integration* durch *Konflikt*, so die *Ordnung* durch *Wandel* zu ersetzen« (Luhmann 1970, S. 114). Vielmehr sei die Ordnung einer Gesellschaft selbst als kontingent darzustellen, d. h. Ordnung oder Struktur sei selbst als Ergebnis gesellschaftlichen Wandels oder Integration vielleicht sogar als Ergebnis von Konflikten anzusehen. Luhmann hat bereits zu Beginn der siebziger Jahre darauf hingewiesen, dass eine Differenzierungstheorie nicht schlicht nach der funktionalen Notwendigkeit bestimmter Systemerfordernisse fragen darf, sondern den Blick darauf zu richten hat, wie sich jene differenzierten Einheiten funktional herausbilden, die die Struktur einer Gesellschaft bilden. Dieser Gedanke mündet dann in jene Version einer Differenzierungstheorie, die über die *empirische* Rekonstruktion der Herausbildung *symbolisch generalisierter Kommunikationsmedien* zur Erhöhung bestimmter Annahmewahrscheinlichkeiten von Kommunikation die spezifische Differenziertheit der modernen Gesellschaft als funktional differenzierter Gesellschaft beschreibt (vgl. Luhmann 1997, S. 316 ff. und 743 ff.). Der derzeitige Bestand und die derzeitige Verfassung gesellschaftlicher Funktionssysteme sind also alles andere als das Ergebnis einer funktionalen *Notwendigkeit*, sondern ausschließlich das Ergebnis eines historisch kontingenten Prozesses.

Es dürfte wohl der Grundfehler eines differenzierungstheoretischen Denkens sein, die Ausdifferenzierung der unterschiedlichen Teile einer Gesellschaft *von der Einheit her* zu denken. Denn Gesellschaft bezeichnet eben kein Subjekt, keine operierende Einheit, keine zu Intentionen, Zwecken oder Zielen strebende Entität, sondern nichts anderes als die zunächst ungeordnete, chaotische, sich selbst alles andere als »bewusste«, ungeplante und in Echtzeit operierende Gesamtheit aller möglichen sozialen Handlungen, Kommunikationen, Prozesse, wie immer man die soziale Letzteinheit theoretisch bezeichnen will. Schon aus konstitutionslogischen Gründen muss sich die Soziologie von einem allzu hochschwelligen Begriff der Gesellschaft verabschieden. Das Problem ähnelt dem Regressproblem in traditionellen Theorieformen. Man hatte die Einheit des Bewusstseins nicht aus dem Bewusstsein selbst erklären können, weil die Selbsterkenntnis dieser Einheit diese immer schon voraussetzen musste. Man hatte also die Wahl zwischen einem unendlichen Regress, der immer wieder neue Iche ansetzen musste, damit das Ich sich erkennen kann, oder einer transzendentalen Begrenzung des Regresses durch die Präsupposition einer vorempirischen Struktur jener sich selbst erkennenden Einheit. Die Struktur des Bewusstseins wurde also nicht *erklärt*, sondern *vorausgesetzt*. Und ebenso verfährt eine Gesellschaftstheorie, die als Differenzierungstheorie die Struktur dessen, was sich da ausdifferenziert, bereits *voraussetzt*. Insofern kommt der soziologische *Setzkasten* bisweilen daher wie eine Kategorientafel, wie reine Verstandesbegriffe und transzendentalanalytische Schematismen. Eine Theorie dagegen, die die gesellschaftliche Struktur, also die Erwartbarkeit von Anschlussmöglichkeiten nicht voraussetzt, sondern soziologisch erklären will, muss auf solche Präsuppositionen verzichten und öffnet sich damit für alternative Möglichkeiten, für Wandel und Überraschungen. Systembildung – das sollte das bleibende Erbe der autopoietischen Systemtheorie bleiben – findet stets von unten statt, muss höherstufige Ordnungsleistungen aus der Kumulation von echtzeitlichen Ereignissen, also: *empirisch* ableiten und nicht schlicht voraussetzen. Vor allem gilt das für die normative Integrationsfunktion, die ja im an Parsons geschulten Modell gesellschaftlicher Differenzierung gewissermaßen die Hauptfunktion darstellt und ohne die sich die Soziologie so etwas wie »gelungene« Vergesellschaftung kaum vorstellen kann. Wenn man freilich zu sehen lernt, dass auch die Bemühung um *Integration*, also um die wechselseitige Beschränkung der Teile zugunsten des Ganzen, nur operativ in der Gesellschaft erfolgen kann, bekommt man auch zu Gesicht, dass Integration eine (unwahrscheinliche) Folge, keineswegs aber eine (notwendige) Voraussetzung gesellschaftlicher Differenzierung ist. Dies wird, so werde ich weiter unten zeigen, erhebliche Auswirkungen auf das diagnostische Potential der soziologischen Differenzierungstheorie haben.

Die zweite entscheidende Neuerung besteht sicher darin, den Gesellschaftsbegriff nicht mehr an die Grenzen nationalstaatlich integrierter Einheiten zu binden, sondern von »Weltgesellschaft« (Luhmann 1975b, S. 51 ff.) auszugehen. Dieser Begriff ist oft missverstanden worden. Er wird eine »soziologische Fiktion« (Wagner 1995) gescholten, weil sich eine weltweite Gesellschaft eben nicht als *gesellige Einheit* mit wenigstens ähnlichen Lebensverhältnissen darstelle, ethnisch und national differenziert sei (vgl. Smart 1994) und von einer »globalen Sozialintegration« (Korff 1996; auch Münch 1998) nicht die Rede sein könne (s. dazu ausführlich u. S. 188 ff.). Der Begriff der Weltgesellschaft zwingt aber dazu, gerade globale Unterschiedlichkeiten, die Radikalität sozialer und kultureller Ungleichheiten und die explizite Nicht-Einheitlichkeit der Lebensverhältnisse als kontingentes *gesellschaftliches* Phänomen zu verstehen, das sich auf dem Boden eines weltweiten Ausdifferenzierungsprozesses des ökonomischen Geldmediums, des politischen Machtmediums und des wissenschaftlichen Wahrheitsmediums zeigt.

In diesen beiden Neujustierungen des differenzierungstheoretischen Inventars – die Umstellung auf kontingente, empirische gesellschaftliche Funktionen statt der Hypostasierung eines *denknotwendigen* Funktionensets und die Umstellung auf einen transnationalen Gesellschaftsbegriff – sehe ich die Zukunftsfähigkeit des differenzierungstheoretischen Paradigmas, die sich freilich noch konkret entfalten muss und deren Potential bis dato alles andere als ausgeschöpft ist. Ich komme auch darauf zurück.

Zunächst ist jedoch dies zu betonen: Es ist – wie oben bereits erläutert (s. o. S. 148 ff.) – kein Zufall, dass der Gesellschaftsbegriff der Soziologie lange Zeit unreflektiert identisch war mit dem Begriff einer staatlich verfassten, d. h. vor allem: staatlich begrenzten regionalen Gesellschaft. Die Erfahrung von Modernität, also die Erfahrung der Beschleunigung gesellschaftlicher Verhältnisse und die Erfahrung der Gestaltbarkeit der Welt, war gewissermaßen die Anfangsbedingung für das Entstehen einer Reflexionswissenschaft der modernen Welt. Der moderne Nationalstaat war es, der die widerstreitenden Logiken des Modernisierungsprozesses – Recht und Politik, Ökonomie und Religion, Bildung und Kunst, Massenmedien und Wissenschaft – gebündelt hat. Universalistische Modernität fällt seit der Französischen Revolution mit der Partikularität staatlich verfasster Geltungsräume zusammen – und so nimmt es nicht wunder, dass die moderne Gesellschaft wie ihre soziologische Selbstbeschreibung Gesellschaft mit Staatlichkeit, soziale Ordnung mit räumlicher Ordnung, gesellschaftliche Mitgliedschaft mit nationaler Mitgliedschaft gleichgesetzt hat. Und auf dem Boden dieser historischen Erfahrung wird dann auch deutlich, dass die Selbstbeschreibung der Gesellschaft als *differenzierter Einheit* die Integrationsfunktion durch die politische Segmentierung der Welt vergleichsweise unproblematisch voraussetzen konnte. Deshalb geriet *Gesellschaft* letztlich zu einem *politischen* Begriff.

Aus differenzierungstheoretischer Sicht stellt sich der Modernisierungsprozess also *einerseits* als Ausdifferenzierung unterschiedlicher symbolisch generalisierter Kommunikationsmedien wie Geld, politische Macht, Recht, Wahrheit usw. dar, um die herum sich codierte Annahmewahrscheinlichkeiten für Kommunikation zu ökonomischen, politischen, rechtlichen oder wissenschaftlichen Systemzusammenhängen bilden. Die Ausdifferenzierung dieser Funktionssysteme führt zu einem *disembedding* solcher Funktionen aus multifunktionalen Lebensformen und sozial geschlossenen Einheiten. Funktionale Differenzierung meint also in diesem Zusammenhang die Selbststabilisierung funktionaler Logiken zu Systemen, deren Entstehungsbedingungen gerade *nicht* darin bestehen, ein am Ganzen orientiertes Funktionenset zu erfüllen, sondern die eigenen Möglichkeiten zu stabilisieren und von andersartigen – wenn man so will – *Legitimationen* unabhängig zu machen. Vielleicht ist es dies, was die enorme Entfesselung gesellschaftlicher Dynamiken in den letzten drei Jahrhunderten bewirkt hat: die Verselbständigung funktionaler Logiken mit der Folge erheblicher Effizienzsteigerungen durch Abschüttelung limitierender Traditionen. In diesem Sinne ist der gesellschaftliche Modernisierungsprozess als interner Emanzipationsprozess zu verstehen, in dem die funktionalen Logiken auf der einen Seite unabhängiger voneinander werden, aber gerade darin auf der anderen Seite hochgradig voneinander abhängig werden. Wie sollte die Wirtschaft ohne rechtliche Vertragssicherheit und die kollektive Bindungswirkung politischer Entscheidungen auskommen, wie Politik ohne eine funktionierende Geldwirtschaft und ein sanktionsbewehrtes Rechtssystem, wie Wissenschaft oder Kunst ohne ein funktionierendes Bildungssystem usw.? Was das Stück *Gesellschaft* bisweilen zu einem Drama macht, ist freilich die Tatsache, dass diese unterschiedlichen »Rollen« weder von einem zentralen Regisseur aufeinander abgestimmt werden noch ein Skript haben, an dem sie sich abarbeiten können. Wenn man dieses Bild weiter bemühen will, spielt auf der Bühne *Gesellschaft* eher eine Laienspielschar, die, zur Echtzeit gezwungen, weder Probe- noch Korrekturmöglichkeiten hat, sondern ihre Struktur gewissermaßen improvisieren muss und dennoch zu Selbststabilisierungen auch im Hinblick auf die Wechselseitigkeit der operativ voneinander unabhängigen Funktionssysteme kommt. Es ist fundamental eine *Gesellschaft der Gegenwarten*.

Der Modernisierungsprozess stellt sich freilich *andererseits* auch als ein Prozess dar, in dem jenes *disembedding* der Funktionssysteme ein *reembedding* im nationalstaatlichen Rahmen erfahren hat. Die Entfesselung der Funktionslogiken stieß zunächst auf kulturelle Programmierungen, die sich mit dem *politischen* Erfolg des nationalstaatlichen Modells über die Funktionssysteme gelegt haben.

Zwar gelang es den symbolisch generalisierten Kommunikationsmedien Macht, Geld, Wahrheit usw. tatsächlich, sich – zunächst im europäischen Kontext – transnational auszubreiten; die ökonomischen, politischen, wissenschaftlichen, bildungsmäßigen, religiösen und künstlerischen Praxen wurden in ihrer Anschlusswahrscheinlichkeit durch eine Art nationalkultureller Zweitcodierung überlagert. Dabei handelt es sich keineswegs um eine *segmentäre Differenzierung* der Gesellschaft in Nationalstaaten, aber durchaus um eine Art *segmentäre Form der Selbstbeschreibung von Gesellschaft.*[2] Auf der strukturellen Ebene der Codierungen haben sich die unterschiedlichen Nationalstaaten Europas letztlich in nichts unterschieden, und ihre ökonomischen, rechtlichen, wissenschaftlichen, religiösen, künstlerischen und v. a. politischen »Transaktionen« waren immens. Das Geld- oder Machtmedium, das Wahrheits-, Kunst- oder Rechtsmedium variierten in ihren nationalkulturellen Varianten nicht im Geringsten, die empirische *Form* ihrer Praxis schon eher. Und auf der Ebene jener nationalkulturellen Formen des Ökonomischen, Politischen, Wissenschaftlichen, Ästhetischen oder Rechtlichen ereignete sich denn auch deren »gesellschaftliche« Selbstbeschreibung. Und exakt dies ist der Hintergrund dafür, dass die Soziologie gerade diesen Gründungsmythos der gesellschaftlichen Moderne, die *Vernationalstaatlichung* der gesellschaftlichen Verhältnisse fast unbeobachtet gelassen hat.

Die differenzierungstheoretische Modernisierungstheorie, wie sie v. a. in den 60er Jahren des 20. Jahrhunderts als Reflexionstheorie des Westens auftrat, ging letztlich von einer stabilen Struktur aus, die gerade die Integrationsfähigkeit des modernen, liberalen Staatsmodells als evolutionäre Universalie feierte. Hier wird tatsächlich eine gewisse national-politische Steuerungszentriertheit als gesellschaftliches Zentrum angesetzt, von dem her sich die Integration des gesellschaftlichen Ganzen entfalten soll. Es ist ganz offenkundig der Staat, der als *Nation* in der Lage war, politische, ökonomische, bildungsmäßige, rechtliche, bisweilen sogar religiöse, künstlerische und wissenschaftliche Perspektiven zu *nationalisieren* und zu *kulturalisieren*. Es geht hier – wohlgemerkt – nicht um die wirkliche Be-

2 Ich entlehne diese treffende Formulierung Alois Hahn (2000a, S. 57ff.), der darauf aufmerksam macht, dass der Nationalstaat eben nicht als gesellschaftliche Totalität aufgefasst werden darf, sondern letztlich nichts anderes ist als eine Art regionalisierende Selbstbeschreibungskategorie.

schränkung solcher Prozesse auf den nationalen Rahmen, aber die entsprechenden Selbstbeschreibungen geben jenen Perspektiven eine regionalisierte Form, die sich mit einer politikförmigen, wenigstens politikähnlichen Adresse ausstatten. Diese sich als *Staat* selbst beschreibende »Gesellschaft« ist es, die mit ihrem institutionellen Arrangement von Ökonomie, Recht, Bildung, Wissenschaft, Kultur und Politik jene *Selbstgenügsamkeit* zu simulieren in der Lage ist, die nach Parsons (vgl. 1972) die theoretische Bedingung für eine *Gesellschaft* darstellt.

Folgt man Zygmunt Bauman darin, die Kultur der Moderne als eine *Kultur der Eindeutigkeit* zu sehen, die die Mannigfaltigkeit und Ambivalenz kultureller Möglichkeiten zugunsten eindeutiger Bestimmbarkeit und Kontrolle eingrenzt (vgl. Bauman 1995), ist es vor allem die nationalkulturelle Klammer des modernen Staates, der mit der *Einheit des Gemeinwesens* auch den Rahmen für ökonomische, ästhetische, familiale, pädagogische, biographische und »sittliche« *Ordnungen* abgibt und damit die Programmierungen der Funktionssysteme nationalkulturell konditioniert. Gesellschaft – als Reflexionsbegriff der Moderne, als Synonym für die *Kälte* der nachtraditionalen Welt – bleibt ein Gemeinschafts-, ein Einheitsbegriff.

Alle Soziologie, das wird auch hier deutlich, ist *Hegel'sche* Soziologie. Wie in Hegels Rechtsphilosophie das staatliche Gemeinwesen zu einem »wirklichen Gott« (Hegel 1970a, S. 403)[3] gerinnt, scheint auch die »gesellschaftliche« wie die soziologische Selbstbeschreibung der modernen Gesellschaft im Staat und in der nationalkulturellen Schließung des Gesellschaftlichen ihren letzten Fokus gefunden zu haben. Es ist letztlich der Hegel'sche Volksgeist als objektiver Geist des staatlichen Gemeinwesens, der in Parsons' *gesellschaftlicher Gemeinschaft* fortlebt und der so etwas wie den blinden Fleck – auch

3 Ein Gott, unter den man sich, wie es einem Gott würdig ist, ausnahmslos zu unterwerfen hat, und zwar mit der Verheißung, Unterwerfung wandle sich in Freiheit: »Diese substantielle Einheit ist absoluter unbewegter Selbstzweck, in welchem die Freiheit zu ihrem höchsten Recht kommt, so wie dieser Endzweck das höchste Recht gegen die Einzelnen hat, deren *höchste Pflicht* es ist, Mitglieder des Staates zu sein.« (Hegel 1970a, S. 399) Der Hegel'sche Staat als »Idee« stellt freilich kein »Ideal« dar, sondern gewissermaßen die empirische Entäußerung jener Allgemeinheit. Das gilt dann auch für die unvollkommensten Staaten. So schreibt Hegel analogisierend: Der Staat sei in jedem empirischen Falle jene *Wirklichkeit der sittlichen Idee*, wie auch »der hässlichste Mensch, der Verbrecher, ein Kranker und Krüppel ... immer noch ein lebender Mensch« (ebd., S. 404) sei.

der *soziologischen* – Moderne darstellt. *Diese* Bedingung wurde immer schon vorausgesetzt und gerinnt damit tatsächlich zu einem *god-term* gesellschaftstheoretischen Denkens. Vielleicht ist diese *politische* Formierung des Gesellschaftsbegriffs die Erbsünde einer soziologischen Differenzierungstheorie, die mehr auf *Integration* als auf *Differenzierung* sieht und der gerade *als* Differenzierungstheorie der anderen Seite des Modernisierungsprozesses kaum ansichtig wird.

Optionssteigerungen

Ich komme auf das systemtheoretische Design der Differenzierungstheorie zurück. Wenn man die Operationen sozialer Systeme nicht im Sinne der Entfaltung einer stabilen Struktur oder gar eines übergeordneten funktionalen Systemerfordernisses versteht, sondern als ereignisbasierte, echtzeitliche Entfaltung von Anschlussmöglichkeiten, kommt man zu einem völlig anderen Verständnis von Gesellschaft. Ich wiederhole noch einmal: Die Logik funktionaler Differenzierung beginnt nicht in dem Sinne, dass eine Einheit ein operatives Zentrum sucht, von dem her unterschiedliche Funktionen zugewiesen werden. Die Logik der funktionalen Differenzierung bedeutet umgekehrt, dass sich einzelne Logiken voneinander wegdifferenziert haben und es nur dadurch gelingen konnte, symbolisch generalisierte Kommunikationsmedien zu etablieren, die die Annahmewahrscheinlichkeit für spezifische Kommunikations- und Handlungsketten erhöhen konnten und damit Systembildung ermöglichten. Nur so konnte sich eine ökonomische Logik von der religiösen, eine politische und rechtliche von der ökonomischen oder eine wissenschaftliche oder künstlerische von der politischen wegdifferenzieren. Diese – wenn man so will – Emanzipationsprozesse legitimierten sich gegen die alte Ordnung zwar mit Semantiken des Fortschritts und der Geschichte, aber letztlich haben sich Fortschritte und Geschichten dieser funktionalen Logiken auch *gegeneinander* entwickelt. Integration ist dann keine Frage der Struktur oder der operativen Logik, sondern ausschließlich Sache einer Semantik, deren Pflege sich etwa die Soziologie als wissenschaftliche Disziplin mitverdankt, die sich letztlich als Reflexionstheorie des modernen nationalstaatlichen Gesellschaftsmodells präsentiert. In der *Gesellschaft der Gegenwarten* haben sich Gegenwarten gewissermaßen sowohl voneinander als auch von einer Bestand simulierenden Vergangenheit emanzipiert und folgen allein der Anschlusswahrscheinlichkeit mediatisierter Kommunikationsformen.

Symbolisch generalisierte Kommunikationsmedien versorgen die gesellschaftliche Kommunikation mit niedrigschwelligen Formvorschriften, die auf einfache Codierungen und auf stabile Medien bauen, auf deren Boden sich dann eine höherschwellige ökonomische, politische, religiöse, rechtliche, wissenschaftliche und erzieherische Formenvielfalt etablieren lässt. Die Ordnungsfunktion solcher Kommunikationsmedien besteht darin, dass man ihnen nicht entkommen kann. Und indem sie an die stabile Form einer Unterscheidung gebunden sind, können sie auch ihre *negativen* Werte *positiv* behandeln. Wer also auf ein Kaufangebot *nicht* eingeht oder schlicht kein Geld hat, um etwas zu kaufen, kommuniziert bereits auf dem Boden des Mediums und nimmt die ökonomische Codierung in Anspruch. Auch wer angesichts moderner Kunst hochnäsig behauptet, das sei ja gar nicht »schön«, ergo keine Kunst, und das könne er auch malen, rechnet bereits mit Kunst. Wer an sich selbst erlebt, keinerlei politische Macht zu haben, sich also weder repräsentiert fühlt noch eine Chance dafür in der Zukunft sieht, und wer noch so *politikverdrossen* daherkommt, bewegt sich bereits auf dem Boden des etablierten politischen Unterscheidungsgebrauchs. Wem Bildungszertifikate fehlen, operiert genauso im Rahmen des Bildungssystems wie derjenige, der alles vorweisen kann, was das Herz begehrt – von der Habilitation bis zum Jodeldiplom. Die Existenz Gottes zu leugnen bedarf vielleicht ebenso viel Gottvertrauens wie das Gottvertrauen. Und wer sich als Opfer eines Justizirrtums wähnt, kommuniziert nicht außerhalb der rechtlichen Codierung. Beispiele ließen sich noch viele konstruieren. Was sich daran ablesen lässt, ist die Unausweichlichkeit, in den Sog der systembildenden Unterscheidungen der Funktionssysteme hineingezogen zu werden und sich dann *nolens volens* dort vorzufinden, wo man womöglich gar nicht hin wollte.

Es bildet sich hier exakt das ab, was ich als das Verhältnis von *Geschlossenheit* und *Offenheit* bezeichne: Die Bildung von Funktionssystemen erzeugt Kontexturen, die die Geschlossenheit ihrer eigenen Operation zur Herausbildung einer Weltoffenheit nutzen, für die die Welt ausschließlich aus eigener Perspektive erscheint. Nur wenn *funktionale Differenzierung* in dieser Weise *von unten* und von der jeweiligen Ereignisgegenwart her, also von den konkreten Operationsformen her gedacht wird, kann sie mehr bedeuten als bloße Arbeitsteilung, die als solche bereits das zu Bearbeitende kennen muss, um es zu teilen. Die Dynamik der modernen Gesellschaft ergibt sich aus der Perspektive einer *radikal* operativen Sozial- und Gesellschaftstheorie daraus, dass die Wechselseitigkeit von Funktionssystemen ganz im Simmel'schen Sinne eine Wechselseitigkeit unter Echtzeitbedingungen ist. Für das, was die Differenzierungstheorie üblicherweise als *Funktionsbedingung* und als *Funktionssinn* von Integration bemüht, gibt es aus dieser Perspektive dann keinen *operativen* Ort mehr. Die Zurückweisung einer Zentralperspektive auf *Integration* ist also keine normative Setzung, sondern sie ergibt sich ausschließlich aus dem funktionalistischen Gedanken des Problembezuges von Ausdifferenzierung. Und aus dieser Perspektive erscheint der *Funktionssinn* von Differenzierung dann auch als Möglichkeit der Steigerung selbstdeterminierter Optionen innerhalb der Funktionssysteme bei gleichzeitiger *Dekomposition* dessen, was die Soziologie *Gesellschaft* nennt. *Gesellschaft* mag zwar theorietechnisch als die Gesamtheit aller kommunikativen Operationen gedacht werden, aber diese technische Bestimmung verweist doch nur darauf, dass *Gesellschaft* im empirischen Sinne nurmehr als *Horizont* denkbar ist, als der *offene* Horizont, dessen Grenzenlosigkeit sich den Grenzen jener *Geschlossenheiten* verdankt, in denen mediatisierte Funktionssysteme ihre Anschlusswahrscheinlichkeiten erhöhen. Dass diese *operative* Autonomie der Funktionssysteme freilich keine *empirische* Autonomie ist, muss nur an die Adresse derjenigen gerichtet werden, die den *theoretischen* Funktionssinn dessen, was *System*theorie soll, nicht begreifen. Denn *Autonomie* würde dann doch wieder implizieren, Funktionssysteme seien *Akteure*, man könnte sie *Akteursfiktionen* schimpfen (so etwa Schimank 1988) und träfe doch damit gerade das *operative* theoretische Design nicht. Das *Systemhaftige* von Funktionssystemen besteht eben darin, dass weder »die« Wirtschaft noch »die« Politik, weder »die« Wissenschaft noch »die« Kunst sich irgendwie als Einheit verhalten kann. Die einzige Einheit, die ihnen zukommt, ist die Einheit ihrer Operationsweise, also dass Geldzahlung an Geldzahlung anschließt – und selbst wenn man dabei auf Politisches oder auf Kunst reagiert, etwa indem man einen Politiker besticht oder ein Gemälde erwirbt, geschieht das als

Geldzahlung, sonst wäre es keine ökonomische Operation. Gerade an Funktionssystemen lässt sich die *Dynamik der Geschlossenheit* ablesen, eine Dynamik, an der man studieren kann, dass alles, was geschieht, tatsächlich in Echtzeit geschieht. Die Codierung und Mediatisierung von Funktionssystemen schließt es geradezu aus, dass innerhalb der Funktionssysteme Funktionsstellen denkbar wären, die die Operationen des Systems *zuweisen*. Selbst Organisationssysteme, deren Bedeutung für die Aufrechterhaltung der Autopoiesis von Funktionssystemen darin besteht, die bloße »Rekursivität« der Funktionssysteme mit insularen Formen von »Reflexivität« auszustatten und damit Selbstzurechnungen von Handlungen als »rational« zu ermöglichen, sind nicht in der Lage, solche Funktionsstellen zu sein.[4] Weder die *New York Stock Exchange* noch der *Tante Emma-Laden* um die Ecke – beides Organisationen mit ökonomischer Selbstprogrammierung – wären in der Lage, dafür zu stehen, was »die« Wirtschaft sei. Weder der *Bundestag* oder die *United Nations* noch der *SPD-Ortsverein München Allach-Untermenzing* stehen für *Politik*. Und selbst wenn man im New Yorker *Museum of Modern Art* vielleicht den besten Eindruck dessen bekommen kann, was die Gegenwartskunst vermag, steht nicht einmal sie für »die« Kunst. Und dass sich solche Adressen nicht finden lassen, liegt nicht an der Insuffizienz meiner Beispiele, sondern schlicht am Funktionssinn ausdifferenzierter Funktionssysteme: *ihre Schließungsbedingung ausschließlich in ihrer Operationsweise zu finden und sich damit von jenen Limitationen zu befreien, die eine »gesamtgesellschaftliche« Perspektive bedeutet.* Im Übrigen müsste eine »gesamtgesellschaftliche« Perspektive nicht nur die *sachlichen* Differenzen der Funktionssysteme transzendieren, sondern auch die *zeitlichen* Differenzen ihrer Operationsweise. Dass ich die funktional differenzierte Gesellschaft als eine *Gesellschaft der Gegenwarten* bezeichne, dürfte nun plausibler werden: Eine »gesamtgesellschaftliche« Koordination und Planbarkeit ist deshalb ausgeschlossen, weil sich die Funktionssysteme in einem *gleichzeitigen*, i.e. je *gegenwärtigen* Nebeneinander befinden. Einer in dieser Weise auf die *Dynamik der Gegenwart* abgestimmten Gesellschaftstheorie ist es deshalb versagt, eine »gesamtgesellschaftliche« Perspektive auf Probleme, auf Lösungen, auf Vergangenheiten und auf Zukünfte zu lokalisieren oder auch nur zu postulieren.

4 Zur Frage des funktionalen Beitrags von Organisationen für die Funktionssysteme vgl. Nassehi 2002a.

Wer das tut, wird fast unweigerlich vom Sog politischer oder medialer Anschlussmöglichkeiten angezogen, deren appellativer Charakter einem gesellschaftstheoretischen Diskurs sich dann *nolens volens* entzieht. Sind *Systeme* nichts anderes als operative Einheiten, deren System/Umwelt-Differenz v.a. für Interdependenz-Unterbrechungen sorgt, gilt das auch auf der Ebene des Gesellschaftssystems, das in der modernen Gesellschaft durch Funktionssystembildung für solche Unterbrechungen und damit für erfolgreiche Rekursivitäten der Funktionssysteme sorgt.

Der »Erfolg« des Differenzierungsprozesses besteht darin, dass sich die Optionen und die Leistungsfähigkeit der Funktionssysteme im Laufe des Modernisierungsprozesses extrem steigern ließen – und dieser Erfolg der Optionssteigerung scheint inzwischen zum Problem zu werden, zum »Integrationsproblem«, wie man es zu nennen beliebt. Aber: Codierte Funktionssysteme haben weder externe noch interne Kriterien, die ihre Operationen limitieren könnten, die also ein Maß zur Selbstbeschränkung, zum Verzicht auf Optionen ausbilden. Gerade der »Erfolg« funktionaler Differenzierung schließt funktionale »Koordination« als Zentralfunktion aus, denn könnte man sie voraussetzen, hätten wir es nicht mit einem Differenzierungsprozess im systemtheoretischen Sinne zu tun.

Das bedeutet nicht, dass es keine punktuellen Koordinationsleistungen gäbe – etwa zwischen Politik und Ökonomie ebenso wie zwischen Wissenschaft und Recht. Aber an der paradoxen Wirkung der Ausdifferenzierung scheinen diese punktuellen Aktionen wenig zu ändern. Die paradoxe historische Wirkung der Ausdifferenzierung codierter Funktionssysteme scheint darin zu liegen, dass die ursprüngliche Limitierung von Optionen auf eine und nur eine Funktion zwar zu einer effizienzsteigernden Unabhängigkeit der Funktionssysteme voneinander geführt hat, dass diese Limitierungen aber inzwischen jede *Limitierung nach innen* verloren haben, weil ihre eigene Erfolgsgarantie eben darin besteht, für Anschlüsse zu sorgen. Dieses »Problem der Optionssteigerung«, wie ich es nenne (vgl. dazu ausführlich Nassehi 1999a, S. 28 ff.), hat zu neuen Prozessen des *disembedding* geführt. Am deutlichsten wird das im *ökonomischen System*, das mit dem Übergang vom Waren- und Industrie- zum Finanzkapitalismus seine eigene Logik völlig von der Frage des Knappheitsausgleichs dessen abgekoppelt hat, was wir bis vor kurzem Volkswirtschaften nannten. Im Gegenteil: Es wird das Medium – das Geld – inzwischen selbst zur entscheidenden Form, also: Ware, so dass vielleicht das Geld ein geeignetes *kulturelles* Symbol für die moderne »Dynamik der Geschlossenheit« darstellt; *wissenschaftliche, v. a. biotechnische und medizinische* Optionssteigerungen verdoppeln die Welt nicht mehr nur im Hinblick auf die angemessene Beschreibung dessen, »was der Fall ist«, sondern erzeugen diesen »Fall« nun selbst und beginnen das kulturelle Selbstverständnis des Menschen auf den Kopf zu stellen; *Politik* ist zu Optionssteigerungen fähig, die politische Loyalitäten und Erreichbarkeiten aus dem Blick verlieren oder aber politische Erweckungsbewegungen und religiöse Fundamentalismen geradezu technisieren können – von den »Erfolgen« der Totalpolitisierung der Gesellschaft in den Totalitarismen des 20. Jahrhunderts ganz zu schweigen; und *Religion* scheint in manchen Weltregionen die ethische Spannung zwischen Individuum und gesellschaftlichen Erwartungen wieder ähnlich steigern zu können wie die Sündenmanie der gegenaufklärerischen Strategien des 18. Jahrhunderts in Europa. Ich meine, dass die Theorie funktionaler Differenzierung sich exakt diesen Entwicklungen widmen muss und nicht dem harmonistischen Bild einer zugleich differenzierten und integrierten Gesellschaft als kulturellen Selbstbeschreibungen der Gesellschaft auf den Leim gehen sollte, die sich gerade im differenzierungstheoretischen Unterholz tummeln. Die Konzentration auf »Integration« als Möglichkeitsbedingung von Gesellschaft scheint mir so etwas wie ein bloß theorielogischer Schluss zu sein, mit dem nur wenig empirische Anschauung korrespondiert. Vielleicht muss man beginnen, die Theorie funktionaler Differenzierung als eine Theorie zu lesen, die nicht nur den effizienzsteigernden, arbeitsteiligen, für kulturelle Formen indifferenter werdenden und gewissermaßen befriedenden Aspekt sieht, sondern das, was Differenzierung auch ausmacht: das Auseinanderdriften von Lebensformen und funktionalen Handlungslogiken, die Gefahr einer Entkoppelung von Inklusionslogiken und Lebenslagen, der Limitationsverlust von Optionssteigerungen. Die »klassische« moderne Version von Differenzierungstheorie gerierte sich geradezu als ein Legitimationsdiskurs, der zwar die »Entzweiungen« der Moderne nicht verleugnete, sie aber der beruhigenden Zentralfunktion *Integration* subsumierte. Der klassische Fall Parsons zeigt diese Strategie deutlich an: Die funktionale Differenzierung in der *Sachdimension* wird durch ein Teilsystem integriert, dessen Funktion vor allem in der *Sozialdimension* lag. Die Frage der *sachlichen* Entkoppelung von Funktionen sollte *sozial* durch Herstellung einer normativ integrierten gesellschaftlichen Gemeinschaftlichkeit überwunden werden – flankiert durch kulturelle Muster und selbstkontrollierte Persönlichkeitsmuster, die es erlauben, dass der Einzelne sich auch in einer – um eine Sentenz von Elias aufzunehmen – »Gesellschaft der *Individuen*« in einer »*Gesellschaft* der Individuen« wähnt. Dieses harmonistische Verständnis von Differenzierung – fortlebend ebenso in der Setzkastenlogik, wie sie Richard Münch (1991; 1997) immer wieder formuliert, wie in der sich lautstark kritisch gerierenden Desintegrationsklage à la Heitmeyer (1997) – hält an der guten alten Narration der Moderne fest, über die Herstellung von kollektiver Bewegung und durch den Willen kollektiv verbindlicher Gestaltungskraft lasse sich »Gesellschaft« in einer Weise darstellen, wie sie dem selbstbewussten Selbstbild der westlich orientierten Nationalstaaten des späten 20. Jahrhunderts erscheint.

Man muss wohl auch der Luhmann'schen Variante der Differenzierungstheorie den Vorwurf machen, bisweilen ein allzu harmonistisches Bild von der Moderne zu malen oder zumindest die Potentiale kaum auszuschöpfen, die sich der Theorie funktionaler Differenzierung eröffnen. So zeichnet Luhmann gerade dort, wo er die Multiinklusion von Personen in Funktionssysteme beschreibt, bisweilen ein allzu unproblematisches Bild (vgl. dazu Nassehi 1999b, S. 125 ff.), und wo Luhmann die Theorie funktionaler Differenzierung erläutert, wird zwar stets darauf hingewiesen, dass die moderne Differenzierungsform zwar durchaus »Folgeprobleme« verursacht (vgl. Luhmann 1997, S. 801 ff.), aber letztlich erscheint Differenzierung stets als *Lösung* und nicht als eigenständiges *Problem*. Eines dieser strukturellen Probleme des Differenzierungsprozesses scheint tatsächlich das Problem der Optionssteigerung zu sein, das sich nicht *strukturell* lösen lässt. Ein solcher »Lösungsversuch« war – horribile dictu – die *Vernationalstaatlichung* der »Gesellschaft« und der Programmierung der Funktionssysteme.[5] Und gerade deshalb wird die Nähe auch des soziologischen Gebrauchs des Topos *Gesell-*

5 Ich weise explizit darauf hin, dass ich mit dieser *Lösung* keine intendierte Kausalität meine – wer sollte diese auch intendiert oder zur Wirkung gebracht haben? *Lösung* meint hier im (äquivalenz-)funktionalistischen Sinne die Bearbeitung aktueller Bezugsprobleme, die sich zumeist erst im Nachhinein identifizieren lassen. Ich verweise auf Luhmann 1984, S. 84 ff.

schaft zu einer politisch, i. e. staatlich verfassten E... *historisch* verständlich. Ich wiederhole mich: Der G... griff geriet zu einem – wenn nicht explizit, dann imp... *schen* Begriff.

Man wird aus der Perspektive der Differenzierungstheor... litik nicht so etwas wie ein funktionales Primat einräumen dürfen, sehr wohl aber ist zu konstatieren, dass es gerade der Politik gelungen ist, die Lufthoheit über dem Gebiet kollektiv wirksamer Selbstbeschreibungen der Gesellschaft zu erobern. Das hängt unmittelbar mit ihrer Funktion zusammen. Die Funktion des politischen Systems sieht man zumeist darin, Ressourcen für *kollektiv bindende Entscheidungen* bereitzustellen, sie sowohl verfahrenstechnisch als auch mit ausreichender Legitimation versehen hervorzubringen (vgl. Luhmann 2000, S. 83 ff.). Dabei konzentriert man sich bei der Beobachtung allzu oft auf das Entscheidungsproblem und auf die Frage der (rechtsförmigen oder kulturellen) Bindungswirkung des Entschiedenen. Weniger beobachtet bleibt dabei der Aspekt der *Kollektivität*, der ja gerade deshalb im Verborgenen bliebt, weil die Kollektivität des Politischen immer schon vorausgesetzt wurde, schon um das Verfassungsparadox der Gründung von Staaten zu verdecken. Ich habe vorgeschlagen (Nassehi 2002b), die Funktion des Politischen nicht nur in der Herstellung von Entscheidungen zu sehen, sondern auch in der Herstellung und Bereitstellung von *Sichtbarkeit* und *Zurechenbarkeit*.[6] Damit ist es möglich, *einerseits* das Politische nicht nur auf den *Staat* und seine institutionellen

6 Ich bin mir bewusst, dass diese Funktionsbestimmung insofern problematisch ist, als auch andere Funktionssysteme stets für Sichtbarkeit und Zurechenbarkeit zu sorgen haben. Würde man die Funktion des Politischen freilich als *politische* Sichtbarkeit bzw. Zurechenbarkeit bestimmen, läge eine Tautologie vor, da dann das Politische eine weitere Bestimmung benötigte. Zunächst ist dies also noch ins Unreine gesprochen, und es wird weiteren Arbeiten vorbehalten sein, die Funktionsbestimmung genauer zu fassen. Was mir vorschwebt, ist so etwas wie die Funktion, für Zurechenbarkeit und Sichtbarkeit im Hinblick auf Kollektive und ihre Selbstbindungen per Entscheidungen zu sorgen. Das Politische sorgt nämlich für eine ganz bestimmte Form der Sichtbarkeit, die man als Herstellung von Öffentlichkeiten, als die Simulation begrenzter »gesellschaftlicher« Räume verstehen könnte. Vielleicht ist es die Funktion von Politik, aus *Gesellschaft*, also einem alles Soziale umfassenden sozialen Zusammenhang, Gesellschaft*en* zu machen, also soziale Räume, die sich durch die Erzeugung einer sichtbaren Gesellschaftlichkeit mit einer klar simulierten Außengrenze – ebenso *klar* wie *simuliert* – selbst kommunikativ erzeugen.

…er zu beschränken, *andererseits* aber auch nicht schlicht alles, was irgendwie gesellschaftlich von Bedeutung ist (was immer das auch bedeuten mag), als Element des *Politischen* zu führen. Politische Kommunikation wäre dann jede Form von Kommunikation, die sich an der Herstellung kollektiv bindender Entscheidungen beteiligt, und zwar sowohl in jenen Institutionen, die sich als *Staat* selbstbeschreiben, als auch in sonstigen Kommunikationsformen, die auf solche Entscheidungen drängen oder diese im Horizont haben. Zugleich sind solche Kommunikationen *nolens volens* an ein (durch »Politik«) repräsentiertes Kollektiv gerichtet, das sich »politisch« selbst zu organisieren hat. An der »Kollektivität« des Politischen kommt man also nicht vorbei.

Differenzierungstheoretisch gesehen, ist dies von doppelter Bedeutung. Zum einen kann es nun gelingen, das Politische trennschärfer von anderen Funktionssystemen zu unterscheiden, worauf ich an einem Beispiel sogleich zu sprechen kommen werde. Zum anderen aber dürfte nun deutlich werden, warum es gerade politischen Perspektiven gelingen konnte, *fürs Ganze* zu sprechen und damit aus politischer Perspektive die »Gesellschaft« zu simulieren. Das politische Primat der Selbstbeschreibung von *Gesellschaften* meint also kein funktionales Primat, sondern liegt in der Funktion des Politischen selbst begründet: in der Herstellung von Sichtbarkeit durch Appell an Kollektive.

Die Orientierung am Sichtbaren, an der paradoxen gesellschaftlichen Repräsentationsfunktion des *pars pro toto* ist es, die die Nähe der Politik zur Dramatik, zur Inszenierung, zur Symbolik und nicht zuletzt zur Vereinfachung komplexer Zusammenhänge macht. Politik braucht charismatische Personen, einfache Botschaften, simple Konflikte und v.a. ansprechbare Kollektive, um Handlungsfähigkeit und Zurechenbarkeit *sichtbar* zu machen. Insofern hat sich die politische Theologie der nationalstaatlichen Botschaften stets mit der politischen Ästhetik ihrer inszenierten Sichtbarkeit verbrüdert. Und bis heute gilt: Je drastischer der politische Inhalt, desto drastischer muss dann seine Ästhetik ausfallen. Und exakt diese Ästhetik des Nationalen war es, die das politische System für *gesellschaftliche Gemeinschaften* hat stehen lassen. Einen schönen Hinweis darauf findet man übrigens in Max Webers Herrschaftssoziologie. Weber band ja bekanntlich Herrschaft nicht an bloßen Zwang und Durchsetzbarkeit, sondern an *Gefolgschaft und Gehorsam* (vgl. Weber 1980,

S. 28). Die Grundfrage des Politischen lautet dann für ihn: *Unter welchen Bedingungen kann es gelingen, dass die Beherrschten auch beherrscht werden* wollen, *also die kollektive Bindung von für sie womöglich negativen Entscheidungen anerkennen?* Im Sinne der historischen Verzahnung von ökonomischem Knappheits- und Ungleichheitsmanagement und rechtlicher und politischer Gleichheitszumutung heißt das auch: *Wem ist zuzumuten, für andere finanziell, politisch, kulturell, rechtlich oder militärisch einzustehen, und wer darf prinzipiell zu diesen anderen gehören?* Und mit der Etablierung von Wohlfahrtsstaaten lautet die Frage dann später: *Wer gehört zum Kreis der Anspruchsberechtigten, und wem kann trotz der Gleichheitszumutung des Rechts diese Berechtigung verweigert werden?* Mit Hilfe dieser Figur lässt sich erklären, warum es ausgerechnet der Nationalstaat ist, dem es gelungen ist, so etwas wie eine komplette Repräsentation der »Gesellschaft« zu leisten. Und daraus wird dann deutlich, warum der National*staat* ein *National*staat ist und warum dies das Erfolgsmodell der gesellschaftlichen Modernisierung war.

Es sollte deutlich geworden sein, warum es für die Differenzierungstheorie (wie für die Soziologie schlechthin und für ihren Gegenstand ohnehin) nahe lag, Gesellschaft letztlich als *politisches* Phänomen zu beschreiben oder sie zumindest als *politisch limitiert* an *Kollektivitäten* zu messen. Wenn man Differenzierung nicht als Modell homöostatischen Ausgleichs denkt, wird man feststellen, dass es durchaus, wie Luhmann schreibt, »unterschiedliche Chancen« (Luhmann 1997, S. 770) für die Funktionssysteme gibt. Die Frage ist nur: Chancen wofür? Meine Überlegungen zur *Optionssteigerung von Funktionssystemen* vorausgesetzt, könnte man solche *Chancen* im Sinne der Entfaltungsmöglichkeit immer weiterer Optionen denken. Und dann stellt sich womöglich das politische System als dasjenige Funktionssystem heraus, dem in der klassischen Phase des Modernisierungsprozesses die meisten internen Steigerungsmöglichkeiten gelungen sind. Es ist letztlich der Politik zu verdanken, dass »Gesellschaften« nun vollständig *sichtbar* geworden sind; es ist der Verstaatlichung des Politischen zu verdanken, dass es keine weißen Flecken mehr auf der Landkarte der Erde gibt; es ist der politischen Repräsentationsfunktion zu verdanken, dass sich »Gesellschaften« als integrierte Kollektive simulieren konnten. Und ein Vorteil dieses Modells könnte sein, dass hier eine Gesellschaftstheorie vorliegt, die die enormen politischen Optionssteigerungen des 19. und 20. Jahrhunderts nicht als Gegenbewegung zur Modernisierung deuten muss, nicht als Rückfall oder Rückschritt, sondern als genuinen Teil der gesellschaftlichen Moderne. Der Krieg etwa ist die hypostasierte Repräsentation von Kollektiven, zumal der Krieg der Nationen seit dem 19. Jahrhundert. Und die Totalitarismen des 20. Jahrhunderts können als »gelungene« Optionssteigerung des Politischen aufgefasst werden, denen es gelungen ist, gesellschaftliche Dynamiken unter die Knute des kollektiv Verbindlichen zu zwingen. Zynisch gesprochen, sind sie letztlich die Vollendung der Vernationalstaatlichung der Politik, der fleischgewordene Hegelianismus der Versöhnung von Allgemeinem und Besonderem.

Ganz offenkundig befinden wir uns derzeit in einer Phase, in der die nationalstaatliche Domestizierung der Gesellschaft nicht mehr in der gewohnten Weise verläuft. Anders gesprochen: Die Optionssteigerungen des Politischen scheinen an Grenzen zu geraten, die derzeit unter den Stichworten der Globalisierung und des Bedeutungsverlustes des Nationalstaates diskutiert werden. Offenkundig ist die gewohnte klassische *politische Ökonomie* der nationalstaatlichen Moderne durcheinander geraten, also die zwar nichtstaatliche, aber auf den staatlichen Geltungsraum bezogene Ordnung der Produktion, Distribution und Konsumtion von Gütern und der Organisation von biographischen Erwartungsräumen durch öffentliche und private Wohlfahrt, staatlich organisierte Bildungssysteme usw. Aus differenzierungstheoretischer Sicht scheint sich hier ein neues Verhältnis von Politik und Ökonomie anzubahnen, das ich im Folgenden kurz mit Seitenblick auf geänderte Optionsmöglichkeiten von Funktionssystemen andeuten möchte.

Die neue Ordnung der »Politischen Ökonomie«

Eines der offenkundigsten oder zumindest sichtbarsten Zeichen für das Ende einer Phase der fundamentalen Politisierbarkeit gesellschaftlicher Dynamiken dürfte das Ende des sowjetischen Staatsmodells sein, das sich in der Tat dadurch ausgezeichnet hat, alle Funktionssysteme entsprechend politisch zu programmieren. Wie sehr eine solche Politisierung »der Gesellschaft« sich nur auf kontingente Programmierungen der Funktionssysteme beziehen kann, kaum aber auf die Logik der Codierungen selbst, zeigt dieses Beispiel sehr deutlich. Vor allem an der ökonomischen Logik der Weltwirtschaft ist jene »sozialistische« politische Ökonomie nicht vorbeigekommen, und genauso wenig an der Notwendigkeit, Herrschaft durch die Handhabung des Repräsentationsparadoxons an *Gefolgschaft* zu binden, was sich unter den Bedingungen der Moderne nicht vermeiden lässt. Aber die gegenwärtigen Selbstzweifel des nationalstaatlichen Modells, jene »postnationale Konstellation«, trifft auch das »westliche« liberale Modell demokratischer Verfassungsstaaten an seinen Grundfesten. Es scheinen immer weniger die staatlichen Ordnungen des politischen Systems zu sein, die die entscheidenden Gestaltungsfolgen für die Gesellschaft haben, sondern inzwischen andere, nichtstaatliche Akteure. Man denkt dabei v. a. an Konzerne, also an ökonomische Akteure, deren Entscheidungen in der Tat größere Wirkungen auf gesellschaftliche Dynamiken haben als manche politische Entscheidung (vgl. dazu Greven 1999, S. 87 f.; Beck 1997, S. 173 ff.; auch Habermas 1998, S. 108 ff.). Mancher »Staat« könnte geradezu davon abhängig werden, dass sich ökonomische Akteure dazu entschließen, in seinem Geltungsraum zu operieren, und die Drohung, solche Investitionen zu unterlassen, kann bisweilen für solche Staaten vernichtend sein. Wiewohl man den Globalisierungsprozess keineswegs nur als ein ökonomisches Phänomen sehen darf, so wird er doch am Ökonomischen besonders deutlich. Was sich in Wissenschaft, bildender Kunst und Literatur, Religion und sogar im Recht mehr oder weniger unterschwellig und mit geringeren Reibungsverlusten ohnehin entfaltet, ist selbstverständlich gerade im Wirtschaftssystem letztlich seit der Einführung des geschmeidigsten, kulturindifferentesten Mediums, nämlich des Geldes, ohnehin angelegt. Geld steht letztlich selbst für universale Übersetzbarkeit und Transversalität; es symbolisiert weltweite Anschlussfähigkeit und kann durch seine echtzeitliche und je gegenwärtige Bedeutung jede Frage nach *Herkunft, Raum* und *Legitimation* prinzipiell abweisen (vgl. dazu immer noch aktuell Simmel 1989). Womöglich lässt sich die Hypertrophie des klassisch-modernen Nationalstaatsmodells auch damit erklären, eine angemessene Antwort auf die Geschmeidigkeit des Geldmediums gefunden zu haben – und hier bildete die staatlich garantierte Währungs- und Rechtssicherheit sicher den entscheidenden Kopplungsmechanismus. Weltweit operierende Konzerne etwa sind keine *internationalen* Konzerne mehr oder *nationale* Konzerne auf internationalem

Operationsgebiet, sondern tatsächlich *transnationale Konzerne*, deren *Standort* sich nicht mehr in die politische Ökonomie staatlich verfasster Räume eingliedern lässt (vgl. Reich 1993). Solche ökonomischen Akteure haben Organisationsformen entwickelt, die nicht mehr kompatibel sind mit »staatlich« begrenzten Rechtsordnungen. Sie unterlaufen letztlich jene segmentäre Form der Selbstbeschreibung der Gesellschaft, indem sie sich der politischen Programmierung auf staatlicher Ebene nicht mehr fügen. Sie erobern sich einen Raum, in dem ein neuer »Naturzustand« herrscht, in dem also sanktionsbewehrte Ordnungsregelungen zumindest nicht auf die gewohnte Autarkie nationalstaatlicher Akteure treffen.

Diese Andeutungen mögen genügen, um die gerade am Beispiel wirtschaftlicher Globalisierung deutlich werdende radikale Umwälzung des nationalstaatlichen und nationalökonomischen Regimes der klassisch-modernen Ordnung zu erläutern. Aus der Perspektive der Differenzierungstheorie ist allerdings eine andere Frage von Interesse. Zunächst lässt sich zeigen, dass die erhebliche Optionssteigerung des Politischen in der klassischen Phase der Moderne nun auf eine ökonomische Optionssteigerung trifft, dank derer es der ökonomischen Autopoiesis gelingt, sich aus den Fesseln politischer, wenn man so will: *politökonomischer* Limitationen zu befreien. Globalisierung erscheint uns gerade deshalb als ein primär *ökonomisches* Phänomen, weil bis jetzt insbesondere das ökonomische System in der Lage war, Organisationen zu etablieren, die tatsächlich *trans*-, nicht nur *inter*national agieren und damit die gewohnte Ordnung des gesellschaftlichen Container-Modells unterlaufen. Wie sich all dies aber begrifflich für die Soziologie angemessen beschreibbar machen lässt, scheint bis dato noch offen zu sein. Es ist hier v. a. Ulrich Beck, der den Versuch macht, jenen »Epochenbruch« auf den Begriff zu bringen. Aus differenzierungstheoretischer Sicht sind Becks Versuche einer begrifflichen Neujustierung aus zweierlei Gründen sehr interessant: *Zum einen* kann er als der schärfste und konsequenteste Kritiker des für die Soziologie normalwissenschaftlich gewordenen Modells gelten. *Zum anderen* aber lese ich bei Beck bisweilen eine erstaunliche Kontinuität zur gewohnten Nomenklatur. Wenn es heißt, »Weltgesellschaft« bezeichne eine »subversive Form des Politischen« (Beck 1997, S. 173), wird letztlich am *politischen* Begriff der Gesellschaft festgehalten, also an exakt dem Erbe, das nationale Schließung nicht als Folge, sondern als Voraussetzung einer (posttraditionalen) Vergesellschaftung behandelt hatte. Erstaunlicherweise scheint also gerade Beck, der der Soziologie vorwirft, mit *Zombie-Kategorien* zu arbeiten, die längst tote Sachverhalte bezeichnen, enorm an der alten (toten?) industriegesellschaftlichen Kontextur zu hängen. Und so nimmt es nicht wunder, dass Beck auch das Konzept funktionaler Differenzierung nur als ein Konzept lesen kann, das entweder durch nationale Schließung integriert wird oder das im nun »weltgesellschaftlichen« Raum ein funktionales Äquivalent erfährt (vgl. ebd., S. 181).

Globalisierung muss dann in diesem Sinne als eine Art »Entdifferenzierung« (vgl. ebd., S. 179) erscheinen, v. a. im Hinblick darauf, dass, so Beck, Wirtschaft und Politik nicht mehr voneinander abzugrenzen seien. So entsteht dann der Gedanke, dass es inzwischen *ökonomische* Akteure sind, die *Politik* machen, eben weil die alte Ordnung der politischen Ökonomie der Staatlichkeit nicht mehr greift. Von einer Entdifferenzierung kann aber nur die Rede sein, wenn man sich selbst noch von jener *politischen* Formierung des Gesellschaftsbegriffs blenden lässt. Es ist schon richtig: Die weltwirtschaftliche Konstellation zeigt, dass Politik, und zwar nicht nur staatliche Politik, sondern auch transnationale Politikformen, derzeit an Options- und Steuerungsgrenzen stoßen und erheblich langsamer sind als wirtschaftliche Organisationen, deren Beschleunigung und Enträumlichung kaum aufhaltbar scheint. Das Ökonomische in Form einer globalisierten Weltwirtschaft mit Akteuren, die in der Lage sind, Staaten gegeneinander auszuspielen, hat bisweilen stärkere Auswirkungen auf die Gestalt von manchen Regionen als deren Politik. Aber es handelt sich ja dann gerade nicht um Politik im Sinne des politischen Systems – und dabei ist weniger entscheidend, ob die Akteure dieses Geschehens staatliche Akteure sind oder nicht. Entscheidend ist vielmehr, dass sich solche Akteure gerade nicht darum kümmern müssen, was mit Max Webers Begriff der »Herrschaft« impliziert ist: um *Gefolgschaft* und *Legitimität* im Horizont von Kollektiven nämlich. Deshalb handelt es sich auch noch im Falle einer völligen Usurpation von ganzen Regionen oder Staaten durch Weltkonzerne oder ihre regionalen Ableger eben nicht um *Politik*, sondern um nichts anderes als dies: bis ins Extrem getriebene ökonomische Optionssteigerungen, die sich um die Gefolgschaft, um Loyalität und Legitimität (über die Pflege von Märkten hinaus) nicht weiter kümmern müssen. Solche Konstellationen haben natürlich erhebliche politische Folgen, indem sie regionale, staatliche Politiken dazu zwingen können, sich diesen Folgen zu fügen. Das Dilemma des Politischen besteht dann aber darin, selbst im Falle der Erpressung so etwas wie loyalitätsfähige Argumente zu bringen, um Zustimmung zu erhalten. Gerade hier kann man also nicht Entdifferenzierung, sondern exakt das Gegenteil besichtigen: Die trennscharfe Ausdifferenzierung unterschiedlicher Anschlusszusammenhänge gesellschaftlicher Dynamiken, hier nämlich die ökonomische Logik der Effekte, der Übersetzung der Welt in Preise und die Nichtzuständigkeit für die *kollektiven* Folgen der eigenen Aktionen, dort die politische Logik der Bindung der Entscheidung an die kollektiven Folgen, an den Code der Macht und der Gefolgschaft. Insofern liegt es auch in der Logik der Sache, dass die Politik *langsamer* ist, dass sie nicht den Charme der Dynamik ökonomischer Akteure hat, die man derzeit in der jungen Generation der in der *new economy* Tätigen beobachten kann, für die offensichtlich Privatheit und Erwerbsarbeit zusammenfallen und deren beschleunigtes Leben dem bürgerlichen Konzept der *Karriere* hohnspricht – wie lange dies auch immer biographisch vorhalten mag. Die Langsamkeit der Politik – nicht nur der staatlichen Entscheidungsroutinen und Mehrheitsbeschaffungen, sondern auch der nichtstaatlichen Diffusion von Appellen an kollektive Geltung – verströmt dagegen den heute zweifelhaft gewordenen Charme der Regelhaftigkeit, der Eindeutigkeit, der Verfahrenstreue und der Zuständigkeit, also all dessen, wie man sich einen gut funktionierenden Verwaltungsstab vorstellt.

Das Dilemma des politischen Systems besteht darin, dass es nur unter großen Verlusten jene Geschwindigkeit und Dynamik annehmen kann wie die Ökonomie, deren mikroökonomische Akteure stets nur sich verpflichtet sind, während Politik auf *Sichtbarkeit* bauen muss, auf kollektive Ansprechbarkeit. Die gegenwärtige Umkehrung der politischen in Richtung einer ökonomischen Optionshoheit in der gesellschaftlichen Dynamik ist wiederum eine paradoxe Folge der Funktion des Politischen: Politik scheint sich ja auch dafür ausdifferenziert zu haben, so etwas wie Trägheit und Langsamkeit in kollektiv bindende Entscheidungsprozeduren einzubauen und sich in der eigenen Prozeduralität sichtbar zu halten. Das hat unter anderem ihren Erfolg ausgemacht und stellt sich nun als Hemmschuh dar, als Startnachteil im Aufbau einer neuen »politischen Ökonomie« im transnationalen Rahmen.

Manche Beobachter (vgl. Beck 1997; Zürn 1998; Schwengel 1999; Habermas 1998a) plädieren für ein neues politisches Selbstbewusstsein, für transnationale, gar für *kosmopolitische* (Beck 2000), wohlgemerkt kosmo-*»politische«* Politikformen – und das mit Recht. Unterbelichtet bleibt dabei allerdings das Grundproblem aller Politik, das Verhältnis von Geltungs- und Wirkungsraum angemessen zu bestimmen, also die »Gefolgschaft« nach innen, die Akzeptanz des sichtbar Gewordenen zur Perpetuierung von »Macht« zu sichern. Die Lösung dieses Problems mutet – theoretisch und praktisch erst recht – wie die Quadratur des Kreises an. So betont selbst Luhmann, der die Nationalisierung gesellschaftlicher Dynamiken stets unterschätzt hat und mit kühlem Sinn auf die Verfahrenslogik der Entscheidungsprozeduren aufmerksam gemacht hat, neuerdings mit einem kurzen Seitenblick dies: »Die Schließung des (politisch-staatlichen; A.N.) Systems erfolgt an der Stelle, wo das Weisungen empfangende, administrativ belästigte Publikum der Individuen, Gruppen und Organisationen zum Volk wird.« (Luhmann 2000, S. 265) Hier spiegelt sich die Weber'sche Grundfrage, dass der Beherrschte auch beherrscht werden *will*, damit nicht bloße Machtausübung notwendig wird. Es ist unklar, ob Luhmanns Formulierung absichtlich oder aus Versehen etwas ungenau ist. Aber diese Ungenauigkeit weist auf ein Problem hin: Nicht nur Individuen und Gruppen, sondern auch *Organisationen* müssen *volks*fähig sein – aber offenkundig ist gerade diese Bedingung – v. a., aber nicht nur im ökonomischen Bereich – heute alles andere als gültig. Und ich weiß nicht, ob man Luhmann nun – wie etwa Beck es gerne tut – vorwerfen soll, an einem alten *Zombie-Begriff* (Beck 2000) des Politischen festzuhalten, oder ob sich in jener merkwürdigen Formulierung jenes Dilemma zeigt, das das ausdifferenzierte Politiksystem als Erbe seiner historischen Ausdifferenzierung mitbringt und für das sich schwer funktional äquivalente Formen finden lassen.

Ich will hier nicht einem *Ende der Politik* das Wort reden, aber die Verfassung gegenwärtiger Politik mit der fast notwendigen Nationalisierung bzw. funktional äquivalenten Lösungen nach innen und der Notwendigkeit der Ausweitung des eigenen Geltungs- und Wirkungsraums sowie der Neuetablierung transnationaler, also: letztlich *unsichtbarer* Akteure, wie wir im Bezug auf Europa beobachten können, scheint auf eine merkwürdige Ungleichzeitigkeit hinzuweisen. Und ich belasse es hier bei der bloßen Andeutung.

Ich hoffe deutlich gemacht zu haben, dass die Differenzierungstheorie Potentiale besitzt, jene Umbrüche der gegenwärtigen Weltgesellschaft als Neujustierung des Verhältnisses zwischen Funktionssystemen zu beschreiben – einer Neujustierung übrigens, die nicht auf Erlösung durch Integration hoffen kann, sondern nur auf die Evolution ihrer eigenen Möglichkeiten. Differenzierungstheorie muss also den Geruch der genauen Ordnung, eben: des *Setzkastens* loswerden, um den gesellschaftlichen Wandel nicht nur auf Begriffe bringen zu können, sondern ihn womöglich auch mit der rekursiven Logik des Ausdifferenzierungsprozesses selbst erklären zu können. An dem angedeuteten Beispiel erweist sich dann die Restriktion des Politischen nicht nur als Problem falscher politischer *Programme*, sondern als strukturelles Problem der Ausdifferenzierung der Politik als codiertes Funktionssystem; und die Entwicklung von Wirtschaftsorganisationen von bodenständigen Akteuren mit nationalökonomischer Verantwortung (oder ihrer Simulation, sic!) zu transnationalen, zunehmend raumenthobenen Organisationen jenseits staatlicher Domestikation erweist sich dann nicht mehr nur als besonders perfides ökonomisches *Programm*, sondern als Entfaltung ihrer historisch ausdifferenzierten Logik. Und vielleicht kann Differenzierungstheorie dann dazu dienen, das Politische und Ökonomische nicht nur politisch und ökonomisch kritisieren zu müssen, sondern diese Kritik im Lichte der je ausdifferenzierten Logik zu betrachten.

Deutlich geworden sollte ferner sein, dass die Theorie funktionaler Differenzierung des hier präsentierten Typs Funktionssysteme nicht für »Adressen« hält, sondern auch hier eine radikal *operative* Perspektive einnimmt. Funktionssysteme »bestehen« aus nichts anderem als aus Anschlusszusammenhängen von Kommunikationen und ihrer Anschlusslogik – die sich freilich nicht als vorgängige Struktur, sondern *in praxi*, also je gegenwärtig entfaltet. Sie bestehen weder aus Institutionen und Organisationen, noch aus »Akteuren«; Letztere sind vielmehr Zurechnungspunkte, die sich bisweilen an Schnittstellen von Funktionssystemen bewegen, manchmal von verschiedenen Funktionssystemen adressiert werden oder zwischen den Anschlussformen und -forderungen vermitteln müssen.

Von der politischen zur ökonomischen Selbstbeschreibung von Gesellschaft und Soziologie

Ein letzter Gedanke sei noch der gesellschaftlichen Selbstbeschreibung gewidmet. Ich habe oben schon mehrfach angedeutet, dass der klassische Begriff der Gesellschaft ein *politischer* Begriff ist, ein Begriff, der auf Kollektive und ihre Sichtbarmachung zielt, ein Begriff, der eine gewisse Regulierung der prinzipiellen sozialen Anarchie nahe legt, ein Begriff durchaus mit dem zweifelhaften Charme von *Top-to-bottom*-Lösungen. Letztlich atmen aber – und ich habe das mit dem Gedanken der politischen Lufthoheit über dem Gebiet der gesellschaftlichen Selbstbeschreibung angedeutet – nicht nur soziologische oder gesamt(sic!)gesellschaftliche Gesellschaftsbegriffe den Geist der *politischen* Formierung der Selbstbeschreibung des Sozialen. Man denke nur an die Organisation von Industriebetrieben und ihrer Verwaltung, an den Aufbau des Bildungswesens, an Universitäten oder sogar Kirchen, um jene Ähnlichkeit ihrer inneren Verfassung zu entdecken. Überall wurde die Effizienz *bürokratischer Verwaltung* ausgespielt, eine Effizienz, die vor allem auf Kontrolle und Nachvollziehbarkeit, auf dem funktionalen Einsatz von Hierarchien und auf vorsichtiger Trägheit aufgebaut war, der nichts dem Zufall überlässt und das jeweilige Objekt seiner Begierde mit einem strengen Ordnungsraster überzieht. Zugegeben, das ist eine Karikatur (früher hieß so etwas *Idealtyp*), aber es gibt doch einen Eindruck von jener Formierung gesellschaftlicher Ordnung, die sich – auch in anderen Funktionssystemen und ihren Organisationen – an der Programmform des Politischen orientierte. Vor allem deshalb war die Soziologie gerade in Zeiten der Konsolidierung des »goldenen Zeitalters« des liberalen Nationalstaates nach dem Zweiten Weltkrieg vor allem für die Linke attraktiv, weil die Soziologie ja mit ihrem heimlichen Primat der *politischen* Beschreibung der Gesellschaft an Kollektivitäten orientiert war, und deshalb erschien auch das Problem sozialer Ungleichheit und Gerechtigkeit als das zentrale Thema der Beschreibung gesellschaftlicher Strukturen.

Wohlgemerkt, es geht mir hier nicht um einen funktionalen Primat des Politischen, sondern um so etwas wie den *kulturellen Stil* wirkungsvoller gesellschaftlicher Selbstbeobachtungen. Mit dem angedeuteten Wandel von der politischen zur ökonomischen Optionssteigerung haben sich auch die kulturellen Stile der gesellschaftlichen Selbstbeschreibung verändert. Ähnlich wie Alois Hahn (2000a, S. 57 ff.) für die klassische Moderne von einer *segmentären Form der (national)politischen Selbstbeschreibung von Gesellschaft* spricht, lässt sich vielleicht nun von einer *ökonomischen Form der gesellschaftlichen Selbstbeschreibung* sprechen, die nicht am Kollektivitätsmanagement, sondern am Knappheitsmanagement ansetzt.

Man muss sich nur in Universitäten aufhalten, um das zu erfahren. Zuvor – gerade in Deutschland – geradezu Paradebeispiele für die *politische*, also öffentlich-rechtliche Formierung einer Behörde, sollen Universitäten nun an Effizienz und Schnelligkeit, an Leistungskontrolle und *Input-output*-Relationen gemessen werden. Das Knappheitsmanagement wandelt sich von zentraler Zuteilung zu einem dezentralen Marktmodell, das von der *survival of the biggest* zur *survival of the fittest* umstellt und die Art der organisationellen Selbstbeschreibung radikal ändert. All dies ist kein Zufall, sondern reiht sich ein in eine Neuformierung gesellschaftlicher Selbstbeschreibungen, die inzwischen auch Staaten wie *wirtschaftliche Akteure* auftreten lassen, die Standort- und Effizienzprobleme haben und – noch wichtiger – sie auch lösen wollen. Auch dieses semantische Primat des Ökonomischen setzt die Funktionslogiken nicht außer Kraft, aber programmatisch muss man wohl jene Ökonomisierung mitmachen, um sich noch Optionen zu sichern. Es ist nicht auszuschließen, dass auch diese Form der Optionssteigerung ähnliche katastrophische Potentiale enthält wie die vormalige politische, vielleicht nicht mehr mit der Feindschaft der Kollektive, die sich ja eher politisch formieren lassen, aber vielleicht mit der Feindschaft der Individuen als Marktteilnehmer.[7] Zumindest – und das soll hier nur gezeigt werden – eröffnen sich einer Differenzierungstheorie, wie ich sie hier skizziere, Potentiale, auch dies noch soziologisch zu denken.

Im Übrigen macht jener Stilwandel auch vor der Soziologie nicht Halt. Es ist fast ein analoger Wandel wie der gesellschaftsstrukturelle, den die Soziologie von Emile Durkheim zu James Coleman gemacht hat, um nur zwei prominente Bezugspunkte zu nennen. Es ist dies der Wandel von der Vorstellung einer letztlich politisch formierten und integrierten Ordnung mit einer starken Orientierung

7 Auch eine Form von Individualisierung!

an Kollektivitäten und einem *Konstitutionsmodell* von oben hin zu einem methodologischen Individualismus, der letztlich das Marktverhalten als paradigmatisches Handlungsmodell für die *Emergenz* sozialer Ordnung schlechthin ansetzt. Der *homo sociologicus* gerät zum *homo oeconomicus*. Mit dieser Gegenüberstellung präferiere oder kritisiere ich keines dieser Modelle, sondern mache nur darauf aufmerksam, dass der soziologische Beobachter ein interner Beobachter ist. Er spielt das Spiel mit. Und meine eigene Beschreibung, also eine Theorie funktionaler Differenzierung, die explizit auf der Theorie autopoietischer Systeme aufbaut, könnte den Vorteil haben, beides anzubieten: sowohl eine Theorie, die soziale Strukturen als das emergente Ergebnis von rekursiven Einzeloperationen ansetzt, als auch eine Theorie, die diese Rekursionen an die strukturelle Annahmewahrscheinlichkeit bereits emergierter Strukturen bindet. In jedem Falle zeigt der angedeutete Stilwandel soziologischer Theoriebildung an, dass die Emergenzbedingungen des Sozialen weniger in stabilen Strukturen und Funktionensets gesehen werden – das könnte den Erfolg jenes soziologischen Simplizismus *ästhetisch* erklären, der als *ökonomische* Theorie jene soziologische Nostalgie ablöst, Gesellschaften für gesellige Einheiten mit Integrationsziel zu halten. Die Plausibilität der ökonomischen Theorie als *soziologische* Theorie scheint mir eine *ästhetische* Plausibilität zu sein. Sie kommt letztlich auch zu der Diagnose radikaler Gegenwartsorientierung. Aber für sie selbst unbegriffen muss die Frage bleiben, *warum* es zu jener Aufwertung der konkreten Handlungsgegenwart als Emergenzquelle kommt. Exakt dazu bedarf es einer Theorie, die die moderne Gesellschaft als *Gesellschaft der Gegenwarten* konzipieren kann.

6. Welten in der Weltgesellschaft: Die Gegenwart einer Gesellschaft

Die Theorie funktionaler Differenzierung operiert im Hinblick auf die *Unterscheidungen der Moderne* mit Hilfe einer sachlichen und einer temporalen Form: *sachlich* bindet sie Modernität an eine bestimmte Differenzierungsform, nämlich an die Differenzierung von Funktionen, *temporal* stellt sie diese Differenzierungsform als Ergebnis eines evolutionären Prozesses dar. Dass die moderne Gesellschaft nur im Singular vorkommen kann, also keine Mehrheit von Gesellschaft*en* denkbar ist, verweist – wie bereits im letzten Kapitel angemerkt – auf die Formierung der modernen Gesellschaft als *Weltgesellschaft*. Es ist damit also die *sozialräumliche Dimension* der *Unterscheidungen der Moderne* angesprochen, also das, was soziologisch als *Globalisierung* diskutiert wird. Meine Rekonstruktion der Theorie funktionaler Differenzierung hat ergeben, dass im Hinblick auf die operative Gleichzeitigkeit gesellschaftlicher Funktionssysteme von einer *Gesellschaft der Gegenwarten* zu reden ist. Die Ausdifferenzierung eines Systems bringt stets eine Interdependenz- und Kausalitätsunterbrechung mit. Das bedeutet freilich keineswegs, dass die Funktionssysteme unabhängig voneinander werden. Vielmehr ist in einer *Gesellschaft der Gegenwarten* von einer erheblich komplexeren Form der wechselseitigen Abhängigkeit auszugehen, die sich mit eindimensionalen Kausalitätsschemata kaum mehr auf den Begriff bringen lassen. Im Folgenden findet nun eine Perspektivenverschiebung statt. Der Hinweis auf Globalisierung als der derzeit neben dem Differenzierungsparadigma sicher prominentesten Figur macht auf die *Gegenwart nur noch einer Gesellschaft* aufmerksam.

Wenn das kein großes Wort ist: *Globalisierung*. Es holt seine Bedeutung schon dadurch ein, dass es einen wahrlich globalen Bedeutungsraum ausfüllt und als Chiffre für ganz unterschiedliche Sachverhalte herhalten muss, und das nicht nur im wissenschaftlichen Diskurs. *Globalisierung* steht sowohl für eine expandierende Unternehmensstrategie wie für das Menetekel, dass volkswirtschaftliche Rechnungen sich nicht mehr ohne andere Wirte machen lassen. Es symbolisiert die verschwindende politische Autonomie von Nationalstaaten wie die Entstehung politischer Räume über nationalstaatliche Grenzen hinaus. Es bezeichnet sowohl ein Schreckgespenst, das unseren schönen sozialen Frieden und das leidlich funktionierende Modell eines sozialdemokratisch gebändigten Kapitalismus bedroht und dereguliert, als auch die Möglichkeit, regionale Partikularismen zugunsten jenes Zustandes aufzuheben, den man vor 200 Jahren noch im Blick hatte, als *Menschheit* als Inklusionsformel für die Verbreitung jener Kräfte sorgen sollte, die uns aus selbstverschuldeter Unmündigkeit befreien können. Die Rede von der *Globalisierung* legitimiert sowohl soziale Grausamkeiten in politischen Entscheidungen als auch Hoffnungen darauf, dass die »Eine Welt«, von der in den 70er Jahren Alternativ- und Dritte-Welt-Bewegungen noch als Provokation gesprochen haben, nun Realität geworden sei.

Dieser wahrlich globale Bedeutungsraum macht es nicht gerade leichter, das, was mit Globalisierung bezeichnet wird, *theoretisch* angemessen zu fassen. Hält man Globalisierung nicht nur für eine Erfindung der Vorstandsetagen multinationaler Konzerne oder für ein Klötzchen im semantischen Baukasten von Standortstreitern, scheinen mir Begriffe wie *Globalität* und *Globalisierung* im sozialwissenschaftlichen Raum – bei allen kritischen Analysen über den Siegeszug eines in der Tat sich bisweilen im Kolonialstil ausbreitenden globalen Kapitalismus (vgl. etwa Altvater/Mahnkopf 1997) – durchaus auch mit positiven Konnotationen versehen zu sein. Ich halte diese positive Konnotation übrigens keineswegs für überraschend, stand doch bis vor kurzem gerade die Spaltung der Welt in Nationalstaaten und kulturelle und politische Blöcke obenan, wenn es darum ging, weltweite soziale Verflechtungsmechanismen und Konfliktlinien zu beschreiben.

Soziologische Theorien über Globalisierung sind voll von solchen Erwartungen. Ob man bei Wilbert E. Moore (1966) schon in den 60ern von einer »singularity of civilization« hört, bei Ronald Robertson (1992) über *mankind* als eine der vier Dimensionen weltgesellschaftlicher Beziehungen liest, die durchaus in der Lage sei, das Fundament einer *global culture* zu legen, ob man an Anthony Giddens' (1995, S. 75 ff.) Verständnis von Globalisierung als prinzipieller Wechselseitigkeit von lokalen und globalen Ereignissen denkt, ob man Rudolf Stichwehs (1995) dunkle Andeutungen über die Notwendigkeit einer Soziologie der Menschheit bedenkt oder ob man sich über Margaret S. Archers (1991) Verve über die praktische Bedeutung einer »Sociology for One World« zur Herstellung dieser einen Welt wundert, die auf den Felsen der »unicity of Humanity« gebaut werden müsse, stets wird mit dem Gedanken der Globalisierung und weltgesellschaftlicher Ausdehnung von gesellschaftlichen Prozessen die Hoffnung verbunden, eine welthistorisch neue Realität zu begreifen. Es spricht aus diesen Perspektiven – mit durchaus unterschiedlichen Konsequenzen, die ich hier vernachlässige – auch die Erwartung, dass sich durch Globalisierungsprozesse auch Potentiale des Ausgleichs, der Verständigung und des *commitment*s freisetzen ließen.

Wie das so ist mit Zauberworten. Sie zaubern sich gerade das her, was gesagt werden soll. Das *Wort* – von Begriff will ich noch gar nicht reden – magnetisiert alle möglichen kommunizierbaren Themen, wobei es – je nach Gusto – Plus- oder Minus-Pole anzieht. Globalisierung steht gleichzeitig für den Optimismus, dass endlich zusammenwächst, was zusammengehört – wie kleinräumig wir vor ein paar Jahren noch gedacht haben … –, und Globalisierung steht für den Pessimismus, dass konkrete Orte – die eigenen! – immer unbedeutender werden, womit dem eigenen Ort zugleich eine besondere Würde verliehen wird. Bisweilen scheint es so, dass der Begriff eine Art kognitive *Erlösung* anbietet. Wie bei all diesen erfolgreichen Begriffen, mit denen die Soziologie in der medialen Öffentlichkeit reüssiert, früher *Spätkapitalismus* oder *Industriegesellschaft*, heute *Risiko-* oder *Wissensgesellschaft* oder *Individualisierung*, dient offensichtlich auch der Globalisierungsbegriff dazu, einen komplexen, uneindeutigen, intransparenten Gegenstand mit einem einfachen, eindeutigen und Transparenz simulierenden Begriff zu belegen und ihn durch seine Benennbarkeit zu domestizieren (siehe auch u. S. 323 ff.). Den Erlösungscharakter des Globalisierungsbegriffs sehe ich darin, dass er in der Lage ist, die ungewohnte, aber keineswegs neue Verflechtung gesellschaftlicher Prozesse jenseits nationalstaatlicher Grenzen auf den Begriff zu bringen und ihr einen veritablen Namen zu verleihen – das gilt übrigens auch für die Stilisierung von Beobachtungen als *Kritik*, seit der Terminus *Kapitalismus* nichts mehr zu unterscheiden vermag. Kritik kann dann als Gegnerschaft gegen Globalisierung formuliert werden und unterliegt zugleich dem weltgesellschaftlichen Trend zu globaler Vernetzung.

Ich werde im Folgenden versuchen, einen soziologisch-theoretisch angemessenen Begriff der Globalisierung zu entwickeln, dessen soziologische Relevanz ich mit dem Konzept *Weltgesellschaft* plausibel machen zu können glaube. Zur weiteren Erläuterung werde ich besonderes Augenmerk auf den Weltbegriff legen.

Globalisierungsbegriff

Wie steht es aber um den *Begriff* Globalisierung? Zunächst scheint die Begriffsentscheidung für *Globalisierung* an der Stelle einzusetzen, wo sich soziologische Beobachter einerseits vom Ökonomismus etwa der Wallerstein'schen Welt-Systemtheorie absetzen, in der kulturelle und politische Faktoren fast ausschließlich als abhängige Variablen des kapitalistischen Weltsystems erscheinen (vgl. Wallerstein 1987). Andererseits verdanken wir der soziologischen Perspektive, Globalisierungsprozesse nicht mit dem zu verwechseln, was in den politischen Wissenschaften *internationale Beziehungen* genannt wird, also mit der Wechselseitigkeit staatlicher Einheiten. Vielleicht sind dies die beiden einzigen *bewussten Theorieentscheidungen* der soziologischen Globalisierungsdebatte, die kapitalistische Weltwirtschaft sowie das internationale Staatensystem jeweils nur als *eine* Dimension des Globalisierungsprozesses anzusehen, die nicht als lineare Determinante für den Rest des Sozialen angesetzt werden kann, der sich auf unserem Globus abspielt (vgl. auch Beck 1997, S. 48 ff.).

Am bekanntesten ist sicher Anthony Giddens' Beitrag zu einer theoretischen Konsolidierung des Globalisierungsbegriffs. Giddens versteht unter Globalisierung im genannten Sinne weder bloß ökonomische noch nationalstaatliche Ausdehnungsprozesse, sondern nichts weniger als »die Verwandlung von Raum und Zeit« (Giddens 1997, S. 23). In seinem Buch *Konsequenzen der Moderne* heißt es: »Definieren lässt sich der Begriff der Globalisierung im Sinne einer Intensivierung weltweiter sozialer Beziehungen, durch die entfernte Orte in solcher Weise miteinander verbunden werden, dass Ereignisse am einen Ort durch Vorgänge geprägt werden, die sich an einem viele Kilometer entfernten Ort abspielen, und umgekehrt.« (Giddens 1995, S. 85) Globalisierung heißt nach diesem Verständnis, dass weltweite Interdependenzen zunehmen. Die Formel könnte heißen: *In der globalisierten Moderne hängt alles irgendwie mit allem zusammen.*

So plausibel diese Definition auch erscheint, sie hat wenig Konturenschärfe – und letztlich negiert sie sogar, was den anschwellenden Globalisierungsgesang doch erst so attraktiv macht: dass es sich um etwas Neues handelt, dass Globalisierung den Schlüssel für Probleme darstellt, die sich mit dem Verschwinden jener praktischen Grenzlinien seit 1989 gestellt haben. Aber dass alles irgendwie mit allem zusammenhängt, wussten wir das nicht schon früher? Ronald Robertson ist es, der zeigt, dass sich jenes weltweite Interdependenzgeflecht letztlich schon mit der Entstehung des europäischen Staatensystems, mit der Handels- und Produktionsexpansion in Europa, mit der Entdeckung und Kolonisation der Neuen Welt sowie seit dem 19. Jahrhundert mit einer Entwicklung herausgebildet hat, in der tatsächlich alles mit allem zusammenzuhängen scheint (vgl. Robertson 1992, S. 85f.). Ich frage also noch einmal: Was ist das Neue an der Globalisierung, wenn darunter nicht das verstanden wird, was offenbar mit dem zusammenfällt, was wir sonst *Modernisierung* nennen, die Expansion eines ökonomischen, politischen und kulturellen Syndroms nämlich, das als okzidentaler Rationalisierungsprozess in den letzten zwei bis drei Jahrhunderten einen scheinbar durch nichts aufzuhaltenden Siegeszug über den Globus angetreten hat und dessen Folgen nun rekursiv auf ihn selbst zurückschlagen? Was ist das unmittelbar Neue, das erklären könnte, dass ausgerechnet jetzt, da das Aufbrechen alter Stabilitäten zu beobachten ist und eine – so Benedict Anderson (1992) – *New World Disorder* zu beklagen ist, Modernisierung *als* Globalisierung erscheint? Die tendenzielle Globalität des Kapitalismus jedenfalls ist so alt wie er selbst, und Politik ist ebenfalls nicht erst seit gestern ein transnationales Geschäft, wie auch Kulturen, Denkräume, Religionen und Konfessionen niemals jene lokale Selbstgenügsamkeit besaßen, wie es die Priesterherrschaft ihrer Verwalter immer gern gehabt hätte. Vielleicht steht die Chiffre *Globalisierung* auch nur für eine kognitive Verschiebung. Vielleicht bezeichnet sie lediglich eine neue Sicht der Dinge, die sich selbst womöglich gar nicht so sehr verändert haben.

Dass mehr beim Alten geblieben ist, als die neue Begriffswelt suggeriert, zeigt sich meines Erachtens schon darin, wie traditionell doch auch auf dem Globalisierungsfeld gedacht und gestritten wird. Ich nehme mir wieder Giddens vor: Die *Programmatik* kommt sehr innovativ daher. Es wird die Soziologie kritisiert, sie habe den Gesellschaftsbegriff bis dato viel zu sehr »auf eine im Sinne eines begrenzten Systems gedeutete Vorstellung« (Giddens 1995, S. 85) beschränkt. Die *Pragmatik* dagegen bleibt eher zurückhaltend, wenn als die vier Dimensionen der Globalisierung die kapitalistische Weltwirtschaft, das System der Nationalstaaten, die militärische Weltordnung und die internationale Arbeitsteilung herhalten müssen (vgl. ebd., S. 93). Bezugspunkt ist für Giddens letztlich die – relativ selbstgenügsame – Nationalgesellschaft bzw. der Nationalstaat, vor dessen Hintergrund er erst all jene angeblich neuen Phänomene beschreiben kann wie die Dialektik von Fremdheit und Vertrautheit, von Intimität und Unpersönlichkeit, von *Disembedding* und *Reembedding*. Das liest sich alles recht gefällig, aber beschreibt nur Identitäts- und Reproduktionsprobleme, die aus der Diskussion um Modernisierungs- und Enttraditionisierungsfolgen wohlbekannt sind. Globalisierung ist dann bloß eine Chiffre dafür, dass sich die – angebliche – Integrität nationalstaatlicher Binnenordnungen nicht nur internen strukturellen, sondern auch äußeren Gefahren und Risiken gegenübersieht. Giddens bleibt damit bei den *international relations*, wenn er auch das Gegenteil behauptet und wenn er den ursprünglich auf internationale Politik und Ökonomie bezogenen Begriff um Perspektiven aus dem Alltagsleben erweitert. Der Zustand der globalen Moderne ist demnach ein *world system of national societies* – so die Adaption des Giddens'schen Schemas durch Robertson (1992, S. 27). Dieses Modell überwintert in den theoretischen Grenzen des Parsons'schen Gedankens, Gesellschaftsgrenzen seien an der *Selbstgenügsamkeit* – »self-sufficiency« – gesellschaftlicher Einheiten festzumachen (vgl. Parsons 1972), und kommt so über den *methodologischen Nationalismus* (Smith 1979, S. 191)[1] der traditionellen Moderne nicht hinaus. Darf ein theoretisch tragfähiger Globalisierungsbegriff aber wirklich am Container-Konzept (vgl. Beck 1997, S. 49 ff.) der Identität von Nationalstaat und Gesellschaft kleben, das schon für die Beschreibung des Staatensystems des 18. und 19. Jahrhunderts getaugt, oder auch: nicht getaugt hätte?

1 Freilich verfängt sich Smith mit seiner substantialistischen Definition der Nation als einer tatsächlich auf gemeinsamen Werten, auf einer gemeinsamen Geschichte und identitätsstiftenden Mythen, auf einer gemeinsamen Öffentlichkeit und einem geteilten System von auf Rechten und Pflichten basierender Population selbst im Dickicht einer allzu sehr am Selbstverständnis politischer Nationen orientierten Denkweise (vgl. Smith 1991, S. 14).

Was wäre eigentlich, wenn man Giddens wirklich beim Wort nähme und *Gesellschaft*, wie er uns ja selbst anempfiehlt, gerade *nicht* im Sinne eines begrenzten Systems und damit auch nicht *im Plural* dächte? Ein solches Konzept ist unabhängig voneinander von zwei Autoren nahezu gleichzeitig entwickelt worden, nämlich einerseits von Niklas Luhmann in einem Aufsatz von 1971 und andererseits von John W. Burton in einem Buch von 1972 – beide kommen übrigens auch, wiederum völlig unabhängig voneinander, zu identischen Bezeichnungen. Sie nennen jene globalisierte Sozialform *Weltgesellschaft* (Luhmann 1975b) bzw. *World Society* (Burton 1972) und referieren beide darauf, dass sich das soziale Leben auf dem Planeten eben nur im politischen Sinne an staatlichen Grenzen festmachen lasse. Ziemlich lapidar heißt es bei Burton: »State boundaries are significant, but they are just one type of boundary which affects the behaviour of world society.« (Burton 1972, S. 20) Und es ist hinzuzufügen, dass Burton dies nicht nur auf geographische, sondern auch auf soziale Grenzen bezieht, die quer durch nationalstaatliche Grenzen hindurchgehen.

Ähnlich wie Burton insistiert auch Luhmann darauf, dass die Grenzen sozialer Systeme, auch funktionaler Teilsysteme keineswegs vor politisch gezogenen Grenzen Halt machen und sich auch deshalb auf dem Erdball schon aus logischen Gründen keine *Mehrheit von Gesellschaften* denken lassen dürfte. Es fehlt ein eindeutiges Schließungskriterium, das die Bedingung der *self-sufficiency* regionaler gesellschaftlicher Gebilde erfüllt, was Parsons noch für den Gesellschaftsbegriff vorsah und was doch spätestens seit Wilbert Moores scharfsinniger Kritik an Parsons aus dem Jahre 1966 hätte erledigt sein müssen (vgl. Moore 1966). Es lässt sich schlicht kein theoretisch befriedigendes Kriterium angeben, nach dem sich Gesellschaften voneinander scheiden ließen. Weder normativer Konsens noch Kultur, weder staatliche, geschweige denn regionale Grenzen noch eine wie auch immer gedachte Integrität von Populationen taugen als begriffliche Kandidaten, ein solches Kriterium anzugeben, und jeder dieser möglichen Begriffe spottet der empirischen Realität des globalisierten Alltags.[2]

2 Zu dieser Variante des Begriffs Weltgesellschaft vgl. Kneer/Nassehi 1997, S. 152 ff., und Richter 1997. Der Begriff Weltgesellschaft taucht übrigens auch bei Parsons

Schnell wird trotzdem gegen das Konzept der Weltgesellschaft eingewandt, es vernachlässige tatsächlich bestehende Grenzen. Aber: Die Existenz von national- bzw. territorialstaatlichen Grenzen, von kulturellen und weltanschaulichen Disparitäten und von radikalen Differenzen der Lebensführung, des Lebensstandards und von Lebenschancen wird gar nicht bestritten, im Gegenteil: Grenzen erscheinen hier geradezu als Ausdruck der Reaktion auf die Globalisierung sozialer Ursachen und Wirkungen. Nationen etwa sind letztlich die geschickt konstruierten Adressaten für Identitätszumutungen und -bedürfnisse, die die sich globalisierende Moderne offenbar nicht mehr traditionell stillen kann (vgl. dazu beispielhaft Richter 1996). Ein anderer Einwand ist der, dass sich Gesellschaftsgrenzen doch spätestens dann empirisch deutlich zeigen, wenn Migranten an den Außengrenzen von Nationalstaaten zurückgewiesen werden. Auch dieser Einwand sticht nicht. Als Angehöriger eines bestimmten Staates *überhaupt* einen Sichtvermerk im Pass für die Einreise zu benötigen ist ein hoch-voraussetzungsvoller Vorgang, und *keinen* Sichtvermerk zu haben und zurückgewiesen zu werden ist doch ein geradezu globales, weltgesellschaftliches Ereignis, ein politischer Akt über staatliche Grenzen hinweg. Dieses Beispiel zeigt übrigens zugleich, dass »globale« Ereignisse stets im lokalen Kontext, stets in einem Hier und Jetzt situiert sind. Wo, wenn nicht irgendwo an einer konkreten sozialen, räumlichen und zeitlichen Position, sollen Ereignisse denn stattfinden, auch wenn wir sie »global« nennen?

Wie auch immer: Das Konzept der Weltgesellschaft führt zumindest soziologisch-grundbegrifflich das zu Ende, was sich die meisten Konzepte der Globalisierung nicht zumuten: dass mit der Expansion sowohl ökonomischer wie politischer, rechtlicher, wissenschaftlicher, religiöser, ästhetischer und kultureller Interdependenzketten

selbst auf, freilich nicht als Zustandsbeschreibung, sondern als historisches Ziel einer »sich entwickelnden ›Weltgesellschaft‹« (Parsons 1975, S. 183), die dann erreicht wäre, wenn die höchste Ebene der Systemorganisation für eine weltweite kulturell-normative Integration gesorgt haben wird. Einen ebenso normativen Begriff von Weltgesellschaft findet man jüngst bei Richard Münch, der sich von Globalisierungsprozessen eine Verschiebung der Koordinaten »des sozialen Zusammenhalts von der nationalen auf die globale Ebene« (Münch 1998, S. 417) erhofft und »auf dem Weg in die Weltgesellschaft« (ebd., S. 425) eine »Dritte Moderne« ausruft, die von nationalstaatlicher auf weltgesellschaftliche Integration umstellt.

Grenzen nicht als theoretische Matrix für die Dimensionen der Globalisierung verwendet werden können, weil sie selbst bloß *Globalisierungsfolgen* sind. Ein zumindest dramaturgischer Nachteil des Konzeptes besteht freilich darin, dass es Weltgesellschaft ebenfalls nicht als eine Neuigkeit behandeln kann. Sobald die kommunikative Erreichbarkeit sozialer und geographischer Räume auf unserem Planeten keinen prinzipiellen Schranken mehr unterliegt, vollzieht sich Weltgesellschaft letztlich in jedem sozialen Ereignis – und diese Bedingung ist seit etwa zwei Jahrhunderten wohl irreversibel gegeben. Globalisierung, so lässt sich jetzt sagen, ist jener Prozess der Intensivierung und Dynamisierung sozialer Prozesse im weltgesellschaftlichen Kontext, was übrigens weder räumliche noch soziale Grenzziehungen ausschloss, sondern im Gegenteil geradezu provozierte. Aber auch damit ist letztlich noch nicht viel gewonnen. Ehrlich gesagt, sind wir bei der Giddens'schen Diagnose geblieben, dass alles mit allem zusammenhängt, nun vielleicht auf begrifflich angemessenerem Niveau. Aber hilft das wirklich weiter?

Beobachtung und Gegenstand

Wer einen angemessenen theoretischen Begriff von *Globalisierung* allein auf der Gegenstandsseite sucht, hat keine andere Chance als so zu argumentieren, wie Giddens es der Globalisierungsdebatte eingeschrieben hat: *Alles hängt mit allem zusammen, und das immer doller!* Vielleicht lohnt sich aber auch ein Blick auf die *Beobachterseite.* Dann lautet die Frage nicht mehr, was Globalisierung oder Globalität denn *sei*, sondern warum ein Syndrom, das wir lange als *Modernisierungsprozess* kennen, seit einigen Jahren *als Globalisierung* erscheint. Das Neue, das sich im Begriff der Globalisierung anzudeuten scheint, ist die Art und Weise, wie man unter den Bedingungen der Weltgesellschaft die Welt beobachtet, genauer: Das Neue ist, dass die europäische/nordamerikanische Moderne, die stets auf Globalität, Universalität, Allgültigkeit und Allzuständigkeit drängte, sich nun *explizit* den Zumutungen einer Globalität ausgesetzt *sieht,* die ihre Universalität, Allgültigkeit und Allzuständigkeit untergraben.

Es ist bezeichnend, dass die gängige Kritik des Konzepts Weltgesellschaft nicht sehen will, dass *Globalisierung* eher ein kognitives

Schema ist als eine schlichte Realität. Einerseits wird gegen den Gedanken der *Weltgesellschaft* eingewandt, dass sich von einer Welt*gesellschaft* schon deshalb nicht sprechen lasse, weil die Welt erstens in unterschiedlichste ethnische und kulturelle Fragmente (so Smart 1994) bzw. Nationalstaaten/-gesellschaften zerfalle (für viele vgl. Reese-Schäfer 1992, S. 89) – und weil zweitens von einer »globalen Sozialintegration« kaum zu sprechen sei, so Rüdiger Korff (1996). Hier begegnet wieder jene unselige soziologische Präsupposition, *Gesellschaft*, eben auch *Welt*gesellschaft stets nur als ein Gebilde sehen zu können, das durch Konsens oder ähnliche Gemeinsamkeiten *integriert* ist (vgl. Münch 1998, S. 415 ff.). An den Begriff *Gesellschaft* wird stets die Forderung gebunden, eine soziale, i. e. gesellige Einheit zu bezeichnen, die von einer gewissen Einheitlichkeit der Lebensverhältnisse, von einer Homogenität und internen Bindungskraft gekennzeichnet ist, die mit der Parsons'schen Integrationsfunktion zusammenfällt. Etwas übertrieben gesagt: Bindet man den Gesellschaftsbegriff an diese Bedingung, dann gibt es in der Tat keine Weltgesellschaft – aber dann hat es auch niemals eine Regional*gesellschaft* gegeben, die diesen Namen verdiente. Sehr treffend reflektiert sich dies in Elmar Altvaters und Birgit Mahnkopfs Charakterisierung des globalisierten Zustands als einer »ohne Gesellschaftlichkeit« (Altvater/Mahnkopf 1997, S. 45 ff.) – hier treffen gewissermaßen die analytische Schärfe des Begriffs und die Trauer um camouflierende Begriffe vergangener Theoriekonzepte aufeinander. Was spricht eigentlich dagegen, Gesellschaftlichkeit womöglich zunächst eher an die Möglichkeit des Widerspruchs, der Kritik, des Nein, der Differenz, der Abweichung und des Wandels als an die viel voraussetzungsvollere Form der Einheit, des Ja, der Geselligkeit und der Reziprozität der Standpunkte zu binden, die damit als normatives Ziel, antizipierbarer versöhnter Zustand usw. ja gar nicht ausgeschlossen ist?

Ich sehe gerade in der *globalen Unterschiedlichkeit, in der Radikalität sozialer und kultureller Ungleichheiten, in der Inkompatibilität und radikalen Perspektivendifferenz, gerade in der Nicht-Einheitlichkeit der Lebensverhältnisse* des sozialen Lebens auf der Erde sowohl die Brisanz wie auch die Plausibilität des Begriffs *Weltgesellschaft*. Denn es sind nicht schlicht diese Differenzen, die das Gesellschaftliche der Welt ausmachen, sondern die wechselseitige Beobachtbarkeit der Perspektiven und Orte, die Reziprozität der Differenz. Nur weil die unterschiedlichen und ungleichen Teile der Weltgesellschaft voneinander wissen, nur weil sie sich als Komplement ihrer selbst wahrnehmen können und indem sie in dieser Weise beobachtend aufeinander bezogen sind, stehen sie überhaupt in Differenz zueinander. Die Differenz und Inkompatibilität von Lebensformen und Lebensverhältnissen und die antagonistische Wechselseitigkeit von Weltbildern[3] ist eben keine Form sozialer Beziehungslosigkeit,[4] sondern im Gegenteil: Diese Differenzen konstituieren jenes Beobachtungsschema, das Gesellschaft als Weltgesellschaft erscheinen lässt. Sie zwingen uns dazu, das Lokale als das Andere des Globalen zu sehen und das Globale nicht als abstraktes Theoretikum, sondern als denjenigen Horizont, an dem sich Lokalitäten begegnen und ihrer *strukturellen epistemologischen Ähnlichkeit* gerade in der Wahrnehmung ihrer Unterschiedlichkeit gewahr werden.[5] Wer sich zumutet,

3 Dass so etwas wie politisch relevante Weltbilder entstehen, scheint selbst eine Folge weltgesellschaftlicher Verhältnisse zu sein. Wie die simulierte Identität europäischer bzw. westlicher Kultur seit dem Beginn der Aufklärung erst im Spiegel des Anderen entstehen konnte, sind auch die politischen Weltbilder des 20. Jahrhunderts wechselseitige Reaktionen aufeinander, wie sowohl das Erstarken der »islamischen Welt« als auch die Konstruktion einer (süd-)ostasiatischen Identität zeigen, die weniger auf sich selbst, sondern v. a. auf die weltgesellschaftliche Sichtbarkeit (und Konkurrenz) ihres Anderen bezogen ist. Diese Erkenntnis vermittelt auch Huntingtons (1993) These vom *clash of civilizations*. Freilich entgeht auch Huntington nicht dem Fehler, jene Weltbilder als stabile Einheiten zu reifizieren, anstatt ihre politischen und epistemologischen Konstruktionsbedingungen zu beleuchten.

4 Gerade die Exklusivität, mit der sich solche politischen Weltbilder gegenüberstehen, macht ihre Beziehung (und ihre enge Verwandtschaft) aus. Die wechselseitige Fremdheit jener Konstruktionen ist gerade die Form ihrer Interdependenz. Wie uns nach Simmel die Bewohner des Sirius nicht eigentlich fremd sind, weil wir keinerlei Beziehung zu ihnen haben (vgl. Simmel 1992b, S. 764f.), lässt sich analog sagen: Wären politisch (und militärisch) wirksame Weltbilder nicht reziprok aufeinander bezogen, wären sie sich nicht einmal fremd und könnten sich ergo nicht als wechselseitige Perspektiven, nicht als *Welt*bilder wahrnehmen. Distinktive Weltbilder im globalen Kontext sind feindliche Brüder vom gleichen Stamm – und ihre Feindschaft scheint die Bedingung dafür zu liefern, dass sie sich wechselseitig stabilisieren. Zur Relation von Fremdheit und Feindschaft vgl. Nassehi 1995b.

5 Unter *struktureller epistemologischer Ähnlichkeit* verstehe ich ausdrücklich *nicht* eine Ähnlichkeit der Lebensverhältnisse oder kultureller Selbstbeschreibungsformen, sondern die Notwendigkeit fast aller global wirksamer Kontexte, sich als Kontexte anderer Kontexte wahrnehmen zu lernen. Allein in dieser *epistemologi-*

sowohl Gegenstand als auch Beobachtung in den Blick zu neh
und nicht nur nach Interdependenzen fragt, sondern auch nach i
rer kognitiven Repräsentation im Globalisierungsdiskurs, muss feststellen, dass all das, was von der Kritik ins Feld geführt wird, um die Weltgesellschaft eine soziologische Fiktion (so Wagner 1996) zu schimpfen, sowohl die Brisanz wie auch die Plausibilität des Begriffs *Weltgesellschaft* ausmacht.

Welt

In welcher *Welt* spielt sich diese Gesellschaft eigentlich ab? Margret Archer meint, in ein und derselben. Bestreitet die Kritik des Kon zepts Weltgesellschaft nämlich die Tatsache, dass es sich um *eine* Welt handelt, in der wir leben, wird von Archer in ihrer *Presidential Address* im Auftrag der *International Sociological Association* 1991 nicht nur gegen jene Zauderer gefochten, die auf der Unterschiedlichkeit der Lebensverhältnisse herumreiten, sondern vor allem gegen jene Relativisten und Postmodernisten, die unterschiedliche Perspektiven bisweilen für prinzipiell unversöhnlich halten. Archer dekretiert also gewissermaßen namens der *ISA* einen »ontological status of One World«, die in der »unicity of human nature itself« begründet liege. Aber wie verhält es sich eigentlich mit dem ontologischen Status der Welt, von der menschlichen Natur ganz zu schweigen? Sollte Archer womöglich einem vorkritischen Weltkonzept aufgesessen sein?

Wagt man einen Blick in die Geschichte des Weltbegriffs, wird man sich eine solche Naivität bezüglich des *ontological status of one world* nicht mehr leisten können. Vormoderne Weltbegriffe waren in der Tat noch in der Lage, Welt als beobachtungsunabhängige Entität zu denken, die man zwar kognitiv verfehlen kann, die aber gewissermaßen von sich selbst her *eine wahre Sicht der Dinge* verbürgt. Moderne Weltbegriffe dagegen entstehen auf dem Boden der gesellschaftlichen Erfahrung von Kontingenz: Wenn auch langsam, so wurde doch durch Ausdifferenzierung von Wert- und Funktionssphären, von Lebensformen und Weltanschauungen die Welt in

schen Gemeinsamkeit konvergieren weltgesellschaftliche Perspektiven, keineswegs aber in einer wie auch immer konsentierten, integrierten oder bedeutungsidentischen Sozialität.

komponiert – übrigens auch und gerade dort, wo ge- autoritäre kognitive Machtpolitik Wahrheiten dekre- *Politik* sichtbar machte. Aus der Ontologie der Welt eorie des Subjekts, d. h. der bewussten Weltkonstitu- durch das Subjekt überhaupt bzw. durch konkrete Individuen. All dies ist wohldiskutiert und -kommentiert, und es ist hier nicht der Ort, dies ausführlicher zu diskutieren. Ich erlaube mir aber den Hinweis, dass mit dieser Begriffsverschiebung vom *Sein der Welt* zum *Welthorizont* exakt das verloren geht, was die Programmatik der Archer'schen Variante der *World Society* so gerne hätte: die *Einheit spendende Perspektive einer ontologisch fundierten Welt für alle.*

Vielleicht bedarf es neben moralischer Verve doch differenzierterer Erkenntnismittel, um solchem – wahrscheinlich gar nicht antizipierten – Kulturimperialismus zu entkommen. Nur ein kurzer Blick in Edmund Husserls Phänomenologie reicht aus, um die innere Widersprüchlichkeit der *modernen* Weltkonstitution in den Blick zu bekommen. Husserl ist der Schöpfer einer Theorieform, die die Konstitution der Welt an die konkreten Akte von Subjekten bindet. Das Subjekt kennt keine andere Welt als die, die es selbst kraft konkreter intentionaler Akte hervorbringt. Freilich ging es Husserl nicht darum, von konkreten Individuen zu sprechen. Seine Frage war vielmehr, wie das *transzendentale Subjekt* eine *Welt für alle* hervorbringt. Und er ist grandios gescheitert, denn es ist ihm nicht gelungen, diese eine Welt für alle auszuweisen, sondern lediglich die Differenz unterschiedlicher Welthorizonte, die sich als *Welten* in einer *Welt* vorfinden. Welten sind je *konkrete Aprioris* (vgl. Welter 1986, S. 115), Perspektiven, deren Differenz nicht aufzuheben ist, weil die Welt eben nicht mehr als ontologisches *Gegenstandskorrelat*, sondern als operatives *Aktkorrelat* gedacht wird – auch der Weltbegriff hantiert also mit der Verschlingung von Geschlossenheit und Offenheit. Die Offenheit der Welt als eine nur durch die je eigene, operativ geschlossene Perspektive limitierte Form ist in diesem Sinne grenzenlos; grenzenlos, weil sie eben nicht durch *Gegenstände*, sondern durch *kommunikative Operationen* erzeugt wird, die freilich ihrerseits durch die selbsterzeugten *Gegenstände* limitiert wird. Die Welt selbst ist keine *Perspektive*, sie dürfte sich letztlich nur von der Position eines Nirgendwo her beobachten lassen. Als *Welt* erschiene die Welt nur aus der Perspektive der Perspektivenlosigkeit – und das müsste eine unterscheidungsfreie Perspektive sein. Die Tradition kannte *eine* solche Position: Es war die Position Gottes, den man schon dadurch destruiert, dass man ihn darstellt. Deshalb hatte das *Bilderverbot* den Funktionssinn, die Unsagbarkeit Gottes zu sichern, da jede Sagbarkeit eine Unterscheidung verlangt – also einen Schnitt in die Welt, der jede *Ganzheit* zerstört. Jede Darstellung impliziert eine *Perspektive*, d.h. eine Selbstlimitierung im Sinne bestimmter und unbestimmter Negationen (s.o. S. 61ff.). Jede Darstellung erzwingt das Unterscheiden und würde damit die Perspektive Gottes zu einer bloßen Perspektive unter anderen Perspektiven machen. Insofern war die heilsgeschichtliche Menschwerdung Gottes in einem doppelten Sinne paradoxieentfaltend: *einerseits* wurde Gottes Unsichtbarkeit dadurch verdeckt, dass er die erlösende Menschwerdung Gottes im jüdischen Fall erwarten lasst bzw. im christlichen Fall bereits hat geschehen lassen; *andererseits* scheint diese Menschwerdung schon die konsequente Vorwegnahme der Relativierung der Position Gottes durch funktionale Differenzierung zu sein. Mit der Menschwerdung Gottes freilich hat Gott selbst gegen jenes Bilderverbot verstoßen, das ihn einst schützen konnte. Ohne hier ins theologische Räsonnieren zu verfallen, aber das Bilderverbot hatte durchaus einen *epistemologischen* Sinn, nämlich die Paradoxie der unterscheidenden Ununterschiedenheit anzuerkennen und in der Personalität Gottes doch ansprechbar zu halten. Die philosophische Tradition hatte diese Position durch transzendentale Bedingungen der Möglichkeit ersetzt und ihnen einen *nicht-empirischen*, damit auch: nicht ab*bild*baren Status verliehen und konnte so simulieren, die *Welt* doch wieder zu erreichen. Die Subjektphilosophie hat sich damit letztlich von der alten theologischen Figur der *Menschwerdung des Unsagbaren* nicht wirklich emanzipiert und damit das *Subjekt* als *Subordinat* formiert.[6]

Erst die hier zur Diskussion stehende Theorieform *operativ geschlossener empirischer Systeme* vermag es, dieses Erbe abzulegen, ohne die Erbschaft freilich völlig abzulehnen. Sie besteht allerdings darauf, dass die paradoxale Figur der *Selbsthervorbringung* nun nicht irgendwie außenfundiert wird. Es geht nun darum, zu zeigen, wie sich operative Geschlossenheiten je selbst dadurch entparadoxieren,

6 Das mag hier wenigstens als Andeutung genügen. Eine dieser Art *nietzscheanische* Soziologie wäre erst noch zu schreiben. Hinweise darauf finden sich bereits in Foucaults Theorie der *Subjektivierung* (vgl. Foucault 1991) und bei Slavoj Zizek (2000).

dass sie sich *in der Zeit* entfalten und so durch ihre ereignishafte Geschlossenheit stabile Welten hervorbringen, deren ontologische Sicherheit sich zunächst der Unmittelbarkeit, oben (s. S. 119ff.) habe ich formuliert: der *Überraschung,* ihrer selbst verdankt. Das Bilderverbot wandelt sich damit gewissermaßen von einem moralisierbaren Postulat zu einer operativ *immer schon* erfüllten Bedingung, denn ereignisbasierte Systeme finden sich *in* ihrer fortwährenden *creatio continua* vor, durch die ganze Welten erschaffen werden. Es lässt sich dies dann sowohl von einem koordinierenden Gott[7] als auch von der Subjektivität des Subjekts abkoppeln, indem die Welterzeugung als schlichtes Aktkorrelat operierender Systeme mit je eigenem *handling* ihrer operativen Geschlossenheit als Bedingung systemrelativer Offenheit erscheint. *Welt* wäre dann systemtheoretisch formuliert die *Einheit der Unterscheidung von System und Umwelt* (vgl. Luhmann 1984, S. 105ff.). Mit anderen Worten: Welt ist nicht schlicht da, sondern sie wird *je* hervorgebracht. Das ist der ontologische Status der Welt, der es geradezu ausschließt, von *einer Welt* zu sprechen, sondern lediglich – in dieser paradoxen Formulierung – von *Welten* in der einen *Welt.*[8]

Dies ist übrigens nichts, was von der Soziologie unbeobachtet geblieben wäre. Man denke nur an den phänomenologischen Anschluss durch Alfred Schütz, der mit seiner Weber-Kritik ein radikal *perspektivisches* Verständnis der sozialen Welt entwickelt hat (vgl. Schütz 1974). Ähnliches hat die Wissenssoziologie Peter Bergers und Thomas Luckmanns im Sinn, die den Perspektivismus der Schütz'schen Sozialphänomenologie in Richtung eines Sozialkonstruktivismus weiterentwickelt hat (Berger/Luckmann 1970), oder Pierre Bourdieus distinktionslogische Implikationen in seiner Theorie *sozialen Sinns* (Bourdieu 1979; 1987). Oder man denke an Luhmanns Theorie sozialer Systeme, die das Aktkorrelat *Welt* an die vibrieren-

7 So die Lösungen von Alfred N. Whiteheads ereignisphilosophischer Postulierung Gottes (vgl. Whitehead 1984).

8 Welt gerinnt damit wie *Zeit* und *Sinn* zu einem differenzlosen Begriff, denn wie Zeit nur *in der Zeit* vorkommt und auch die Negation von Sinn *nur sinnförmig* möglich ist, so kommen Welten je nur *in der Welt* vor. Diese differenzlosen Begriffe haben den theorietechnischen Sinn (sic!), dass sie jene Paradoxien entfalten, mit denen die Systemtheorie beginnt. Sie sind – traditionell gesprochen – Lösungen eines Regressproblems, das sich freilich als solches nur dann stellt, wenn Theorien ebenenhierarchisch aufgebaut werden. Ich werde das hier nicht weiterverfolgen. Hinweise darauf finden sich in Nassehi (1992) und Thomas (1992).

de Dynamik kommunikativer Ereignisse bindet und damit eine wirklich *sozial*phänomenologische Theorieanlage präsentiert (Luhmann 1984).[9] All diese – sehr unterschiedlichen – Formen soziologischer Theoriebildung negieren den ontologischen Status der einen Welt und erlauben folgenden Schluss: Ist Welt tatsächlich dekomponiert in *unterschiedliche Horizonte*, die nicht vorgängig einer außerhalb ihrer selbst liegenden Ordnung unterworfen sind, ist soziale Ordnung nicht die Voraussetzung, sondern bestenfalls die Folge sozialer Prozesse. Gesellschaft muss dann nicht auf eine Weltordnung zurückgeführt werden, sondern im Gegenteil: Gesellschaft erscheint dann als ein geradezu chaotischer Anschlusszusammenhang von Ereignissen, dessen alltäglich gewohnte Ordnung als arbiträr und damit hoch-voraussetzungsreich vorgestellt werden muss. Das Konzept *Weltgesellschaft* zwingt nicht dazu, eine Harmonisierung von Lebensbedingungen und Perspektiven als Bedingung ihrer Möglichkeit zu suchen. Umgekehrt: Wie in diesem Kompositum *Gesellschaft* nur im Singular vorkommt, ist *Welt* ein unheilbar plurales Konzept. Die Frage der Weltgesellschaft ist dann nicht mehr die Frage nach ihrer Existenz, sondern die Frage, wie diese pluralen Welten sozial aneinander anschließen. Und erst im Anschluss daran wird die Frage sinnvoll, unter welchen Bedingungen eine Harmonisierung, eine Verschmelzung von Perspektiven, ein Ausgleich von Interessen usw. überhaupt möglich sind. Und die Bedingungen für diese Möglichkeit stehen nicht gut. In der Weltgesellschaft jedenfalls werden wir der Nicht-Identitäten anderer Perspektiven ansichtig – und das scheint sich mit den Eindeutigkeitsansprüchen der Moderne nicht zu vertragen, wie wir von Zygmunt Bauman (1995) lernen können.

Was man im ökonomischen Feld *Deregulierung* nennt, ist gewissermaßen zum gesamtgesellschaftlichen Zustand einer aus den Fugen geratenen *Welt* (sic!) geworden, die alle Ordnungen als das entlarvt, was sie nach dem Gusto der traditionellen Moderne nicht sein durften: arbiträre und hochkontingente, in diesem Sinne: *sinnlose* Strukturen, die weder einem Plan noch einer Notwendigkeit, weder einem Willen noch einer Vorstellung folgten. Die Moderne war ein steter Kampf gegen die Ambivalenz, gegen das Andere, wenn man

9 Zu den Anleihen Luhmanns bei Husserl für eine *operative* Theorieanlage vgl. ausführlich Nassehi 1993.

so will: gegen das Nicht-Identische. Und noch die sehr voraussetzungsreichen Versuche, in die *Welten* der *Weltgesellschaft* eine solche Identität – kosmopolitisch, militärisch oder wie auch immer – zu implementieren, beteiligen sich an diesem Versuch, Eindeutigkeit gegen Ambivalenz durchzusetzen. Die gesellschaftliche Moderne ist selbst eine große *Theodizee-Unternehmung*, deren großer Feind die Ambivalenz ist, die Decouvrierung der Beobachtung als Beobachtung. Vielleicht hat man deshalb den Beobachter durch das Subjekt ersetzt, das dann als allgemeines Prinzip für die Bedingung der Möglichkeit der Einheit der Beobachtung gesorgt hat. Das Subjekt hat gewissermaßen *die Welt gerettet*.

Postkolonialismus als radikale Lesart

Mein Versuch einer phänomenologischen Dekonstruktion des Weltbegriffs leidet, das dürfte schon deutlich geworden sein, an jener Krankheit, die die Therapeuten des modernen Defätismus den *morbus postmoderni* nennen dürften, jener Krankheit übrigens, die Margaret Archer als leibhaftiger Antikörper mit dem Gegengift des modernen Universalismus zu heilen versucht. Ganz ausdrücklich hat Archer (1991, S.145) auch Autoren wie Bauman, Lyotard oder Baudrillard im Visier und wirft ihnen vor, nur die Perspektive westlicher, wohlbestallter Intellektueller zu beschreiben, die sich solche Spielchen leisten können. Nun sind es nicht nur Intellektuelle, die aus der Perspektive des *Westens* argumentieren, die an dieser Krankheit laborieren. Seit einigen Jahren sorgt der so genannte *Postkolonialismus* für Aufsehen, der die vom Westen geradezu aufgezwungene Alternative zwischen westlichem Universalismus und dem Partikularismus der Dritten Welt nicht akzeptiert. So beschreibt etwa Homi Bhabha – der theoretische Kopf des *Postkolonialismus* – Migrationsfolgen der Weltgesellschaft weniger als das Aufeinandertreffen stabiler Kulturen, also fest gefügter Beobachtungskategorien, die sich für Harmonie oder Konflikt entscheiden könnten. Die epistemologisch privilegierte Position so genannter nicht-westlicher Perspektiven in den Metropolen des Westens sieht Bhaba darin, dass diese weder das eine noch das andere sind, sondern das *Dazwischen*, das dadurch zum Ausdruck kommt, dass weder das eine noch das andere sich gleich bleibt, wenn es sich globaler Beobachtung stellt. Die postkoloniale Perspektive ist die, die sich nicht auf diese oder jene

Kultur, auf Erste oder Dritte Welt, auf aufklärerischen Universalismus oder postmodernen bzw. traditionell partikularen Perspektivismus festlegen lassen will. Bhaba sieht nicht nur ein *international*, sondern v. a. ein *translational problem*. Es ist das Problem der perennierenden Übersetzung, die Übertragung des einen ins andere, die stete Fortentwicklung der Welt, die geradezu explosive Gegenseitigkeit von Beobachtungen, die keine Originale, keine Präsenz mehr zulassen kann, die nichts so hinterlässt, wie es war – weder das Übersetzte noch den Übersetzer. Die Position des westlich kontaminierten Angehörigen nicht-westlicher Kultur, der das Sowohl-als-auch wie das Weder-noch verkörpert, repräsentiert – so Bhabha – das Problem der Repräsentation selbst (vgl. Bhaba 1994, S. 227). Er symbolisiert die Arbitrarität, die Kontingenz, das Gewordensein, den Zufall, das Chaos und die *différance* (Derrida) jeder Kulturproduktion (vgl. Bhaba 1994, S. 173 f.).[10]

Man läse den postkolonialistischen Diskurs übrigens falsch, sähe man in ihm eine »realistische« Beschreibung, die eine ohne Zweifel kleine Gruppe (von Literaten und Kulturwissenschaftlern) in ihrer intellektuellen Selbstbeschreibung zum Maßstab für die Beschreibung weltgesellschaftlicher Verhältnisse machte. Der Diskurs des Postkolonialismus bietet vielmehr eine radikalisierte Lesart an, die gewissermaßen in der Dekonstruktion des Gedankens stabiler, sich nicht permanent verändernder Kulturen liegt. Indem die Figur des westlich kontaminierten Angehörigen nicht-westlicher Kultur auf die *différance* jeder Kulturproduktion selbst verweist, auf die paradoxe selbsttragende Konstruktion jedes vermeintlich festen Bodens, besteht ihre »Realität« gerade darin, die Arbitrarität aller Realität zu repräsentieren. Diese radikale, epistemologisierende Lesart des Dazwischen verweist freilich auch darauf, dass etwa Migrationsfolgen nicht mehr in nationalstaatlichen Aufbruchs- und Ankunftsszenarien gedacht werden dürfen. Es entstehen durch Migration vielmehr »transnationale Räume« (Pries 1996) und, wie man hinzufügen muss, transnationale Identitäten, »soziale Lebens- und Handlungszusammenhänge, für die ein Hier-wie-Dort, ein Sowohl-als-Auch gilt« (Beck 1997, S. 58). Diese Räume, Identitäten und Handlungszusammenhänge fügen sich nicht mehr den als stabil vorgestellten

10 Zur Einführung in diese Diskussion um »hybride Kulturen« vgl. Bronfen/Marius 1997.

Kulturen der Push-und-Pull-Kräfte in der migrationssoziologischen Nomenklatur.[11]

Wie in der *Gender*-Forschung der/die (sic!) Transsexuelle zum Prototyp und Versuchskaninchen der sozialen Konstruktion von Geschlechtern geworden ist (vgl. Hirschauer 1993; Lindemann 1993), so ist der postkoloniale, hybride Migrant, der nicht mehr wie der »Fremde« Alfred Schütz' (1971b) von einer stabilen Struktur in die andere wechselt, um »integriert« zu werden, letztlich der prototypische Bewohner der Weltgesellschaft. Er repräsentiert multikulturelle Identität und Nicht-Identität zugleich, und seine Repräsentation im Diskurs ist keineswegs an seiner statistischen Repräsentanz für die Bevölkerung der Weltgesellschaft zu messen. Seine theoretische Funktion besteht vielmehr darin, die epistemologische Unsicherheit des Lokalen im Hinblick aufs Globale zu bezeichnen. Wie der/die Transsexuelle für die *Gender*-Forschung ist er ein Heuristikum, das unsere gewohnten Sichten bis zur Kenntlichkeit entstellt. Er ist aber kein Therapeutikum, kein normativer Erbe des »guten Wilden«, in den sich Ethno-Eklektiker westlicher Bildungsschichten all das hineinprojizieren dürfen, was ihnen die Gewöhnlichkeit des modernen Alltags verwehrt.

Und umgekehrt lässt sich die postkoloniale Perspektive auch nicht auf die bloße Umkehrung vormaliger Machtverhältnisse bzw. Wertigkeiten ein, wie sie v. a. in der US-amerikanischen Öffentlichkeit zu beobachten ist, wenn Angehörige von Minderheiten ihre zuvor herabgewürdigten Zuschreibungen nun mit Selbstbewusstsein den früheren Peinigern entgegenhalten. In einem Essay des Literaturwissenschaftlers Edward W. Said heißt es: »Hatte man Schwarze zuvor stigmatisiert und ihnen eine den Weißen untergeordnete Position zugewiesen, so ist es seither geboten, das Schwarzsein nicht zu verleugnen und nicht nach dem Weißsein zu trachten, sondern vielmehr das Schwarzsein zu akzeptieren und zu feiern, ihm sowohl poetisch als auch metaphysisch Würde zu verleihen. Die *négritude*, die zuvor ein Zeichen der Herabwürdigung und Minderwertigkeit gewesen war, gelangte auf diese Weise zu einem positiven Sein.« (Said 1997, S. 86)[12] Gegen diese ethnischen Partikularismen, die in

11 Zur Entstehung kultureller Selbst- und Fremdthematisierung als Migrations*folge* vgl. Nassehi 1997b.

12 Jegliche politische Strategie, die Differenzen aufheben will, verfällt der Paradoxie, die bekämpfte Differenz durch ihre Benennung zu verstärken. Was hier für das

ihren kognitiven Schematisierungen kaum über die Logik der rassistischen Ausgrenzung selbst hinausweisen, setzt Said eine Reflexion auf die Entstehung von Perspektiven, gewissermaßen auf die empirische Analyse von Ereignissen und nicht auf eine vorgängige Zuschreibung zu ethnischen oder nationalen Traditionen. Said plädiert etwa dafür, literarische Werke von Immigranten oder aus ehemals kolonisierten Ländern eben nicht als ethnographische Zeugnisse zu behandeln, sondern sie »*als* Literatur« (ebd., S. 92) zu lesen; *als* Literatur heißt: strukturgleich mit jeglicher Form kultureller Repräsentation, die je empirisch in einer Gegenwart geschieht und als selbsttragende Konstruktion dem »stahlharten Gehäuse der Zugehörigkeit« (Nassehi 1997b) auch epistemologisch entrissen werden muss. Insofern sagt Said unmissverständlich und gegen jede sozialromantische Attitüde, das Andere, das Dazwischen, die globale Verschiebung, die Derrida'sche *différance* mit besondere Würde zu versehen, »dass die bloße Existenz als unabhängiger, postkolonialer Araber oder Schwarzer oder Indonesier weder ein Programm noch ein Prozess noch eine Vision ist. Sie ist vielmehr nichts weiter als ein geeigneter Ansatzpunkt, an dem die wirkliche Arbeit, die harte Arbeit, beginnen könnte« (Said 1997, S. 88). Die wirkliche, die harte Arbeit ist freilich die, nicht den postkolonialen Araber, den Schwarzen oder den Indonesier als Hybriden zu entlarven – das dürfte uns (sic!) nicht schwer fallen. Wirklicher und härter ist es, dies auch bei Westfalen, bei Bayern, bei Deutschen, Franzosen und Wallisern, bei Schotten, Andalusiern und Lombarden, bei Eidgenossen, Polen und Russen zu tun. Die Weltgesellschaft und ihre Verwerfungen zwingen geradezu zum ethnologischen Blick auf uns selbst.

Vielleicht – und ich formuliere dies wohlweislich als Frage –, vielleicht ist das Neue, auf das der anschwellende Globalisierungsgesang hinweist, der Blick in den Spiegel jener zunächst kolonial unterworfenen Regionen, in dem sich die Kontingenz und das Hybri-

Problem des Rassismus und der kulturellen Differenz angedeutet wird, wird strukturähnlich in der *Gender*-Debatte diskutiert: Indem der Feminismus die Behandlung von Frauen als homogener Gruppe (mit einem gemeinsamen Geschlechtscharakter, mit einer Festlegung von Frauen auf sog. »weibliche« Verhaltensweisen usw.) kritisiert, macht er zugleich sprachlich auf die Differenz aufmerksam, die doch vermieden werden soll. Epistemologische Aufklärung verspricht hier wie dort offensichtlich einer Dekonstruktion der zugrunde liegenden Differenzen (vgl. dazu Gildemeister/Wetterer 1992; Butler 1991).

de der *eigenen* Perspektive im wahrsten Sinne des Wortes *reflektiert*. Globalisierung ist dann nicht nur ein wachsendes Interdependenzgeflecht, gewissermaßen die exponentielle Steigerung der Spielzüge bei Erhöhung der Spielerzahl. In der *kognitiven Einstellung* der globalen Welt vollzieht sich vielmehr jener Blick hinter die Kulissen auch der *eigenen* Kulturproduktion, den das moderne Paradigma durch die Setzung von apriorischen Bedingungen, letztbegründeten Ordnungsfaktoren und nicht-reflexiven blinden Flecken lange ausgeschlossen hat – mit beachtlichem Erfolg, wie wir wissen. Globalisierung macht Beobachter unerbittlich als solche sichtbar – und affiziert schon deshalb die Sehnsucht nach *Ordnung*. Globalisierung malt den Rousseau'schen Naturzustand an die Wand – die Rohheit der Welt ohne die sittliche Totalität des Staates. Was die Unerbittlichkeit eines liberalen Weltwirtschaftssystems nur symbolisiert, indem es die Hoffnung auf eine keynesianische »Globalstrategie« schlicht mangels handlungsfähiger politischer Akteure nicht einmal aufkommen lässt, ist der Zustand der gesamten Weltgesellschaft: keine Identitäten, handlungsfähige, auf Dauer gestellte Akteurskonstellationen mehr zu kennen, denen all jene Funktionen zugeschrieben werden können, die Alteuropa fürs Gesellschaftliche bereithielt – ob in ihrer bürgerlichen oder sozialistischen Variante, macht da überhaupt keinen Unterschied. Die Hybridisierung der Welt, das globale *Dazwischen*, findet denn auch nicht nur auf dem Gebiet der Kultur und der kulturellen Identität statt, sondern überall. Die Welten der Weltgesellschaft unterscheiden sich in unterschiedlichsten Dimensionen voneinander. Weder sind die expandierenden, sich jeder Steuerung und Bändigung entziehenden weltweit operierenden Funktionssysteme aufeinander abbildbar und homogenisierbar, noch kann auf kulturelle Integrationsmechanismen vertraut werden, weil sich die Optionenvielfalt und Verschiebungsmöglichkeiten von Optionen kulturellen Legitimitätsmustern sozial und geographisch entziehen. Auch hier steht ein Problem der Ökonomie symbolisch fürs Ganze: *Kapitalflucht als Chiffre für die geschmeidige Suche nach besseren Bedingungen.* Wie Geld auf Kapital- und Arbeitsmärkten, so werden wissenschaftliche Experimente, rechtliche Konstruktionen, religiöse Heilspraktiken, moralische Übertretungen und ästhetische Zumutungen eben dort gemacht, wo es geht. Das funktioniert aber nur dann, wenn Welt in regionale, funktionale und soziale Perspektiven dekomponiert wird, die sich aber keiner Ordnung mehr fügen und sich so in Echtzeit je neu bewähren müssen. Diese Erfahrung machen wir in Europa derzeit mit dem Zerfall vormals identitätsverbürgender Institutionen politischer, sozialstaatlicher, kultureller und militärischer Art.

Multiple Modernities

Ich habe den Postkolonialismus-Diskurs nur deshalb erwähnt, weil er den inneren Widerspruch der gesellschaftlichen Moderne auf den Begriff bringt. Er macht darauf aufmerksam, dass *Modernität* einerseits ein westliches Konzept ist, dass nicht-westliche Perspektiven auf *Modernität* sich freilich keineswegs *nicht-modern* darstellen, sondern die kulturelle Selbstbeschreibung von Modernität *von innen her* verunsichern – abgesehen davon, dass die entscheidenden Protagonisten dieses kultur- und literaturwissenschaftlichen Diskurses letztlich aus der Perspektive westlicher, i. e. US-amerikanischer und britischer Universitäten operieren und damit Teil jenes »Westens« sind, der da dekonstruiert wird. Vielleicht kann man an diesem Diskurs – den ich weiter unten (s. S. 237 ff.) noch einmal kurz aufnehme – das Spezifikum moderner Kommunikationsformen studieren. Vielleicht kann man daran studieren, wie sehr der Diskurs über gesellschaftliche Modernität tatsächlich ein *westlicher* Diskurs ist, nicht *obwohl*, sondern *weil* er auf seine internen Kontradiktionen hinweist. Zumindest Shmuel N. Eisenstadt sieht darin eines der entscheidenden semantischen Merkmale von *Modernität*.

Eisenstadt ist auf der Suche nach einem *strukturellen semantischen Kern* unterschiedlicher Modernisierungspfade. Er beginnt seine Analyse mit der Präsupposition, dass »modernity and Westernization are not identical« (Eisenstadt 2000a, S. 2 f.), wenn auch historisch Modernisierungsprozesse von Europa ausgegangen sind und sich die »anderen« Modernen stets und immer wieder an diesem europäischen Modell reiben. Als gemeinsamen Kern der *multiple modernities* arbeitet Eisenstadt eine Weltsicht heraus, die man mit *Kontingenzbewusstsein* übersetzen könnte. »Central to the modern idea was the breakdown of all traditional legitimations of the political order, and with it the opening up of different possibilities in the construction of a new order.« (Ebd., S. 5) Medien jener modernisierenden Veränderungen waren die Ausbildung von Visionen und Ideologien, von Kollektivitäten und kollektiven Zukunftshorizonten, von Ideen politischer Gestaltung und zugleich die Reflexion von Antinomien, die sich sowohl als unaufhebbare temporale Differenz zwischen Gegenwart und Zukunft als auch als Differenz zwischen visionärer Ideologie und empirischer Wirklichkeit zeigten. Als besondere Antinomie ist jener Widerspruch zwischen universalistischen Ansprüchen und partikularistischen Lösungsmöglichkeiten zu sehen – eine Antinomie, die keineswegs nur den europäischen Universalismus des »Menschen« im Verhältnis zum »(Staats-)Bürger« meint, sondern auch die universalistischen politischen und religiösen Fundamentalismen der Moderne, die stets im Gewande des Universalistischen für ihre im Weltmaßstab partikularen Ziele kämpften und kämpfen. Insofern seien es insbesondere revolutionäre Ideen und Protestbewegungen, die als die entscheidenden semantischen Trägergruppen von Modernisierungsprozessen anzusehen seien. Mit der gesellschaftlichen Moderne entsteht in diesem Verständnis so etwas wie ein Gefühl der Unabgeschlossenheit der Welt, in der die Beteiligung an kollektiven Aktionen bzw. das Gefühl des Beteiligtseins an einem »Projekt«, als das etwa Jürgen Habermas (1981b) die Moderne bis heute bezeichnet, zu einer völlig neuartigen Form von Ordnungsbildung führt. Das zentrale Bezugsproblem der gesellschaftlichen Selbstbeschreibung wurde nicht mehr – um es nun gesellschaftsstrukturell auf den Begriff zu bringen – über die Stabilitätserwartungen von Schichtung gelöst, sondern durch die Idee *kollektiver Identität* (vgl. Eisenstadt 2000b, S. 42 f.), deren klassentranszendierender Charakter gewissermaßen den Boden für jene Klassenkämpfe bot, die die Grundkonflikte der modernen Gesellschaft überhaupt politisierbar machten. Modernität, so würde ich Eisenstadts These umformulieren, hat es mit der Adressierbarkeit von »Gesellschaft« bzw. »Kollektivität« zu tun.

Eisenstadt ist es darum zu tun, diese strukturellen Merkmale von Modernität zwar in Europa mit seiner hellenisch-christlich-jüdischen Tradition beginnen zu lassen, ihre semantischen Grundfiguren aber in strukturell ähnlicher und empirisch je unterschiedlicher Weise wieder in Nordamerika, in Südamerika und in Asien und Afrika aufzufinden. Besonderes Augenmerk richtet er dabei auf die japanische Moderne (vgl. Eisenstadt 2000b, S. 110 ff.) und auf fundamentalistische Bewegungen sowohl religiöser als auch politischer Natur (vgl. ebd., S. 174 ff.). Es ist hier nicht der Ort, die materialen

Analysen von Eisenstadt im Einzelnen nachzuzeichnen. Entscheidend ist jedenfalls, dass in allen Formen der *multiple modernities* jener Gedanke der Kollektivitätsorientierung und der utopischen Vision zu beobachten ist, der jene modernisierende Form der Ordnungsbildung hervorbringt, die aus der Perspektive der westeuropäischen Moderne schlicht »traditional« zu nennen den dynamischen und vielfältigen Charakter der Moderne unterschätzt.

Dass die Moderne ein utopisches Zeitalter sei, ist schon öfter beobachtet worden. Dabei geriet vor allem die Frage in den Blick, wie sich – aus westeuropäischer Perspektive – die Utopien der Aufklärung, aber auch die Utopien der autarken Nation weitgehend abgekühlt haben und vor allem jene temporale Dimension eines der Zukunft zugewandten Gestaltungshorizontes zugunsten einer schlichten Entzauberung der Zeit verschwunden seien (vgl. dazu Nassehi 1996). Freilich enthalten auch andere als die westeuropäischen Modernen exakt jenen utopischen Impetus, deren gemeinsamer semantischer Kern nur dann offenbar wird, wenn man sich zunächst von ihrem materialen Gehalt und ihrer normativen Bedeutung löst. Man denke nur an die universalistische Utopie der Vereinigten Staaten, so etwas wie ein alleiniger Repräsentant einer angemessenen gesellschaftlichen Ordnung zu sein – eine Repräsentation, die mit der Globalisierung von politischen Problemen zugleich globalen Anspruch erhält und sich erstaunlicherweise mit dem tendenziellen Isolationismus amerikanischer Perspektiven durchaus verträgt. Nur vor dem Hintergrund dieser Utopie und des daraus resultierenden Fundamentalismus einer nur schwach ausgeprägten Perspektivität weltweiter Beobachtung ist Amerika in seiner gegenwärtigen militärischen Rolle zu verstehen, und nur so erscheint es auch (immer mehr) als das »ganz Andere« Europas. Oder man denke an die revolutionären Bewegungen des 20. Jahrhunderts, die als Kommunismus und Faschismus/Nationalsozialismus zumindest dies gemeinsam haben: die kollektivitätsorientierte Umwälzung politischer Ordnung. Gemeinsam ist beiden Bewegungen – bei allen Unterschieden – der *modernisierende Effekt* im Sinne einer Schwächung traditioneller Schichtungs- und Familienorientierung, verbunden mit der Technisierung und Industrialisierung von Produktion und Kriegsführung. Oder man denke an die im asiatischen Raum zu beobachtenden Nationalstaaten mit starker nationaler Selbstbindung, antikolonialem Impetus und – etwa im Falle

Japans – mit einer Netzwerkstruktur und einer Kopplung von Lebensform und ökonomischer Inklusion bei gleichzeitiger Entdramatisierung des Religiösen, die man durchaus als funktionales Äquivalent zum Umgang der westlichen Moderne mit Modernisierungsprozessen lesen kann – und die eine ganz eigene, man könnte sagen: Netzwerkstruktur eines Wohlfahrtsstaates hervorgebracht hat (vgl. dazu Bleses/Seeleib-Kaiser 2001; Leibfried/Seeleib-Kaiser 1995; Takahashi 1998). Schließlich ist etwa im arabischen Raum an den Nasser'schen säkularisierten Panarabismus zu denken, dessen Ziel die Herausbildung einer starken politischen Kollektivitätsbildung war. Schließlich ist an den so genannten Fundamentalismus zu denken, den man im Übrigen nicht nur im islamischen Bereich suchen sollte, sondern strukturähnlich in den kommunistischen und faschistischen Bewegungen des 20. Jahrhunderts, aber auch in christlichen und jüdischen, inzwischen auch in hinduistischen Mobilisierungspotentialen zur Jahrtausendwende (vgl. Eisenstadt 2000b, S. 174 ff.; Kepel 2001; Riesebrodt 2001; Tibi 2001; Ferdowsi 1995). Freilich bildet die islamistische politische Ideologie, die Politisierung des Islam, derzeit das anschaulichste Beispiel für einen genuin *modernen* Entwicklungspfad. Said Amir Arjomand schreibt: »... it is essential to juxtapause this vitality of Islamic reformism and structuralism, sustained by urbanization and a spread of literacy, to national political integration and increased political participation in order to understand the contemporary Islamic movements.« (Arjomand 1989, S. 110 f.) Man kann die Islamisierung der Politik in den Staaten des Mittleren Ostens, mit Konfliktauswirkungen bis Indien und Malaysia, durchaus als eine moderne, kollektivitätsorientierte, Protestformen hervorbringende Bewegung lesen, deren grundlegendes Bezugsproblem offenbar die *Inklusion von Bevölkerungen* und ihre *politische Ansprechbarkeit* ist.

Mein Versuch, Eisenstadts luzide Diagnose des strukturellen Kerns moderner semantischer Selbstbeschreibungsformen als Adressierbarkeit von »Gesellschaft« und »Kollektivität« zu lesen, dürfte schon mit meinen wenigen Andeutungen plausibel machen, dass all die genannten politischen Bewegungsformen des 20. Jahrhunderts und des beginnenden 21. als geradezu klassische Lösungsstrategie einer funktional differenzierten Weltgesellschaft angesehen werden können, das *Inklusionsproblem* zu lösen. Gemeinsam ist all diesen Semantiken, dass sie Kollektivitäten performativ erzeugen und damit ansprechbar machen, um damit Zugehörigkeiten zu simulieren, die eine Inklusion von Gesamtbevölkerungen in die Funktionssysteme der modernen Gesellschaft nicht koordinieren, zumindest aber semantisch abstützen – und sei es nur als Protest gegen Marginalisierung im System der internationalen Politik, als Protest gegen eine ökonomische weltweite Arbeitsteilung, als Protest gegen den als Imperialismus erlebten Universalismus der westlichen »Kultur«, auf die dann mit einer Kulturalisierung (i. e. Vergleich!) und Politisierung von Religion reagiert werden kann.

Besteht die Stärke des Eisenstadt'schen Arguments darin, den semantischen Kern von Modernität gewissermaßen *strukturalistisch* zu fassen und ihn von konkreten Inhalten jenseits der Kategorien des *Projekthaften*, des an *kollektive Identitäten* Appellierenden, des *Bewegungsförmigen* und *Protestierenden* frei zu halten, liegt seine Schwäche darin, Modernität ausschließlich in *politikförmigen* Begriffen zu fassen. Ich habe bereits oben gezeigt (s. S. 160ff.), dass die Politiknähe des Gesellschaftsbegriffs darauf zurückzuführen ist, dass Politik für die Sichtbarkeit von Gesellschaft sorgt. Die Soziologie müsste sich also aktiv darum bemühen, Unsichtbares in den Blick zu bekommen, oder anders gewendet: mehr Distanz zu den üblichen gesellschaftlichen Selbstbeschreibungen zu üben. Eisenstadts Analyse der semantischen Struktur von Modernität vermag es zwar, so viel Distanz zu solchen politischen Selbstbeschreibungen zu pflegen, dass ein gemeinsames Muster semantischer Modernität sichtbar wird. Eine gesellschaftsstrukturelle Analyse freilich beinhaltet das nicht – es sei denn die allzu sehr am Strukturfunktionalismus enggeführte Analyse der *Integration* durch Herstellung kollektiver Identität und der *Zielerreichung* durch die politische Formierung solcher Kollektivität. Liest man Eisenstadts Argument weiter, so kann die von ihm beschriebene *politische* Formierung von Modernität als Ausdruck der *funktionalen Differenzierung* der Weltgesellschaft angesehen werden. Funktionale Differenzierung entpuppt sich dann als der Kontinuitätskern von Modernität, der letztlich eine radikale Umstellung von *Inklusionsformen* mit sich bringt. Was als *Multiinklusion* in die funktional differenzierte Gesellschaft bezeichnet werden kann (s. o. S. 100ff.), ist keineswegs gleichbedeutend mit dem Modell des westlichen nationalstaatlichen Organisationsarrangements. Solche Inklusionsprobleme können durchaus unterschiedliche Formen annehmen – und dass ihre *politische* Form am sichtbarsten wird, hat damit zu tun, dass die politische Form exakt die Form der Sichtbarkeit ist. Insofern ist Eisenstadts *politischer bias* keineswegs ein theoretischer Fehler, sondern selbst ein soziologisches *datum*, also eine Gegebenheit des Gegenstandes selbst. Theoretisch stellt sich dann freilich die Frage, ob man hier auf die (begrenzte) Funktion des Politischen hinweist und die inneren Zugzwänge der politischen Logik analysiert oder ob man sich theoretisch diesen inneren Zugzwängen beugt und dann eine kosmo*politische* Soziologie betreibt, die die Funktion des Politischen nicht mehr angemessen bestimmen kann, weil sie mit Gesellschaftlichkeit zusammenfällt (vgl. Beck 2000).

Das politische System der Weltgesellschaft erzeugt keine weltgesellschaftliche Kollektivität, keine Weltbürgerlichkeit – das konnte man nur dort ernsthaft denken, wo das andere so weit weg war, dass man ihm die zugleich allzu allgemeine und allzu konkretistische Inklusionsformel *Mensch* zumuten konnte.[13] Das politische System der Weltgesellschaftlichkeit erzeugt also nicht die Einheitlichkeit einer Weltbevölkerung, sondern das Gegenteil: Es erzeugt Unterscheidungen, und zwar Unterscheidungen unterschiedlicher Kollektivitäten. Wie der »Zivilisierte« nicht ohne den »Wilden« denkbar war, der »Teutsche« nicht ohne den »Franzos«, macht die Rede von »Europa« nur Sinn als das ganz Andere »Amerikas«, verdankt sich der »Okzident« nur den osmanischen Armeen vor Wien, das fast dem »Orient« hätte zugeschlagen werden müssen usw. Die *kosmopolitische* Betonung der »Einen Welt« setzt in dieser jene politische Logik in Gang, die die Sichtbarkeit von Gesellschaft schon aus logischen Gründen nur im Plural erlaubt, also als Sichtbarkeit von Gesellschaft*en*, als ein Beobachtungsschema, das politische Selbstbeschreibungen der Gesellschaft in die Lage versetzt, die eigene Perspektive als andere Perspektive anderer Perspektiven anzusehen – und das meint keineswegs nur die bildungsbürgerlich antizipierte Möglichkeit der wechselseitigen Wahrnehmbarkeit unterschiedlicher Perspektiven auf gleicher Augenhöhe. Ich gehe hier nun nicht auf die *empirische* Faktizität solcher Perspektivendifferenzen in der Weltgesellschaft ein – deren Plausibilität ist allzu evident. Ich versu-

13 Im Übrigen ergibt sich die *weltbürgerliche Absicht* Kants zunächst noch als bloße Denkbedingung, keineswegs als empirische Möglichkeit (vgl. Kant 1983).

che vielmehr, ein unterscheidungstheoretisches Argument für diesen Sachverhalt zu entwickeln.

Unterscheidungen sind zunächst instabil. Man kann die eine oder die andere Seite bezeichnen/unterscheiden, man kann die Seiten wechseln, nichts zwingt zunächst dazu, die eine der anderen Seite vorzuziehen. Brauchbar für praktischen Gebrauch sind Unterscheidungen nur dann, wenn sie selbst schon ein Moment an Asymmetrie enthalten. Nur das hat ordnungsformende Wirkungen, und nur das macht den Unterscheidungsgebrauch tauglich für weitere, kondensierende Unterscheidungen.[14] So entwickeln Funktionssysteme Präferenzwerte in ihren Codierungen, in Interaktionen unter Bekannten werden bestimmte Rollenmuster vorausgesetzt, die asymmetrische Anschlüsse ermöglichen; in Organisationen entscheiden Hierarchien oder Zuständigkeiten für asymmetrischen Unterscheidungsgebrauch; und in Familien etablieren sich geschlechtliche, altersmäßige und Zentrum/Peripherie-Formen, nach denen allzu starke Symmetrien vermieden werden. Den Funktionssinn solcher etablierter Asymmetrien kann man ermessen, wenn sie gestört sind oder verschwinden. So destabilisieren sich Familienformen, wenn Asymmetrien zwischen Geschlechtern und Altersgruppen nicht mehr quasi »vorempirisch« vorausgesetzt werden können – zumindest erhöht das den Kommunikationsbedarf. In Organisationen kann die Vermeidung von Hierarchien und Zuständigkeiten zu erheblichen Komplexitätserhöhungen führen. Das völlige Fehlen von abrufbaren Asymmetrien in Interaktionen macht Kommunikation riskanter und erhöht Unsicherheit usw. Asymmetrie ist also ein erheblicher Ordnungsfaktor, wenn man unter Ordnung die Etablierung von Erwartbarem versteht.

Bezogen auf die Unterscheidung von politisierbaren bzw. politisch erzeugten Kollektivitäten dienen *asymmetrische* Formen der Unterscheidung von Kollektivitäten zur sozialen Schließung des Beschriebenen und bringen damit erst jene ökologische Bedingung

14 Dieses Argument ähnelt einer Figur, die Luhmann (1996, S. 112f.) im Zusammenhang einer Analyse der Unterscheidung von Männern und Frauen gewonnen hat. Er macht den Funktionssinn einer solchen Unterscheidung an ihrer Asymmetrisierbarkeit fest und behauptet, die Unterscheidung sei letztlich sinnlos, weil funktionslos geworden. Dazu, wie sich Asymmetrien freilich als eingespielte Routinen Plausibilitäten selbst suchen, vgl. Nassehi (2003a) und Weinbach/Stichweh (2002).

dafür hervor, nach der sich *globalisierte* oder *weltgesellschaftliche* Modernität als die Differenz zu einer *bewegungsförmigen* Kollektivität darstellen kann. Es kommt dann nicht darauf an, ob solche schließungsfähigen Einheiten Nationalstaaten sind, Geltungsräume religiöser oder konfessioneller Zumutungen oder ethnische Zuschreibungen über Staatsgrenzen hinaus. Empirisch ist entscheidend, ob sich Kollektivitäten politisch als zurechenbare Adressen ansprechen lassen und ob sie dann in der Lage sind, jene Protest- und Gestaltungskräfte in Anschlag zu bringen, die offensichtlich für gesellschaftliche Modernität charakteristisch sind. Das gilt im Übrigen für staatlich etablierte Politikformen ebenso wie für Protestbewegungen, für Terrorgruppen ebenso wie für NGOs, die für bestimmte Interessen zwar in der Sachdimension Argumente haben, aber *politisch* erst da werden, wo es ihnen gelingt, adressierbaren Kollektiven Gefolgschaft abzuverlangen.

Man kann all das vielleicht auf die Formel bringen: *Je mehr Asymmetrie erlebbar gemacht werden kann, umso mehr kann es gelingen, jenen Funktionssinn des Politischen in Anspruch zu nehmen, der die Ausdifferenzierung des politischen Systems entscheidend bestimmt hat: die Erzeugung* sichtbarer *und* ansprechbarer *Kollektivitäten mit einem hohen Maß an* Zumutbarkeit *für asymmetrische Beobachtungen.* Das 20. Jahrhundert war weitgehend durch eine sehr stabile und in dieser Weise auch komfortable Form asymmetrischer Beobachtbarkeit geprägt. Der Ost-West-Antagonismus konnte *weltgesellschaftliche* Beobachtungen fast flächendeckend vorsortieren und konditionieren – und das galt keineswegs nur für *politische* Formen im engeren Sinne, sondern auch für ökonomische, rechtliche, religiöse, sogar wissenschaftliche und künstlerische Formen, die ihre eigenen (sic!) Formvorschriften der radikalen Optionssteigerung des Politischen anzupassen hatten. Nach dem Ende des Ost-West-Konfliktes kommen nun Beobachtungsformen zum Vorschein, die auf *Asymmetrieerleben* anderer Art zurückgreifen. Es kommt dabei nicht auf tatsächliches Erleben an, sondern darauf, ob sich Geschichte(n) so erzählen lässt, dass sie entsprechendes Erleben erlebbar macht. Gegenwärtige weltgesellschaftliche Konflikte sind in erster Linie Konflikte, die das Erleben von weltgesellschaftlicher Subordination in Anspruch nehmen, die die eingespielten Asymmetrien der Weltgesellschaft zunehmend umkehren.

Vieles von dem, was sich etwa in der arabischen Welt beobachten lässt, kann man aus der Perspektive des Westens – sicher mit Recht – als Modernitätsdefizit ansehen, wenn man unter den *Unterscheidungen der Moderne* (s. o. S. 152 ff.) die normative Form wählt.[15] Aber diese Beobachtungsform selbst gehört schon zu jenem Syndrom, das sich mit *asymmetrischen* Beobachtungsformen ausstattet. Das gilt sowohl für die paternalistische Geste der »Toleranz« und des »Dialogs mit dem Islam«, den zarter besaitete Seelen bevorzugen, erst recht aber für die militärischen Optionen des Westens. Das Beunruhigende an dieser Situation ist nicht nur, dass die neue Form weltgesellschaftlicher Asymmetrie für eine Entzivilisierung der Weltpolitik sorgt, die man bisweilen schon den inzwischen wählbaren Personen ansehen kann. Beunruhigend ist vor allem, dass das politische System der Weltgesellschaft fast strukturell das ausschließt, was man politisch erzeugen möchte: *Symmetriebedingungen.*

Zumindest das lässt sich nahtlos aus dem Schock des 11. September 2001 lernen, denn hier wird die weltgesellschaftliche Perspektivenverschiebung, die Unversöhnlichkeit der Perspektiven, die »kulturelle« Herstellung von Antagonismen überdeutlich. Mit Eisenstadt muss die massenmobilisierende Strategie islamistischer Bewegungen nicht nur als *modern* in dem Sinne ausgelegt werden, als es hier um kollektivierbare Protestformen und nicht zuletzt um *Inklusionsprobleme* ganzer Bevölkerungsgruppen geht. Man kann ihnen womöglich sogar eine Art *Modernitätsvorsprung* bescheinigen, weil der terroristische Krieg gegen Amerika exakt mit der weltgesellschaftlichen Perspektivenverschiebung spielt. Das gilt für die präzise *Under-cover*-Strategie der Terroristen, die ihrem Feind bis zur Unkenntlichkeit ähnlich wurden, ebenso wie für die wohlkalkulierte Wirkung, die Kämpfer hervorbringen, denen man deshalb nicht begegnen kann, weil sie nicht einmal das eigene Leben schützen wollen. Der zynische Einsatz religiöser Erlösungsfantasien durch die Drahtzieher der Anschläge in einer politisch-religiösen Gemengelage spielt dabei die Doppelrolle eines Motivationsgenera-

15 Den Grundtenor dieser Beobachtungsform hat Jürgen Habermas – also keineswegs ein Verdächtiger im Sinne etwa von Huntingtons Kulturalismus – in seiner Paulskirchenrede 2001 zum Ausdruck gebracht. Die Diagnose lautet: Auch die islamische Welt hat noch jene Säkularisierung vor sich, die im »Westen« zur Entfaltung einer »rationalen« Moderne mit hohen Toleranzwerten geführt hat (vgl. Habermas 2001).

tors für die Ausführenden selbst sowie einer kulturindustriell einsetzbaren ideologischen Waffe gegen den Hedonismus und die Lebensverliebtheit des »Westens«. Es wird dann alles *Kultur*, also Beobachtung von Unterschieden und damit wieder Repräsentant von Geltungsansprüchen auf Unbedingtheit. Um es auf eine sehr einfache Formel zu bringen: Womit die Pentagon-Strategen um Huntington semantisch gearbeitet haben, nämlich mit der unterstellten Unbedingtheit kultureller Perspektiven und Differenzen, wurde von Osama bin Laden praktisch umgesetzt, mit einem – sicher intentional gar nicht vorhandenen – Augenzwinkern, das ihn sowohl als virtuosen Bewohner einer *Welt*gesellschaft dechiffriert als auch als Gefangenen vormoderner Unbedingtheiten. Virtuoser kann man nicht auf der Klaviatur der *Welt*gesellschaft spielen, d. h. die wechselseitigen Beobachtungsverhältnisse in der globalisierten Moderne ausnutzen. Insofern scheint mir der Terror-Krieg gegen den Westen, der wohl noch lange nicht vorbei ist, der *Erste-Welt-Krieg* zu sein (vgl. ausführlich dazu Nassehi 2002c).

Die Formel von den *Welten* in der einen *Welt* dürfte nun ein soziologisch plausibleres Fundament erhalten haben. Die Logik des Politischen bindet die Idee der sozialen Schließung nach »innen« an eine asymmetrische Beobachtungsform nach außen – und ein angemessenes Verständnis der weltgesellschaftlichen Moderne muss sich dieser *weltgesellschaftlichen internen Logik der Perspektivendifferenz* wirklich stellen, um zu verstehen, dass nicht nur die *Welt*, sondern auch die *Weltgesellschaft* nichts ist, was irgendwie adressierbar ist oder gar (kosmopolitisch!) handlungsfähig gemacht werden kann. Auch die *Weltgesellschaft* ist nur ein Horizont. Er verschiebt sich je nach Standpunkt. Er verweist immer auf ein unsichtbares Jenseits, und er macht womöglich die Unsichtbarkeit des eigenen Standorts vergessen.

Wie sich gesellschaftliche Modernität als *Disparität funktionssystemspezifischer Perspektiven* darstellt, an der man ebenso leiden wie man sie als Emanzipation etwa der Wissenschaft von der Religion oder Ökonomie von der Politik feiern kann, erscheint die Globalität der modernen Weltgesellschaft unter der Problemformel »Globalisierung« als *Disparität regionaler und räumlicher Perspektiven*. Diese Disparität konstituiert jenes Beobachtungsschema, das Gesellschaft als Weltgesellschaft erscheinen lässt. Sie zwingt uns dazu, das Lokale als das andere des Globalen zu sehen und das Globale nicht als abstraktes Theoretikum, sondern als denjenigen Horizont, an dem sich Lokalitäten begegnen und ihrer *strukturellen epistemologischen Ähnlichkeit* gerade in der Wahrnehmung ihrer Unterschiedlichkeit gewahr werden. All das verweist auf den *globalen Raum.*

Exkurs: Globaler Raum

Der Raumbegriff scheint zunächst völlig unproblematisch zu sein. Er scheint einen vorsozialen Sachverhalt zu markieren, gewissermaßen das Korrelat von *res extensae*, die ja *qua definitionem* ausgedehnt sind, also eine räumliche Dimension haben. Soziologisch von Interesse wäre dann ausschließlich die Frage, wie soziale Ordnung räumliche Extensionen benutzt, man könnte sagen, es gehe dann um *soziale Anordnung.* Eine Soziologie freilich, die sich auf die *Dynamik der Geschlossenheit* rekursiver Ereigniszusammenhänge kapriziert und eine *operative* Theorieanlage pflegt, wird die Räumlichkeit ihrer Operationen in diesem Sinne *operativ* ausweisen müssen.

Ganz allgemein ist von *Räumlichkeit* dann die Rede, wenn Unterschiedliches in den Modus des *Nahen*, des *Erreichbaren*, des *Verdichteten*, des gleichzeitig *Wahrnehmbaren* zu bringen ist. Es scheint also zunächst um *kognitive Schemata* zu gehen, die Unterschiedliches gleichzeitig handhabbar machen. Das verweist nicht nur auf *Raum*, sondern auch auf *Zeit.* Schon in Kants transzendentaler Ästhetik werden Raum und Zeit als kognitive »Synthesis des Mannigfaltigen« (Kant 1983, S. 205) bestimmt. Diese Synthesis setzt per se Grenzen zwischen Mannigfaltigem, das als Mannigfaltiges nur dadurch erscheint, dass es *unterschiedliche* extensive Größen enthält. Die Anschauung des Raumes entsteht also durch die Apprehension des Zugleichseins der Substanzen, also durch Erfahrung, mithin *empirisch* (vgl. ebd., S. 243). Als kognitive Leistung entsteht der Raum also dadurch, dass Unterschiedliches gleichzeitig erfahren, also *synchronisiert* wird. Es ist hier nicht der Ort, dies ausführlich zu diskutieren. Es gibt aber bereits Hinweise darauf, *Raum* an kognitive *Operationen* zu binden, an eine synthetische Leistung, die die *Räumlichkeit* der Anschauung selbst hervorbringt. Dass mit der Methode Kants keinerlei ontologische Aussage über den Raum selbst getroffen wird, sondern nur über die Räumlichkeit der Anschauungsform – analog zur aristotelischen Kategorienlehre –, ist dabei kein Nachteil, denn ein operatives Theorieverständnis kann sich zunächst nur für die kognitive Erzeugung von Raum interessieren – und sie wird zu dem paradoxen Ergebnis kommen müssen, dass der *Raum* nur *im Raum* vorkommen kann wie die Zeit nur in der Zeit.

In der Systemtheorie Luhmann'scher Provenienz spielt der *Raum* allerdings nur eine untergeordnete Rolle und wird nirgendwo systematisch behandelt. Der Raum kommt hier entweder als exogene Grenze vor, die letztlich keinen sozialen Charakter hat, oder als Medium, also als endogenes Phänomen. Medien bestehen aus lose gekoppelten Elementen, die in strikt gekoppelter Weise Formen ermöglichen. Luhmann bestimmt dieses Medium durch die Unterscheidung von Stellen und Objekten (vgl. Luhmann 1995a, S. 80f.). Ganz ähnlich wie Kant begreift Luhmann den Raum also als ein Wahrnehmungsschema, das mannigfaltige Objekte (i.e. Substanzen) an Stellen im Raum anordnet, und ebenso wie Kant besteht Luhmann darauf, dass es sich dabei um ein kognitives Schema handelt, also um eine Konstruktion. Diese unterliegt aber keineswegs nur neurophysiologischen Strukturen,[16] sondern vermag selbst eine soziokulturelle Evolution als kommunikatives Schema durchzumachen. Rudolf Stichweh hat dies zum Anlass genommen, das Raum- ähnlich wie das Zeitmedium in das Medium Sinn zu integrieren und neben der Sach-, Zeit- und Sozialdimension auch eine *Raumdimension* zu konzipieren (vgl. Stichweh 2000, S. 187; ähnlich Kuhm 2000). Als sinnhaftes Medium ermöglichen räumliche Unterscheidungen also die kommunikative Konstruktion von räumlichen Kategorien *als ausschließlich soziale Kategorien.*

Der Raum selbst hat als Medium letztlich keinen extensiven Charakter. Die Ordnung des Raums ist vielmehr jene Form von Ordnung, die den Raum erst hervorbringt. Man stelle sich eine Schachtel ohne Seitenwände, Boden und Deckel vor, und zwar an exakt der Stelle, an der sie sich befände, wenn sie Seitenwände, Boden und Deckel hätte. Was auch immer man dort sieht, es wäre kein Raum. Zum Raum wird der Raum erst durch Begrenzung, Abdeckung, Abschirmung, durch Öffnung und Schließung von Zugängen, durch die Schachtel eben. Doch auch das ist noch nicht genau genug.

16 Luhmann (1995a, S. 79) hat merkwürdigerweise das Raummedium im Rahmen seiner Kunsttheorie ausschließlich als Wahrnehmungsmedium konzipiert, das er an die »neurophysiologische Operationsweise des Gehirns« bindet (vgl. auch Stichweh 2000, S. 185f.).

Denn es sind nicht die sechs Wände der Schachtel, die den Schachtelraum ausmachen, sondern ihre – wenn man so will – *sinnhafte*, nicht-triviale Beziehung zueinander. Raum ist, in einer Formulierung Martin Heideggers, das »in seine Grenze Eingelassene« (Heidegger 1954, S. 149), und er wird durch solche Grenzen nicht begrenzt, sondern allererst hergestellt. Für Georg Simmel ist diese Art der Hervorbringung von Räumen durch die Wechselwirkung unterschiedlicher Grenzpunkte eine der elementaren Formen des Sozialen schlechthin. Simmel schreibt in seiner »Soziologie« von 1908: »Wenn eine Anzahl von Personen innerhalb bestimmter Raumgrenzen isoliert nebeneinander hausen, so erfüllt eben jede mit ihrer Substanz und ihrer Tätigkeit den ihr unmittelbar eignen Platz, und zwischen diesem und dem Platz der nächsten ist unerfüllter Raum, praktisch gesprochen: Nichts.« (Simmel 1992b, S. 689) Raum, so Simmel, komme erst durch die Wechselwirkung zwischen verschiedenen Raumstellen zustande. Solcherart soziale Räume sind keine absoluten Räume. Sie werden von Beobachtern hergestellt, die jene Räume erst zwischen sich aufspannen müssen, um sie ausfüllen, nutzen, überwinden zu können. Ähnlich wie sich die Zeit spätestens seit Edmund Husserls *Phänomenologie des inneren Zeitbewusstseins* nicht mehr als absolute Zeit denken lässt (vgl. Husserl 1980), sondern als Ergebnis der tätigen, der operativen Entfaltung zeitlicher Differenzen, so kann Raum nurmehr als selbsttragendes Konstrukt von Beobachtern gefasst werden, die in wechselseitige Beziehungen zueinander treten. Für Simmel ist das Entscheidende des Raums denn auch das *Zwischen* in seiner Doppelsinnigkeit: »dass eine Beziehung *zwischen* zwei Elementen, die doch nur eine, in dem einen und in dem andern immanent stattfindende Bewegung oder Modifikation ist, *zwischen* ihnen, im Sinne des räumlichen Dazwischentretens stattfinde.« (Simmel 1992b, S. 689) Wenn auch diese Formulierung womöglich nahe legt, das *Zwischen* sei eine ontologische Entität, so besteht Simmel doch darauf, dass es sich dabei explizit um die Konstruktion eines *Beobachters* handelt, für den das Dazwischen als gleichzeitig (sic!) erscheinende Mannigfaltigkeit sich zeigt.

Gesellschaftliche Ordnung war und ist stets auch die Ordnung solchen räumlichen Dazwischentretens. Der Marktplatz der Städte bekam seinen Sinn in erster Linie von der Stadtmauer, deren Grenze ihn erst ermöglicht; der Singeber der Nationalstaaten liegt nicht primär im hauptstädtischen Zentrum, sondern in der Stabilität ihrer Außengrenze; der für Laien unbegehbare Kultusraum in Sakralbauten entsteht erst durch die Bevölkerung der harten Bänke jenseits der imaginären Linie zwischen Gläubigen und Priestern; die Wechselseitigkeit von Rednerpult und Publikum bei gelehrten Vortragsveranstaltungen bringt einen Raum hervor, in dem allein diese unwahrscheinliche Form der Kommunikation gedeihen kann; das von dem Rest der Welt abschirmende Vorzimmer des Ordinarius erzeugt ein Dazwischen, das Würde verleiht; die Selbstverständlichkeit des einen abgeschlossenen Schlafzimmers für zwei Ehepartner hebt die gesellschaftliche Bedeutung des Konnubiums hervor; die abgrenzende Wohnungstür von Einfamilienwohnungen und -häusern repräsentiert die Ordnung familialer Lebensformen nicht nur, sie bringt sie mit hervor.

Der Beispiele wären viele. Entscheidend ist dabei, dass räumliche Formen, d. h. die kommunikative Verwendung von räumlichen Unterscheidungen bzw. die kommunikative Nutzung räumlicher Nähe und Ferne, als sinnhafte Operation aufgefasst werden, die für die Anschlussfähigkeit von Ereignissen einen Unterschied macht. Also nicht die Tür oder die Mauer, nicht der Schlagbaum oder das Vorzimmer machen die soziale Räumlichkeit aus, sondern die kommunikative Herstellung eines räumlichen Unterschieds, der einen Unterschied macht, und zwar sozial. Die Räumlichkeit des Raums – etwa einer Tür – kommt nur dann sozial zum Tragen, wenn diese Tür Kommunikation strukturiert – letztlich ist dann die Tür ein Erzeugnis der Kommunikation selbst, nicht umgekehrt. Und im Hinblick auf eine Soziologie des *Raums* geht es exakt um die Frage, ob und wie diese räumliche Sinndimension einen Unterschied macht, wie also in der Kommunikation räumliche Unterscheidungen operativ gehandhabt werden. Als *räumliche Unterscheidungen* kommen in Frage einerseits *Nähe/Ferne*, andererseits *hier/dort*[17]. Der Unterschied dieser beiden Unterscheidungen besteht in der jeweiligen operativen Perspektive. Während eine mit der Unterscheidung *Nähe/Ferne* operierende Beobachtung Raumstellen gewissermaßen von außen beobachtet, macht die *hier/dort*-Unterscheidung auf die

17 Klaus Kuhm (2000) schlägt als grundlegende räumliche Unterscheidung – an Luhmanns Kunstbuch anschließend – »Stellen/Objekte« vor, die letztlich nur den *physischen Raum* extensiver Gegenstände bezeichnen können. Meine beiden vorgeschlagenen Unterscheidungen dagegen verzichten auf eine solche Festlegung.

konkrete operative Perspektive eines Beobachters aufmerksam. Diese beiden Unterscheidungen sind ähnlich gebaut wie die temporalen Unterscheidungen »Vergangenheit/Zukunft« und »früher/später«, die jeweils auf die spezifische Perspektive eines Beobachters abstellen (vgl. dazu Nassehi 1993). Inwiefern diese beiden räumlichen Unterscheidungen aufeinander abbildbar sind und welche Konsequenzen sie für einen elaborierten soziologischen Raumbegriff haben, soll hier nicht weiterverfolgt werden.[18] Entscheidend ist nur dies: Würde es gelingen, den *operativen Charakter* des Raumes nachzuweisen, wird man auf die Paradoxie stoßen, dass die operative Handhabung der Unterscheidung von *hier* und *dort* eine räumliche Sinndimension erst hervorbringt, dass das aber räumliche Extensionen bereits voraussetzt. Wie die operative Entfaltung von Systemzeitlichkeit bereits auf das basale *Nacheinander* der Ereignisse in der Zeit angewiesen ist, ist die operative Entfaltung eines Systemraums auf vorgängige Extensität angewiesen, die sich freilich auch nur einer operativen kognitiven Beobachtung erschließt.

So wird – um nun endlich zum *globalen Raum* zu kommen – niemand die Existenz des Globus ernsthaft in Zweifel ziehen wollen, auch nicht jene *unendlichen Weiten*, deren Durchquerung von der amerikanischen Filmindustrie in Fortsetzungsfolge zu besichtigen ist und deren vermutete Endlichkeit die Frage danach provoziert, was denn jenseits des Raums wohl anzutreffen ist. Aber es ist auch nicht wirklich zu bezweifeln, dass sich soziale Räumlichkeit durch jene kognitiven Schemata erzeugt, die ich oben als *Gleichzeitigkeit des Unterschiedlichen* bezeichnet habe. Nicht der Globus macht den globalen Raum aus, auch nicht die bloße Tatsache, dass es bereits seit Jahrhunderten kommunikativen Kontakt zu anderen Kontinenten gibt. Auch nicht die Tatsache, dass *alles mit allem zusammenhängt*, wie etwa Giddens die Globalität der modernen Gesellschaft ausdrückt, bringt den globalen Raum hervor. Es ist vielmehr

18 Wie die Unterscheidung »Vergangenheit/Zukunft« letztlich auf die Unterscheidung »vorher/nachher« zurückzuführen ist, dürfte auch die Unterscheidung »Nähe/Ferne« auf »hier/dort« abbildbar sein. Das wäre für den Raumbegriff freilich erst noch ausführlich zu prüfen. Ich habe Ähnliches für den Zeitbegriff deshalb untersucht, um zu zeigen, dass Zeitlichkeit in der Autopoiesis von Systemen sich ereignet und keineswegs ein bereits bestehendes Kontinuum der Zeit voraussetzen muss – und paradoxerweise dies nur *in der Zeit* erfolgen kann (vgl. dazu ausführlich Nassehi 1993).

die *Gleichzeitigkeit des Unterschiedlichen*, also die prinzipielle Wechselseitigkeit *im* globalen Raum, der *den* globalen Raum erst erzeugt. Es ist die Differenz der *Raumstellen*, die die Einheit des Raums in seiner unaufhebbaren Differenz ausmacht. Es ist die *Gegenwart einer Gesellschaft*, die die Gleichzeitigkeit des Unterschiedlichen im globalen Raum ausmacht.

Der Raum ist freilich nicht homogen. Womöglich lässt völlige Homogenität – also: Ununterschiedenheit[19] – gar keine Räumlichkeit zu. Der *globale Raum* entsteht vielmehr dadurch, dass sich in ihm *Unterschiedliches* beobachten lässt. Was ich oben als die unaufhebbaren Perspektivendifferenzen der Welten in der Welt(gesellschaft) beschrieben habe, ist also letztlich eine räumliche Erscheinung, die gerade die *Differenz* der Perspektiven, die gleichzeitig, also *gegenwärtig* erlebt werden, zum *definiens* von Globalität macht.

Was meine eher abstrakten Einlassungen motivieren sollen, ist dies: Es macht einen erheblichen Unterschied aus, ob der Globalisierungsdiskurs Globalisierung danach abscannt, ob sich Weltgesellschaftlichkeit als Einheit, als Einheit von Problemen, als Schicksalsgemeinschaft oder als gemeinsamer Geltungsraum aufspannen lässt – theoretisch wie politisch. Wie man wissen kann, ist dieser Art *räumliche Einheit* geradezu darauf angewiesen, dass darin Unterschiedliches auftritt. Wie also der Raum nur im Raum vorkommen kann, so kann es auch nur unterschiedliche räumliche Perspektiven in diesem einen Raum geben. Die Räumlichkeit der Weltgesellschaft, besser: die Sinndimension des Raums ist eine Sinndimension, die wie die anderen Sinndimensionen asymmetrische Unterscheidungen provoziert, die wiederum exakt das ausschließen, was man mit dem Begriff sucht: *Die Einsicht in die* eine *Welt verschwindet in den* Welten *in der einen Welt; die Einsicht in den* einen *globalen Raum verschwindet in den* Raumstellen *im globalen Raum*. Vielleicht macht erst diese Einsicht eine angemessene Theorie der Weltgesellschaft möglich, die mehr ist als die bloße Behauptung der globalen Ausbreitung von Kommunikationen.

19 Exakt das macht die Figur Gottes als *omnipräsent* und *omnilokal* denkbar, und exakt das legt nahe, dass jenseits des Universums kein *Raum* ist.

Die Welten der Weltgesellschaft unterscheiden sich freilich nicht nur kulturell und geographisch, also nicht nur *global* im Sinne einer räumlichen oder sozialen Verteilung auf dem Globus. Schon der Prozess gesellschaftlicher funktionaler Differenzierung dekomponiert die soziale Welt in *Welten*, die nicht mehr *vorgängig* miteinander versöhnt und ebenso wenig in stabiler hierarchischer Wechselseitigkeit zueinander stehen. Gerade deshalb können und müssen diese *Welten* in wechselseitiger Beobachtung der strukturellen Differenz ihrer Perspektiven gewahr werden. Wo politische, wissenschaftliche, rechtliche, ökonomische und ästhetische Perspektiven nicht mehr problemlos aufeinander abbildbar sind, wird das, was vormals als (national-)staatliche Form gesellschaftlicher Einheit vorgestellt werden konnte, in funktionale Eigenlogiken dekomponiert, die das Maß (und damit: die Maßlosigkeit) ihrer selbst nurmehr in sich finden können. Auch diese Perspektiven finden sich letztlich als *Welten in einer Welt* vor, die stets aufeinander bezogen sind, sich wechselseitig einschränken, irritieren, potenzieren und stören und doch den Gedanken eines normativen Ausgleichs der Welten jenseits der jeweiligen Funktionslogik ausschließen. Die Welt der funktional differenzierten Gesellschaft ist eine per se multizentrische Welt.

All dies bedeutet zugleich, dass das Phänomen der *Welt*gesellschaft erst sekundär etwas mit Globalisierung zu tun hat. Die Dekomposition der Gesellschaft in *Welten* vollzieht sich ohnehin mit dem gesellschaftlichen Differenzierungsprozess. Diese theoretische Einsicht konnte freilich so lange vermieden werden, solange sich moderne gesellschaftliche Selbstbeschreibungen auf nationalstaatlicher Ebene diskurspolitisch bewährt und gerade in ihrem nationalstaatlichen Kontext die »Idee der Moderne« (Münch 1984) konstituiert haben. Es war nicht zuletzt die Soziologie selbst, die als moderne Leitwissenschaft für die Plausibilität des Container-Konzepts des Nationalstaats gesorgt hat, indem sie einerseits am Mythos der gesellschaftlichen *self-sufficiency* des Nationalstaats mitgearbeitet hat und indem sie andererseits das für die industriegesellschaftliche Moderne charakteristische Arrangement politischer und ökonomischer Organisationsformen auf dem Boden nationaler Grenzziehungen für gesellschaftliche Integration gehalten hat (vgl. dazu

Nassehi/Nollmann 1997). Dass es jener transnationale und transkulturelle Globalisierungsprozess ist, der uns *Gesellschaft als Weltgesellschaft* entlarvt, ist kein Zufall, weil er jener Gaukelei ein Ende macht. Und dann lässt sich auch sehen, dass der postkoloniale Hybridisierungsdiskurs viel älter ist, als es seine starken Thesen erscheinen lassen. All dies wird seit langem als Krise der ethnographischen Repräsentation diskutiert, scheint aber erst unter Globalisierungsbedingungen von beobachtenswerter Kulturbedeutung zu sein. Der Globalisierungsdiskurs verweist somit in der Tat auf neue, verunsichernde Beobachtungsverhältnisse. Insofern erfahren wir vom Konzept der Weltgesellschaft nichts über Globalisierung, sondern von den Verunsicherungen der Globalisierungsfolgen etwas über Gesellschaft als *Welt*gesellschaft. Damit zeigt sich einmal mehr, dass das eigentliche revolutionäre Subjekt heute *der Beobachter* ist.

Das Kompositum aus *Welt* und *Gesellschaft* ist soziologisch-theoretisch in der Lage, gerade die beobachterrelative *Nicht-Integriertheit* und *Differenz der Lebensverhältnisse* der Weltgesellschaft plausibel zu machen, ohne – wie Teile der Globalisierungsdiskussion und noch weitere Teile soziologischer Gesellschaftstheorie – der Fiktion nationalstaatlicher (i. e. gesellschaftlicher) Kohärenz zu erliegen oder – wie etwa bei Samuel P. Huntington (1993) – den Fehler einer Hypostasierung kultureller Schließung durch Weltbilder zu begehen. Das Ergebnis könnte lauten: Weltgesellschaft unterscheidet sich von anderen nicht durch ontologische Fakten. Es ist also nicht die entscheidende Frage, ob es die Weltgesellschaft *gibt*. Von Weltgesellschaft ist dann zu reden, wenn sich *global players* in der Differenz ihrer *unterschiedlichen Bezogenheit auf ein und dieselbe Welt* wahrnehmen und dies reflexiv wird. Weltgesellschaft wäre dann – nach dem Thomas-Theorem – ein Welthorizont, der sich dann eröffnet, wenn er sich in der Kommunikation als real bewährt. Erst vor diesem Hintergrund wird sowohl die Ausbeutung von Arbeitskräften in einer anderen Weltregion als auch der sozialromantische Ethno-Eklektizismus westlicher Bildungsschichten mit ihren weltanschaulichen und touristischen Erholungsbedürfnissen als *weltgesellschaftliches Phänomen* decodierbar. Und insofern waren die Entdeckung Amerikas, die Kreuzzüge oder auch die Kolonialpolitik des 19. Jahrhunderts eher *keine* weltgesellschaftlichen Ereignisse. Im Vergleich dazu waren der Terrorismus des 11. September und seine Vorgänger durchaus weltgesellschaftliche Ereignisse. Der Terror spielte geradezu mit der Beobachtungsverfremdung, er spielte damit, die *Realität* aufzuheben und auf eine Perspektive aufmerksam zu machen, die als Perspektive völlig unbegreiflich ist. Das meinte Jean Baudrillard (2001) mit der *Nicht-Realität* der Ereignisse, mit ihrem symbolischen Gehalt und ihrem fast kulturindustriell hergestellten Schrecken.

Dieses Syndrom soll mit dem Begriff der *Welt*gesellschaft beschrieben werden. Es ist genau das Gegenteil von dem, was etwa Archer mit dem fast trotzigen Beharren auf der *einen* Welt meint, ohne das Problem der funktionalen wie geographischen und kulturellen Perspektivendifferenz zu diskutieren. Es ist aber auch nicht eine angebliche »postmoderne Beliebigkeit«[20] oder ein amoralischer Relativismus, den moderne Traditionalisten so gerne ins Feld führen. Die durch die globalisierte Optik herausgeforderte Moderne ist nämlich immer noch die, die mit ihren traditionellen Selbstbegründungsproblemen zu kämpfen hat. Das klassische moralische Dilemma des Westens bleibt die Frage, wie sich Universalismus und Toleranz versöhnen lassen, d. h. wie man andere Weltentwürfe akzeptieren kann, ohne die eigenen Standards zu verraten. Konkret: Wie lassen sich theoretisch unveräußerliche Menschenrechte dort einklagen, wo man sie nur für eine westliche Zumutung hält? Dieses Dilemma ist nicht auflösbar, und genau deshalb ist der Globalisierungsdiskurs in der Tat eine rein *westliche* Erscheinung, ein *credo quia absurdum*, auf das die Weltgesellschaft nicht verzichten kann. Es ist übrigens das gleiche Dilemma, das die Phänomenologie mit dem Weltbegriff hat: dass Welten unübersetzbaren *Aprioris* unterliegen, und zwar in ein und derselben Welt, in der ständig an Übersetzungen gearbeitet wird. Ein dieserart auf dem löchrigen Fundament des Postmodernismus stehender Appell etwa für die politische Geltung der Men-

20 Der Vorwurf der »postmodernen Beliebigkeit« ist allzu sehr gefangen im Entweder-Oder von Universalismus und Partikularismus, der sich strikt weigert, einen Blick auf die eigene Beobachtung zu riskieren. Wie dem Westen jener angenehme Gegner im Osten abhanden gekommen ist, der die Verhältnisse so praktisch stabilisieren konnte, weil er in seiner antagonistischen Position so vertraut war, fürchten allzu traditionelle Fürsprecher der klassischen Moderne, ihren Gegner, den Partikularismus, zu verlieren, wenn sie sich auf die »postmoderne« Herausforderung gedanklich einlassen würden. Sprechen diese bisweilen von einem »Affekt gegen das Allgemeine« (Honneth 1984), ergehen sie sich selbst in einem Affekt gegen die empirische Partikularität jeder Perspektive, womit man es sich unter Ausblendung einschlägiger Diskurse allzu einfach macht, so etwa Eickelpasch (1997).

schenrechte erscheint aus der traditionell modernen Perspektive westlicher Universalisten übrigens deshalb als besonders verachtenswert, weil er sowohl sich selbst als auch seine Kritiker als *Hybride* decouvriert. Damit freilich muss man leben. Und man muss damit leben, dass noch die beste Absicht *beobachtet*, also *unterscheidet*, also *vergleicht*, also *asymmetrisiert*, also *Kultur* erzeugt.

Vierte Abteilung: Coping with Paradoxes: Sichbarkeiten und Unsichtbarkeiten

7. Die Paradoxie der Sichtbarkeit und die »Kultur« der Kulturwissenschaften

Was wären wir ohne *Kultur*? *Kultur*, das ist gewissermaßen der Kitt, der unsere Welt zusammenhält. Und die Kulturwissenschaften, auch die Kultursoziologie, klären uns über diesen »Klebstoff« der Moderne auf. Was zu unserer Kultur gehört und was nicht, wie sich die unsere von anderen unterscheidet und welche Bedeutung all das hat, was innerhalb unserer Kultur von Bedeutung ist, wissen wir unter anderem aus jenen intellektuellen Selbstbeschreibungen und Reflexionsformen, deren legitimer Ast als *Kulturwissenschaften* an Universitäten gelehrt wird. Kultur gibt es zwar nicht erst, seit sich Kulturwissenschaften um ihre Archivierung und Unterscheidung kümmern. *Als* Kultur freilich erscheint sie erst, seit die gesellschaftliche Erfahrung auch anders möglicher Lebens- und Sozialformen um sich zu greifen begann. Die Kultur- und Sozialwissenschaften versorgen uns mit Wissen darüber, wie sich kulturelle Chiffren von globalen, kontinentalen und nationalen Ausmaßen bis zur vermeintlich privaten Lebensführung gegenseitig abgrenzen und wie uns diese jene Sicherheit vermitteln, ohne die wir zur permanenten Selbst- und Weltreflexion gezwungen würden. Kulturelle Bedeutungssysteme entlasten uns, indem sie uns mit Fraglosem versorgen. Sie sind sowohl Teil jener vibrierenden *creatio continua*, die sich in den Feldern kultureller Bedeutungsproduktion abspielt, wie auch Hort der Kontinuierung und Tradierung unserer kulturellen Selbstverständnisse, die Orientierung in einer sich wandelnden Welt versprechen. Kulturwissenschaften sind diejenigen Reflexionszentren, in denen sich unsere Kultur in all ihren vielfältigen Facetten ihrer selbst bewusst wird, und ihre universitäre Variante sorgt zugleich dafür, dass diese Selbstreflexionen über die Ausbildung in kulturwissenschaftlich relevanten Berufen als soziales Gedächtnis auch weiterhin unters Volk gebracht werden. Und es darf der Hinweis nicht fehlen, dass die Kulturwissenschaften dieses ihr Geschäft inzwischen mit einiger Selbstreflexivität betreiben und damit gar *kritisch* geworden sind. Sie lernen – etwa in Gestalt der britischen *cultural studies* – seit den frühen 70ern zunehmend zu sehen, dass nicht nur die traditionelle Hochkultur, nicht nur das bildungsbürgerliche Ideal legitimer Kultur ihr Gegenstand sein darf, sondern alles, was durch Menschenhand erzeugt wird: die hohe Literatur ebenso wie der triviale Groschenroman, die Lebensgestalt großer Persönlichkeiten ebenso wie die Lebensformen unspektakulärer Massen, der Bildungsroman ebenso wie das Wasserklosett, avantgardistische Ästhetiken ebenso wie massenkulturelle Geschmacksformen usw. Die Kulturwissenschaften sind unverzichtbar, um sowohl die Vielfalt kultureller Formen auszudrücken wie auch die Genese von Bedeutungsräumen nachzuzeichnen und damit in einer immer komplexer werdenden Welt, in der sich lokal wie global unterschiedliche Stile und Formen begegnen, sowohl für Ordnung zu sorgen als auch für reziproke Toleranz zu werben. Letztlich sind es doch die Kulturwissenschaften, die uns mit jenem Material versorgen, das uns der enormen Formenvielfalt menschlicher Lebensformen versichert und uns damit ein tieferes Verständnis unserer selbst und eine größere Toleranz Fremden gegenüber vermittelt.

Ich hoffe, die geneigte Leserin/der geneigte Leser ist wenigstens ein bisschen erschrocken. Eine solche Beschreibung der Kulturwissenschaften wäre heute nur noch dort akzeptabel, wo man zwecks Akquisition von Fördergeldern einem kulturwissenschaftlich kaum belasteten Publikum den Nutzen kulturwissenschaftlicher Forschung simulieren möchte, ohne den weder Stiftungs- noch Staatsknete fließt. Genauer hingesehen, scheint mir die Bedeutung innovativer kultur- und sozialwissenschaftlicher Forschung eher darin zu liegen, mit lieb gewordenen Sicherheiten, mit vertrauten Ordnungen, mit gewöhnlichen Seh- und Erkenntnisgewohnheiten ebenso aufzuräumen wie damit, was als die soziale Funktion kultureller Bedeutungssysteme erscheint: uns mit *fraglosen* Hintergrundüberzeugungen zu versorgen. Machen wir uns nichts vor: Bevor man sich etwa mit Fragen der Bedeutungsidentität und der Repräsentationsfunktion von kulturellen Zeichen beschäftigt hat, fiel die Interpretation von Bedeutung und die Repräsentation von Bezeichnetem noch vergleichsweise leicht; bevor man gelernt hatte, dass kulturelle Identitäten nicht schlicht da sind, sondern quasi technisch erzeugt werden, kamen Antworten auf Identitätsfragen erheblich schneller über die Lippen; hatte man noch nicht erfahren, dass die Historiographie vergangene Gegenwarten nur als gegenwärtige Vergangenheiten erzählen kann, ließ sich leichter aus der Geschichte lernen; hatte man noch nichts davon gehört, dass sich das Erkenntnisobjekt wissenschaftlicher Erkenntnis stärker dem Erkenntnisprozess und seinen Methoden als einer außerhalb der Erkenntnis situierten Realität *sui generis* verdankt, ließ sich auf Ergebnisse wissenschaftlicher Forschung leichter bauen; und konnte man die Bedingungen jener Unbedingtheiten, mit denen wir unsere moralischen Urteile stützen, noch leidlich unsichtbar halten, war das moralische Urteilen weit weniger riskant. Diese wenigen, sehr plakativen Beispiele dürften schon andeuten, dass der besondere Ertrag kultur- und sozialwissenschaftlichen Denkens heute gerade *nicht* darin besteht, Sicherheit zu vermitteln und die Ordnung der Welt darzustellen und zu beschreiben, sondern im Gegenteil: eingelebte Sicherheiten aufzubrechen und Ordnung als Folge, nicht als Voraussetzung von Kultur und Gesellschaft zu entlarven. Kulturwissenschaften machen das Leben schwerer, nicht leichter – und wenn bisweilen in den Gazetten gespottet wird, Sozial- und Kulturwissenschaften lösten bloß solche Probleme, die es ohne sie nicht gäbe, dann haben unsere Kritiker womöglich sogar Recht. Es kommt nur darauf an, die Formulierung angemessener theoretischer Probleme überhaupt als Gewinn darzustellen und die epistemologische Verunsicherung als Voraussetzung jeglichen Erkenntnisgewinns.

Und dennoch: All diese kulturwissenschaftliche Dekonstruktionsarbeit weist doch darauf hin, dass das Konzept *Kultur* nach wie vor jene Stabilitäten erzeugt, deren Dekonstruktion sich offenbar lohnen muss. Das Konzept *Kultur* scheint einen Beobachter mit einem Schema zu versorgen, das Eindeutigkeiten verspricht und Muster erkennbar macht, Regelmäßigkeiten und Erwartbarkeiten. Man weiß dann etwa, dass sich Angehörige bestimmter *ethnischer* oder *nationaler Kulturen* so und nicht anders verhalten; man weiß, dass Angehörige der Arbeiterklasse dies oder jenes tun und rundet dies oder jenes dann zur *Arbeiterkultur* auf; man möchte, dass in bestimmten Formen ein bestimmter Umgangston und eine spezifische Form der Identifikation herrscht, und redet dann von *Unternehmenskultur* – der Beispiele wären viele. *Kultur* wäre dann so etwas wie ein verhaltensrelevanter Deutungsvorrat, der den Angehörigen einer solchen *Kultur* Hinweise an die Hand gibt, wie sie sich verstehbar zeigen können und wie sie die anderen verstehen können. Und exakt so wird dann auch der klassische soziologische Kulturbegriff gebildet: Kultur bezeichnet dann, in einer Formulierung von Hans Georg Soeffner, einen »symbolisch ausgedeuteten Sinnhorizont, in den *alle* unsere Wahrnehmungen, Deutungen und Handlungen eingebettet sind« (Soeffner 1988, S. 12). Letztlich fällt aber nach diesem Verständnis Kultur mit Gesellschaft oder zumindest mit Sozialem schlechthin zusammen, denn so wenig soziale Prozesse ohne symbolische Sinnhorizonte denkbar sind, so wenig sind symbolische Signifikationssysteme außerhalb sozialen Geschehens denkbar. *Kultur* wird dann zu einem gewissermaßen *unsichtbaren* Algorithmus des sozialen Lebens – *unsichtbar* deshalb, weil dieser Algorithmus doch offensichtlich den Handlungen selbst vorgeordnet ist, sonst könnte sie nicht der Einbettung dienen. Die Aufgabe der Kulturwissenschaften besteht denn auch *einerseits* darin, solche Algorithmen und ihre Signifikationssysteme zu entbergen, das Unsichtbare sichtbar zu machen, *andererseits* ihre Praxisrelevanz, ihren Niederschlag in konkreten Handlungs- und Einstellungssyndromen zu untersuchen (vgl. etwa Knorr-Cetina/Grathoff 1988; Archer 1988). Letztlich dient ein solcher Begriff der Kultur dazu, exakt das zu tun, was *Kultur* stets soll: komplexe Sachverhalte einfach auszudrücken und Mannigfaltigkeiten auf algorithmische Muster zurückzuführen. Die *kulturwissenschaftliche* oder *kultursoziologische* Entbergung kultureller Muster hilft also, Sachverhalte vergleichbar zu machen, indem ihre unterschiedliche kulturelle Codierung aufgedeckt wird. Die *Kultur* der *Kulturwissenschaften* scheint also die gleiche *Kultur* zu sein wie diejenige, die sie untersucht.

Ich rekurriere hier auf einen Vorschlag von Niklas Luhmann, der zwar – kompatibel mit Soeffners oder Thomas Luckmanns (1989) Verständnis – Kultur als »Gedächtnis sozialer Systeme« bestimmt, als die »Sinnform der Rekursivität sozialer Kommunikation« (Luhmann 1995c, S. 47), die als universalistisches Phänomen allen, auch den einfachsten Sozialformen eignet. *Dass* diese Sinnformen allerdings *als Kultur* erscheinen, ist laut Luhmann erst das Ergebnis moderner Beobachtungsverhältnisse, in denen Welt-Bilder nicht invariant gesetzt werden, sondern im Horizont anderer Möglichkeiten erscheinen und somit ihrer historischen und systematischen Kontingenz gewahr werden können. Bei Luhmann heißt es: »Vor allem liegt schon in der vergleichenden Intention, dass das, was verglichen wird, auch anders möglich [ist] (...), und eben das belastet die Kultur mit dem Geburtsfehler der Kontingenz.« (Luhmann 1995c, S. 48) *Kultur* wird hier also als *historischer Begriff* eingeführt, als eine Semantik, die einem Beobachter dann erscheint, wenn er in seiner Beobachtung *per Vergleich*, also durch Registrierung *beobachteter*

Differenzen dazu kommt, bestimmte Muster als *Kultur* beschreiben zu müssen. *Einerseits* werden damit zuvor unsichtbare Regelmäßigkeiten entdeckt und auf den Begriff gebracht, dann als Besonderheit auf den Begriff gebracht, *andererseits* entbirgt sich jede *Kultur* als *andere Kultur einer anderen Kultur*. Funktionalistisch betrachtet, reagiert das Beobachtungsschema *Kultur* darauf, dass die Dinge auch anders *sein* und anders *beobachtet* werden können, mit der Hervorhebung der Besonderheiten des gerade beschriebenen kulturellen Phänomens. Zugleich wird damit aber gerade das sichtbar gemacht, was durch das Schema verdeckt werden sollte: dass es auch anders möglich ist, denn es kann keinen Vergleich ohne die Visibilisierung des Anderen geben. Oder anders gewendet: *keine Beobachtung ohne Unterscheidung*.

Die paradoxe Wirkung des Beobachtungsschemas *Kultur* liegt in dem Versuch der *Kontingenzbewältigung durch Betonung von Kontingenz*. Es macht deutlich, dass die Dinge *beobachtet* werden, d. h. dass man sie auch anders *sehen* kann. *Stabile Kulturen* sind letztlich keine, denn sie sind in der Lage, ihre Beobachtung so zu kontrollieren, dass sie die Möglichkeit alternativer Beobachtungen völlig ausschließen. Solche Stopp-Regeln lassen sich spätestens dann nicht mehr in die Beobachtung einbauen, wenn es zu gepflegten Formen des Vergleichs kommt, der *empirisch* nachweist, dass auch die eigene Beobachtung nur eine Beobachtung ist, die auch anders hätte ausfallen können. Das Beobachtungsschema Kultur ist gefangen in der *Dynamik der Geschlossenheit* seiner Beobachtung, seiner Unterscheidungspraxis – und es bleibt dann nur die historisch probate Lösung, die Kontingenz der Unterscheidung wenigstens durch stabile *Asymmetrien* unsichtbar zu machen. Die *andere Seite* – der Wilde für den Zivilisierten, der Franzose für den Deutschen, der Prolet für den Bürger, der Protestant für den Katholiken, der Orientale für den Europäer usw. – dient dann dazu, ein *crossing* auf die andere Seite der Unterscheidung unmöglich zu machen. Das Beobachtungsschema Kultur stabilisiert sich also durch seine Instabilität. Es macht aus der Not der *Geschlossenheit* seiner Unterscheidungspraxis die Tugend der *Stabilität*, die präferierte Seite der Unterscheidung mit Erhabenheit zu belegen und so ein *crossing* zu unterbinden. Das Schema Kultur erzeugt damit stabile Kontexturen mit relativ eindeutigen Präferenzwerten – und erkauft sich all das doch durch die permanente Konfrontation mit anderen Möglichkeiten.

Bezieht man das Gesagte kurz auf das, was ich oben als *Welten in der Welt(gesellschaft)* diskutiert habe, dürfte deutlich werden, dass die Beschreibung weltgesellschaftlicher Differenzen am Beobachtungsschema *Kultur* gar nicht vorbeikommt – insofern ist die *Kulturalisierung*, i.e. Ethnisierung und Konfessionalisierung globaler und lokaler politischer Konflikte in der Weltgesellschaft eine unmittelbare Folge dessen, dass sich Welten in je unterschiedlichen asymmetrischen Beobachtungsformen begegnen. Das gilt sowohl für die Huntington'sche Kartographie religiös fundierter Konfliktkulturen in der Weltgesellschaft (vgl. Huntington 1993), als auch für die Konstruktion einer arabischen oder islamischen Kultur, die Kontingenzbewältigung und Kontingenzbetonung in ein eigentümliches Steigerungsverhältnis setzt. Und noch der Versuch des Ausgleichs, der Toleranz, der Suche nach *gemeinsamen* kulturellen Grundlagen usw. macht auf die merkwürdige Paradoxie der Kultur aufmerksam. Seit das *Schema Kultur* zur Anwendung kommt, kann man sich auf die Kultur nicht mehr verlassen – und die Strategien der *Kulturalisierung* halten in einem eigentümlichen *credo quia absurdum* doch genau daran fest.

Ich komme auf meine Diagnose zurück, an der klassischen kultursoziologischen Begriffsformierung lasse sich Ähnliches beobachten wie an ihrem Gegenstand. Sie benutzt das Kulturschema, um eindeutige Muster sichtbar zu machen und Signifikationssysteme vergleichbar zu machen. In der neueren kulturwissenschaftlichen Diskussion geht es nun nicht mehr darum, jene Muster zu visibilisieren, sondern hier sind die Konstruktionsformen, man könnte sagen: die *Offenheit* erzeugenden *Geschlossenheiten* kultureller Praktiken selbst Thema. In den Kulturwissenschaften wird all dies unter dem Stichwort der *Krise der Repräsentation* diskutiert.

Eines der produktivsten, zugleich aber sicher für viele befremdlichsten Themen gegenwärtiger kulturwissenschaftlicher Debatten ist sicher die feministische, inzwischen gar *post*feministische Debatte über die sinnvolle Rede vom Geschlecht. Wer zunächst noch intuitiv wusste, was Männer und Frauen sind – im Spezialdiskurs, in dem es gerade darum geht: um Männer und Frauen, um Geschlecht und Geschlechterpolitik, um Geschlechtsidentität und sexuelles Begehren –, in diesem Spezialdiskurs lässt sich nicht mehr unbefangen von Männern und Frauen reden. Und genau darum geht es: dies nicht mehr unbefangen zu tun. Ich möchte im Folgenden unter anderem am Beispiel der *Gender*-Debatte vorführen, was das Produktive und Herausfordernde einiger gegenwärtiger Tendenzen in den Kulturwissenschaften sein könnte. Und ich werde zur Verdeutlichung mit drei epistemologischen Zumutungen aufwarten. Ich möchte drei Freunde vorstellen: so genannte *postkoloniale Migranten*, menschliche *Klone* und *Transsexuelle*. Ich behaupte, dass diese drei *epistemologische Geschwister* sind und das Problem der Repräsentation je auf ihre Weise repräsentieren und damit als prominente Testfälle der Kulturwissenschaften taugen. Danach werde ich versuchen, daraus einige Konsequenzen für die Soziologie und ihre Selbstkritik zu ziehen.

Postkoloniale Migranten

Eines der beliebtesten Themen des kulturwissenschaftlichen Diskurses ist die Dekonstruktion ethnischer/kulturelle Zuschreibungen bzw. Repräsentationen. Unter dem bereits oben als *radikale Lesart* des Globalisierungsdiskurses aufgenommenen (s. S. 204) Stichwort *Postkolonialismus* wird versucht, die Figur des *Ausgeschlossenen Dritten* in die Repräsentation der *Kultur* einzubauen. Homi Bhaba (1994) weist immer wieder darauf hin, dass die Position der *nichtwestlichen Perspektive in den Metropolen des Westens* darauf aufmerksam macht, dass eine solche Perspektive weder der einen noch der anderen Seite zugeschlagen werden kann. Deutlich wird daran, dass das Beobachtungsschema *Kultur* Eindeutigkeiten erzeugt, die stabiler sind als die empirische Realität, die sich dieser eindeutigen Repräsentation nicht fügt. Dass der Diskurs des Postkolonialismus freilich bisweilen selbst in dem Verdacht steht, die nun eigene – dritte, besser sagte man: *n*-te – Perspektive als privilegierte Position auszubuchstabieren, nimmt nur selbst wieder das *Kulturschema* in Anspruch. Wenn Edward Said (1997) selbst davor warnt, die Negritude, das Anderssein, das Ausgeschlossensein aus den einfachen Unterscheidungen des *Hier* und *Dort* als die *bessere* Form zu stilisieren, dann verweist das darauf, dass auch alle *Kritik der Repräsentation* nicht ohne die *Simulation von Repräsentation* auskommt.

An der Migrationssoziologie lässt sich das studieren. Migration wurde oft als unidirektionaler Prozess angesehen, der sich am bereits beschriebenen Container-Konzept von Gesellschaft orientierte und die Wechselwirkungen von Push-und-pull-Faktoren von einem Container in den anderen untersucht. Fokus der klassischen Migrationssoziologie war dann die Frage, wie sich sowohl Ankunfts- als auch Herkunftsregion jeweils als Folge des Migrationsprozesses verändern. Die zugrunde liegende Vorstellung ist auch hier die einer in sich stabilen regionalen Aufteilung sozialer Räume, die geographisch, politisch und sozial mehr oder weniger parallel geschnitten sind. Und Migration vermag dann nicht mehr zu sein als Irritation oder Störung bzw. Problemlösung und -bewältigung, aber an der sozialräumlichen Dichotomie ändert sie letztlich nichts (vgl. dazu systematisierend Kneer 1997).

Die neuere Migrationsforschung dagegen interessiert sich nicht mehr nur dafür, welche Folgen Migration für Einwanderungs- bzw. Auswanderungsregionen hat, sondern vor allem für die durch Migration entstehenden neuen, so genannten transnationalen, delokalisierten sozialen Wirklichkeiten. Galt in der klassischen Variante ein *tertium non datur*, interessiert der neue migrationssoziologische Blick sich gerade für jene sozialen Konstruktionen, die *zwischen den Kulturen* entstehen, arbeitet sie die Eigendynamik transnationaler Migration heraus und destruiert damit die *Behältnis*-Metapher. Denn weder lässt sich Migration nach diesem Modell als bloße Umfüllung deuten, noch sind die neu entstehenden transnationalen Räume selbst *Container*. Es geht eher um eine konstruktivistische Methode, die soziale Räume und Probleme ihrer Lokalität entbindet und damit auf ein völlig neues gesellschaftliches Ordnungsprinzip verweist, das den geopolitischen Normalfall des schlagbaumbewehrten Nationalstaats ins Reich der Fabel verweist.

Auf diese neue Konstellation reagieren manche Beobachter mit dem Vorschlag, eine »Soziologie des Dazwischen, eine Soziologie der Zwischenräume« (Nederveen Pieterse 1998) zu etablieren. Diese soll dazu in der Lage sein, das der binären Codierung Entgleitende zu erfassen. Eine solche Soziologie des Hybriden hat es mit der Erforschung transnationaler Räume (Pries 1996) ebenso zu tun wie mit der Erforschung der »Bindestrich-Existenzen«, der »nicht ganz Dazugehörigen, nicht ganz Definierbaren« (vgl. Beck-Gernsheim 1998, S. 165), der »Halfies« (vgl. Robertson 1998, S. 215), die eigentlich besser »Doubles« heißen sollten, die allenfalls durch eine monokulturelle rigide Auffassung kollektiver Identität zu »Halben« gemacht werden sollen, indem sie auf einen Teil ihres Selbst verzichten. Gemeint sind die »Afro-Amerikaner«, die »schwarzen Juden« etc., die sich eindeutiger Zuordnungen entziehen, weil sie sich auf eine der mehrfachen Zugehörigkeiten nicht festlegen lassen wollen.

Diese sich einem strikten *Entweder-oder* entziehenden und einem *Sowohl-als-auch* zuneigenden kulturwissenschaftlichen Identitäts-Behauptungen sind es ganz offensichtlich, die auf massiven Widerstand stoßen – und doch sind all diese Perspektiven selbst wieder nichts anderes als Versuche, zu Repräsentationen zu gelangen. *Einerseits* wären solche Perspektiven insofern zu kritisieren, als sie in bisweilen erstaunlich naiver Weise so tun, als sei die bloße Neubenennung, die kommunikative Formierung eines *Dazwischen* bereits die Lösung des Problems. Solche Perspektiven sind allzu nah an den Selbstbeschreibungen womöglich privilegierter Gruppen solcher Selbstbeschreiber, die mit den kulturellen Identitäten zu spielen in der Lage sind und einen ironischen Blick auf die allzu eindeutigen Erwartungen solcher Beobachter lenken können, die in den binären Kontexturen des *Hier* und *Dort* gefangen geblieben sind. Sie beteiligen sich letztlich an den Strategien der *Kulturalisierung*, also der Herstellung von Benennbarkeit. Das reicht von der *politisch korrekten* Bezeichnung bis zur Repräsentationsfähigkeit von Gruppen, von der politischen Zuschreibungsfähigkeit von Interessen und Ansprüchen bis zum moralökonomischen Ausgleich, auch noch in die Kategorientafel der privilegierten Unterprivilegierten aufgenommen zu werden. Alle beliebten linken Affekte der Honorierung bestimmter Klassenlagen scheinen hier ein Substitut gefunden zu haben – mit Verve und authentischer Betroffenheit.

Andererseits sollte man sich mit solcher Kritik zurückhalten. Denn zumindest lernen lässt sich an diesen engagierten Betonungen des *Dazwischen*, dass letztlich nichts anderes bleibt als die Benennung – und das hätte selbst dann gegolten, wenn die erwähnten Autoren nicht davor zurückgeschreckt wären, in der Kritik der eindeutigen Repräsentation nicht nur die mangelnde Zurkenntnisnahme der genannten Gruppen einzufordern, sondern auf das grundlegende *theoretische* und *operativ-praktische* Problem der Repräsentation hinzuweisen. Denn schon die semantische Formierung des *Dazwischen*, des *Sowohl-als-auch* oder des *Halben* oder *Doppelten* setzt ja die Unterscheidbarkeit bereits voraus. Sie lebt geradezu von der Stabilität der kritisierten Kategorien. Sie ist selbst Teil dieser Unterscheidung und markiert nur beide Seiten und unterscheidet sich von der Asymmetrie des Unterscheidungsgebrauchs. Es lässt sich hier *empirisch* sehen, dass uns die Kategorien nicht nur deshalb fehlen, weil wir nicht genau hinsehen, sondern schlicht weil es keine Kategorien jenseits der kulturell eingespielten Kategorien *gibt*.

Vielleicht ist die genuin *postkoloniale* Perspektive eines Bhaba oder eines Said der bloßen Neukategorisierung insofern überlegen, als es hier in erster Linie um das Repräsentationsproblem selbst geht – und das ist vielleicht der epistemologische Vorteil einer literaturwissenschaftlichen Perspektive, die mit ihrer eigenen Unterscheidung fiktiver und realer Realitäten (vgl. Luhmann 1995a; Sill 2001) das Problem der Repräsentation als *technisches* oder *operatives* Problem immer schon kennt. Saids (1997, S. 86) Kritik der Positivierung der Negritude kann damit also selbst die operativen, die praktischen Konsequenzen einer bloßen *Umkehrung* asymmetrischer Unterscheidungen auf den Begriff bringen. Indem Schwarze dieses ihr kontingentes Merkmal des Schwarz-Seins nun zu einer Qualität aufrunden, beteiligen sie sich – so Saids Konsequenz – daran, jene von den vormaligen Peinigern aufgezwungene »Identität« zu kopieren, eine homogene Gruppe mit »identischen« Merkmalen zu sein. Das rassistische *»Die sind doch alle gleich!«* und das widerstehende *»Wir!«* sind – bei aller Differenz – epistemologische Geschwister, die durch soziale Praxis eine Identität erst erzeugen, die es ohne sie nicht gäbe, an denen wir aber gerade deswegen nicht vorbeisehen können, weil die Bezeichnung unseren Blick erzeugt, ja unser Blick *ist*. Oder haben Sie schon einmal einen Schwarzen *nicht* gesehen?

Menschliche Klone

Klone sind genetische Kopien, in der Pflanzen- und Tierwelt bereits erfolgreich erprobt. Man muss kein Prophet sein, um vorauszusehen, dass trotz aller Warnungen und Verbotsversuche in absehbarer Zeit auch menschliche Genkopien erzeugt werden, mindestens jedoch Manipulationen am menschlichen Genom. Was mich daran hier interessiert, ist Folgendes: Mit welchen Argumenten wird gegen das Klonen bzw. die Genmanipulation beim Menschen gestritten? Ich kann hier selbstverständlich nicht jene breite Diskussion wiedergeben, die darüber geführt wird, sondern möchte lediglich einen recht prominenten Diskussionsbeitrag von Jürgen Habermas als Beispiel nehmen (vgl. Habermas 1998).

Zunächst betont Habermas, dass es sich nicht um ein rein biologisches Problem handelt, denn eine Pflicht zur Arterhaltung und zur Nichteinmischung ins Erbgut lasse sich allein biologisch sicher nicht begründen. Habermas bewegt sich strikt auf der Gegenseite von Natur. Es wird dabei implizit auf die Natur des Menschen verwiesen, die darin bestehe, nicht ausschließlich »Natur« zu sein, eine reflexive Einstellung zu sich selbst und zu seinem Verhalten zu gewinnen und so jene gegen-natürliche menschliche Welt zu erschaffen, die wir gewöhnlich »Kultur« nennen.

Ist aber, so muss an die Adresse von Habermas gefragt werden, diese Unterscheidung von Natur und Kultur noch haltbar? Zerfließen nicht gerade angesichts gen- und reproduktionstechnischer Möglichkeiten jene bequemen Zurechnungen? Können wir Natur immer noch als jene unserem Zugriff letztlich entzogene Sphäre behandeln, die uns – wie vormals die Herrschaft Gottes – den *regressus ad infinitum* abnimmt und uns so mit einem Grund versorgt, der zwar beschrieben, benutzt und ausgebeutet werden kann, nicht aber weiter begründet werden muss? Und können wir Kultur und Gesellschaft tatsächlich als Reich der freien Entscheidung ansetzen, das der Heteronomie der Natur die Autonomie des Willens und der reziproken Verständigung entgegensetzt?

Habermas' Argumentation scheint die letzten beiden Fragen zu bejahen. So brauche die Anerkennung der Autonomie eines Menschen jene unverfügbare Kontingenz, die seine genetische Existenz einer blind waltenden Natur und nicht einer sehenden Auges gefassten Entscheidung verdankt, um jede Letztzurechnung loszuwerden. Ähnlich wie sich in der gottfernen und prophetenlosen Zeit der Moderne (Max Weber) Gott – wenn überhaupt – ernsthaft nur noch in der Figur des radikalen *deus absconditus* denken lässt, setzt Habermas eine *natura abscondita* an, eine Sphäre, auf die uns die Sicht verstellt ist und die den Grund unserer Existenz in den unverfügbaren Abgrund unserer sterblichen Natur verschiebt, auf deren Boden aber erst die unbedingte Anerkennung frei handelnder Rechtspersonen denkbar ist.

Habermas' Argumentation ist in der Tat stichhaltig. Sie macht darauf aufmerksam, dass unsere bloß biologisch bedingte psychophysische Existenz außerhalb jener »exzentrischen« Sphäre gestaltbarer Kultur liegt, innerhalb deren wir uns aber über das Wahre, Gute und Wahrhaftige zu verständigen haben. Und gerade weil jene Voraussetzung außerhalb dieses Zugriffs liegt, versorgt sie in ihrer blinden Zufälligkeit und evolutionären Undurchsichtigkeit die Bedingungen kultureller Verständigungsprozesse mit einem Moment des Unbedingten. Im Klartext: Unser bloßes So-Sein lässt sich niemandem vorwerfen, da Natur keinen Personstatus hat und da dieses So-Sein zunächst die Bedingung und nicht die Folge jeder Entscheidung ist – oder: sein soll.

Dies Letzte ist das Problem. Denn schon die *Möglichkeit* des Klonens, der gentechnischen Beleuchtung jenes Abgrundes, macht exakt das unmöglich, was Habermas uns mit Recht anempfiehlt: nämlich selbst zu entscheiden und die kontingenten Grundlagen unserer natürlichen Existenz in ihrem kontingenten und unsichtbaren Status zu belassen. Schon die Notwendigkeit aber, diese moralisch-praktischen Fragen, die sich bis vor kurzem noch gar nicht gestellt haben, überhaupt erörtern zu müssen, zerstört die Grundvoraussetzung dessen, was Habermas als Moment der Unbedingtheit menschlicher Lebensformen ansetzt: die klare Trennung von (notwendiger) Natur und (freier) Kultur. Bereits die bloße Denkmöglichkeit, die ›natürlichen‹ Grundlagen des Menschen zu entschlüsseln und schließlich zu verändern, erzeugt unweigerlich einen Sog, der die Unterscheidung von Natur und Kultur implodieren lässt. Habermas empfiehlt, Natur nicht zu manipulieren, d. h. die Konsequenzen mitzubedenken, die eine Umsetzung des Zugriffs auf Natur für gesellschaftliche Zurechnungs- und Anerkennungsverhältnisse hätte. Er sagt: Entscheidet euch für die Aufrechterhaltung des Reservats der Unverfügbarkeit; entscheidet euch für die Aufrechterhaltung eines Raumes, der eurer Entscheidung entzogen bleibt!

Diese Aufforderung enthält eine Paradoxie: Sie appelliert an die Bedeutung der Unverfügbarkeit des menschlichen (individuellen) Genoms und erkennt zugleich ihre mögliche Verfügbarkeit an, wozu sonst überhaupt eine solche Aufforderung? Was vormals allein aufgrund seiner Unsichtbarkeit wirkte, wird damit endgültig destruiert, weil es seiner Unsichtbarkeit entkleidet ist. Eine der Konsequenzen dieser *Paradoxie der Sichtbarkeit* besteht bereits darin, dass damit auch die Entscheidung *gegen* das Klonen eine Entscheidung ist, also zugerechnet werden kann und somit die Autonomie auch des nicht geklonten Menschen nachhaltig zerstören könnte.

Warum sollte ein mit »natürlichem« Genom ausgestatteter Mensch seinen Eltern nicht vorwerfen, sich auf jenen biologischen Zufall verlassen zu haben, der zu jener individuellen Person geführt hat, die sich da beklagt?

Diese neue Bio-Technologie wirkt auf jene bequeme Unterscheidung zurück, mit der wir unsere besten moralischen Argumente gegen sie munitionieren. Ihre bloße Existenz, ihre grinsende Fratze zwingt uns dazu, das, was zuvor blindes Walten unseres ganz Anderen war, evolutionärer Zufall und zufällige Evolution, nun als eigene Entscheidung zu behandeln. Die Gentechnik destruiert damit die Unterscheidung von Natur und Kultur und zwingt uns dazu, auf Gebieten Entscheidungen zu treffen, die vormals die unverfügbare Grundlage all unseres Entscheidens gebildet haben.

Die genetische Manipulierbarkeit des Menschen bringt die Zwei-Reiche-Lehre von Freiheit und Notwendigkeit durcheinander. Die Freiheit, Natur zu manipulieren und Kopien zu erstellen oder Menschen nach genetischen Konstruktionsplänen zu entwerfen, bringt zugleich die Notwendigkeit hervor, selbst unsere nichtmanipulierte Existenz einer Entscheidung zuzurechnen. Das Monströse an der gentechnischen Revolution sind weniger die Frankenstein'schen Szenarien der Menschenproduktion als vielmehr die Konsequenzen für unser kulturelles Selbstverständnis. Bot »Natur« – ob in ihrer romantisch-naiven oder biologisch-realistischen Variante – bis jetzt noch den letzten legitimen Argumentationsfokus, an den sich Schicksalhaftes, Unverfügbares, gesellschaftlicher Kontrolle Entzogenes, Unveränderliches oder schlicht Hinzunehmendes adressieren ließ, räumt die genbiologische Zerstörung der Dichotomie von Natur und Kultur selbst mit dieser säkularisierten Lösung des Theodizeeproblems auf. Denn was sich als Leiden in der und an der Welt nicht mehr an einen gnädigen oder strafenden Gott delegieren ließ, erlaubte wenigstens die Natur, die dem Leiden wenn schon keinen Sinn, dann doch einen Raum gab. Mit der Auflösung jener einfachen Unterscheidung von Natur und Kultur freilich wird selbst die Theodizee Gegenstand menschlicher Entscheidungen – und damit kehrt all das, was das westliche Denken so erfolgreich in (göttliche) Reiche der Allmächtigkeit oder (natürliche) Reiche der Notwendigkeit auslagern konnte, zurück.

Spätestens der Genbiologie ist gelungen, was inzwischen zwei Generationen postmoderner und poststrukturalistischer Expertendiskurse nur für ein ausgewähltes Fachpublikum verständlich machen konnten: den Mythos der unverfügbaren Natur und der frei gestaltbaren Kultur zu dekonstruieren. Die Frage der Natur des Menschen jedenfalls, sie hat sich überlebt und paradox gemacht, und Anthropologie gerinnt gewissermaßen zu einer theologischen Disziplin, da man *den Menschen* als kollektivsinguläre Entität nur mehr aus der Perspektive des Nirgendwo denken kann – aus der Perspektive Gottes nämlich, dem allein das Privileg zusteht, eine Perspektive des Nirgendwo einzunehmen, und der deshalb ohne Perspektive auskommt. An der menschlichen *Natur* jedenfalls kann man inzwischen ablesen, dass ihre *kulturelle* Beobachtung jene Nicht-Kontingenz – früher: Naturnotwendigkeit – zerstört, die als Anker aller kulturellen Praktiken herhalten musste.

Transsexuelle

Wie die Debatte um die Veränderung des menschlichen Genoms setzt auch die feministische Debatte um die Rede vom Geschlecht an der Unterscheidung von Natur und Kultur an und verändert damit den traditionellen Gegenstandsbereich der Kulturwissenschaften. Der akademische Feminismus hat zunächst damit begonnen, Frauen als Bewohnerinnen der Welt überhaupt sichtbar zu machen und Wissen über ihre Lagerung im sozialen Raum zu produzieren und zu verbreiten. Der politische Feminismus hat dieses Wissen in politische Programme und Aktionsformen umgesetzt und Frauen als Subjekte von Politik angesetzt – und damit zur *Kultur* erklärt. Erst in einem zweiten Schritt jedoch tauchte die Frage auf, mit wem es solche Analysen, Aktionen und Postulate eigentlich zu tun haben, wenn von *Frauen* die Rede ist. Am wirksamsten sind sicher die Fragen von Judith Butler gewesen. Bei ihr heißt es: »Gibt es eine Gemeinsamkeit unter den ›Frauen‹, die ihrer Unterwerfung vorangeht, oder verdankt sich das Band zwischen den ›Frauen‹ einzig und allein ihrer Unterdrückung?« (Butler 1991, S. 19) Zunächst scheint es eine solche Gemeinsamkeit zu geben: Frauen sind – zumindest biologisch gesehen – Frauen, doch »*Biologie ist kein Schicksal*«, lautete eine der publikumswirksamen Parolen, daraus allein lässt sich weder eine Subordination von Frauen noch eine sonstige *kulturelle* Bestimmung der Geschlechter ableiten. Um dies auszudrücken, wurde die Unterscheidung von *sex* und *gender* eingeführt, um mit dem natürlichen Geschlecht, dem *Sexus*, nicht auch das kulturelle Geschlecht, die Geschlechtsidentität, *gender*, mitzudenken. Und auf den ersten Blick scheinen damit alle Probleme gelöst zu sein. Butlers diskursanalytische Arbeit freilich konnte zeigen, dass die Rede vom natürlichen Geschlecht nichts anderes ist als *Rede* vom natürlichen Geschlecht. Die These, in der sich letztlich das derzeitige Credo kulturwissenschaftlicher Zumutungen präsentiert, lautet: Es gibt keine Möglichkeit, aus dem Reich der Kommunikation und der kulturellen Bezeichnungen, aus dem Zeichenuniversum der Sprache und der Bedeutungen oder wenigstens der Erfahrungen herauszutreten. Es lässt sich nichts Unbedingtes denken, das nicht mindestens noch durch seine Bezeichnung bedingt wäre, durch seine kulturelle sprachliche oder auch nichtsprachliche Repräsentation. Und das gilt auch für Natur. Noch die Unterscheidung von *Natur* und *Kultur* ist eine *kulturelle Unterscheidung*, und so ist auch die Unterscheidung von *sex* und *gender* eine solche, die auch auf der Seite der Natur bezeichnen muss, ergo nur *gender* hervorbringt.

Wem das zu diskursanalytisch unkonkret, zu poststrukturalistisch versponnen, zu abgehoben erscheint, muss nur einen Blick in die Forschung über Transsexuelle wagen, um neben der theoretischen die *praktische* Dekonstruktion des natürlichen Geschlechts zu beobachten. Nach dem Modell der klassischen mikrosoziologischen Untersuchungen von Harold Garfinkel (1967), Erving Goffman (1996), Susann Kessler und Wendy McKenna (1978) wird gerade am Prozess der Geschlechtsumwandlung etwa von Stefan Hirschauer (1993) und Gesa Lindemann (1994) das *doing gender* (West/Zimmerman 1991), die interaktive, praktisch-alltägliche Konstruktion von Geschlechtszugehörigkeit (Hirschauer 1989) empirisch untersucht. Die Ergebnisse solcher Untersuchungen zeigen, dass Geschlechtswechsel weder schlicht mit der Veränderung der körperlichen Ausstattung vonstatten geht noch mit einer bloßen Veränderung von Name, Sprache und »Identität«. Dieser Wechsel muss vielmehr praktisch erarbeitet werden, er muss quasi natürlich werden und zeigt doch gerade darin, dass er nicht im Geringsten auf Natur basiert. Die Stabilität der Geschlechterpolarität unserer Kultur (sic!) zeigt sich darin, dass sowohl das leiblich-affektive Selbstverhältnis als auch der soziale Habitus als leibliche Person ganz und gar eingelassen ist in die *gender*-spezifische Polarität der Subjektkonstitution. Die erwähnten Forschungen zeigen, wie sich die Leib-Verhältnisse ändern, wenn sie einem *gender-shifting* ausgesetzt werden. Und sie zeigen zugleich, wie die Person im Prozess der Geschlechtsumwandlung zu einem unbezeichenbaren *Dazwischen* mutiert, dem keine Bedeutung mehr anhaften kann und das geradezu sozial verschwindet. Der Leib wird so selbst Teil des Diskurses.

Die empirische Analyse der Transsexualität bestätigt jedenfalls die diskursanalytische und poststrukturalistische These von der Unhintergehbarkeit der Bezeichnung und der Geschlossenheit des Zeichenuniversums. Sie bestätigt die Annahme, dass auch *sex* eine *Gender*-Kategorie ist, also der Leib keine Natur im Sinne unbedingten So-Seins ist. Sie bestätigt aber auch, wie wirksam und geradezu unausweichlich die Ergebnisse kultureller Konstruktionsprozesse sind. Die neuen kulturwissenschaftlichen Debatten beschreiben nicht nur die *Konstruktion von Wirklichkeit*, sondern auch die *Wirklichkeit von Konstruktionen*, d.h. ihre ungeheure Wirkmächtigkeit und ihren quasinatürlicher Status. Bornierte Kritiker des epistemologischen und soziologischen Konstruktivismus, also jener Theorieannahme, die alles, was auf dem kulturellen Feld geschieht, als Ergebnis sozio-kultureller Konstruktionsprozesse ansieht, bornierte Kritiker des Konstruktivismus also verwechseln Konstruktivismus mit *Beliebigkeit*, als könne man sich, wenn einem diese Welt nicht passe, beliebig eine andere konstruieren – mitnichten! Auch wird niemand bestreiten, dass es Männer und Frauen »gibt«, dass es männliche und weibliche Körper »gibt«, ja dass es überhaupt Körper »gibt« – nur: dass es das bloße »es gibt« ohne, jenseits oder außerhalb kultureller Konstruktionsprozesse geben könnte, das lässt sich schon bestreiten. Insofern sind auch Körper Kultur, wie ihre Bezeichnungen zu Natur gerinnen.

Das Radikale solcher konstruktivistischer Ideen ist, *sowohl* den konstruktiven Charakter von Kulturerscheinungen *als auch* ihre Wirkmächtigkeit, ihre herrschaftliche Wirkung und ihr gewaltsames Potential zu reflektieren. Das *doing gender*, also die jeweils praktisch-interaktive Herstellung von Geschlechtsidentität scheint geradezu unausweichlich zu sein, und deshalb erscheint die Legitimation als *Natur* auch so praktikabel. Und wer den Konstruktivismus – wie *radikal* er sich auch immer geriert – nur auf sprachliche Zeichen und Diskurse beschränkt und nicht auch auf Körper, technische Gegenstände und räumliche Konstellationen, bleibt immer noch in der naiven Kontextur der ontologischen Natur/Kultur-Dichotomie gefangen. Schon deshalb kann man am Körper nicht vorbeisehen, und schon deshalb beteiligt er sich immer schon am Konstruktionsprozess der Geschlechter. In diesem Sinne ist der Körper nicht nur Konstrukt, sondern auch Konstrukteur!

In ihrem berühmten Aufsatz *Doing Gender* fragen Candace West und Don Zimmerman (1991, S. 32) am Ende: »Can we avoid doing gender?« Man kann die Frage letztlich nicht beantworten. Ganz ohne Zweifel bringt die moderne Gesellschaft zunehmend Handlungsbereiche hervor, die weniger geschlechtlich geprägt sind als frühere, dort jedoch, wo konkrete Personen miteinander interagieren – und wo ist das eigentlich nicht so? –, dort also treten Subjekte immer *gegendered* auf, weil unser Blick nichts anderes sehen kann.[1] Und wer diesen Blick *vermeiden* will, wer ein *undoing gender* versucht, der muss exakt das aktiv tun – und das wäre ein erneutes *gendering*, oder? Oder haben Sie schon einmal eine Frau *nicht* gesehen?

Die Unausweichlichkeit und die Paradoxie dieses Blicks wird in der feministischen Debatte als Problem angemessener Geschlechterpolitik diskutiert. Ähnlich wie schon am Beispiel des Rassismus hat auch sowohl das Subjekt wie das Objekt der Geschlechterpolitik das Problem, jene Identität, die es zu bekämpfen gilt, mitzuerzeugen und zu stabilisieren. Ein Satz wie »*Diese Stelle muss mit einer Frau besetzt werden, weil das Geschlecht keine Rolle spielen darf!*« ist sowohl auf eine geradezu erfrischende Weise naiv als auch auf eine geradezu tragische Weise reflexiv: In ihm spiegelt sich die Unausweichlichkeit des *doing gender* auch dort, wo seine Folgen Gegenstand politischer Aktionen sind; und in ihm spiegelt sich – auf geradezu adornitische Weise – die Verwobenheit noch der Kritik in ihren Gegenstand. Die Figur der Transsexualität jedenfalls ist im Diskurs um die angemessene Rede vom Geschlecht zum Prototyp dessen geworden, der zugleich Konstrukteur und Konstrukt ist, Täter und Tat, Subjekt und Objekt.

Auch hier lässt sich also sehen, dass die Dekonstruktion einer als gegeben, hier: *natürlich* gegeben gedachten Unterscheidung *einer-*

1 Ich habe an anderer Stelle (Nassehi 2003a) versucht, die Persistenz der Geschlechterunterscheidung trotz funktionaler Bedeutungslosigkeit – zumindest für die primäre Differenzierungsform der modernen Gesellschaft – mit der ontologischen Formierbarkeit des *Sehens* zu erklären, dem paradoxerweise so etwas wie Beobachterunabhängigkeit eher zugeschrieben wird als sprachliche Kommunikation.

seits die Unterscheidung destruiert, andererseits von der Geschlossenheit des Unterscheidungsgebrauchs absorbiert wird. Noch wo die Unterscheidung für nichtig erklärt wird, entsteht die kulturelle Perspektive des Vergleichs und der verflüssigenden Festschreibung, der festschreibenden Verflüssigung. Die Offenheit des Sehens, die Offenheit der Weltentfaltung, die Offenheit der Neuformierung unseres Blicks hängt unweigerlich mit der Geschlossenheit unseres Unterscheidungsgebrauchs zusammen, der sich rekursiv daran abarbeitet, was man vorfindet. Und deshalb werden auch kulturwissenschaftliche Dekonstruktionen von Eindeutigkeit zu Eindeutigkeiten gezwungen, die gerade durch ihre Vermeidung entstehen. *Auch die Kritik kultureller Praxen ist eine kulturelle Praxis.*

Epistemologische Geschwister

Meine drei Freunde, der postkoloniale Migrant, der geklonte Mensch und der Transsexuelle – und weil es sich nicht vermeiden lässt: die postkoloniale Migrantin, der geklonte Mensch und die Transsexuelle –, meine drei Freunde also sind epistemologische Geschwister und damit die prototypischen Bewohner einer Welt, in der die eindeutige Repräsentation einer radikalen Krise unterliegt. Diese drei Freunde sind die unfreiwilligen Helden einer Erzählung, die nur noch sich selbst erzählen kann und auf nichts weiter verweist als auf die epistemischen Praktiken ihrer selbst. Die einzige Legitimation dieser Erzählung ist sie selbst. Diese drei Freunde sind die Helden eines Sprachspiels, das sich in den Kulturwissenschaften darangemacht hat, alles, was geschieht, als Sprachspiel zu entlarven – als Spiel freilich, das jegliche spielerische Lockerheit verloren hat und aus dessen kairologischer Faszination man nicht mehr so einfach in die chronologische Selbstverständlichkeit des Alltags zurückkehren kann. Diese drei Freunde schlagen zurück. Sie schlagen zurück auf die epistemologische Sicherheit der Moderne, in der Bezeichnungen immer noch *für etwas* standen.

Bewohner der modernen Welt waren unhintergehbar und unbefragt Menschen, die Angehörige eines Volkes/einer Kultur/einer Nation waren und dies in jedem Falle als Mann oder Frau – und diese Formen der Zugehörigkeit hatten quasinatürlichen, also unbedingten Charakter. Diese Unbedingtheit ließ ihre Bezeichnungen –

Nation, Kultur, Mensch, Mann/Frau – gewissermaßen naturalistisch daherkommen. Die kulturelle Differenz von Bezeichnung und Bezeichnetem war unsichtbar, weil sie unbefragt blieb. Das Bezeichnete fügte sich der Metaphysik der Substanz und hatte eine körperliche Bio-Natur: als Volkskörper der Nation und als Textcorpus der Kultur, als menschlicher Körper, als männlicher und weiblicher Körper. *Kultur repräsentierte* – sowohl in Begriffssystemen wie in der Sozialform des Katheders an höheren Schulen und Universitäten durch professorale Hoheitsgebiete für die Deutung des Erhabenen sowie in der Abendrobe in Konzertsaal, Theater und literarischem Salon.

Neuere kulturwissenschaftliche Zumutungen behaupten dagegen eine Krise der Repräsentation – zunächst im philosophischen Expertendiskurs, der etwa vom Strukturalismus eines Ferdinand de Saussure bis zum Poststrukturalismus eines Jacques Derrida die unhintergehbare Differenz von Präsenz und Repräsentation betont sowie die Unmöglichkeit, aus dem Zeichenuniversum auszubrechen (Derrida 1988), oder mit Michel Foucault, der die Macht der Bilder auf die Macht des Blicks zurückführt (Foucault 1976), oder mit Donna Haraways Beschreibung der Welt als »polymorphem Informationssystem« (Haraway 1995, S. 48). Diese theoretischen Dekonstruktionen haben den akademischen Blick zu schärfen geholfen, sie lassen erkenntnistheoretische, text- und sozialwissenschaftliche Konstruktionsprobleme deutlich werden, und sie trainieren den selbstkritischen Blick der Kulturwissenschaften, die zu lange in dem Gestus verharrten, die Welt nur kritisieren und verändern zu wollen – es kommt aber auch darauf an, die Welt unterschiedlich zu interpretieren. Die Kulturwissenschaften werden gewahr, dass sie selbst wie ihr Gegenstand involviert sind in die *Produktion* ihres Gegenstandes. Sie werden gewahr, dass sie bei der Dekonstruktion der Welt auch auf sich selbst stoßen, und verlieren damit alle Netze und doppelten Böden, die den Szientismus der Moderne mit denknotwendigen Aprioris, ontologischen Realitäten und objektiven Perspektiven abgesichert haben.

Meine drei Freunde freilich stehen für *praktische,* für *empirische Dekonstruktionen*. Sie exekutieren das Urteil, das die Theoriedekonstruktion längst gesprochen hat, und sie schlagen zurück auf ihre *normalen* Varianten:

– Der hybride *postkoloniale Migrant* schlägt zurück auf alle, die sich und anderen zumuten, Autochthone und Einheimische zu sein – er destruiert Identität und markiert das globale Dazwischen und macht auch Bodenständige zu Hybriden. Exakt in dieser Wirkung liegt der Defätismus des Fremden. Zugleich erteilt er romantischen Fantasien einer *multikulturellen Koexistenz* ebenso eine Absage wie den anal fixierten Obsessionen kultureller und nationaler Reinheit.

– Der *Klon* schlägt zurück auf die unbedingte Natur des Menschen, auf den göttlichen Ursprung des Humanums, das gerade in der Unverfügbarkeit unserer Existenzgrundlage lag. Er manipuliert auch den »natürlich« gezeugten Menschen und zieht die Unterscheidung von Natur und Kultur ein. Und er destruiert paradoxerweise die Figur des *autonomen Subjekts* in dem Moment, in dem sich der Mensch Autonomie in der Gestaltbarkeit seiner »natürlichen« Grundlagen zu geben anschickt.
– Der *Transsexuelle* schlägt zurück auf die geschlechtliche Ordnung der Welt und lässt jede semantische Behauptung geschlechtlicher Identität – verstanden sowohl als sexuelles Selbstkonzept wie auch als soziale Identität von Frauen als Frauen und Männern als Männern – zirkulär werden. Er macht aber auch jene lächerlich, die kulturelle Konstruktionen für beliebig und frei wählbar halten, indem er den ontologischen Schein des realen Körpers aufleuchten lässt, dem in seiner Körperlichkeit freilich nicht jenseits seiner Bezeichnung beizukommen ist – als könnte sich das Bezeichnete von seiner Bezeichnung lösen.

Diese drei Freunde sind zwar Helden einer – wenn man so will – postmodernen Erzählung, sie sind aber keine romantischen Helden, sie taugen nicht als Idole – das würde sie wiederum zu *Repräsentanten* machen, was meine schöne Erzählung ziemlich in Gefahr bringen würde. Ihre theoretische Funktion besteht lediglich darin, die epistemologische Unsicherheit der Bezeichnung zu bezeichnen. *Hybride Migranten*, *Klone* und *Transsexuelle* sind nur *Heuristika*, die unsere gewohnten Sichten bis zur Kenntlichkeit entstellen. Sie sind aber keine *Therapeutika*, keine Heilmittel, im Gegenteil: Sie repräsentieren keine neue *Ordnung der Dinge*, sondern eine Verunsicherung nicht nur auf der Gegenstandsseite, sondern auch auf der Seite des wissenschaftlichen Beobachters, der damit fast zwangsläufig vom Soziologen zum Epistemologen werden muss.

Konsequenzen für die Soziologie

Meine drei Beispiele aktueller kulturwissenschaftlicher Themen und Debatten zeigen zweierlei für die Soziologie Relevantes: Auf der *Gegenstandsseite* machen sie auf operative Geschlossenheiten aufmerksam. Sie zeigen praktisch an, dass sich epistemologische Modernität allein auf selbsttragende Praxen verlassen kann und dass die *kulturelle* Erzeugung von Perspektiven auf deren kulturelle *Erzeugung* verweist. Ich lese sowohl die Dekonstruktion der ethnischen/nationalen Zugehörigkeit als auch die Dekonstruktion der menschlichen Natur im Gen-Diskurs sowie die Dekonstruktion der Geschlechtlichkeit keineswegs als Formen, die Beliebigkeit, freies Konstruieren oder gar schöpfungsmächtige Fantasien freisetzen können, sondern exakt das Gegenteil: Sie weisen auf die *Paradoxie der Sichtbarkeit* hin. Sie zeigen die unhintergehbare Einschließung aller sozialen Praxis in ihrer praxeologischen, i. e. *operativen* Selbstermöglichung an, deren operativer Charakter in Echtzeit jegliche Form eines sozialtechnologischen Konstruktivismus ausschließt.

Auf der *Beobachterseite* zeigen diese Beispiele Vergleichbares an. Sie zeigen, dass auch die Beschreibung, Kritik und Dekonstruktion solcher Praxen an nichts weiter gebunden ist als an diese Form der Beobachtung und Beschreibung. Man kann es nicht oft genug wiederholen: Das Signum moderner Beobachtungsformen besteht darin, dass sich alles einem radikalen Perspektivismus zu fügen hat, der allein die Bedingung seiner eigenen Möglichkeit sein kann. Diese Theorieform von *Geschlossenheit und Offenheit*, in denen in den Kulturwissenschaften kulturelle Praxis als *selbsttragende Form* beschrieben wird, verweist soziologisch darauf, dass das für jegliche Form sozialer Praxis gilt – auch für die soziale Praxis der Soziologie. Auf deren Position innerhalb der Gesellschaft als Kommunikationsform des wissenschaftlichen Funktionssystems komme ich noch weiter unten zu sprechen (s. u. S. 310 ff.). Hier soll zunächst nur betont werden, dass auch die *Beschreibung kultureller Praxis* nichts anderes ist als eine *kulturelle Praxis*, deren besonderes Merkmal darin besteht dass schon die Beschreibung darauf verweist, dass auch anders beschrieben werden könnte. Auch in der Soziologie stoßen wir also auf fach*kulturelle* Differenzen – und noch die Kritik dieser Kategorie wird aufgesogen durch das Diagnostizierte selbst. Der entscheidende Unterschied (sic!) besteht vielleicht darin, dass es nur wenige Theorieformen gibt, die all das *an sich selbst* sehen können. Insofern kann die systemtheoretische Soziologie an der *dekonstruktivistischen* Kulturwissenschaft praktisch lernen, was sie selbst theoretisch längst exekutiert: Teil jenes Horizonts zu sein, den sie beschreibt.

Sehe ich recht, so haben wir es mit der kulturwissenschaftlichen und kultursoziologischen Dekonstruktion unseres Blicks und mit der Implosion von Begriffen und Unterscheidungen keineswegs mit einem bloß akademischem Sprachspiel zu tun. Es reflektiert sich darin vielmehr die epistemologische Verunsicherung einer Umbruchphase der Moderne, der viele ihrer Selbstverständlichkeiten und eingespielten Routinen unter der Hand verschwinden, ohne dass sich dies schon in neuen, angemessenen Selbstbeschreibungen der Moderne, auch soziologischen Selbstbeschreibungen, niedergeschlagen hätte. Allein das Insistieren auf Epochenbrüchen, auf anderen und zweiten Modernen fügt sich freilich allzu sehr den eingespielten Routinen der Moderne, die sich unter temporalen Gesichtspunkten stets selbst zu historisieren trachtete und damit das Beobachtungsschema *Kultur* temporalisierte. Es reicht dann schon der Hinweis auf *Novität,* um ebensolche in Anspruch nehmen zu können.

Jedenfalls kann weder mehr auf die eingespielte Unterscheidung von Natur und Kultur bzw. Gesellschaft unbesehen zurückgegriffen werden noch auf ein Subjekt als Zurechnungsfokus sozialer Handlungen, das mehr wäre als dies: eine Zurechnungsadresse nämlich. Ebenso wenig scheint die nationalgesellschaftliche Schließung gesellschaftlicher Einheiten mehr praktikabel zu sein wie das Festhalten an den Mythen kultureller Integration und des Zusammenhangs von Ort und Selbst. Und vielleicht besteht die größte Herausforderung für die Soziologie der gegenwärtigen Moderne darin, dass sie nicht mehr wie noch vor ein bis zwei Generationen zur hemdsärmeligen Tat aufrufen kann, sondern eher davor warnen muss, allzu hemdsärmelig auf eine Linearität von Planungshorizont und Folgekonstellation ökonomischer, politischer, militärischer, wissenschaftlicher oder pädagogischer Prozesse zu hoffen.

Vielleicht befindet sich eine derart verunsicherte Soziologie heute in einer ähnlichen Situation vor wie die Gründergeneration der akademischen Soziologie nach der letzten Jahrhundertwende. Durkheim, Weber, Tönnies und Simmel – um die vielleicht wichtigsten Namen unter vielen anderen zu nennen – waren alles andere als Apologeten jenes modernen Mythos, der im aufklärerischen Fortschrittsglauben der Epoche an die wissenschaftliche Revolutionierung der sozialen Welt geglaubt hat. Sie haben das Comte'sche Hurra-Programm der Versöhnung von Ordnung und Fortschritt – dem die Soziologie ja einen geradezu zivilreligiösen Odem einhauchen sollte – nicht fortgeschrieben, sondern eine eher skeptische Haltung zu nicht intendierten, zumindest aber nicht erwarteten Folgen des Modernisierungsprozesses eingenommen. Sie haben mit ihren Diagnosen des Sinn- und Gemeinschaftsverlustes letztlich an den Grundfesten der kulturellen Moderne selbst gerüttelt, die ja neuen Sinn auf Vernunft und – wie es dann später bei Parsons heißen sollte – *gesellschaftliche Gemeinschaft* gründen wollte, also auf die kreativen Energien des nationalstaatlichen Konfliktkonsensus (s. o. S. 148 ff.).

In dieser Weise an die Klassiker anzuschließen heißt nicht, deren Diagnosen des Sinn- und Gemeinschaftsverlustes ohne historisch-kritische Exegese schlicht zu übernehmen oder in modernere Formen zu gießen. Mir scheint derzeit eher so etwas wie Sinn*überschuss* und Gemeinschafts*gefahr* zu beklagen zu sein. Nein, in dieser Weise an die Klassiker anzuschließen heißt, mit deren Impetus an einem soziologischen Begriffsapparat zu arbeiten, der allzu routinisierte Bezeichnungs- und Diskurspraxen verunsichert. Soziologische Erkenntnis ist immer dann aufregend, wenn sie den routinemäßigen Blick des Alltags und die unhinterfragten Plausibilitäten sozialer Konstellationen mit einer anderen, theoretisch und methodisch kontrollierten Lesart versorgt. Die soziale Welt gegen den Strich zu bürsten, Selbstverständlichkeiten als hochvoraussetzungsreiche und kontingente Unwahrscheinlichkeiten zu sehen, das ist das Geschäft einer Soziologie, die nicht zur Selbstberuhigung taugt und die den ethnologischen Blick auf das Selbstverständliche, Naheliegende und Offensichtliche ebenso aufregend gestalten müsste, wie sie es für schaudernde Beispiele wie entwurzelte Migranten, entborgene Klone und verfremdete Transsexuelle vielleicht vermag.

Was ich hier die *epistemologische Verunsicherung der Soziologie* nenne, ist in zwei Genitiv-Varianten zu denken. Im Modus des *genitivus obiectivus* gefällt sich die Soziologie schon immer als Hofnarr im Kanon der Wissenschaften – der Hofnarr ist der Einzige, der die Wahrheit sagen darf, ohne geköpft zu werden, freilich um den Preis, nicht ganz ernst genommen zu werden. Sie hält ihrem Gegenstand einen Spiegel vor, indem sie – wie Niklas Luhmann es in seiner Bielefelder Abschiedsvorlesung so schön gesagt hat – nicht nur zu sagen weiß, was der Fall ist, sondern auch, was dahinter steckt. Dieser Gestus der intellektuellen Priesterherrschaft, die die anderen die Arbeit tun lässt, hängt uns immer noch nach.

In der Variante des *genitivus subiectivus* freilich wartet viel Arbeit auf uns, denn die epistemologische Verunsicherung der Soziologie selbst lässt uns nicht mehr daran vorbeisehen, dass wir selbst zu unserem Gegenstand gehören, dass unsere eigene Tätigkeit dem gleichen Verdikt der selbsttragenden Konstruktion und der Krise der Repräsentation unterliegt, wie wir es unseren Erkenntnisgegenständen heute so gerne ins Stammbuch schreiben. Anders als die Klassiker, die ja jene Nomenklatur erst entworfen haben, die wir nach wohlfeiler Lehre im Vordiplom der Blackbox unserer Studierenden wieder entlocken, sehen wir uns derzeit vielleicht eher der paradoxen Notwendigkeit des bewussten Vergessens ausgesetzt. Dass unsere Kategorien von Natur und Kultur, von Subjektivität und Autonomie, von Steuerung und Planbarkeit, von Sozialraum und geographischem Raum, unser Glauben an das reziproke Verhältnis von gutem Willen und gelungener Problemlösung, auch die stets aktuelle linke Erwartung, dass kollektive Einsicht und einsichtige Kollektive politisch erzeugt werden können, ja dass so etwas wie ein Weltbürgerstatus oder wenigstens eine Weltbürgerbewegung auch nur denkbar wäre usw., dass also diese Kategorien sich selbst zunehmend problematisch werden, zwingt uns dazu, einen Blick darauf zu werfen, welchen Anteil unser eigener Blick auf die wissenschaftliche Formierung der Verhältnisse hat. Die *epistemologische Verunsicherung der Soziologie* zwingt uns dazu, unsere Aufmerksamkeit nicht nur auf die Beobachtung unseres *Gegenstandes* zu richten, sondern zunehmend auf die *Beobachtung* unseres Gegenstandes.

Alles, was wir sehen, stößt uns auf das Paradox, dass wir es so sehen, weil wir es so sehen. Diese *Paradoxie der Sichtbarkeit* ist nicht auszuhalten und muss deshalb unsichtbar gemacht werden. Nicht nur theoretische Texte, sondern auch soziale Texturen und Prozesse müssen den drohenden *regressus ad infinitum* stoppen, wenn sie sich nicht in endlosen Reflexionsschleifen verlieren wollen. Alle Identitäten und Gewissheiten bauen denn auch auf für sie unsichtbaren Differenzen auf. Das Identische hängt am Nicht-Identischen und läuft stets Gefahr, dessen gewahr zu werden. Soziale Ordnung entsteht demnach aus der selektiven Invisibilisierung ihrer selbsttragenden Konstruktion. Soziale Ordnung ist nichts anderes als die Stabilisierung *praktischer* Aprioris, die als unsichtbare Nicht-Identitäten nicht erfahren werden können und damit erst soziale Erfahrungen ermöglichen. Insofern erweist sich das Problem sozialer Ordnung als epistemologisches Problem und »alles Beobachten und Beschreiben als Verdecken und Entfalten des Einheitsparadoxes« (Luhmann 1997, S. 1135). Ordnung kann deshalb nur als Folge, nicht als Voraussetzung sozialer Praxis konzipiert werden. Michel Foucault führt in diesem Sinne Ordnungsbildung unter anderem auf die kreativen Potenzen der »Macht« zurück, den Möglichkeitsspielraum der Welt »zu bändigen, sein unberechenbar Ereignishaftes zu bannen, seine schwere Materialität zu umgehen« (Foucault 1974, S. 7).

Eine in diesem Sinne dekonstruktivistische Soziologie kapriziert sich darauf, einen Blick auf die alltäglichen Routinen des Unsichtbaren und der Ausschließung anderer Möglichkeiten zu riskieren. Wie der postkoloniale Migrant die unsichtbaren Praktiken der kulturellen Identifikation beleuchtet, der Klon in den unsichtbaren Abgrund des menschlichen Selbstverhältnisses sieht und der/die Transsexuelle den Körper auf die Bühne des kulturellen Spiels zerrt, so nötigt eine epistemologisch verunsicherte Soziologie sich dazu, sich selbst als Teil des sich identifizierenden Geschehens zu beobachten. Und selbst wenn die Soziologie selbst dem Spiel nicht entkommt und keinen »freischwebenden« Ort findet, verändert sie ihren Gegenstand (d. h. auch: sich selbst) schon dadurch, dass sie beobachtet und bezeichnet und die Arbitrarität und Kontingenz der sozialen Welt entfaltet. Das ist zugleich *weniger* und *mehr* als das, was eine Soziologengeneration früher mit der Kontingenzformel *Kritik* verband; *weniger*, weil eine solcherart verunsichernde und verunsicherte Soziologie keine unbedingten Bedingungen und notwendigen Kriterien für Kritik mehr zu benennen vermag, und *mehr*, weil sie den Prozess der Kritik selbst noch einmal in sich aufsaugt.

Am Anfang dieses Kapitels wurde behauptet, neuere Entwicklungen in den Kultur- und Sozialwissenschaften machten das Leben nicht leichter, sondern schwerer. Die Erkenntnis, dass *Wahrheiten*, *Identitäten* und *Bezeichnungen* sowie ihre kulturelle und gesellschaftliche Kanonisierung fantasmatische Konstruktionen sind, die das Bedürfnis nach Sinn und Kohärenz bedienen und soziale Ordnung von ihrer grundlegenden konstruktiven Ambivalenz befreien, ist freilich nicht neu, sondern steht in einer Tradition von Selbstbeschreibungen der Moderne, die den einheitsgebietenden Identitäts- und Gewissheitsdiskurs der Moderne stets mitbegleitet hat (vgl. Bauman 1995; Nassehi 1999b, S. 29). Sicher hat Jürgen Habermas (1985d) recht, wenn er – wenn auch mit pejorativem Tonfall – in Friedrich Nietzsche die »Drehscheibe« für den Eintritt in die »Postmoderne« ausmacht, die die andere Seite der Moderne repräsentiert. Es war nämlich Nietzsche, der schon 1873 in seiner Schrift *Über Wahrheit und Lüge im außermoralischen Sinne* sehr treffend die selbsttragende Abgründigkeit aller Identitätszumutungen so auf den Begriff gebracht hat: »Was ist also Wahrheit? Ein bewegliches Heer von Metaphern, Metonymien, Anthropomorphismen kurz eine Summe von menschlichen Relationen, die, poetisch und rhetorisch gesteigert, übertragen, geschmückt wurden, und die nach langem Gebrauche einem Volke fest, canonisch und verbindlich dünken: die Wahrheiten sind Illusionen, von denen man vergessen hat, dass sie welche sind, Metaphern, die abgenutzt und sinnlich kraftlos geworden sind, Münzen, die ihr Bild verloren haben und nun als Metall, nicht mehr als Münzen in Betracht kommen.« (Nietzsche 1980a, S. 881) Man sollte sich hüten, dies anklagend kritisch oder gar im Gestus des Besserwissens vorzutragen, denn das angedeutete Dilemma gilt auch für den Warner selbst. Dieser performative Widerspruch ist keine Insuffizienz des Denkens, die sich durch Heranziehung des transzendentalen Scheins denknotwendiger Bedingungen fürs Unbedingte überwinden ließe – als wenn das nicht die gleiche Paradoxie beinhaltete. Soziologisch sind vielmehr die Bedingungen herauszuarbeiten, unter denen sich Gesellschaften Aprioris zumuten, die ihre paradoxe Grundstruktur unsichtbar machen. Und sind wir da mit unserem Geschäft der professionellen Beobachtung der Gesellschaft nicht selbst der lohnendste Gegenstand? Warum nicht exemplarisch unsere eigenen Theorien und Methoden, unsere eigenen Fraglosigkeiten befragen, warum nicht die soziologische Nomenklatur selbst soziologisch gegen den Strich bürsten, um daran jenen Mechanismus zu studieren, der gesellschaftliche Bedeutungen, Routinen, Identitäten und Strukturen erzeugt? Dies zumindest könnte der soziologische Ertrag jener kulturwissenschaftlichen Verunsicherungen sein, für die sich die Soziologie nach meinem Eindruck viel zu wenig interessiert, obwohl all dies auch für die Soziologie nicht unbedingt völlig neu ist. Entscheidend ist wohl die Einsicht, dass auch die Soziologie an jenem Geburtsfehler der *Kultur* nicht vorbeikommt: die Kontingenz des Gegenstandes durch einschließende ausschließende Beobachtungen und Beschreibungen einzugrenzen und damit Kontingenz erst recht zu betonen. Wo, wenn nicht an der Soziologie und an ihren Gegenständen, lässt sich ablesen, dass alles auch anders sein und vor allem auch anders beschrieben werden könnte?

8. Die Paradoxie der Unsichtbarkeit und die »Unbedingtheiten« von Religion und Moral

Perspektiven gesellschaftlicher Modernität leiden unter dem Verdikt der Kontingenz, d.h. der stets auch anders möglichen Beobachtung der Welt. Das ergibt sich sowohl aus der gesellschaftsstrukturellen Einsicht in die Dekomposition der Gesellschaft in unterschiedliche nicht substituierbare Perspektiven von Funktionssystemen als auch für das Beobachtungsschema *Kultur*, das *nolens volens* die Paradoxie der *Bewältigung* durch *Betonung* von Kontingenz hervorbringt. Das freilich kann nur ein Beobachter sehen, der so beobachtet. Diese soziologische Beobachtung sowohl funktionssystemischer Kontexturen als auch des Beobachtungsschemas *Kultur* trifft keineswegs die Selbstbeschreibungen der Funktionssysteme oder von *Kultur(en)*. Im Gegenteil versuchen diese Perspektiven die Paradoxie der Selbstanwendung bzw. die *Paradoxie der Sichtbarkeit* so zu entfalten, dass man ihrer nicht ansichtig wird. Der Techniken sind viele: Im Falle von Funktionssystemen etwa ist es der Verzicht auf systemweite Formen der Herstellung einer semantischen *Identität*, da hier bereits die stabile Codierungsform ausreicht, um die Einheit des Systems absichern zu können. Im Falle des Beobachtungsschemas *Kultur*, also dort, wo gepflegte Formen komparativer und Identität erzeugender Beschreibungen zum Weitergebrauch angefertigt werden (was freilich bisweilen auch innerhalb der Funktionssysteme geschieht), dürften die probatesten Techniken die *Asymmetrisierung* von Unterscheidungen und die Selbstzurechnung von Besonderheit und Erhabenheit sein. Schon der Begriff *Kultur* atmet (zumindest in der deutschen Sprache) diese Form der Erhabenheit, so dass es soziologischer Aufklärung bedurfte, auch weniger erhabene Topoi als die Kunst oder die ethnische Zugehörigkeit mit dem Signum des *Kulturellen* zu belegen. Nun sind gerade die beiden genannten Bereiche, die Kunst und die ethnische Zugehörigkeit, inzwischen zu den geradezu paradigmatischen Topoi geworden, an denen sich *reflexive* Formen der Selbstanwendung und der Paradoxiebearbeitung erkennen lassen: in der *Kunst* als mediales Spiel mit der Form und bei der Frage der *Zugehörigkeit* durch Konstruktionen des *Dazwischen*. Und selbst der *Natur* ist nicht mehr zu trauen, seit sie selbst dem formierenden Zugriff des (praktischen) Unterscheidens ausgesetzt wird.

Freilich gibt es auch in der modernen Gesellschaft Kommunikationsformen, die von der radikalen Invisibilisierung ihrer je eigenen Perspektivität leben und die die Bedingungen ihrer angeblichen Unbedingtheit weitgehend ausschalten müssen, um ihren Funktionssinn zu erfüllen. Die beiden prominentesten Formen, nicht zufällig verschränkt miteinander, sind ohne Zweifel *Religion* und *Moral*.

Es gehört inzwischen zum guten Ton einer Soziologie der Moral, darauf hinzuweisen, dass es ihr nicht darum gehe, moralische Urteile zu exekutieren oder Begründungen für Moralstandards zu liefern, sondern Moral als *Gegenstand* der soziologischen Analyse zu führen. Das sollte eigentlich selbstverständlich sein. Ebenso wird übrigens oft in religionssoziologischen Abhandlungen versichert, nicht religiös zu urteilen oder gar den eigenen Glauben als soziologisches Erkenntnismittel heranzuziehen. Man kokettiert hier immer wieder mit Max Webers Versicherung *religiöser Unmusikalität*, und man versichert ebenso die *moralische Indifferenz* einer Soziologie der Moral. Als erwarte man von einer wirtschaftssoziologischen Abhandlung besonderen Geldgewinn, von einer jugendsoziologischen, seine Gesichtsfalten zu verlieren, oder von einer über Sexualität irgendwelche Befriedigung über die wissenschaftliche Reputation hinaus. Also, auch ich bekenne: Es geht nicht ums Heil und das Gute, sondern um Religion und Moral – und es geht ums Ganze, aber dazu später.

Das Verhältnis von Religion und Moral ist vielschichtig. Ohne Zweifel wählt ein Großteil religiöser Kommunikation in unserer Zeit moralische Formen. Kaum ein öffentlich diskutiertes moralisches Dilemma kommt ohne die Stellungnahme aus religiöser, d. h. in diesem Falle zumeist: konfessionell organisierter Perspektive aus. Das gilt ebenso für die Abwicklung von DDR-Unrecht wie für die Folgeprobleme medizintechnischer Fortschritte oder die Kommentierung jugendlicher Gewalt. Womöglich hat sich das Religiöse der Religion, hat sich ihre gesellschaftliche Grundfunktion weitgehend auf jene Fähigkeit reduziert, Gesellschaft mit Moral zu infizieren, die moralische Indifferenz des modernen Alltags in diesem Sinne zu unterscheiden. Ohne Zweifel gilt nach wie vor alles, was mit der Selbstchiffrierung »Religion« kommuniziert, in den meisten Fällen als moralische Instanz. Das ist freilich nur die eine Seite.

Denn andererseits gilt es als ausgemacht, dass sich Moral in der modernen Gesellschaft unserer Tage nicht mehr religiös fundieren lässt. Moralische Begründung, also *Ethik,* scheint unter so genannten *nachmetaphysischen Bedingungen* auf die Autorität einer religiösen Tradition oder Offenbarung ebenso wenig mehr bauen zu dürfen wie auf den eigentümlichen Umgang mit der Paradoxie der immanenten Begründung von Transzendenz, die es religiösen Formen stets erlaubt hatte, das Offensichtliche ans Offenbarte zu binden und dieses wiederum mit einem Moment Unsichtbarkeit zu versehen. Vor allem die Reflexion der Religion in Form ihrer Theologie ist letztlich nichts anderes als die kunstvolle Entfaltung jenes Dilemmas, das Transzendente und Unendliche immanent und endlich kommunizieren zu müssen. Auf solche Theorieformen kann und darf Ethik heute nicht mehr bauen und emanzipiert sich – spätestens seit Kants Versuch einer Fundierung der Moral mit Mitteln der reinen praktischen Vernunft – von religiöser Begründung. Moralische Begründung befindet sich seitdem im Jenseitsbereich der Religion und strebt nach vernunftgemäßer, nach anthropologischer, psychologischer, vielleicht sogar nach soziologischer, in jedem Falle aber akademischer, wissenschaftlicher Begründung.

Diese wenigen Andeutungen mögen genügen, um plausibel zu machen, was hier gesagt werden soll: Es kommt zu einer *Säkularisierung der Moral* im Sinne einer Entkoppelung der Moralbegründung vom religiösen/theologischen Erbe, und es ist eine *Moralisierung der Religion* zu beobachten, und zwar in dem doppelten Sinne der weitgehenden Konzentration religiöser Kommunikation auf Moralfragen und der Freigabe der Religion für moralische Urteile. So plausibel sich dies freilich anhört, so sehr sind in diesen recht einfachen Thesen Falltüren versteckt. Wie passt es etwa zusammen, dass einerseits Moralbegründung, also Ethik, weitgehend vom religiösen Begründungserbe abgekoppelt wird, andererseits aber gerade religiöse Kommunikation nicht nur mit moralischem Anspruch auftritt, sondern auch als solche anerkannt wird? Und wie ist zu erklären, dass religiös fundierte und akademisch begründete Ethiken nach wie vor nebeneinander auftreten, womöglich sogar zusammen, wie man den meisten Ethikkommissionen entnehmen kann, in denen Theologen immer wieder gerne gesehen werden?

Ich nehme diese Fragen zum Anlass, zunächst nach dem klassischen Verhältnis von Religion und Moral zu fragen, das für bedeutende soziologische Theorien den Ausgangspunkt ihrer Überlegungen markiert. Ich werde dann versuchen, Begriff, Funktion und Formen von »Moral« aus soziologischer Perspektive zu klären, und komme dabei fast wie von selbst auf Religion zu sprechen. In einem dritten Schritt wird es dann darum gehen, das Schicksal von Religion und Moral im gesellschaftlichen Modernisierungsprozess nachzuzeichnen, und schließlich werde ich einige Konsequenzen für eine angemessene soziologische Theorie der gegenwärtigen Moral zu ziehen versuchen – Konsequenzen übrigens, die näher am Problembestand des Religiösen liegen, als dies vielleicht erwartbar war.

Religion und Moral in der soziologischen Klassik

Sosehr sich die verschiedenen Anfangspunkte der soziologischen Klassik auch voneinander unterscheiden, einig scheinen sie sich darin zu sein, das Religiöse als eine Quelle des Kollektivs, als gemeinschaftsstiftende Kraft, als Transzendierung des je Individuellen anzusehen. Ohne Zweifel hat Émile Durkheim hier die entscheidenden Stichworte gegeben. Durkheim gilt »Religion [als] eine im wesentlichen kollektive Angelegenheit« (Durkheim 1981, S. 68), die keineswegs nur ein System von Ideen, Glaubensüberzeugungen und Rekursen auf transzendente Kräfte oder Personen sei, sondern vor allem ein praktisches Set von sozialen Regularien und Ordnungsfaktoren enthalte. Religion ist in diesem Sinne ein »System von Überzeugungen und Praktiken« (ebd., S. 75), das eine »moralische Gemeinschaft« (ebd.) herstelle, der sich ihre Mitglieder unterordnen. Moral und Religion entstehen so gleichursprünglich, ist doch für Durkheim Moral nichts anderes als ein Verhaltenssystem, das mit »besonderer Autorität ausgestattet« ist und für den Einzelnen als »erstrebenswert« (Durkheim 1985, S. 85) gilt. Religion sorgt in diesem Sinne für eine gesellschaftliche Moral, und diese für gesellschaftsweite Ordnung, Solidarität und Handlungskoordination. Aber auch Max Weber setzt am »Gemeinschaftshandeln« an, das durch religiöse Weltbilder und Praktiken wesentlich bestimmt und hervorgebracht wird. Seine religionsgeschichtlichen Untersuchungen kulminieren in der definitorischen Beschreibung religiöser Erfahrung, »dass die Welt ein gottgeordneter, also irgendwie ethisch sinnvoll orientierter Kosmos« (Weber 1972b, S. 564) sei, wohlgemerkt ein *ethisch* sinnvoll orientierter Kosmos, in dem individuelle Handlungen ihren ethischen Sinn, ihren Sinn als Gemeinschaftshandeln aus dem Rekurs auf die religiöse Gesamtordnung der Welt erhalten. Also auch hier ist es die vornehmste Funktion der Religion, Handlungsmaximen zugunsten gemeinschaftlicher Solidarität zu stiften. Auch Talcott Parsons weist der Religion integrierende Funktionen zu, die vor allem durch die Kombination von Gemeinschaftsbildung und Vermittlung moralischer Werte erfüllt werden sollte (vgl. Parsons 1952, S. 286).

Man kann diese Liste noch erweitern. Es scheint jedenfalls eine ausgemachte Sache zu sein, Religion in Moral und Moral in Religion zu konfundieren, Religion verstanden als Chiffrierung des Ganzen und Moral als Koordination individueller Aspirationen zugunsten des Ganzen. Das klassische soziologische Religionsverständnis – welcher theoretischen Provenienz auch immer – weist Religion eine Orientierung am Ganzen zu, eine Sinnvermittlungsfunktion über die Partikularität des jeweiligen Hier und Jetzt hinaus. Als Repräsentantin des Ganzen ist Religion demnach nicht nur ein Partikular unter anderen, sondern eben jener Teil, der als Teil fürs Ganze steht. Religion verweist auf einen zentralen, höchsten Wert, auf ein sinnhaftes Zentrum, und Moral ist dabei jenes Scharnier, das individuelles Handeln mit gesellschaftlicher Bedeutung versieht, das Handlungsnormen und Rollenzuweisungen plausibel macht. Religion fällt hier gewissermaßen mit der Grundfunktion des Gesellschaftlichen zusammen: Soziale Reproduktion nicht dem Zufall jeweiliger Gegenwarten zu überlassen, sondern Erwartbarkeiten, Kontinuitäten, Kontrolle, Macht, Orientierung, Zwang, schlicht: *Ordnung* zu generieren. Moral ist nach diesem Verständnis gewissermaßen die aufs Individuelle kleingearbeitete Kosmologie; sie verbindet und verbündet den Einzelnen und sein Leben mit der Heilsgeschichte und den Universalien dessen, was die Welt im Innersten zusammenhält.

Ob damit freilich das Religiöse des Religiösen angemessen beschrieben ist, sei dahingestellt. Ich habe jedenfalls den Verdacht, dass der Rekurs auf Religion und Moral in der frühen Religionssoziologie weniger über Religion aufklärt als über die Reflexions- und Beschreibungsprobleme einer jungen Disziplin, die weder die Fortschrittseuphorie ihres französischen Namensgebers teilt noch die generell kulturkritische antimodernistische Klage vieler Zeitgenossen. Soziologie begann vielmehr als skeptische Disziplin, die die Folgeprobleme gesellschaftlicher Modernisierung allererst auf Begriffe bringen musste – auf Begriffe, die sich zunächst an der Folie ihres historisch Anderen abarbeiten mussten und sich allzu sehr auf Verlustdiagnosen kapriziert haben. Mehr oder weniger explizit und durchaus mit unterschiedlichen Konsequenzen und Ausdeutungen kommt diese *skeptische Generation* zu Diagnosen des Gemeinschafts- und Sinnverlusts als Grundkonstituenten der Moderne. Ich meine, dass ein Großteil der soziologischen Theorien und Diagnosen der Moderne sich allzu sehr an jener ersten Soziologengeneration orientiert haben, die ihr Bild und ihre Nomenklatur nicht zuletzt jenem Kontext des Untergangs einer vermeintlich durch Religion integrierten Gesellschaft entnommen haben. Bis heute scheint die Soziologie geradezu obsessiv auf die Integrationsfähigkeit, die Gesamtkoordination, die zentrale Repräsentationsfähigkeit und die Steuerbarkeit des Gesellschaftsganzen fixiert zu sein – und das gilt unabhängig davon, ob die Deszendenten eher an Weber oder eher an Durkheim anzusetzen beliebten. Es scheint mir der blinde Fleck der soziologischen Moderne zu sein, jene Grundfunktion der Integration unbefragt zu führen, gewissermaßen als vorempirische Bedingung der Möglichkeit und unterscheidungsfrei. Das gilt – nur um Beispiele zu nennen – für den gesamten Strukturfunktionalismus und seine Nachfolger, dessen Idee der *gesellschaftlichen Gemeinschaft* ja noch bei Parsons ganz explizit nicht nur eine zivile, sondern v. a. eine zivil*religiöse* Fundierung suchte. Das gilt auch etwa für Jürgen Habermas' Gesellschaftstheorie, die, auf einer Kommunikationstheorie fundierend, zwar die Versprachlichung des Sakralen verspricht, aber damit Versprachlichung als Integrationsmedium geradezu sakralisiert. Und das gilt erst recht für jenen soziologischen Alarmismus, der gesellschaftliche Krisen – vom Individualismus über zunehmende Gewaltbereitschaft bis zu Folgeproblemen der Globalisierung – besonders öffentlichkeitswirksam auf Desintegration zurückführt, also auf den Verlust jenes sozialmoralischen Bandes, oder sollten wir sagen: *Bundes*, den uns die Soziologie als lautstarke Reflexionstheorie des autarken Nationalstaates westlicher Prägung geradezu als historische Erlösung versprochen hatte. Nicht sehen konnte man dann, dass es vielleicht zu einer der größten evolutionären Errungenschaften des Modernisierungsprozesses gehört, auf Integration und auf die Bindung des Gesellschaftlichen ans Gesellige möglichst stark *verzichten* zu können, und dass die Aufgabe soziologischer Reflexion darin bestehen könnte, nach Bedingungen dafür und nicht nur nach funktionalen Äquivalenten für die vormalige Funktion dessen zu suchen, was die erste Generation auf soziologischen Lehrstühlen »Religion« nannte.

Die Karriere der Moral verlief übrigens ähnlich. Zunächst eine gewissermaßen praktisch, in diesem Sinne: *empirisch* fundierte Form der Handlungskoordination in traditionalen, gruppenspezifisch aufgebauten Sozialformen, erfährt sie im Verlaufe des Modernisierungsprozesses einen Generalisierungsschub. In der traditionalen Welt ist Moral gewissermaßen eingebettet in die Ordnung der Welt: als unmittelbare soziale Kontrolle einer unmittelbaren Sozialwelt. Wenn man den gesellschaftlichen Modernisierungsprozess vereinfachend als einen Prozess der Ausweitung der Reichweite von Kommunikation, als Ausweitung kleinräumiger Wirkungsräume und vor allem als Zunahme des flüchtigen Kontakts unter Fremden in städtischen Lebensformen ansehen kann, ändern sich auch Anforderungen an die Moral: Sie »überschreiten Grenzen familialer, tribaler und lokaler Einheiten« (Luhmann 1997, S. 1038) und sind deshalb darauf angewiesen, Anknüpfungspunkte einer das Konkrete transzendierenden Selbstbegründung zu wählen. Es beginnt hier die große Stunde der Diskussion um die Formalisierbarkeit und Universalisierbarkeit nicht der Moral, sondern der Moral*begründung*. Moralbegründungen müssen nun selbst den Nerv dessen treffen, was die Welt im Innersten zusammenhält, und sie müssen in ihrer Allgemeinheit mindestens dazu taugen, gesellschaftliche Ordnung wenn nicht zu repräsentieren, dann wenigstens präskriptiv und normativ auf den Begriff zu bringen. Ähnlich wie für Religion gilt also: Moral steht für die aufs Individuelle kleingearbeitete Allgemeinheit. Vom großartigen Kantianismus als Stichwortgeber für eine sparsame Universalitätsbegründung und vom ebenso großartigen Durkheimianismus als Stichwortgeber für eine auf moralische Bande integrierte Gesellschaft – in welchen Schrumpfversionen auch immer – scheint die Soziologie seit ihren Anfängen nicht mehr gelassen zu haben.

Wenn man nun aber nicht ungeprüft und mit Selbstverständlichkeit davon ausgeht, Moral sei jener Kitt, der Gesellschaft als solche zusammenhält und individuellen Aspirationen etwas Ähnliches widerfahren lässt wie Religion den profanen Teilen der Gesellschaft, dann stellt sich soziologisch die Frage nach einem angemessenen Begriff der Moral, der *einerseits* die Bedingung erfüllt, an der Existenz und der Funktion moralischer Kommunikation nicht vorbeizusehen, und der *andererseits* zunächst respektvolle Distanz hält zu jener These einer angeblichen Notwendigkeit sozialmoralischer Gesamtintegration von Gesellschaften.

Begriff, Funktionen und Folgen von »Moral«

Friedrich Nietzsche hat im fünften Hauptstück »zur Naturgeschichte der Moral« aus »Jenseits von Gut und Böse« von 1886 den Versuch unternommen, einen Begriff der Moral zu entwerfen, der sich dem Moralischen selbst nicht fügt, der also weder eine Begründung von noch einen Appell an Moral zum Ziele hat. Wie immer man seine bekannten Thesen vom »Sklavenaufstand der Moral« in der jüdisch-christlichen Tradition und seine ätzende Kritik der »Heerdenthier-Moral« gegen die geistesaristokratische Autonomie des Willens beurteilt – ein Motiv, das man übrigens bei Max Weber wiederfindet –, hat Nietzsche doch deutlich gesehen, wie sehr der Moraldiskurs doch in erster Linie ein *moralischer* Diskurs ist und keine Typenlehre, Klassifikation oder Genealogie der Moral. Er schreibt: »Die Philosophen allesamt forderten mit einem steifen Ernste, der lachen macht, von sich etwas sehr viel Höheres, Anspruchsvolleres, Feierlicheres, sobald sie sich mit der Moral als Wissenschaft befassten: sie wollten die *Begründung* der Moral, – und jeder Philosoph hat bisher geglaubt, die Moral begründet zu haben; die Moral selbst aber galt als ›gegeben‹.« (Nietzsche 1980b, S. 105 f.) Geradezu mit soziologischem Blick macht Nietzsche auf die Banalität der Pluralität der Moral, auf ihre gruppenspezifischen Begrenztheiten, auf ihre historischen und gesellschaftsstrukturellen Bedingtheiten aufmerksam. Und er fordert, zunächst Moral selbst als Problem zu begreifen, bevor ihre Begründung begründet wird. Was ist also ein angemessener Begriff der Moral *jenseits* seiner Begründungslogik, und wie ist Moral *gegeben*?

Sehr schön lässt sich das Problem bei Habermas sehen. Als moralisch, so Habermas, gelten »diejenigen Handlungsnormen, denen alle möglicherweise Betroffenen als Teilnehmer an rationalen Diskursen zustimmen könnten« (Habermas 1992, S. 138). In Habermas'

Sprachgebrauch ist damit gemeint: Solche Handlungsnormen können einen Geltungsanspruch auf normative Richtigkeit in Anspruch nehmen, sie sind mithin »gut«. Aber das Moralische ist nicht zugleich das »Gute«. Ich meine damit nicht etwa Luhmanns Warnung, Moral könne auch schlechte Wirkungen haben. Vielmehr ist doch die Aussage, dass alle Handlungsnormen, die die genannten Bedingungen erfüllen, »moralisch« seien, etwas anderes als die Frage, unter welchen Bedingungen Normen als »moralisch« relevant und »moralisch indifferent« gelten können. Das Problem der Habermas'schen Definition ist nicht die universalistische Begründung, sondern die universale Geltung des »Moralischen«. Soziologisch ist doch bedeutsam, welche Normfragen »moralisch« *nicht* relevant, also gewissermaßen »moralisch indifferent« sind. Nach dem Habermas'schen Sprachgebrauch müsste letztlich alles, was mit Geltungsansprüchen verfolgt wird, Moral auf sich ziehen, und das wiederum setzt die Moral in jene Durkheim'sche Funktion ein, die einer modernen, funktional differenzierten Gesellschaft sicher nicht angemessen ist. Es wird also auch hier Moral ausschließlich als Begründungsproblem angesehen, sie selbst gilt als gegeben.

Dass man diesen merkwürdigen Begriffsgebrauch des Moralischen sogar bei Habermas findet, wiegt besonders schwer, denn es ist ja gerade Habermas, der durchaus ein Gespür dafür hat, dass sich auch eine Gesellschaftstheorie mit kritischem, in diesem Sinne: moralischem Anspruch auf moralferne Formen der Vergesellschaftung einstellen muss. Als Konsequenz hat er bekanntlich sein zweistufiges Gesellschaftskonzept von Lebenswelt und System entwickelt, das von Seiten einer richtig *kritischen* kritischen Theorie gerade aufgrund des Zugeständnisses an jenes systemische Reservat moralindifferenter Handlungskoordinierung abgelehnt wurde – mit schwerem moralischem Geschütz übrigens (vgl. Bolte 1989, Rademacher 1993).

Unterscheiden lässt sich moralisch relevante von moralisch indifferenter Kommunikation – also nicht moralische von *un*moralischer, sondern moralische von *a*moralischer Kommunikation – womöglich an den Konsequenzen von Annahme- und v. a. Ablehnungsformen in der Kommunikation. Niklas Luhmann hat dies in der Unterscheidung von »Achtung« und »Missachtung« operationalisiert. Er schreibt: »Eine Kommunikation nimmt moralische Qualität an, wenn und so weit sie menschliche Achtung und Missachtung zum Ausdruck bringt.« (Luhmann 1989b, S. 361) Merkwürdigerweise bindet Luhmann dies an Symmetriebedingungen, wonach Achtungs- und Missachtungsbedingungen für Ego und Alter identisch sein müssen. Dies scheint mir jedoch nur ein Spezialfall zu sein. Zunächst würde ich *jede* Achtungs- oder Missachtungsbekundung als *moralische Kommunikation* bezeichnen, deren Folgen sich aber danach unterscheiden, ob Ego und Alter einer moralischen Symmetrie unterliegen. Nur dann nämlich erzeugt Moral das, was man ihr unterstellt: soziale Bindung. Denn wer dem anderen Achtung bzw. Missachtung zumutet, unterwirft sich selbst letztlich den gleichen Bedingungen von Achtungs- und Missachtungserweisen und produziert dadurch soziale Reziprozität. (Das meinte Nietzsche übrigens mit der »Sklavenmoral«.) Wo diese Symmetrie nicht gegeben ist, produzieren moralische Ansprüche freilich exakt das Gegenteil. Ein solches Moralverständnis schreit geradezu nach gesellschaftsstrukturellen Überlegungen, die angeben können, unter welchen Voraussetzungen dies der Fall ist – ich komme darauf noch zurück.

Zunächst sei noch einmal festgehalten: Moral setzt nach diesem Verständnis unmittelbar am basalen Prozess der Vergesellschaftung an, letztlich am Problem doppelter Kontingenz. Es geht um die unmittelbaren Bedingungen von Annahmeerwartung und Ablehnungsrisiko von Kommunikation. Dabei wird nicht behauptet, es bedürfe der Moral, damit es zu Anschlüssen kommt. Es ist nun vielmehr eine empirische Frage, inwiefern Annahme und Ablehnung von Kommuniziertem die soziale Achtungs-/Missachtungscodierung wählt oder eben nicht. Eine Integrationsfunktion freilich, das dürfte jetzt schon deutlich sein, kann moralische Kommunikation nur dann haben, wenn sie auf *außermoralische* Bedingungen unmittelbarer Reziprozität und Symmetrie trifft.

Eine solche *außermoralische* Bedingung ist bisweilen Religion. Wenn man unter Religion nicht einfach Rekurse aufs Heilige versteht wie die klassische Religionswissenschaft (vgl. Otto 1963; Eliade 1984) und nicht von vorneherein einen Mechanismus der gesamtgesellschaftlichen Handlungskoordinierung wie die frühe Religionssoziologie, bleibt als besondere Form religiöser Kommunikation nur dies: Die prinzipielle Unbestimmtheit der Welt in Bestimmtheit zu transformieren (vgl. Luhmann 1977b, S. 26) und mit der Unterscheidung von Vertrautheit und Unvertrautheit vertraut zu werden. Es geht hier um eine Art Domestizierung der Beobachtung. Damit das Ganze verstehbar wird, simuliert Religion eine transzendente Position, von der allein her sich das Ganze als Ganzes sehen lässt. Dass sie dies als Kommunikation macht, also immanent, gibt religiöser Kommunikation einerseits eine besondere Würde, die andererseits durch Verknappung, durch frühe Ausdifferenzierung von Sakralrollen und durch die Kommunikation der Nicht-Kommunikation von Geheimnissen gesichert werden muss. Insofern sorgt Religion für erste Rollendifferenzierung und hochkulturell für die erste funktionale Ausdifferenzierung (vgl. Luhmann 1989c).

In Sachen Moral wäre es ein Missverständnis, Religion per se eine moralische Funktion zuzuweisen, denn zunächst lässt sich in der Tat von moralisch integrierten Gesellschaften ausgehen, solange sich soziale Ordnung ganz und gar über Anwesenheit und geringe Rollendifferenzierung organisieren lässt. Hier fallen Religion, Moral und Gesellschaft geradezu zusammen. Die Moralisierung der Religion ist erst ein späteres Produkt, eine Reaktion auf gesellschaftsstrukturelle Wandlungen, die auch andere als moralische Annahme- und Ablehnungsformen von Kommunikation hervorbrachten. Womöglich ist dies der Kategorienfehler, den man etwa Durkheim vorwerfen muss, wenn er sich bei der Beobachtung von Gesellschaften auf Religion und auf Moral kapriziert. Dass Religion mit moralischer Kodierung gesellschaftlicher Ordnung und gesellschaftliche Ordnung mit religiös gestifteter Gesamtintegration zusammenfalle, ist womöglich eine Projektion, die sich aus der Perspektive der Krisenerfahrung der Moderne im Hinblick auf segmentäre Gesellschaften ergibt, die man gerade aufgrund der Verunsicherung durch Modernisierungsprozesse *ursprünglich*, oder im Falle Durkheims *elementar* nennt. Der Zusammenhang von Religion und Moral jedenfalls ist nicht kategorial, sondern bloß historisch gegeben, und vor diesem Hintergrund erscheint dann der Zusammenhang von Religion und Moral kontingent.

Modernisierung der Gesellschaft, Moralisierung der Religion und Ethisierung der Moral

Die Identität von Moral und Religion hängt von der gesellschaftlichen Differenzierungsform ab. Zunächst ist hier an segmentäre Gesellschaften zu denken, die der wechselseitigen Anwesenheit ihrer Mitglieder kaum entgehen können und für die letztlich alle innere Strukturierung starker Kontrolle durch Achtung und Missachtung unterliegt, alle äußeren Kontakte aber moralisch indifferent werden. Fremde sind dann womöglich nicht einmal missachtungsfähig. Aus dieser *elementaren Form des religiösen Lebens* aber auf Moral, auf Religion und auf Gesellschaftlichkeit schlechthin zu schließen wäre falsch. Man muss wohl davon ausgehen, dass diese frühe Form der Vergesellschaftung historisch die einzige war, die tatsächlich über Moral, also die Zuweisung von Achtung und Missachtung vollständig integriert wurde.

Schon in stratifizierten Strukturen, erst recht in Hochkulturen gilt dies nicht mehr. Zunächst hält sich auch hier die moralische Symmetrie ebenfalls an relativ enge Schicht- und Gruppengrenzen, an Binnenmoralen und sonstige Räume sozialer Reziprozität. Freilich beginnen sich neue Formen der Strukturierung von Annahme und Ablehnung von Kommunikation zu etablieren. Hier ist natürlich an Schichtung als achtungsindifferenten Ordnungsfaktor zu denken – wie der Höhergestellte eben nicht durch Achtungserweis sozial gebunden werden kann, gilt der Achtungserweis des Rangniederen als Affront gegen die soziale Ordnung. Aber auch ökonomische und politische Ordnungsformen beginnen sich zu etablieren, die kaum über Moral, sondern durch Einsatz von Tausch- und Machtmitteln laufen.

Wahrscheinlich unterliegt man ohnehin einer modernen Projektion, etwa der mittelalterlichen Gesellschaft so etwas wie ein Integrationsproblem zu unterstellen. Dafür waren sowohl die Wege zu lang als auch die alltäglichen Routinen vor allem der unteren Stände viel zu sehr an die stete Subsistenz gebunden, und Kontingenzverarbeitung und die Bewältigung von Unvertrautem folgten ohnehin kaum dem »offiziellen« christlichen Diskurs, sondern der allzeit wirksamen Alltagsmagie. Hier reichte noch offene Machtausübung als Ordnungsfaktor, um so etwas wie Struktursicherheit herzustellen. Wie wir etwa den Studien von Norbert Elias oder Michel Foucault entnehmen können (vgl. Elias 1980; Foucault 1974), bedurfte es noch keiner komplizierter Mechanismen, Handlungen und Motive oder Wirkungen und Absichten zu unterscheiden – erst mit der Notwendigkeit dieser Unterscheidung beginnt die ethische Karriere der Moral, nämlich die ihrer Begründbarkeit.

Hier hat Religion, insbesondere in ihrer westlichen monotheistischen Tradition, eine zentrale Rolle gespielt. Zunächst hat Religion im Laufe des Modernisierungsprozesses zugleich eine defensive und eine offensive Position gehabt. *Defensiv* fand sie sich deshalb vor, weil mit beginnender Verselbständigung ökonomischer, politisch-rechtlicher, wissenschaftlicher und ästhetischer Logiken das stattfand, was man gemeinhin als *Säkularisierung* bezeichnet, also als Entkoppelung von Religion und dem Rest der Gesellschaft. Das bewirkte aber auch eine *offensive* Position, denn eine solcherart auf sich selbst zurückgeworfene, also in diesem Sinne *selbstreferentiell* gewordene Form von Religion war nun in der Lage, ihre *religiösen Optionen* erheblich zu steigern.

Vereinfachend gesprochen, ist der gesellschaftliche Modernisierungsprozess als Neuordnung der Annahme- und Ablehnungsform von Kommunikationen zu bezeichnen. Und die Ausdifferenzierung jener Logiken und die Entstehung symbolisch generalisierter Kommunikationsmedien für Ökonomie, Recht, Politik, Wissenschaft, Kunst, Liebe etc. ließ die Annahmewahrscheinlichkeit von Kommunikationen exakt im Bereich dieser Medien erheblich steigern. Für Religion entstand nun das Problem, wie sich aus der *defensiven* Position eines immer noch durch Transzendenzsimulation aufs Ganze der Immanenz gerichteten Anspruchs *offensiv* Annahmewahrscheinlichkeiten ergeben können. Das Medium, in dem dies möglich wurde, war und ist *Moral.*

Religion – und vielleicht beginnt soziologisch gesprochen tatsächlich erst hier das, was wir heute als *Religion* wahrnehmen –, Religion nimmt nun in ihrer Umwelt vor allem *Sünde* wahr (vgl. Luhmann 1989c, S. 285 f.). Neben ihrer Codierung *Immanenz/Transzendenz* etabliert sich eine Zweitcodierung, die exakt an jenem Medium ansetzt, in dem Religion außerhalb ihrer selbst wahrnehmbare Formen generieren kann, die moralische Codierung *Heil/Verdammnis* nämlich. Offensiv vermag Religion mit der Umstellung auf funktionale Differenzierung in ihrer Umwelt nur noch in diesem Medium zu wirken. *Immanenz/Transzendenz* bleibt nur noch ein religiöses Thema der Religion selbst und reagiert auf seine areligiöse Umwelt sehr unterschiedlich – von einer Radikalisierung der religiösen Semantik und der römischen Selbstzurechnung alleiniger Zuständigkeit für die transzendenzbewehrte Verkündigung immanenter Wahrheiten bis zur weitgehenden Tilgung von Transzendenz etwa durch die Bultmann'sche Entmythologisierung oder der Gott-ist-tot-Theologie einer Dorothee Sölle. Für alles, was darüber hinausgeht, bleibt das Religionssystem auf die moralische Zweitcodierung angewiesen, die als *moralisches* Schema gerade dort anzusetzen vermag, wo die funktional differenzierte Gesellschaftsstruktur weitgehend Unterbestimmtheit hinterlässt: *am Individuum*.

Daraus resultierte eine enorme *Moralisierung der religiösen Kommunikation*. Dabei kam gerade das auf die individuelle Gottesbeziehung setzende Christentum der Umstellung auf funktionale Differenzierung entgegen. Die jüdisch-christliche Tradition durchbricht die Hierarchie des Seins und die endlose Verkettung der ewigen Wiederkehr durch die Ereignishaftigkeit der Heilsgeschichte. Nicht die endlose, letztlich ichvermeidende Wiederholung etwa des Buddhismus oder am Naturkreislauf orientierter Religionsformen setzt das Besondere in ein Verhältnis zum Allgemeinen, sondern gerade der Abbruch der Kette. Es ist das Einzelne, das Individuelle, die Differenz, das Ereignis, die Unwiederholbarkeit, die auch die immanente Lebensgeschichte des Einzelnen in die Heilsgeschichte Gottes einordnet. Etwa die substantielle Kontinuität des menschlichen Identitätskerns von der individuellen Schöpfung bis zum Jüngsten Gericht mit Anspruch auf ein je eigenes Verfahren oder das *kommunikative* Verhältnis zu einer personalen Gottheit, das den inneren Dialog zwischen Handlungsmotiven und Wertpräferenzen fördert, lässt jenen moralischen Rigorismus gedeihen, den wir aus der Frühphase des Modernisierungsprozesses kennen. Die großen religiösen Schlachten zwischen dem Bürgertum und dem Klerus wurden im 17. und 18. Jahrhundert an den Krankenbetten der Bürger geschlagen, um diese wenigstens angesichts des Todes in den Schoß der Kirche zurückzuholen (vgl. Groethuysen 1978). Die religiöse Kritik kaprizierte sich – vor allem nach der Reformation – weniger auf gute Taten, sondern auf Motive. Es schlägt hier die Geburtsstunde der Begründungsnotwendigkeit der guten Tat, die sich ja bekanntlich in säkularisierter Form bis zu Kants Rigorismus steigert, nach dem das moralische Motiv, die angemessene Handlungsmaxime im moralischen Sinne wichtiger sei als die Handlungsfolge. Damit hat die Ausdifferenzierung des Religionssystems nicht nur zu einer erheblichen Moralisierung der religiösen Kommunikation beigetragen, sondern auch zu einer *Ethisierung* der Moral, also zu einer Konzentration auf Motive, Absichten und Begründbarkeiten.

Die gesamte v.a. protestantisch motivierte Form der Selbsterforschung, insbesondere der schreibenden Selbsterkenntnis und der Entritualisierung der Beichte, ist nur vor dem Hintergrund dieser gesellschaftsstrukturell bedingten Ethisierung der Religion als Funktionssystem zu verstehen. Religion wirkt über das Medium der Moral, über die permanente Pflege des Sündenbewusstseins und nicht zuletzt durch parasitäres Ausnutzen der Selbstreferenz der modernen Individualität auf die Gesellschaft gewissermaßen *quer zur Gesellschaftsstruktur* ein.[1] Sie kann immer weniger in die medienvermittelten Kommunikationsformen des ökonomischen, des politischen, des wissenschaftlichen oder des rechtlichen Systems eingreifen und wählt deshalb den Umweg über die beteiligten, multiinkludierten, in diesem Sinne fragmentierten Individuen, indem sie Achtungs- und Missachtungszuweisung als Annahme- und Ablehnungsfaktor von Kommunikationen in der Gesellschaft gewissermaßen am Laufen hält. Vor diesem Hintergrund erscheint das Religiöse der Religion fast nur noch als Moral.

Das heißt aber nicht, dass das Moralische der Moral nur religiös formulierbar war. Im Gegenteil: Wie die meisten kulturellen Formen hat sich auch die Moral vom Medium des Religiösen gelöst und musste nun die moralischen Maßstäbe in der Moral selbst auffinden. Es musste nun gewissermaßen zwischen Faktizität und Geltung moralischer Standards vermittelt werden, und die Instanz dieser Vermittlung wurde die akademische Philosophie, später auch die empirischen Sozialwissenschaften und die Psychologie. Es entstanden letztlich drei Anforderungen, die die Ethik, also die akademische Begründung von Moral, erfüllen musste: Es bedurfte *erstens* einer gesellschafts-, ja menschheitsweiten Universalisierbarkeit des jeweiligen Moralcodexes; *zweitens* bedurfte es Begründungsfiguren, die den kontingenten, womöglich dezisionistischen Status dieser Codices weitgehend hinter ihrer behaupteten Unbedingtheit un-

1 Ein wirklich beeindruckendes Beispiel dafür liefern die derzeitigen öffentlich wirksamen Einlassungen von Josef Kardinal Ratzinger, der sowohl auf die individualisierende Verstandesadäquatheit des Glaubens als auch auf seinen Geheimnischarakter aufmerksam macht. Die Argumentationsstrategie kommt also Modernität in zweifacher Weise entgegen. Sie setzt sowohl auf das reflexive Individuum als auch auf die Folgenabwehr von Dauerreflexion. Damit wird Kontingenz eingeschränkt, indem sie auch die Transzendierung des Verstandes durch den Verstand in ihrer Beliebigkeit einschränkt, womit Glaube von Aberglaube unterscheidbar wird (vgl. Ratzinger 2000, S. 40).

sichtbar machen ließen; und *drittens* musste die Paradoxie der Selbstanwendung gelöst werden: Was motiviert moralisch zu moralisch einwandfreiem Verhalten?

Konsequenzen für eine Theorie der modernen Moral

Ich betone: die drei genannten Standards einer Theorie der Moral sind *keine* moraltheoretischen Standards. Sie ergeben sich aus gesellschaftstheoretischen Gründen. Wenn es die Grundfunktion der Moral ist, Ego und Alter zu binden, und wenn diese Bindungswirkung sich nur dann einstellt, wenn zwischen Ego und Alter eine Symmetrie in den Annahme- und Ablehnungsbedingungen von Kommunikation vorliegt, dann lässt sich eine moralische Inklusionsfunktion oder gar eine Integrationsfunktion für die moderne Gesellschaft kaum mehr denken. Und doch scheint der Diskurs über angemessene Moralstandards immer noch so zu laufen, als gehe es um diese Grundfunktion, als lasse sich der Durkheimianismus in die Gegenwartsgesellschaft retten. Ob – wie etwa bei Joas – vom Diskurs über die Entstehung der Werte und ihre integrative Kraft die Rede ist (vgl. Joas 1997), ob die diskursethischen Potentiale der Sprache als Grundlage moralisch integrierter Handlungskoordinierung hervorgehoben werden (vgl. Habermas 1992), ob im Sinne Rawls' Gerechtigkeit als Grundkategorie angemessener Vergesellschaftung geführt wird (vgl. Rawls 1975), ob in der kommunitaristischen Liberalismuskritik partikulare, aufs Patriotische beschränkte Universalismen gepflegt werden (vgl. Taylor 1995; Sandel 1982; Etzioni 1993), ob gegen die kommunitaristische Wiederbelebung des Durkheimianismus eine mit der differenzierten Moderne kompatible Minimalmoral entworfen wird, wie dies etwa Gertrud Nunner-Winkler (1997) betreibt, oder ob im Sinne Martha Nussbaums in einem aristotelisch-essentialistischen Sinn eine allgemeine Humanität zum moralischen Maßstab des Sozialen gemacht wird (vgl. Nussbaum 1993), stets läuft der Diskurs so, als habe Moral nach wie vor die Integrationsfähigkeit von Gesellschaft zu sichern. Die funktional differenzierte Gesellschaft hat dagegen exakt diese Integrationsfähigkeit dadurch hintergangen, dass sie Annahme- und Ablehnungswahrscheinlichkeiten von Kommunikationen immer stärker an die Medien der Funktionssysteme bindet, die ihrerseits tendenziell auf die moralische Bindung von Personen verzichten und von Integration auf Inklusion umstellen. Moral, und das heißt dann v. a.: die *Vermeidung* von Missachtung, ist dann gewissermaßen eine Art Schmiermittel zur störungsfreien Kommunikation unter Fremden.

Ich bin im Übrigen nicht der bei Luhmann bisweilen durchscheinenden Auffassung, Moral tauge in der modernen Gesellschaft letztlich nur für den engen, interaktionsnahen Raum des Zwischenmenschlichen. Ebenso wenig meine ich aber, dass etwa die politischen Standards der modernen Gesellschaft oder das Sozial- und Wohlfahrtsstaatsmodell westlicher Prägung letztlich auf moralhaltige Werte zurückgehen, Ergebnis moralischer Debatten seien – womöglich sind solcherart Werte nur retrospektive Mechanismen, Nein-Stellungnahmen aus der Kommunikation zu tilgen. Wer widerspricht schon den zentralen Werten unserer Kultur? Die – wenn man so will – *öffentliche* Bedeutung des Moralischen sehe ich vor allem in der Frage, unter welchen Bedingungen Themen *moralisierbar* sind, unter welchen Bedingungen etwa politische, rechtliche, ökonomische oder auch künstlerische Sachverhalte unter Anwendung der Unterscheidung von Achtung und Missachtung kommunizierbar werden – v. a. über die Massenmedien. Das Medium der Moral, also die Personalisierung von Problemen, ist ein geeignetes Mittel, Gesellschaft in vereinfachter Form darzustellen, und es kommt dann darauf an, die so thematisierten Sachverhalte in die Operationsbedingungen der Funktionssysteme umzusetzen. Am Beispiel der Diffusion ökologischer Entrüstung in abstimmungsfähige Texte von Parlamenten lässt sich dies etwa sehr deutlich ablesen. In diesem Sinne taugt Moral gerade in der funktional differenzierten Gesellschaft dazu, Themen kommunikationsfähig zu machen. Sie taugt aber gerade *nicht* dazu, zu integrieren, zu binden, im Gegenteil: sie erzeugt Differenzen, sie polemisiert, sie protestiert. Und dass dies nicht immer nur zum Guten gereicht, lässt sich wohl nicht vermeiden, denn auch Interessen und Werte partikularistischer Natur, auch das Ressentiment gegen Fremde, die Abwertung des Andersartigen lässt sich erfolgreich moralisieren – nicht nur von islamistischen Theokraten übrigens, sondern tendenziell auch im Gewande honoriger akademischer Formen, wie man etwa dem Kommunitarismus entnehmen kann. Seien wir also froh über die moralische Trägheit der Funktionssysteme, die moralische Kommunikation abdämpft und diese vielleicht gerade deshalb so wirkungsvoll macht. *Ethik*kommissionen sind in diesem Sinne übrigens geradezu Veranstaltungen zur *Vermeidung* von Moral!

Vom Verschwinden der Moral kann also keine Rede sein – die Welt ist voll von Achtungs- und Missachtungsbekundungen –, vielmehr haben sich die Bedingungen ihrer Begründung gewandelt. Sowohl Moral als auch Reflexion, Überzeugungen und die Bestimmung von Lebensformen müssen radikal formalisiert und generalisiert werden, um überhaupt das plurale Prozessieren der Gesellschaft zu ermöglichen. Je abstrakter die gedachte Einheit des Differenten mit elaborierten Vernunft-, Rationalitäts- und Normbegriffen dann kodifiziert wird, umso stärker werden die Differenzen der vorgestellten Einheit sichtbar. Und man darf bei aller theoretischen Raffinesse der Ethik nicht vergessen, dass sie eine *theoretische* Raffinesse ist, dass sie ein *disembedding* aus unmittelbaren, praktisch relevanten Lebenswelten und ein *reembedding* im wissenschaftlichen Diskurs erfährt. Wissenschaftlich lässt sich dann das Sollen aus dem Sein erschließen: die Sprache enthält das prozedurale Moralpotential bereits, Sozialisationsprozesse halten sich ontogenetisch universal an eine entsprechende Stufenfolge moralischer Urteilsfähigkeit, oder der Mensch *ist* ohnehin als Mensch bereits an bestimmten normativen Standards interessiert. Damit wird die Moralbegründung selbst dem Sog der funktionalen Differenzierung ausgesetzt, einer frei diskutierenden »gesellschaftlichen Gemeinschaft« entzogen und im Wissenschaftssystem absorbiert. Das erkennt dann in der Welt nur Unmoral und kritisiert – wie die Religion einst Sünde vorfand und missionierte.

In der Tat gibt es einige Parallelen zur Religionsentwicklung. Was sich im Zuge der Reformation und der Säkularisierung der Gesellschaft in der Figur des *deus absconditus* niederschlägt, scheint sich in der Moderne mit dem Vernunftbegriff zu wiederholen. Der *deus absconditus* war deshalb so funktional, weil er letztlich durch seine Weltferne weltfähig wurde. Und Ähnliches geschieht mit der Vernunft. Diese *ratio abscondita* ist folgerichtig hochabstrakt, formalisiert, von ihren Inhalten getrennt und nurmehr Bedingung einer Möglichkeit, über deren Möglichkeitsbedingung der Vernunftbegriff selbst keinen Aufschluss zu geben vermag. Auch hier ist Habermas' Bemühen um die Rettung der Einheit der Vernunft bei gleichzeitiger Anerkennung der Pluralität der Welt paradigmatisch für die aufklärerisch-vernunftphilosophische Version der Moderne. Habermas' gesamtes Werk treibt mit dem Vernunftbegriff das, was man vormals mit dem Gottesbegriff getan hat: Er muss sich von der Welt entfernen, um nicht von der Pluralität absorbiert zu werden, und er muss in der Welt wieder aufgefunden werden, um nicht seine Potenz und seinen Stachel zu verlieren.

Obwohl sich ethische Moralbegründung und Religion weitgehend voneinander entkoppelt haben, sind beide darauf angewiesen, sich auf *Unbedingtheiten* zu beziehen. Beide scheinen sich unter den gegenwärtigen gesellschaftlichen Bedingungen nur gewissermaßen *quer* zur Gesellschaftsstruktur entfalten zu können. Beide müssen eine letztlich unbeobachtbare, kommunikativ verknappbare Selbstbegründung ihrer Unbedingtheit finden. Wie Religion muss also auch Ethik auf Unbeobachtbares, auf *Unsichtbares* verweisen. Wie sonst sollte die Paradoxie bearbeitet werden, das Gute des Guten, das Vernünftige der Vernunft, das Menschliche des Menschen, das Moralische der Moral zu begründen?

Letztlich haben es also sowohl Religion als auch Moral mit der Bestimmung von Unbestimmtem, mit der Einschränkung von Kontingenz und damit auch: mit *Selbstbegründung* zu tun. Wenn dies im Falle der Religion stimmt, scheinen ihr in der Moderne drei Wege offen zu bleiben: Der eine hält an der Dogmatik der Tradition fest und pflegt einen Fundamentalismus gegen die Welt. Der zweite beobachtet sich und die anderen Funktionssysteme unter religiösen Vorzeichen und sucht nach Interventionspunkten und muss doch immer wieder feststellen, dass politische, rechtliche, ökonomische, pädagogische oder ästhetische Medien immer weniger durch Religion irritierbar werden. Der dritte – und sicher erfolgreichste – Weg schließlich findet sein dominantes Bezugsproblem in der Bestimmung dessen, was die funktional differenzierte Gesellschaft tendenziell immer unbestimmter lässt: in der *Individualität von Individuen*. Es ist wohl diese – wenn man so will – *Transzendenz* der modernen Gesellschaft, ihre *Exklusionsindividualität* (vgl. Nassehi/Nollmann 1997), über deren kommunikative Bestimmung Religion Inklusionserfolge erzielen kann, selbst wenn sie die in der Frühmoderne erfolgreiche Unterscheidung zwischen *Heil* und *Verdammnis* verdammt asymmetrisch gestalten muss – ein strafender Gott käme heute in echte moralische Probleme (vgl. dazu Nassehi 1995c). Das Ganze, auf das Religion heute erfolgreich einwirkt, scheint tatsächlich die Ganzheit von Individuen zu sein, die sie kommunikativ miterzeugt.

Der Ethik stehen übrigens drei ähnliche Wege offen. Sie kann sich ihrerseits auf die Dogmatik ihrer Tradition beziehen – was an gesellschaftlichen Wirkungen allenfalls ein paar gelehrte Habilitationen erzeugt. Sie kann zweitens versuchen, über so etwas wie *Bindestrich-Ethiken* Irritationen im ökonomischen, im politischen, im medizinischen, im pädagogischen oder im wissenschaftlichen Funktionssystem zu erzeugen, findet sich dann aber wie alle anderen so genannten *Theorie-Praxis-Transfers* als wissenschaftliche Ethik eben in der Umwelt jener Funktionslogiken vor. Drittens bleibt auch der Ethik der Weg der Bestimmung der Individualität des Individuums als demjenigen Horizont, an dem die Dilemmata der Pluralität und der Unterbestimmtheit von Erwartungssicherheiten und Reziprozität deutlich werden. Sowohl die entwicklungspsychologische Bestimmung der Ontogenese moralischer Urteilsfähigkeit als auch Ethiken, die aus dem Sein der *conditio humana* ein Sollen universalisierbar ableiten, letztlich sogar prozedurale Ethiken, die an der Gemeinsamkeit sprachlicher oder vernunftmäßiger Bedingungen ansetzen, beziehen sich auf jene *Außenbedingung* der modernen Gesellschaft, die *jenseits* ihrer Eigendynamik steht. Und sie kommen alle nicht ohne die metaphysische Komplizenschaft der Unbedingtheit in ihrer Begründung aus, um die oben erwähnte Paradoxie der Selbstbegründung und Selbstanwendung bearbeiten zu können. Insofern ist auch Ethik an einer Art Transzendenz der modernen Gesellschaft orientiert – und letztlich wird jener transzendentale Schein unbedingter, metaphysischer Begründung am ehesten noch der Ethik zugestanden, nicht ohne Zufall, wie sich vielleicht jetzt sehen lässt.

Dass uns derzeit viele Probleme als ethische Probleme erscheinen, ist vor diesem Hintergrund sicher kein Zufall. Denn vielleicht ist die Ethik der letzte Theoriekomplex, dem man Eindeutigkeit und Universalismus, Widerspruchsfreiheit und Kohärenz noch abfordern kann. Das Bezugsproblem der Moral, also des Gegenstands der ethischen Reflexion, ist ja gerade die Unsicherheit über Verhaltensstandards, die prinzipielle Uneindeutigkeit, die sich mit Verhaltensalternativen ergibt. Hier liegt der Grund für das neue Interesse an der Philosophie: Es gelingt der Ethik vielleicht als letzter Theorieform, Eindeutigkeiten universalisierbar zu behaupten, Negationspotentiale wegzuarbeiten und Unsicherheit zu bändigen – freilich nur als Theorieform, nicht als Steuerungsmedium.

Diese Art *Praxisrelevanz* des philosophischen Räsonierens lässt sich an einem kleinen Essay des Moralphilosophen Julian Nida-Rümelin mit dem Titel »Strukturelle Rationalität« (Nida-Rümelin 2001) studieren – ein Essay, der nach Selbstauskunft keineswegs allein der Studierstube gerecht zu werden beabsichtigt, dann aber womöglich nicht einmal einer Studierstube angemessen ist. Es geht hier um die Rekonstruktion praktischer Vernunft und den Nachweis, dass rationale Entscheidungsgründe möglich sind, und zwar hinsichtlich praktischer Gründe *objektivistisch*, hinsichtlich ihrer normativen Kriterien *strukturalistisch* und hinsichtlich ihrer lebensweltlichen Einbettung *kohärentistisch*. Der Autor vertritt eine *deontologische*, also eine Pflichtethik, die streng *nicht-konsequentialistisch* gebaut ist und am Gedanken einer unbedingten Würde des Menschen ansetzt.

Hier interessiert freilich nicht die Begründung selbst, sondern der Kontext, in den die *Idee der Begründung* eingebaut wird. Der Philosoph interessiert sich naturgemäß für gute Gründe – und die besondere Form der Praxisrelevanz wird dort eingelöst, wo nach der Einbettung guter Gründe in entgegenkommende gesellschaftliche Strukturbedingungen gefragt wird. Schon diese Frage impliziert, dass alle Koordinationsprobleme des Handelns, wenn man so will: jede gesellschaftliche Ordnung, letztlich zurückzuführen wären auf die Frage der rationalen Begründung ihres Ethos.

Nida-Rümelin rekonstruiert Entscheidungsprobleme in allen möglichen Handlungsfeldern als ethische Probleme und gibt ihnen damit einen Zuschnitt, der es erlaubt, auf eindeutige Begriffe zu kommen, denen man letztlich nicht widersprechen kann. Es ist in der philosophischen Ethik-Diskussion schon länger umstritten, etwa den Begriff der »Würde« zu vermeiden, weil er schwer operationalisierbar ist – aber gerade das ist doch das Geheimnis solcher Begriffe. Dass man die »Würde« der »Person« und ihre »Verantwortung« hervorhebt, ihr »Rechte« zuschreibt und sie »selbst« entscheiden lässt, wird ebenso betont wie die Tatsache, dass nur »rationale« Gründe »gute« Gründe sind, und rational sind Gründe dann, wenn sie eingebettet werden können in eine »strukturelle Rationalität«, innerhalb deren sie sowohl zeitlich als auch systematisch »kohärent« erscheinen. Die Schriften Nida-Rümelins (1996; 2002) sind voll solcher Unterstellungen, die exakt die Funktion haben, Uneindeutigkeit wegzuarbeiten und das Bild einer Welt zu zeichnen, die letztlich einem Rationalitätskontinuum unterliegt. Sie sind durchdrungen von der Idee einer harmonischen Platzierung ihrer Teile, deren Realisierung letztlich nur durch die mangelnde Einsicht der Akteure behindert wird. Wie zu Kindern spricht der Philosoph, der uns versichert: »Eine in sich vollkommen kohärente Lebensform wirft keine internen Begründungsprobleme auf.« (Nida-Rümelin 2001, S. 160) So steht es geschrieben in dem kleinen Bändchen über »Strukturelle Rationalität«, und es hört sich an, als wolle man störrischen Quertreibern das Quere ebenso wie das Treiben austreiben. Nida-Rümelins Utopie besteht darin, eine Lebensform zu inaugurieren, in der sich Begründungsprobleme aufgrund der Einsicht in die Notwendigkeit der rationalen Kontinuität und der kohärenten Begründung nicht mehr stellen. Das ist aber zugleich ihr Bezugsproblem, denn letztlich rechnet sie immer schon mit Uneindeutigkeit, Irrationalität und mangelhafter Begründung und schwört deshalb umso mehr auf ein kohärentes Fantasma ein, das bisweilen zur Karikatur einer Rationalitätsmaschine gerät. Wiewohl der Philosoph schon weiß, dass »reale Personen« bisweilen auf weniger geraden Wegen wandeln und Alltagsentscheidungen auch schon einmal bloß intuitiv fällen oder gar in Unwägbarkeiten geraten können, wird die »strukturell rationale Person« wirklich frei – frei zur Einsicht in die Notwendigkeit, ihre Entscheidungen zugunsten einer kohärenten Lebensform treffen zu können (vgl. ebd., S. 151 ff.).

Man mag dies philosophisch für klug halten – oder auch nicht. Jedenfalls entbehrt es jeder empirischen Grundlage darüber, wie Handlungen zustande kommen, wie Entscheidungen gefällt werden und in welchen Kontexten Personen in dieser Weise als zurechnungsfähig erzeugt werden. Es ist dies eine bildungsbürgerliche *armchair-philosophy*, die an der modernen Kultur der Eindeutigkeit festhält und geradezu zwanghaft jene gesellschaftlichen und kulturellen Antezedenzbedingungen nicht sehen will, unter denen die Eindeutigkeitsobsessionen der Moderne entstanden sind – funktionale Differenzierung, kulturelle Diversifizierung, Unsicherheit des Wissens, Krise der Repräsentation, Dezentrierung des Subjekts usw. Man muss nicht gleich an den französischen Poststrukturalismus denken oder an konstruktivistische oder so genannte postmoderne

Perspektiven, um sich wenigstens ansatzweise darin verunsichern zu lassen, im Kalkül der Widerspruchsfreiheit und der Kohärenz den Algorithmus des Weltgeschehens aufgedeckt zu haben. Dieses zwanghafte Wegsehen entlarvt geradezu den starrenden Blick auf Kontingenzen und Ambivalenzen – ganz so wie die strengsten Sittenwächter überall Sex sehen.

Wo man diesen Philosophen über kulturelle Integration reden hört, hört man immer die Idee der staatlich-politischen Zentrierung gesellschaftlicher Dynamik mit, wo er über »gute Gründe« räsoniert, hört man den strengen Erzieher mit, der keine Abweichung durchgehen lässt, und wo man den Ethiker liest, verschwindet die Ambivalenz allen Entscheidens in den Leerformeln der Eindeutigkeit. Das politische Korrelat dieser Philosophie ist dann ohne Zweifel der Glaube an die Umsetzung der »rationalen« Entscheidung im Rationalitätskontinuum der Gesellschaft – es ist dies ein Rest obrigkeitlichen Paternalismus, den man nur haben kann, wenn man die eigene Eindeutigkeitsstrategie nicht als Strategie entschlüsseln kann, die sich weniger »guten Gründen« verdankt, sondern den eher subkutan wirksamen Bedingungen politischen Handelns. Man muss nicht ein negativer Dialektiker vom Schlage Adornos sein, um hier zu sagen: Es gibt kein richtiges Leben im Falschen – und man behüte uns vor dem richtigen.

Es geht mir hier nicht um die Moralphilosophie Nida-Rümelins. Diese dient mir nur dazu, zweierlei zu zeigen: *Zum einen* gilt, dass Moralbegründungen geradezu darauf angewiesen sind, Eindeutigkeiten und Sicherheit dort zu implementieren, wo es um Uneindeutigkeiten und Unsicherheiten geht – Moral reagiert in diesem Sinne stets mit Unbedingtheitsbehauptungen, deren Bedingungen unsichtbar gehalten werden müssen. *Zum anderen* ist zu sehen, dass alle Moral und ihre Begründung ein ökologisches Milieu benötigt, dem eine konsistente Ordnung bereits innewohnt. Deshalb bleibt moralischer Kommunikation – und, wie man im Falle Nida-Rümelins sehen kann, auch ihrer ethischen Begründung – nichts anderes übrig, als Kommunikationsformen zu wählen, die sich selbst gegen Unbestimmtheits- und Verunsicherungspotentiale weitgehend abschotten oder diese als Bestätigung für die eigene Programmierung sehen. So dürfte die Betonung der Unmoral – i. e. der Widerspruch – geradezu die höchste Form der Bestätigung moralischer Kommunikation sein.

In Letzterem trifft sich moralische mit religiöser Kommunikation. Dass der Kampf etwa um politische Repräsentation in der Weltgesellschaft wesentlich in der Sprache der Religion geführt wird, scheint dabei kein Zufall zu sein. Religiöser Codierung gelingt es am stabilsten, unter Bedingungen von Unbestimmtheit zu Bestimmungen zu kommen, Unvertrautes in einer Sprache der Vertrautheit zu sagen. Die Rhetorik der Religion ist die, Unterscheidungen und Differenzen auf Ununterscheidbares zu beziehen, oder, wie Kenneth Burke treffend formuliert: »Linguistic entitlement leads to a search for the title of titles, which is technically a ›god-term‹.« (Burke 1961, S. 33) Religiös codierte Kommunikation vermag es, Eindeutigkeiten zu formulieren, denen man schwer widersprechen kann – weder indem man ihnen *andere* religiöse Überzeugungen entgegenhält oder auch nur eine andere Auslegung heilsrelevanter Dokumente, noch indem man ihr mit Verständnis, Toleranz oder Ähnlichem begegnet. Das Gerede vom Dialog der Kulturen, vom Dialog der Weltreligionen und vom Versuch, den anderen zu »verstehen«, sieht daran vorbei, dass mit einer solchen *kulturellen* Beobachtung der Religion gerade die Differenzen verschärft werden. Wenn es stimmt, dass das Beobachtungsschema *Kultur* andere Möglichkeiten mitbeobachtet und alles, was geschieht, mit dem Index des Erstaunlichen versieht, sucht *Religion* in der Pluralität des Beobachtbaren nach Eindeutigkeiten und Unbedingtheiten, deren *god-terms* man kommunikativ kaum beikommen kann. Gerade das macht die »technische« Überlegenheit religiöser Rhetorik gegenüber jedem Verständigungsangebot und gegenüber jeder Verständniszumutung aus. Insofern gerät Kommunikation mit Leuten, die sich religiös programmieren, an rhetorische Grenzen, weil die Unbestimmtheits- und Verunsicherungspotentiale, die in die meisten politischen, ökonomischen, rechtlichen und vor allem wissenschaftlichen Kommunikationsformen eingebaut sind, nicht greifen – Jacques Derrida (2001, S. 72) spricht von der *»Auto-Immunität des Heilen«*.

Zumindest was die Kommunikations*form* angeht, scheinen moralische und religiöse Kommunikationsformen also durchaus ähnlich zu sein. Beide immunisieren sich selbst gegen Nein-Stellungnahmen, als beide solche als Bestätigung ihrer Intention wegrationalisieren können. Und gerade deshalb dienen sowohl religiöse als auch moralische Kommunikationsformen dazu, Unsicherheitsmanagement zu leisten. Beide können kommunizieren, was man nicht kommunizieren kann. Die eine kann die Paradoxie der Unbedingtheit ihrer Bedingungen dadurch entfalten, dass sie sie explizit in ihrem Programm führt, die andere kann so tun, als könne es Begründungen geben, die sich ihrerseits der Paradoxie der Selbstbegründung nicht stellen. Beide müssen auf Unsichtbares rekurrieren, und beide müssen sichtbare Eindeutigkeiten erzeugen. Diese *Paradoxie der Unsichtbarkeit* findet ihre Entfaltung in der Betonung von Unbedingtheiten.

Ich hoffe, plausibel gezeigt zu haben, dass man es sich zu einfach macht, eine bloße Säkularisierung der Ethik und der Moral zu behaupten; und ich hoffe, dass ebenso deutlich geworden ist, warum Religion und Moral auch in der säkularisierten Moderne bisweilen stärker miteinander verhaftet bleiben, als man dies erwarten konnte. Dass das Individuum – sowohl als transzendentaler Horizont als auch als empirischer Fall – für beide der kommunikative Bezugspunkt bleibt, an dem sich Unbedingtheiten noch am ehesten unwidersprochen behaupten lassen, hat offensichtlich gesellschaftsstrukturelle Gründe. Und so ist es sicher kein Zufall, dass sich die Ethiken der großen Konfessionen und Kirchen – vielleicht weltweit – auf Minimalbedingungen der *conditio humana* beziehen, deren je religiöser und theologischer Hintergrund immer unsichtbarer wird. Es ist dann letztlich die Menschlichkeit des Menschen, die den zentralen *God-Term* sowohl religiöser wie ethischer Kommunikation ausmacht – mit geringem prinzipiellem Ablehnungsrisiko, aber hoher Interpretationsoffenheit im moralisch-dilemmatischen Einzelfall. Integrations- und Inklusionsfunktionen für die moderne Gesellschaft hat das alles nicht – und wir sollten das schätzen lernen. Im Übrigen: All die obsessiven soziologischen Integrationswünsche, die man sich von der Menschlichkeit des Menschen, der Vernünftigkeit der Vernunft und der Moralität der Moral verspricht, sind vielleicht intellektuelle Selbstmissverständnisse, als könne wissenschaftliche und religiöse Moral*begründung* die tatsächliche moralische Kommunikation konditionieren. Am Ende sehen wir: Es macht einen Unterschied, ob wir von Ethik und Theologie/Religion oder von Moral und Glauben reden. Letzteres Begriffspaar unterliegt dem ungeheuren disseminatorischen Formenreichtum der modernen Gesellschaft, Ersteres reagiert darauf mit Ordnungszumutungen, die doch wieder nur ihrer je funktionssystemischen Logik folgen. Glaube und Moral sind durch Theologie/Religion und Ethik eben nicht konditionierbar, sondern nur reflektierbar. Um dies zu sehen, gibt es etwa Religionssoziologie – aber auch nur dafür.

Fünfte Abteilung: Offenheit durch Geschlossenheit

9. Die Geschwätzigkeit des Todes. Oder: Der Tod als Parabel auf Offenheit durch Geschlossenheit

> Und niemand kann die dürre Schale lieben,
> Welch herrlich edlen Kern sie auch bewahrte.
> Doch mir Adepten war die Schrift geschrieben.

Die »dürre Schale« ist Friedrich von Schillers Schädel, und dem da eine Schrift erscheint, kein Geringerer als Johann Wolfgang von Goethe, 1826 *Bei Betrachtung von Schillers Schädel.* Eine »gottgedachte Spur« sieht Goethe, ein »Geheim Gefäß! Orakelsprüche spendend«, beeindruckt vom Vergänglich-Unvergänglichen, das sich da an des Freundes Kalotte zeigt, »Als ob ein Lebensquell dem Tod entspränge«. Dass man mit Goethe und Schiller beginnt – wenigstens mit des Zweiteren Gebein –, muss nicht nur Ausweis bildungsbürgerlicher Wohlgenährtheit sein. Wen sollte man denn sonst anführen als die beiden Großrepräsentanten deutscher Klassik, um gebührend deutlich zu machen, wie sehr die gesamte Selbstdeutung von Kulturen und Kosmologien gerade im Tod einen ihrer entscheidenden Kulminationspunkte findet? Kunst und Literatur, Weltbilder und Heilslehren, soziale Bräuche und Alltagsregeln sind voll davon, und nicht umsonst behauptet manche Kulturtheorie, es sei gerade der Tod, der den Menschen zu Selbstbeschreibungen nötige, die Beliebigkeit und Sinnlosigkeit verhinderten (vgl. nur Simmel 1984, S. 31 f.; Scheler 1933; Apel 1979; Berger/Luckmann 1970, S. 108). Aber ist es wirklich der Tod, der dies vermag?

Goethe hat angesichts des ehemaligen Angesichts seines Freundes von einer »Spur« gesprochen. Die Metaphorik der Spur verweist darauf, dass sich der Tod nicht von selbst zeigt, sondern erschlossen, gedeutet, gelesen werden will, sich wie ein Gleichnis zeigt, immer das *ganz andere* bleibt. Mit dem Tod ist keine Erfahrung zu machen, und so lässt sich über die Erfahrung des Todes auch nicht sprechen. Aber gerade deshalb zieht der Tod den Gedanken an das Übersinnliche, das Metaphysische, das Außeralltägliche geradezu an. Und wer denkt nicht beim *Tod* zunächst an ein Geheimnis, an Transzendenz oder wenigstens an eine Natur, die unser je kleines Leben transzendiert? Jenseits aller Fixierung auf Religiöses, auf Unsterblichkeitsglauben und Jenseitshoffnung, auf Wiedererweckung oder Reinkarnation verweist der Tod also auf Transzendenz – auf die Transzendenz des jeweiligen Sprechers nämlich, der nur um den Preis einer unaufhebbaren Paradoxie sagen könnte: *Ich bin tot.* Transzendenz meint hier: Der Tod liegt außerhalb der Möglichkeiten des Sprechers, ist aber als Möglichkeit stets sichtbar. Unübertroffen ist das wohl in Martin Heideggers Diktum vom Sein zum Ende als einer *Möglichkeit des Daseins* ausgedrückt, dessen *Wirklichkeit* die Möglichkeiten des Daseins sprengt (vgl. Heidegger 1979). Exakt deshalb verweist der Tod zugleich auf beides: auf die radikale Immanenz allen Daseins und auf den Tod als einen Horizont, der als Wirklichkeit die Möglichkeit dieses Daseins transzendiert.

Die Paradoxie der Todeserfahrung

Aber genau besehen verweist der Tod nicht nur auf Transzendenz, sondern vor allem auf radikale Immanenz. Am Tod kann man viel genauer besichtigen als an den meisten anderen Themen, dass wir radikal gefangen sind in unseren kulturellen Zeichenuniversen. Im Tod kulminiert die Erfahrung, dass wir keinen anderen Zugang zur Welt haben, als es unser jeweiliger sprachlicher, kultureller, gesellschaftlicher Zugang ermöglicht. Man kann das zeichentheoretisch ausdrücken: Das Bezeichnete lässt sich außerhalb der Bezeichnung nicht bezeichnen, keine Erfahrung außerhalb der Erfahrung machen, nicht außerhalb der Sprache sprechen. Oder man kann es religiös ausdrücken: Auch das Transzendente lässt sich nur aus der Perspektive unserer jeweiligen Immanenz beobachten, und alle Religion und Theologie hat exakt mit diesem Problem zu tun: als Endliche übers Unendliche, als Sterbliche über den Tod, als Geschöpfe über die Schöpfung zu reden. Um Missverständnissen vorzubeugen: Ich simuliere hier keine soziologische Theologie – nichts läge mir ferner. Ich will vielmehr auf ein merkwürdiges epistemologisches Problem aufmerksam machen: Der Tod entzieht sich jeglicher Erfahrung, und gerade deshalb will der Tod bezeichnet werden, erscheint er als eine *Spur*. Die Nichterfahrbarkeit des Todes hat eben nicht Sprachlosigkeit zur Folge, sondern das Gegenteil: Seine Nichterfahrbarkeit entfesselt Kommunikation, zwingt uns dazu, sprachliche Sinn-Universen zu errichten und jener *Spur* zu folgen, die am

Ende dann doch nur auf sich selbst verweist, nicht auf den Tod selbst. Der Tod, von dem hier aus soziologischer Perspektive die Rede sein soll, ist also schon in einem epistemologisch fundierten Sinne stets »Tod der Gesellschaft«, Spur eben, radikale Selbstreferenz, dessen Derrida'sche *différance* hier in geradezu handgreiflicher Weise unüberwindbar erscheint. Und zugleich entfalten das Zeichenuniversum und seine dynamische Geschlossenheit das, was Derrida seine *metaphysische Komplizenschaft* nennt, die noch unsichtbar macht, was sie zu verdecken sucht. Vielleicht ist das eine erste Erklärung für die Reichhaltigkeit der kulturellen Formen, die nichts anderes zum Ziel haben, als den Tod irgendwie kommunizierbar zu machen – und das gilt sowohl für religiöse und kosmologische Ideen als auch für den alltäglichen Umgang mit der merkwürdigen Erfahrung, dass Welt und Gesellschaft ziemlich gelassen kontinuieren, obwohl ihr Personal in regelmäßigen Abständen vernichtet und erneuert wird. Es ist vielleicht diese Kränkung, oder genauer gesagt: diese radikale Diskontinuitätserfahrung, die fast alle weltgeschichtlich bekannten Kulturen dazu gebracht hat, in ihren zentralen Sinngebungen der Welt eine Kontinuität des menschlichen Lebens über die je konkrete innerweltliche Existenz hinaus anzunehmen (vgl. Berger/Luckmann 1970, S. 108; Hahn 2000b). Die kulturellen Formen dafür sind vielfältig und kaum zu überblicken und ihre jeweilige kulturelle Funktion nicht auf einen Begriff zu bringen. Man denke nur an den Gedanken der ewigen Wiederkehr der Generationenfolge, der sich in den zentralen Mythen mancher Stammeskulturen in einer jenseits gedachten Welt wiederholt, bis sich die verwandelte Gestalt in der diesseitigen Welt wiederfindet und damit die Individualität ihrer selbst in der ewigen Kette des Seins aufgehoben wird; man denke an Reinkarnationslehren, die am Ende der Wiedergeburten die Reinigung der konkreten Individualität von seiner Individualität im kollektiven Nirwana versprechen; oder man denke an den christlichen Auferweckungsglauben, der das konkrete Individuum radikal wie niemals in der Weltgeschichte zuvor dem Tod, dem Nichts überantwortet, es aber ebenso radikal als konkrete Individualität – bis in die Metapher der Leiblichkeit hinein – am Ende der Zeiten als konkretes Individuum auferwecken lässt. All diese Formen, deren kulturelle Relativitäten auf spezielle gesellschaftlich-strukturelle Bezugsprobleme zurückführbar sind, eint das Grundverständnis, die Diskontinuität des individuellen Lebens mit der Kontinuität der Welt zu versöhnen oder zumindest zu vermitteln – und damit das Unerfahrbare kulturell erfahrbar zu machen.

Wir kommen nicht anders an den Tod heran als mit Kommunikation und noch mehr Kommunikation. Insofern ist der Tod vor allem dies: *geschwätzig und paradox*. Er ist *geschwätzig*, weil wir ihn nicht unmittelbar besichtigen können, ihn nicht zum Objekt von Beobachtungen machen können. Deshalb müssen wir ihm Kommunikation widmen, ihn deuten und verstehen. Und von dieser Möglichkeit haben bis heute alle uns bekannten menschlichen Kulturen einen unübertroffen vielfältigen Gebrauch gemacht. Um Missverständnissen vorzubeugen: Auch andere Beobachtungsobjekte sind nicht unmittelbar, sondern nur per Beobachtung zugänglich. Aber beim Tod lässt sich das Gegenteil nicht einmal simulieren. *Paradox* ist der Tod also, weil wir damit eine Erfahrung simulieren, mit der sich eben keine Erfahrung machen lässt. Der Transzendenzgenerator Tod entpuppt sich also als einer der stärksten Hinweise auf die Immanenz und Selbstreferenz gesellschaftlicher Sinn- und Verweisungszusammenhänge, deren kulturelle Relativitäten auf spezielle gesellschaftlich-strukturelle Bezugsprobleme zurückführbar sind. Alle gesellschaftlichen Repräsentationen des Todes eint das Grundverständnis, die Diskontinuität des individuellen Lebens mit der Kontinuität der Welt zu versöhnen oder zumindest zu vermitteln – und damit das Unerfahrbare kulturell erfahrbar zu machen.

Der Tod – und das, was hier konstativ bezeichnet wird, hat nicht einmal einen genauer benennbaren Referenten – kann damit als eine geradezu vortreffliche Parabel auf *Geschlossenheit und Offenheit* dienen. *Eingeschlossen* in die kommunikative Bezeichnungs- und Benennungspraxis und in korrespondierende psychische sinnhafte Vorstellungswelten *eröffnet* sich ein Horizont möglicher Bedeutungen, deren Vielfalt dem *factum brutum* selbst geradezu spottet. Die Paradoxie der Todeserfahrung ist freilich bisher keineswegs unbeobachtet geblieben, denkt man nur an Heideggers Diktum vom Tode als *Möglichkeit* des Daseins, dessen Wirklichkeit »unüberholbar« bleibt (Heidegger 1979, S. 255 ff.), auch insofern die Paradoxie des Seins *im* Tode als Sein *zum* Tode aufgelöst wird, das sich dann innerweltlich dazu zu verhalten hat. Ähnlich weist Maurice Merleau-Ponty auf den Horizont-Charakter des Todes hin (vgl. Merleau-Ponty 1966, S. 253), also darauf, dass der Tod das Konstrukt eines Beobachters bleiben muss und nicht unmittelbar zu erfahren ist. Und am radikalsten weist Thomas Macho darauf hin, dass keine Erfahrung mit dem Tode zu machen sei und das Fehlen einer solchen Erfahrung deshalb durch die Produktion von *Todesmetaphern* kompensiert werden muss (vgl. Macho 1987). Die möglichen Nachweise dieses Gedankens wären Legion, und am epikureischen Materialismus lässt sich eine mögliche sinngebende Konsequenz aus dieser Paradoxie ziehen. Als Reaktion auf den Platonismus als erster *Was-steckt-dahinter?*-Theorie entfaltet Epikur die Paradoxie des Todes so, dass er postuliert, der Tod habe weder uns noch die Toten etwas anzugehen: »denn solange wir sind, ist der Tod nicht da; und wenn der Tod da ist, sind wir nicht mehr« (Epikur 1949, S. 45). Übrigens streitet Epikur gar nicht die Existenz von Göttern ab, aber diese hätten keinerlei Interesse an den Menschen, die dann ihrerseits auch nicht auf die Götter, sondern aufs Leben zu schauen hätten – und zwar in vollkommener *ataraxia*. Und wiewohl das eine sehr elegante Lösung zu sein scheint, so dementiert sie sich doch selbst, entfaltet sie doch eine Paradoxie, die gar nicht auftreten würde, würde uns der Tod wirklich nichts angehen.

Die *Paradoxie der Todeserfahrung* nun freilich als *Parabel* für Geschlossenheit als Bedingung für Offenheit einzuführen, gibt sich nicht einfach mit der Betonung jener Paradoxie zufrieden, die als solche zumeist eigentümlich unbeobachtet bleibt. Denn eigentlich kann doch die Betonung der *Nicht*-Erfahrbarkeit des Todes nur darauf hinweisen, dass Erfahrungen ansonsten durchaus zu machen sind – wenn man unter Erfahrungen Unmittelbarkeiten verstehen will, die ihrer Bezeichnungspraxis vorausgehen, gewissermaßen Wahrgenommenes vor der expliziten Wahrnehmung, Gesehenes jenseits des sehenden Auges, Gesagtes, bevor gesprochen wurde, Begriffenes jenseits, oder besser: diesseits des Begriffs. Würde man den Tod so diskutieren, taugte er ja gerade *nicht* als Parabel, sondern nur als *Kuriosum*. Ich meine es also ernst damit, den Tod *als Parabel* dafür zu nehmen, dass sich nichts, was geschieht, außerhalb dieses Geschehens ereignet. Die Besonderheit des Todes besteht dann darin, zu zeigen, dass es *einerseits* gerade die Unerfahrbarkeit des Todes keineswegs ausschließt, ihn zu *beobachten*, dass aber *andererseits* durchaus Erfahrungen mit Unerfahrbarem möglich sind. Diese kryptische Formulierung soll andeuten, dass auch *Erfahrung* keinen Sachverhalt bezeichnet, der außerhalb der Bezeichnung liegt, keine

Praxis, die der Praxis vorgeordnet wäre. Eine systemtheoretische Soziologie des Todes hätte also zu zeigen, wie sich aus der *Unerfahrbarkeit* des Todes *Erfahrbarkeiten* machen lassen. Und der *Tod* wäre dann eine Parabel darauf, dass eine Soziologie dieser Art keinen ihrer Gegenstände anders zu behandeln hätte als in dem Sinne, dass sinnhafte Bedeutungen nur innerhalb sinnhaften Geschehens vorkommen können. Der Tod ist also zunächst nichts anderes als ein Kommunikationsinhalt, wenn man so will: die kommunikative Repräsentation der Tatsache, dass zwischen Akteuren und der Gesellschaft eine temporale Diskontinuität besteht – eine Diskontinuität, die ohne Zweifel wahrgenommen wird und zu der man sich kommunikativ zu verhalten hat. Und das ist dann wiederum seine Besonderheit, denn diese Diskontinuität scheint *gegeben* zu sein. Es geht also darum, den Tod zunächst theoretisch zu entdramatisieren, damit er nicht wiederum wie dem Dichterfürsten als Spender von – nun soziologischen – Orakelsprüchen erscheint, um dann das Problem der Repräsentation und der unüberwindbaren *Dynamik der Geschlossenheit* zu redramatisieren und darauf zu stoßen, dass das Parabolische des Todes darin besteht, eine Nicht-Erfahrbarkeit zu repräsentieren, an deren Erfahrung man nicht vorbeikommt.

Aber zunächst: Ist der Tod ein religiöses Thema? Ohne Zweifel scheint religiöse Kommunikation sich stets an diesem Thema zu bewähren zu haben. Wenn es die Funktion der Religion ist, »die Bestimmbarkeit allen Sinnes gegen die miterlebte Verweisung ins Unbestimmbare« (Luhmann 2000, S. 127; vgl. ausführlich o. S. 258 ff.) zu behaupten, dann muss sich Religion in der Tat besonders an der Frage des Todes bewähren, der die Unbestimmbarkeit geradezu eingeschrieben ist. Nun besteht die Funktion der Religion keineswegs nur in der Bestimmung oder Sinngebung des Todes – religiöse Kommunikation hat sich überall dort zu bewähren, wo Unbestimmbarkeiten die Repräsentation des Ganzen zu zerstören vermögen. Gerade deshalb gerät religiöse Kommunikation oft zur Krisenkommunikation, deren technische Überlegenheit darin besteht, *Unbestimmbarkeit als Bestimmung* zu kommunizieren und diese durch Verknappung von Anschlussmöglichkeiten zu sichern – etwa durch rituelle Kommunikation, durch Ausdifferenzierung von Sakralrollen, durch Ersetzung von Wissen durch Glauben, durch Implementation von Erfahrungen usw. Religiöse Kommunikation ist gerade deshalb besonders in der Gefahr, die eigenen Gewissheiten zu *dogmatisieren*. Auch dies beinhaltet eine Kontradiktion, denn handelte es sich um Gewissheiten, bedürfte es nicht der kommunikativen Technik der Dogmatisierung. Und bedürfte es keiner Dogmatisierung, könnte man sich auf schlichte Gewissheiten verlassen – die sich freilich angesichts des Todes nicht simulieren lassen. Auch das *factum brutum*, das sich nicht wegkommunizieren lässt, verweist also auf die *Dynamik der Geschlossenheit* seiner Repräsentation. Insofern ist der Tod in der Tat ein religiöses Thema, wenn nicht *das* religiöse Thema schlechthin – und das gilt sogar in einer Gesellschaft, in der es religiöser Kommunikation keineswegs mehr gelingen kann, alternativlose Formen anzubieten, um der Kontingenzzumutung des Nicht-Wissens zu begegnen. Was Religion aber nach wie vor gelingt, ist Kommunikation unter ausdrücklichem Hinweis auf Unbestimmbarkeit, was Annahmewahrscheinlichkeiten für Kommunikation in diesem speziellen, dem religiösen Falle nämlich, nicht negiert, sondern geradezu potenziert. Insofern kann auch die religiöse Kommunikation über den Tod als Parabel dafür dienen, dass die Offenheit sinnhaften Formenreichtums eine Funktion jener Geschlossenheit ist, in der allein sich kommunizieren lässt.

Tote Körper

Ein Standardvorwurf gegen eine solche Theorie der unheilbaren Selbstreferenz von Kommunikation und der gesellschaftlichen *Dynamik der Geschlossenheit* besteht darin, sie enthalte eine kulturalistische oder kognitivistische Verkürzung. Gerade angesichts des Todes liegen doch durchaus Erfahrbarkeiten vor, man denke an den Körper, an Krankheit und Sterben, an die Leiche, auch an die gewaltsame Produzierbarkeit von Toten. Hier zeigt sich das neue Interesse an der Natur und am Körper. Die größte Evidenz gegen die behauptete selbsttragende *Dynamik der Geschlossenheit*, gegen die in die eigene Zeichenhaftigkeit eingeschlossene bloße Benennbarkeit der Welt, gegen die Verschiebung aller Unmittelbarkeit durch die Mittelbarkeit der Bezeichnung und gegen die ontologische Unüberwindbarkeit aller ontologischen Realitätsgarantien scheint die *Natur* zu haben – freilich nicht jene Natur, die ja selbst nichts anderes ist als eine Praxis der Bezeichnung, eine Semantik mit unterschiedlichsten Bedeutungsvariationen und Praxisfeldern. Gemeint ist die *Natur des menschlichen Körpers*, dessen Unmittelbarkeit und ontologische Würde auf den ersten Blick einleuchtet. Dass der Körper der Wahrheit näher sei als alle sinnhafte Verweisung psychischer oder sozialer Natur (sic!), zieht sich von der peinlichen Befragung der spätmittelalterlichen Inquisition bis zum Authentizitätsgehabe sexuellen Begehrens, vom Schmerz als religiösem Läuterungsmittel bis zur Reduzierung des Lebens auf die körperliche Reaktion in Extremsportarten. Der Körper kann als Chiffre jenes »Außenkontaktes« gelten, der sich zeichen- und operationstheoretisch offenbar nicht mehr beschreiben lässt. Und als soziale Praxis funktioniert das nach wie vor: Der Rekurs auf den Körper kommt mit einer Unmittelbarkeit daher, die sich weiteren Verweisungen entzieht. Der Körper steht für das *wirkliche* Leben, für jenes reale Substrat, das dem kulturellen Selbstverständnis offenbar abhanden gekommen zu sein scheint. Im Körper scheint sich eine Eindeutigkeit zu manifestieren, die der Arbitrarität des Zeichens hohnspricht. Der Körper ist authentisch – wie er in der schon erwähnten hochnotpeinlichen Befragung früherer Tage als Beweismittel und Mäeut der Wahrheit fungierte, der sich der arme Sünder auch durch Verstellen und List nicht entziehen konnte, so dient er heute dazu, die Unmittelbarkeit der Existenz auszudrücken. Wer nicht weiter interpretieren will, verweist auf seinen Körper – entweder indem er den Körper schlicht demonstriert, sich in den Weg stellt, inszeniert, oder indem er auf die Signale des Körpers hört, die die Grunddisposition der Existenz auszumachen scheinen. Die Attraktivität des Körpers ist nicht seine bloß ästhetische Attraktivität, seine Ästhetik besteht vielmehr darin, dass er für schlichte Ontologie steht, für schlichtes Sein, das zu negieren dieses Sein selbst bestätigt.

Nun wissen wir längst, dass sich auch der Körper – nicht nur seine kulturelle Repräsentation durch sprachliche Kommunikation, sondern auch seine habituelle Präsentation und Widerständigkeit – der sinnhaften Dynamik sozialer und psychischer Geschlossenheit keineswegs entzieht. Auch habitualisierte Praxen haben sich in kommunikativen Anschlussprozessen zu bewähren und können sich nur hier fortpflanzen und entsprechende Bedeutungen gewinnen. An dieser Stelle bewährt sich übrigens die systemtheoretische Denkfigur eines *Vorrangs* der Kommunikations- vor der Handlungstheorie, denn nur so lässt sich die empirische Realität sozialer Prozesse von jener intentionalistischen Selektivität trennen, die Handlungstheorien auch gegen ihre Intentionen fast unvermeidlich entfalten. Insofern sind Prozesse des körperlichen Sterbens, der Behandlung von Körpern, der körperlichen Fundierung von Anwesenheit und Sichtbarkeit, auch der Tötung von Körpern Folgen sozialer Strukturen und Prozesse und weder ihre vorsoziale Voraussetzung noch ihr ganz Anderes. Letzteres mag vielleicht nur für die abstrakte prinzipielle Sterblichkeit allen komplexen organischen Lebens gelten, ist aber – weil abstrakt und demnach nicht naturwüchsig – nur einem Beobachter zugänglich, der sich bekanntlich nicht außerhalb der Beobachtung verorten kann.

Die Orientierung am Körper, gewissermaßen die Verankerung gesellschaftlicher Verhältnisse an jener Widerständigkeit, auf die der Tod auch immer verweist, ist freilich nur eine mögliche Form der Thematisierbarkeit des Todes – eine Form der Thematisierung, die übrigens die grundlegende Paradoxie der Todeserfahrung nicht aufhebt. Wie schon der *lebende* Körper immer das »ganz Andere« sinnhafter Verweisungen bleibt – »drinnen« und »draußen« zugleich zu sein –, verweist der *tote* Körper erst recht auf eine eigentümliche Fremdheit, die *innen* und *außen* zugleich affiziert. Es ist dies aus der Perspektive der kommunizierenden Kommunikation und aus der Perspektive der wahrnehmenden und denkenden Psyche jene merkwürdige Erfahrung des Erfahrungsabbruchs, der den Mechanismus doppelter Kontingenz suspendiert. Einer soziologischen Phänomenologie erscheint der Tod zunächst als nichts anderes als eine mehr oder weniger abrupte Kommunikationsunterbrechung. War der Sterbende gerade noch einer, mit dem man kommunizieren konnte (oder musste), ist er nun als Toter zugleich der Kommunikation entkommen und mittendrin. Der tote Körper verweist gewissermaßen auf die immanente, die geschlossene Form der Zurechnung von Handlungsfähigkeit. Die Erfahrung des Todes besteht also darin, ein Gegenüber zu sehen, von dessen Verhalten das eigene Verhalten nicht mehr abhängig gemacht werden kann, weil ihm kein Verhalten mehr abzutrotzen ist. Wie kontingent jenes »Verhalten« sein kann, wird besonders dort deutlich, wo sich etwa Mediziner bei der Bestimmung von Bewusstheitsformen und Todeszeitpunkt an Verhaltensformen halten, denen kommunikationsfähige Kontingenz eingeschrieben werden muss – als Kurve auf einem Oszillographen, als Bewegung von Körperteilen usw. (vgl. Schneider 1999; Lindemann 2002). Dieser Art Erfahrung mit dem Tod, also: Erfahrung mit dem toten Körper, kann denn auch nicht als Überwindung der radikalen Immanenz der Bezeichnungspraxis des Todes herhalten. Die Erfahrung des körperlichen Todes (anderer!), also der Abbruch von Kommunikation mit einem zuvor zurechnungsfähigen wahrnehmbaren Gegenüber, ist selbst eine soziale, sich in der Kommunikation ereignende Form. »Der physische Tod ist der soziale Tod.« Diese lapidare Feststellung von Gesa Lindemann (2002, S. 423) gilt nicht nur für den Fall, auf den er gemünzt war: auf die Praxis der Hirntoddiagnostik, die den Status des Tot-Seins der technischen Verfügbarkeit bio-medizinischer Formen der Auslegung doppelter Kontingenzen anheim stellt. Sie gilt letztlich für die schlichte Tatsache der Diskontinuität, die sich zwischen die Endlichkeit als Kommunikanden zurechenbarer Körper und der Kommunikation der Gesellschaft, die weitergeht, schiebt. Und die »Tod« genannte Kommunikationsunterbrechung beendet Kommunikation keineswegs, im Gegenteil: Sie bringt Kommunikation in geradezu epidemischer Weise hervor.

Die Verdrängung der Todeserfahrung

Aus Goethes Metaphorik der Spur und des Geheimnisses, mit der ich begonnen habe, lässt sich aber noch ein zweiter Hinweis entnehmen, der für eine soziologische Thanatologie von Bedeutung ist. Ich möchte dies den *bürgerlich-romantischen bias* des intellektuellen Nachdenkens über den Tod nennen. Der Tod fungiert hier als Sinnspender, als »Lebensquell«, wie der Dichterfürst formuliert, »Orakelsprüche« vernehmend. Was den Tod angeht, wird offenbar allein jene Form von Thematisierung als angemessen angesehen, die so etwas wie Lebensbilanzen, Gesamtschauen, die Aufhebung des biographisch Entzweiten, die konsistente Beschreibbarkeit des eigenen Lebens als einzige akzeptierbare Perspektive durchgehen lässt, die vor jenem Geheimnis Bestand haben kann und auf angemessener Augenhöhe operiert. Es ist dies der paradigmatische Fall des *exklusionsindividualisierten* Bürgers, der die Einheit seiner selbst gewissermaßen *neben* dem Getriebe der Welt entfaltet und hier jenen Ort findet, an dem sich die Einheit des Individuums herstellt. Es ist dies jene Form von *Individualisierungsdiskurs*, der Individualisierung als eine letztlich *jenseits* der Gesellschaft sich entfaltende Größe ansetzt und die Multiinklusion in verschiedene Funktions- und Organisationssysteme biographisch zu einer Einheit zu bringen versucht.

Exakt dies ist der systematische Ort, an dem die kulturkritische Tradition einer *Verdrängung des Todes in der Moderne* ansetzt. Die meisten Vertreter der These einer Verdrängung des Todes in der Moderne vereint letztlich – bei aller Unterschiedlichkeit der Vertreter dieses Ansatzes – die Idee, dass die moderne Gesellschaft für dieser Art Reflexion auf die Gesamtheit individueller Reflexionsarbeit keinen gesellschaftlichen Ort mehr kennt, an dem dies kulturell abgestützt wird. Folge ist eine kulturkritische Klage darüber, dass die moderne Gesellschaft in der »offenbaren Sinnlosigkeit des Todes, welcher gerade unter den Bedingungen der ›Kultur‹, der Sinnlosigkeit des Lebens erst den endgültigen Akzent aufzupragen« scheint, um es mit den Worten Max Webers (1972, S. 569) zu formulieren, dessen Theorien für mehrere Generationen sozialwissenschaftlicher Intelligenz formbildend waren (vgl. auch Scheler 1933). Das »mannhafte Aushalten des Kampfes der Götter« und der widerstreitenden Dämonen ohne die Hoffnung auf inner- oder außerweltliche Erlösung ist jenes Los, das die Todesverdrängung der modernen Kultur ausmacht. Dabei eignet der These von der Verdrängung des Todes in dieser modernitätskritischen Variante eine eigentümliche Paradoxie. Denn gesellschaftstheoretisch betrachtet, ist gerade die individualistische, auf Lebensbilanz und biographische Konsistenz, auf Versöhnung und Selbsterforschung zielende Form der individuellen Sinngebung des Todes eine unmittelbare *Folge* jener Umstellung der Gesellschaftsstruktur auf funktionale Differenzierung, die das unverwechselbare Individuum erst hervortreten lässt und dem der Rest der Welt aus seiner *exklusionsindividualisierten* Position als existentiell unwesentlich, uneigentlich und letztlich bedeutungslos für die »letzten Dinge« bleibt. Die Paradoxie besteht darin, dass die radikale Diskrepanz zwischen Individuum und Gesellschaft, die Erfahrung, *Exklusionsindividualität*, wenn man so will: Mensch schlechthin zu sein, erst in dem Moment eine bestimmte Form des Leidens an der Welt privilegiert und prämiiert, in dem die so angeklagte soziale Welt dies ermöglicht. Was hier als letztlich anthropologisches Modell hervortritt, als Generalisierung bürgerlicher Subjektivität, die noch in den aktuellsten Varianten einer soziologischen Ideologie der »Individualisierung« zum Ausdruck kommt, erschien dem abendländischen Denken lange als Grundlage der Humanitas schlechthin – im Übrigen auch bei Autoren, die den Topos der »Verdrängung« explizit ablehnen und die Individualisierung der Todeserfahrung erstaunlicherweise mit einem Realitätsverlust gleichsetzen, was letztlich auf eine ähnliche Paradoxie hinausläuft wie die, die ich gerade beschrieben habe (vgl. nur Hahn 2000b und schon 1968). Vielleicht spricht vieles dafür, die *Individualisierung* der Todeserfahrung zugleich mit einer *Realitätsverstärkung* der Todeserfahrung in Verbindung zu bringen. Zumindest die philosophischen Semantiken des Todes zeigen im Laufe des Modernisierungsprozesses an, dass der Tod eine geradezu konstitutive Realität der *Individualität des Individuums* wird, bei gleichzeitiger Behauptung der Irrelevanz der »Welt« für die Bedeutung des Todes (vgl. dazu Nassehi/Weber 1989, S. 53-155).[1]

Die Differenzierung der Todeserfahrung

Wenn es stimmt, dass sich eine Soziologie des Todes ausschließlich auf die kommunikativen Prozeduren zu stützen habe, in denen der Tod thematisiert wird, hat eine Thanatologie in gesellschaftstheoretischer Absicht, wie ich sie hier verfolge, nach den strukturellen Kommunikationsbedingungen der modernen Gesellschaft zu fragen, und als Grundstruktur der modernen Gesellschaft setze ich funktionale Differenzierung voraus. Funktionale Differenzierung bedeutet explizit nicht Arbeitsteilung oder Entfaltung eines als funktional notwendig erachteten Funktionensets zur Bestandser-

1 Noch mein eigener, mit Georg Weber vorgelegter Versuch einer Theorie der Todesverdrängung (vgl. Nassehi/Weber 1989), der dezidiert nicht modernitäts- und kulturkritisch argumentiert und von einer strukturellen, zugleich aber funktional notwendigen Verdrängung des Todes ausgeht, darin sogar eine Chance für individuelle Bewältigungsformen des Todes sieht, atmet den Geist jenes *bürgerlichen* Unbehagens an den Entzweiungen der Moderne, an dem Verlust synchroner Lebensformen und an der normativen Desintegriertheit der Moderne. Womöglich wäre es besser gewesen, den erheblich belasteten Begriff der *Verdrängung* zu vermeiden, der semantisch nahe legt, dass das, was da verdrängt wird, prinzipiell ausdrückbar wäre und letztlich den Normalfall darstellte. In diese Richtung geht ein kritischer Kommentar von Alois Hahn (2000, S. 192 ff.), der m. E. die Sache durchaus trifft. Von unserer seinerzeitigen gesellschaftstheoretischen Perspektive freilich muss dennoch nicht prinzipiell abgewichen werden. Nötige Korrekturen sind also möglich, ohne das Grundmotiv ganz fallen lassen zu müssen.

haltung der Gesamtgesellschaft. Funktionale Differenzierung meint auch nicht Ausdifferenzierung von Institutionen und Organisationen, sondern lediglich die historisch kontingente Entstehung symbolisch generalisierter Kommunikationsmedien, die die Annahmewahrscheinlichkeit für bestimmte Kommunikationsprozesse erhöhen und damit Systembildung in Gang setzen. Sobald etwa wissenschaftliche Wahrheit sich von anderen Anschlusskriterien emanzipiert oder sobald sich die Logik des Politischen mehr und mehr von Logiken etwa des Religiösen oder des Rechtlichen zu unterscheiden beginnt, differenzieren sich Systemzusammenhänge aus, die selbstsubstitutive und exklusive Ordnungen bilden. Die funktional differenzierte Gesellschaft ist eine Gesellschaft, in der es keinen Ort mehr für eine – wenn man so will – »Metasprache« für diese unterschiedlichen Ordnungen gibt. Nur so ist das Diktum einer Gesellschaft »ohne Zentrum und ohne Spitze« und einer *Gesellschaft der Gegenwarten* zu verstehen.

Die theoretischen Implikationen des Differenzierungstheorems habe ich oben ausführlich diskutiert (s. S. 159 ff.). Hier seien nur vier Punkte kurz rekapituliert: *Erstens* ist zu betonen, dass Funktionssysteme letztlich keine »Adressen« sind, keine Akteursfiktionen oder irgendwie zentralisierte Einheiten, die mit einer Stimme sprechen. Diese Systeme sind lediglich kommunikativ geschlossene Einheiten, in denen alles, was ökonomisch, rechtlich, politisch, wissenschaftlich, künstlerisch, medizinisch oder religiös geschieht, zunehmend abstrakteren Codierungen folgt, dabei aber eine ungeheure Variationsbreite aufweist. *Zweitens* sind Funktionssysteme keineswegs »unabhängig« voneinander oder autonom in dem Sinne, dass sie tun und lassen können, was sie wollen. Abgesehen davon, dass Funktionssysteme nichts *wollen* können, sind sie radikal aufeinander bezogen, strukturell gekoppelt und in ihrer Strukturbildung aufeinander angewiesen. Das streng systemtheoretische und operative Design dieser Theorie besagt lediglich, dass es keinen Ort außerhalb dieser Systeme gibt, von dem sie koordiniert werden könnten. All dies muss je in Echtzeit geschehen und erweist sich je im Nachhinein als gelungen oder nicht, und das wiederum aus unterschiedlichen Perspektiven je unterschiedlich. *Drittens* sind die Funktionssysteme nicht mit Organisationen zu verwechseln. Erst Organisationen ermöglichen es den Funktionssystemen, so etwas wie Inseln mit geringerem Variationsrisiko zu bilden. Ferner finden *in Organisationen* strukturelle Kopplungen statt. Man denke etwa an ein Krankenhaus, in dem viel mehr geschieht als Medizinisches, nämlich Rechtliches, Ökonomisches, Religiöses, bisweilen Wissenschaftliches. Und Konflikte innerhalb von Organisationen lassen sich oft nur verstehen, wenn man das Aufeinanderprallen der unterschiedlichen funktionalen Funktionszusammenhänge versteht, die da nebeneinander *organisiert* werden müssen und strukturell gekoppelt die Grundlage von Entscheidungen bilden (vgl. dazu ausführlich Nassehi 2002a). *Viertens* schließlich sind die Funktionssysteme nicht als das *ganz Andere* von individuellen Lebenslagen zu verstehen. Man muss schon ernst nehmen, dass die Multiinklusion von Individuen in Funktionssysteme der modernen Gesellschaft dafür sorgt, dass sich Lebenslagen im Bestimmungsbereich der Funktionssysteme ausbilden und die Inklusion in solche Systeme und in Organisationen jene zugleich stabile und instabile Kopplung ermöglicht, die in der Moderne die eineindeutige Integration von Menschen in traditionalen Sozialformen vermeidet. In diesem Sinne sind die Funktionssysteme alles andere als irrelevant für individuelle Lebenslagen – diese sind vielmehr Ausdruck der modernen Multiinklusionsform von Individuen. Wie Bourdieu so schön formuliert, Individuen seien »Ausgeburten der Felder« (Bourdieu/Wacquant 1996, S. 138), in denen sie sich aufhalten, muss auch die Theorie funktionaler Differenzierung so gelesen werden, dass die ökonomischen, rechtlichen, politischen, wissenschaftlichen, medizinischen, künstlerischen oder religiösen Inklusionsmöglichkeiten und -zwänge jene Individualitätsformen erzeugen, die sich dann bisweilen als das ganz Andere der Funktionssysteme gerieren können (s. o. S. 106 ff.).

Ich belasse es bei diesen Andeutungen. Es sollte daraus aber zunächst dies deutlich geworden sein: Eine solche Gesellschaftsstruktur schließt verbindliche Todesbilder oder gar integrative Weltbilder aus. Wie alle anderen kulturellen Chiffrierungen des modernen Lebens folgen geradezu selbstverständlich auch Todesbilder keinem einheitlichen Muster und Rhythmus, sondern werden aufgesplittert in je unterschiedliche Perspektiven sowohl verschiedener Funktionssysteme als auch verschiedener Akteure innerhalb dieser Funktionssysteme. Nun ließe sich daraus wiederum eine relativ banale Konsequenz ableiten, nämlich die, dass der Tod aus der Perspektive unterschiedlicher Funktionssysteme ganz unterschiedliche Bedeutungsebenen erhält. Dass er aus rechtlicher Perspektive vielleicht ganz anders erscheint als aus politischer, aus erzieherischer anders als aus naturwissenschaftlicher, aus religiöser wiederum anders als aus ökonomischer und aus der Perspektive individueller Selbstvergewisserung im Nahbereich von Interaktionen, den man früher unpräzise »privat« genannt hat, anders als aus der Perspektive der Funktionssysteme, ist nur eine relativ unscharfe Deduktion aus allgemeinen Begrifflichkeiten – wenn auch nicht falsch. Im Übrigen zeigt sich hier eine erste Evidenz gegen eine vorschnelle Verdrängungsdiagnose, denn der Tod und das Sterben sind in den Funktionssystemen alles andere als *anathema*: aktive und passive Sterbehilfe, Hospizbewegung, Hirntoddebatte, Embryonal- und Stammzellenforschung, Debatten über das Klonen, medizinische Machbarkeiten und vieles mehr zeugen auch in der Moderne von einer *Geschwätzigkeit des Todes*. All dies sind öffentliche Debatten, in denen wissenschaftliche, medizinische, rechtliche, politische, ökonomische, pädagogische, religiöse und massenmediale Logiken aufeinander treffen, aber stets in ihrer je eigenen Logik gefangen bleiben. Etwa die rechtliche Regulierung der Todeszeitbestimmung erfordert eine spezifisch rechtliche Form der Sicherheit und Erwartbarkeit, die aber *nolens volens* an die politische gekoppelt ist, die kommunikative Erwartbarkeit aber nicht an rechtliche Konsistenz, sondern an die kollektive Bindung ihrer Entscheidungen koppeln muss. Und was sich als wissenschaftliche Wahrheit durchsetzt, ist noch lange nicht rechtlich oder politisch umsetzbar, vom religiösen Rekurs auf ganz andere Sicherheiten oder von den ökonomischen Bedenken über die Bezahlbarkeit des wissenschaftlich Möglichen, politisch Gewollten, rechtlich oder religiös Gebotenen ganz zu schweigen. Und es bedarf nur einer geringen Phantasie, um festzustellen, dass solcher Art Debatten von eminenter Bedeutung für individuelles Sterben und individuelle Tode sind. Von einer Verdrängung des Todes kann also gar keine Rede sein, sondern von einer Verwissenschaftlichung, Politisierung, Ökonomisierung, Medikalisierung, Juridifizierung usw. des Todes in der modernen Gesellschaft.

Von besonderem Interesse ist übrigens, wie die kommunikativen Prozeduren beschaffen sind, denen es aus den unterschiedlichen funktionssystemspezifischen Perspektiven gelingt, jene epistemologische Besonderheit des Todes, nämlich nur ein kommunikativer

Horizont bleiben zu müssen, zu bearbeiten. Es geht also nicht nur darum, *was* in den Funktionssystemen über den Tod gesagt wird, sondern auch *wie* dies geschieht. Und das Gleiche gilt auch für individuelle Perspektiven: Gerade nach dem Verlust – ist es wirklich ein Verlust? –, also: gerade nach dem Verschwinden kollektiv eineindeutig wirksamer Todesbilder wird die Frage zunehmend relevant, nicht *was*, sondern vor allem *wie* es solchen Kommunikationen gelingt, zu Aussagen über den Tod zu kommen, den Tod kommunikabel zu halten, ihn in Praxisformen einzubauen usw. Anders gefragt: Wie erzeugen Kommunikationsformen konstative Sicherheiten im Umgang mit dem Tod? Wie organisieren sie die *Geschwätzigkeit des Todes* unter Bedingungen funktionaler gesellschaftlicher Differenzierung und nachtraditioneller Lebensformen? Was sind die funktionalen Äquivalente für jene Routinen und Selbstverständlichkeiten traditionaler Sozialformen, in denen die *soziale Erfahrbarkeit des Todes* vor allem durch relativ stabil erwartbare Handlungsfolgen gestützt wurde? Schon die Gegenwart des Sterbens, die sowohl geringere als auch uneinheitlichere Lebenserwartung sowie die multifunktionale Organisation von *Häusern* taten ihr Übriges, um hier pralle Formen und Selbstverständlichkeiten entstehen zu lassen. Man betrachte nur die Dokumente etwa der volkskundlichen Forschung zu diesem Topos.

Wer also nach dem Ort in der modernen Gesellschaft sucht, an dem Todesbilder relevant werden, wird viele Orte finden und gerade auch deshalb Widersprüchliches. Über kein einheitliches Todesbild zu verfügen ist dann die Standarddiagnose, die aus diesem Sachverhalt zu gewinnen ist. Aus dem Blick gerät dabei freilich, wie sich die unterschiedlichen Thematisierungsebenen des Todes zueinander verhalten bzw. wie sie das Thema mit kommunikativer Sicherheit ausstatten können. Die Metaphorik der Spur und des Geheimnisses, mit der ich hier begonnen habe, verweist ja darauf, dass der Tod seine Kommunizierbarkeit in erster Linie selbstreferentiell sichern muss, dass seine Benennbarkeit der gesellschaftlichen Dynamik der Geschlossenheit unterliegt. Eine funktionalistische Analyse von Kommunikationsformen kommt stets zu dem Ergebnis, dass Kommunikation diejenigen Probleme löst, die sie sich selbst zumutet. Jede Kommunikation entfaltet *selbst* ein spezielles Programm von Problem und Problemlösung und kann sich somit mit einer entsprechenden Sicherheit ausstatten. Exakt diese Genese von

Sicherheit scheint mir das eigentliche Problem einer gesellschaftstheoretisch informierten Thanatologie zu sein.

Einer der entscheidenden Sicherheitsgeneratoren in allen Funktionssystemen ist organisationsgestützte Expertenkommunikation. Funktionalistisch betrachtet sind Experten Positionen, an denen in Funktionssystemen letztlich Unentscheidbares entschieden wird. Und weil es sich um Entscheidungen handelt, sind solche Positionen zumeist Positionen innerhalb von Organisationen. Experten sind soziale Adressen, die mit einiger Konsequenz kommunizieren können, was der Fall ist. Und gerade deshalb lässt sich an Expertenkommunikation die Logik der Funktionssysteme ablesen. Die Kommunikation des Todes durch Ärzte, Transplantationskoordinatoren, Krankenschwestern, Pfarrer, Psychologen, Bestatter, Kriminalbeamte, Wissenschaftler, Ethiker, Staatsanwälte, Pädagogen und Politiker zeigen fast unisono, dass hier Kriterien kommuniziert werden, die Sicherheit und Erwartbarkeit im Umgang mit unsicheren und unerwarteten Situationen erzeugen.[2] Und diese Kriterien reagieren unmittelbar auf die Codierungen der Funktionssysteme und ihre prominenten Programme, die Wahrheit von Unwahrheit, Recht von Unrecht, politisch Durchsetzbares von nur Wünschenswertem, Gesundmachendes von Pathogenem usw. differenzieren. Dies ist selbstverständlich nur eine technisch reduzierte Ausdrucksweise für semantisch sehr komplex gebaute Formen, aber sie verdeutlicht, wie Plausibilitäten erzeugt werden. Der funktionalistische Gedanke der Differenzierungstheorie besteht ja darin, dass der Strukturbildungseffekt von symbolisch generalisierten Kommunikationsmedien in erster Linie für die Annahmewahrscheinlichkeit von Kommunikationsofferten sorgt, und diese Annahmewahrscheinlichkeit ist von der eindeutigen Identifizierbarkeit der Codierung abhängig – exakt deshalb sind diese Medien symbolisch *generalisiert*, weil nur dies Respezifikation und weltgesellschaftlich grenzenlose und doch so radikal unterschiedliche Anwendung erlaubt. Das Expertentum der Experten ist also nicht *Wissen* in einem emphatischen Sinne, dem sich noch die Erhabenheit der klassischen Professionen fügte, sondern der Zugriff auf Ressourcen, die Annahmewahrscheinlichkeit für Kommunikationsofferten sicherstellt. In-

2 Ich beziehe mich hier auf Material eines von der DFG geförderten Forschungsvorhabens, das seit 1999 unter meiner Leitung am Institut für Soziologie der Universität München läuft. Verantwortliche Projektbearbeiterin ist Irmhild Saake.

sofern sind die Funktionssysteme gerade *keine* Instanzen, die die Thematisierung des Todes verhindern und verdrängen, sondern im Gegenteil: die gesellschaftlich bedeutsame Praxis des Umgangs mit Tod und Sterben – das richtige Verb dieses Satzes muss heißen: *sind.*

Dass
- Ethiker mit einem Personenkonzept oder mit dem Postulat der Widerspruchsfreiheit alle Probleme der Zurechenbarkeit und des Menschseins ebenso lösen können,
- dass Ärzte sich selbstverständlich für die Isolierung medizinischer Beobachtungsformen interessieren,
- dass Transplantationskoordinatoren Widerstände von Angehörigen, die sie zu einer schnellen Entscheidung über die Freigabe von Organen bewegen müssen, in erster Linie als Informationsdefizit konstruieren,
- dass Hospizmitarbeiter immer schon wissen, dass man nur nach angemessener Lebensbilanzierung angemessen stirbt,
- dass es für die Bestimmung des Todeszeitpunktes eindeutige Muster auf einem Oszillographen gibt,
- dass rechtliche Verfahren, etwa der doppelten Begutachtung bei aktiver Sterbehilfe in den Niederlanden, für rechtliche Eindeutigkeit sorgen,
- dass die Aufhebung des Fraktionszwangs bei bestimmten Abstimmungen im Bundestag für eine wirklich tragfähige Entscheidung sorgt oder
- dass Pfarrer und Psychologen immer schon wissen, dass man es eigentlich selber wissen muss,

all das rekurriert stets auf eine ähnliche Thematisierungsebene. Es nimmt die Sicherheit der Funktionssysteme in Anspruch und konstruiert je für sich Kommunikationsformen, die man – um es mafios auszudrücken – *nicht ablehnen kann*, d. h. nicht, dass man ja sagen muss, aber diese Formen von Expertise und unterstelltem sicheren Wissen lassen sich nur auf gleicher Augenhöhe kritisieren. Daran führt in der Moderne kein Weg vorbei. Zu besichtigen ist das etwa an der Diskussion um die Macht des Laien gegenüber dem Experten, die ja gewissermaßen für das Chaos der *Zweiten Moderne* stehen soll. Genau besehen, ist die Entmachtung der Experten ein Expertendiskurs, ein Diskurs von Gegenexperten, die dann immer schon von den Funktionssystemen und ihren Organisationen aufgesogen werden.

Ich hoffe, dass deutlich geworden ist, dass die Suche nach Todesbildern in der modernen Gesellschaft keine Suche *jenseits* der Funktionssysteme sein kann. Schon meine unscharfen Beispiele zeugen jedenfalls davon, dass in den Funktionssystemen der Tod keineswegs *verdrängt* wird, wenn auch die Thematisierungsform zumeist nicht jenem Bild entspricht, das der Dichterfürst bevorzugt: *als Vehikel der Selbsterforschung.*

Die Realität des Todes

Aber auch in den Funktionssystemen geht es um höherstufige Semantiken des Todes – wenn es dabei auch nicht um Kosmologien früherer Tage geht. Eine der geheimnisvollsten zeitgenössischen Erzählungen über das Verhältnis von Leben und Tod ist jene Zeichenkolonne, die wir der biotechnischen Kartographie des menschlichen Genoms verdanken – eine Erzählung, die es immerhin schon bis ins Feuilleton der führenden deutschen Tageszeitung gebracht hat. Für mich ist die Feuilleton-Karriere dieses Textes eines der spannendsten Beispiele dafür, wie es gerade die Funktionssysteme der modernen Gesellschaft sind, die die gesellschaftliche Realität des Todes bestimmen. Vielleicht erleben wir derzeit eine neue Arbeitsteilung zwischen Politik und Biowissenschaft. Michel Foucault verdanken wir den Gedanken, dass die »Biopolitik der menschlichen Gattung« (Foucault 1999, S. 280) die Position des Souveräns exakt dort verortet, wo unsere Tradition noch einen Gott vermutet hatte. Dieser Souverän »machte sterben und ließ leben« (ebd., S. 285), d.h., er konnte darüber verfügen, wer lebt und wer nicht. Dass die körperliche Unversehrtheit und das Recht auf Leben in allen liberalen Verfassungen mit den höchsten Stellenwert genießen, bedeutet auch, dass der Staat jener Souverän ist, der exakt dafür zu sorgen hat: durch Landesverteidigung ebenso wie durch Gesundheitspolitik und strafbewehrte Ordnungsmacht. Dass das Paradox der Demokratie – Herrscher und Beherrschte fallen zusammen – zu einer Selbstdisziplinierung von Individuen beiträgt, ist bekannt. Für die Performanz des Todes hatte das stets bedeutet, ihn *entweder* für privat zu erklären *oder* auch den Tod und das Sterben selbst zu disziplinieren. Das galt sowohl für das Ideal eines ruhigen, möglichst emotionsfreien Todes, heute auch für seine Pädagogisierung in familientherapeutischen Settings bis zur Todesbereitschaft für Volk und Vaterland oder Kreuz und Halbmond, wie wir derzeit wieder beobachten dürfen. Der Tod, der gemachte wie der vermiedene, der disziplinierte und gestaltete wie der geforderte, war stets Mittel politischen Kalküls – und bis heute gilt die Drohung und die Praxis des produzierten Todes als Konstituens politischer Subjekte, auch in dem Teil der Welt, der sich gerade gerne als zivilisiert stilisiert. Es ist politisch derzeit nicht opportun, aber es lohnt sich schon, die Leichenberge zu zählen, die die *zivilisierte Welt* zu ihrer Selbsterhaltung und zur Durchsetzung politischer und militärischer Interessen produziert hat und weiterhin produziert. Ich habe mich schon lange darüber gewundert, dass der Tod im Krieg, der politisch gewollte Tod, der gewaltsame Tod und der billigend in Kauf genommene Tod kaum als *Tod* wahrgenommen wird, bildet doch gerade dieser Tod eines der zentralen Todesbilder der kriegsbedingt konstituierten Nationalstaaten. Zwar steht uns heute – zum Glück – nicht mehr das *dulce et decorum pro patria mori* des nationalistischen Staates zur Verfügung – eine Wendung, die im Übrigen viel älter ist, nämlich auf die Oden des Horaz zurückgeht. Aber der Praxis des *Sterben-Machens* scheint das keinen Abbruch zu tun. Ich trage das übrigens gar nicht mit dem Gestus der Kritik, sondern eher im Gestus der Verwunderung darüber vor, wie gut es jenen im Inneren pazifizierten »zivilisierten« Räumen der Weltgesellschaft gelingt, dem Gewahrwerden ihrer gewaltnahen Genese und der permanenten Produktivkraftentfaltung der Tötung zu entgehen. Wahrscheinlich ist dies die therapeutische, die katalytische Funktion jener bigotten kollektiven Trauer, die stets zur Schau gestellt wird und die sich erstaunlich wenig für die schrecklichen Opfer selbst, sondern für die westliche Selbstinszenierung als »Zivilisation« (und politischer Interessenverband) interessiert. Die zivilisatorische Eisdecke des »Leben-Lassens« ist dünner und brüchiger, als es politische Selbstbeschreibungen zu sagen vermögen.

Ist das »Sterben-Machen und Leben-Lassen« letztlich die letzte Sicherheit, das – wie man mit Seitenblick auf Carl Schmitt sagen kann – Subjekt konstituierende Unterpfand politischer Akteure, tritt, so Foucault, nun eine neue Semantik des Lebens und des Todes auf, nämlich die Umkehrung: das »Leben-Machen und Sterben-

Lassen«. War der allgemeine, der nicht individuelle Tod bis dato eine eher *politische* Größe, sind es nun eher *wissenschaftliche* Semantiken, die den Tod thematisierbar machen. Aus der Perspektive der Wissenschaften diente der Tod seit der Erfindung der modernen Medizin als Erkenntnisschlüssel für das Leben. Der Körper verbarg die Geheimnisse des Lebens – und konnte sie erst als geöffnete Leiche preisgeben, was analog zum romantischen, aber auch christlichen Ideal des Todes als Geheimnisträger gebaut ist. Der Gentext kehrt diese Verhältnisse um. Er interessiert sich nicht mehr für die Konsequenzen des endlichen Lebens, sondern für seine Voraussetzungen. Beide Formen setzen auf Unsichtbares: die erste auf die Unsichtbarkeit der Verheißung – ob nun wissenschaftlich oder religiös –, die zweite auf die Unsichtbarkeit der Bedingungen des Lebens – und beide machen sie sichtbar, die eine aber *vor* dem Leben, die andere *danach*.

Aber beide Formen – sowohl die christliche Verheißung bzw. ihr säkularisiertes Pendant in der modernen Medizin als auch der Gentext – gewinnen die Sicherheit ihrer Aussagen durch die Behauptung, etwas sichtbar machen zu können, was evidentermaßen unsichtbar bleiben muss. Es gibt aber einen entscheidenden Unterschied. Das oft beobachtete historisch Besondere des Christentums besteht sicher darin, die kosmische Homöostase, die heidnische Vorstellung der Gerechtigkeit und der ewigen Wiederkehr des Gleichen aufgebrochen zu haben. Slavoj Zižek spitzt dies darauf zu, das Christentum sei in der Lage, die »große Kette des Seins zu zerreißen, die Last der Vergangenheit zu suspendieren, die Stricke durchzuschneiden, die uns an unsere Taten der Vergangenheit fesseln, ›reinen Tisch zu machen‹ und wieder bei Null anzufangen.« (Zižek 2000, S. 37). Diese Konstellation kehrt der Gen-Text um. Das *Bei-Null-Anfangen* steht gewissermaßen für die *tabula rasa* der menschlichen Natur, bei aller Negativität und Heilsferne, die der christliche Kosmos dem Körper und seiner Natur eingeschrieben hat. Der Neuanfang kann sich von seiner Vergangenheit befreien, und deshalb ist der Tod derjenige Horizont, der heilsrelevant wird. Der Gen-Text hat während der Lebenszeit des jeweiligen Gattungsexemplars seine Verheißungen bereits hinter sich. Hinter das *Leben-Machen*, die Herstellung einer hinter dem Rücken des Akteurs hergestellten (natürlichen/körperlichen/existentiellen) Realität, kann das konkrete Exemplar nicht zurück, höchstens sein optimierter

Nachfolger. Ganz in diesem Sinne meinte Foucault, dass sich die neue Bio-Macht gerade nicht *individualisierend* auswirkt, sondern auf den Gattungskörper gerichtet ist. Hatte das Geschöpf des christlichen Gottes die Erlösung noch vor sich und war deshalb der Tod das zentrale religiöse Thema, hat das Geschöpf der genetischen Disposition seine Erlösung bereits hinter sich – und deshalb interessiert sich die Bio-Macht auch nicht für den Tod, nicht einmal für den physischen Körper, sondern nur für seine *software*.

Es wird schon aus diesen wenigen Andeutungen *dreierlei* deutlich geworden sein: *Erstens* eröffnet sich die Realität des Todes durch eine Präformierung von »Erfahrung«, die den einflussreichen gesellschaftlichen Kontexturen zu entnehmen sind. *Zweitens* können dies in der modernen Gesellschaft nur jene Kontexturen sein, die sich um die symbolisch generalisierten Kommunikationsmedien der Funktionssysteme herum anlagern. Und *drittens* lässt sich sehen, dass die Perspektiven der Funktionssysteme keineswegs so weit weg sind von jenen Potentialen *individueller* Selbstbeschreibungen, die eine völlige Auslagerung – um es emphatisch zu sagen – *auch für Sterbliche relevanter* Todeskommunikation in jene *Exklusionsindividualität* bedeuten, die allzu sehr an die Innerlichkeit des romantischen und des bürgerlichen Subjekts gemahnt. Den Tod in der angedeuteten Weise als *Parabel auf Offenheit durch Geschlossenheit* zu nehmen, entdramatisiert den Tod in der Weise, als an ihm jene Differenzierung von Perspektiven abzulesen ist, denen letztlich alle kommunizierbaren Topoi in der modernen Gesellschaft unterliegen. Die Funktionssysteme der modernen Gesellschaft sind also keineswegs abstinent, was die *Geschwätzigkeit des Todes* angeht. Und ihre Evidenz gewinnen solche kommunikativen Formen aus den Kontexten ihrer selbst, die sich wissenschaftlich, politisch, rechtlich, ökonomisch oder medizinisch konstituieren. Das gilt im Übrigen auch für die hier gedruckte *Geschwätzigkeit*, die Expertenstatus in Anspruch nimmt und den Kontext selbst erzeugt, in dem sie ihre Evidenzen entfaltet.

All das ändert freilich nichts an dem Grundmotiv, dass sich die Perspektiven von biographisch-individuellen Interviewtexten erheblich von solchen unterscheiden, die ihre professionellen Kontexte aus zumeist organisationsgestützten Perspektiven beziehen. Insofern ist an dem Grundmotiv festzuhalten, dass sich die Thematisierung des Todes in biographischen Kontexten in der modernen

Gesellschaft nicht mehr an kollektiven Weltbildern und Erzählchiffren orientiert, sondern eine ungeheure Variationsbreite besitzt. Wenn freilich der Gedanke stimmt, dass jene individuellen, biographisierbaren Perspektiven und Beschreibungsformen auch durch die Form mitbestimmt sind, in der Funktionssysteme Personen in Anspruch nehmen, dann lässt sich nur mit normativen Gründen postulieren, dass *individuelle* Formen der Todeskommunikation sich in einem radikalen Jenseits jener Perspektiven befänden. Und so lässt sich auch mit einiger empirischer Evidenz zeigen, dass beileibe nicht alle Formen der biographischen Selbstbeschreibung sich dem romantisch-bürgerlichen, heute sagt man: *individualisierten* Muster Goethes anschließen, den Tod als Schlüssel zur Erkenntnis des Lebens einzuführen. Andere gerieren sich als Experten, die ihre Texte mit zweifelsfreien Evidenzen ausstatten, wieder andere orientieren sich an konkretem Geschehen und haben keinen Begriff für das Abstraktum *Tod*. Die ungeheure – um den Terminus noch einmal aufzunehmen – *Geschwätzigkeit des Todes* verweist jedenfalls darauf, dass von einer *Verdrängung* des Todes kaum gesprochen werden kann, wie im Übrigen auch die Funktionssysteme Praktiken hervorbringen, die kulturelle Selbstverständlichkeiten in Frage stellen und die kommunikativen Dimensionen von Leben und Tod neu vermessen. Alle Offenheit der Thematisierung freilich, alle »kulturelle« Kreativität, aller Formenreichtum und alle Diversifizierung der Todeskommunikation verweist freilich auf die Geschlossenheit jener Perspektiven, in der sich die in Funktionssysteme differenzierte moderne Gesellschaft darstellt.

»Alles Vergängliche« sei »nur ein Gleichnis«, lässt unser Dichterfürst den *Chorus mysticus* in Faust II enden. Heute müssen wir feststellen, dass alle Gleichnisse vergänglich und vervielfältigt sind. Der *Geschwätzigkeit des Todes* tut das freilich keinen Abbruch.

10. Die Pragmatik wissenschaftlicher Erkenntnisse und ihre soziologische Verunsicherung

Die hier vorgestellte Theorieperspektive nahm ihren Ausgangspunkt bei der Idee, dass sich alles, was geschieht, der Geschlossenheit operativer Verknüpfungen von Ereignissen verdankt. *Offenheit* wurde stets als Funktion operativer *Geschlossenheit* postuliert; und die hier versammelten Studien exekutieren diese Idee dahin gehend, dass sie versuchen, diese Offenheit generierenden Geschlossenheiten in ihrem Gegenstandsbereich wiederzufinden. Und im Sinne eines *re-entry* stellt sich spätestens hier die Frage, wie sich diese Entdeckung von Geschlossenheiten in der sozialen Welt mit ihrer Diagnose verträgt. Anders formuliert: Wie kann behauptet werden, was der Fall sei, wird doch das, was der Fall ist, der Behauptung subordiniert? Liegt damit nicht ein klassischer Fall eines *performativen Widerspruchs* vor? Dementiert das, was hier geschieht, nicht das, was behauptet wird? Einfacher gefragt: Wie erschließt sich wissenschaftliche Erkenntnis ihren Gegenstand, wenn jeglicher operative *Zugang* zum Gegenstand ausgeschlossen wird?

Diese Fragen verweisen – wie so vieles, was hier gefragt wurde – auf eine lange Problemtradition. Erkenntnistheorie als Problematisierung des Erkennens dessen, was der Fall ist, beginnt spätestens dort, wo der unmittelbare Zugang zum Gegenstand nicht mehr naiv und ontologisch vorausgesetzt werden durfte. Die Erkenntniskritik der Tradition war denn auch beseelt von der Frage, wie Erkenntnis möglich sein kann, *obwohl* wir keinen unmittelbaren Zugang zum *Ding an sich* haben, *obwohl* uns die Welt letztlich verschlossen bleibt. Die Systemtheorie nimmt diese Frage wieder auf, verändert sie aber an einem entscheidenden Punkt. Sie gibt ihr gewissermaßen eine funktionalistische Wendung. Das Bezugsproblem des Erkennens ist ja gerade, dass es *keinen* unmittelbaren Zugang zum »Objekt« des Erkennens gibt – gäbe es diesen, bedürfte es gar keiner »Erkenntnis«, was sich schon daran zeigt, dass wir Erkenntnisprobleme nur dort lokalisieren, wo sich nicht simulieren lässt, dass wir ohnehin schon einen unproblematischen Zugang zur Realität hätten. In der Phänomenologie nennt man das *natürliche Einstellung* (vgl. Berger/Luckmann 1970), eine Einstellung, die jeglichen Zweifel einklammert und jegliches Erkenntnisproblem damit ausklammert.

So gehen wir zumeist – zumeist auch in den Wissenschaften übrigens – mit dem um, was uns als *Realität* erscheint. Die Frage muss also umgekehrt werden, und es ergibt sich dann als überraschende Antwort: Es bedarf der *Erkenntnis*, gerade *weil* wir keinen unmittelbaren Zugang zu ihrem Gegenstand haben. Und so hat letztlich jede Erkenntnistheorie als Reflexionstheorie der Wissenschaft mit der drohenden Tautologie einer nahe liegenden Selbstreferenz zu kämpfen: »real ist, was die Erkenntnis als real bezeichnet.« (Luhmann 1984, S. 648) Alle Erkenntnistheorie war letztlich damit beschäftigt, diesen Zirkel aufzuheben – indem man auf transzendentale Bedingungen der Möglichkeit schwor, indem man allgemeine Gesetzlichkeiten postulierte, mit ihnen Erklärungen vorlegte, man postulierte Gegenstandsadäquatheit, und wenn gar nichts Besseres mehr zur Verfügung stand, vertraute man auf die Magie der großen Zahl, in deren statistischer Visibilisierung des Unsichtbaren der reale Einzelfall mit seinem Abweichungsrisiko zur *quantité négligeable* gerann. Oder man begnügte sich mit der Ausdifferenzierung innerhalb der Wissenschaft, die empirische Forschung und epistemologische Reflexion möglichst weit voneinander entfernte – möglichst sogar in unterschiedlichen Fakultäten unterbrachte. Jedenfalls stößt jegliche Erkenntnistheorie auf das Geschlossenheitsproblem ihrer eigenen Operationen – und muss Entfaltungen für diese Paradoxie finden. Das gilt übrigens auch für die Systemtheorie. Wenn man behauptet: »Die folgenden Überlegungen gehen davon aus, dass es Systeme gibt« (Luhmann 1984, S. 30), dann verweist das auf eine Entfaltungsstrategie, die freilich ihre eigene Selbstreferenz noch mitformuliert. *Die folgenden Überlegungen gehen davon aus* ... – das ist letztlich die *ästhetische* Exekution der Theorie operativer Systeme. Die von George Spencer Brown (1971, S. 1) formulierte Anweisung *draw a distinction* ist eine Anweisung, die man nicht hören kann, weil sie *immer schon* erfüllt wurde. Jegliche Operation beginnt irgendwie und irgendwo, für sich unsichtbar, überraschend und dennoch strukturbildend. Und so beginnt jegliche Theorieform mit für sie selbst letztlich unsichtbaren Voraussetzungen, die das generieren, was sie in ihrem Gegenstand vorfinden. Die Theorieform der Systemtheorie ist eine Form der Selbstanwendung, eine Form der Verwindung, die sich selbst einschließt und Geschlossenheit geradezu provoziert. Sie kann dann sogar behaupten, dass sie selbst ihre einzige Realitätsgarantie sei – und jegliche Entfaltung der Paradoxie der

Selbstreferenz der Fremdreferenz allen Erkennens stößt dann auf sich selbst. Es ist vielleicht dies der Fluch der Erkenntnistheorie, dass sie als Reflexionstheorie der Wissenschaft auch Wissenschaft ist – und damit immer wieder als Selbstdementierung daherkommt. Insofern ist das *Philosophie* genannte Reservat eines Denkens ohne (forschungs-)praktische Konsequenzen prädestiniert fürs Epistemologische und dessen Möglichkeitsbedingung, während der Alltag des Forschens sich seinen *natürlichen Einstellungen* widmen kann und methodische Probleme im Rahmen des so Sagbaren hält.

Die Soziologie kann sich dies letztlich nicht leisten – zumindest eine Soziologie nicht, die sich zumuten muss, sich selbst noch in ihrem Gegenstand vorzufinden. Ich habe in den ersten beiden Kapiteln die Systemtheorie letztlich *epistemologisierend* eingeführt und ihre Gegenstandskonstitution über das Paradigma der *Offenheit als Geschlossenheitsfunktion* eingeführt. Mein Versuch wäre unvollständig, würde er diese epistemologisierende Perspektive nicht zugleich auf sich selbst anwenden – und das kann dann nur heißen, Erkenntnistheorie durch Wissenschaftssoziologie zu ersetzen.

Erkenntnis und Gegenstand

Jede Art der Erkenntnis, der Konstitution von Welt und des Weltbezugs überhaupt ist letztlich als Verhältnis von Erkenntnis und Realgegenstand, von phänomenaler und realer Welt, letztlich von Subjekt und Objekt formiert. An dieser Unterscheidung kondensiert jene Gegenständlichkeit der objektiven Welt, deren Gegenständlichkeit nicht nur in ihrem ontologischen So-Sein zu suchen ist, sondern vor allem darin, dass die Objekte der Erkenntnis dem Erkennenden entgegenstehen. Und was als abendländische Wissenschaft firmiert, ist nichts anderes, als dieses Verhältnis zwischen dem Subjekt und dem ihm Entgegenstehenden, seinem Gegenstand, einer methodischen Erkenntniskontrolle zu unterziehen. Wissenschaft, also der explizite Ausweis von Erkenntnissen als wahr oder unwahr unter Hinweis auf den Weg zu dieser Erkenntnis, also unter Hinweis auf die Erkenntnis*methode*, ist letztlich der Versuch, verbindliche Aussagen darüber möglich zu machen, was der Fall ist. Und es war v. a. die Ausdifferenzierung eines exklusiv für Wissenschaft zuständigen Funktionssystems mit einer Kombination aus einheitlicher Wahr-unwahr-Codierung, aber radikal uneinheitlicher Programmierung in Disziplinen, Theorien, Methoden, Paradigmen und bisweilen dogmatischen inner- wie interdisziplinären Schließungsprozessen, die zu jenem Wissenschaftssystem geführt hat, das die *Universitas literarum* ebenso wie die paradigmatische Einheit der Wissenschaften stets nur postulieren kann – nicht aber durchsetzen. Dass sich diese Einheit nicht durchsetzen lässt, hat nun weniger wissenschaftsinterne Gründe als vielmehr Gründe, die sich nur in der gesellschaftlichen Formierung der Wissenschaft und der Wissenschaften finden lassen.

Zunächst sei betont, dass sich die Unterscheidung von Erkenntnis und Realgegenstand, von Subjekt und Objekt der Forschung im Hinblick auf die Pragmatik wissenschaftlicher Erkenntnisse v. a. in der Unterscheidung von Theorie und Praxis bzw. Forschung und Anwendung niederschlägt. Es ist gewissermaßen eine logische Folge der Ausdifferenzierung des Wissenschaftssystems, Wissenschaft an sich selbst wahrnehmen zu lassen, dass ihr Gegenstand völlig anders formiert ist als sie selbst. Noch in der begrifflichen Reservierung von *science* für die Naturwissenschaften im angelsächsischen Sprachgebrauch lässt sich das nachverfolgen. Dass die Natur (aber auch: die Götter) das Andere der menschlichen Erkenntnis ist, ist bereits auf den ersten Blick plausibel, selbst wenn sich naturwissenschaftlich formulieren lässt, auch die menschliche Erkenntnis sei Teil der Naturgeschichte (oder theologisch, sogar die Gotteserkenntnis sei Teil der Schöpfung jenes Gottes, dessen man nun ansichtig wird). Das Selbstbewusstsein der Naturwissenschaften gegenüber ihren kultur-, geistes- und sozialwissenschaftlichen Pendants ist sicher auch damit zu erklären, dass sich mit der ontologischen Formierung des ganz Anderen als wissenschaftlicher Gegenstand die Illusion einer beobachterunabhängigen Realität unerschütterlicher durchhalten lässt – auch gegen jegliche epistemologische Verunsicherung. Dass aus einer solchen Perspektive die Geistes- und Sozialwissenschaften letztlich als defiziente Modi von Wissenschaft erscheinen, darf nicht verwundern – muss aber genauer erklärt werden, und zwar ohne eine Art korrespondierender Hochnäsigkeit, die gerade von Seiten der kultur- und sozialwissenschaftlichen Eliten den Natur- und noch mehr den Technikwissenschaften stets entgegengebracht worden ist.

Der Erfolg der Wissenschaften, gewissermaßen ihre *innere* Pragmatik hängt auch davon ab, inwieweit es ihr gelingt, jene Scheidung von Subjekt und Objekt, von Beobachtung und beobachterunabhängiger Realität möglichst stabil zu halten, um die Gesellschaft tatsächlich mit Wissen darüber zu versorgen, was der Fall ist. Das gilt im Übrigen nicht nur für die Naturwissenschaften, sondern ebenso für die *humanities*, deren Formierung als *historische Geisteswissenschaften* erst jenes bürgerlich-nationalkulturell integrierte Selbstverständnis einer Welt hervorbringen konnte, die sich zwar historisch ableiten lässt, aber letztlich historisch einsam ist, weil sie die Maßstäbe ihrer selbst aus sich selbst gewinnen musste. Noch stärker gilt das freilich für die *Sozialwissenschaften*, die sich historisch jener neuen Welt verdanken, die als *moderne Welt* mit der Umstellung von hierarchischen Eindeutigkeiten auf horizontale Uneindeutigkeiten konkurrierender Funktionssysteme für Politik, Ökonomie, Recht, Kunst, Religion, Erziehung und nicht zuletzt Wissenschaft entstanden ist. Und es waren durchaus auch die Sozialwissenschaften, die jener neu formierten Realität des kulturell autarken, integrierten Nationalstaates entscheidende Stichworte für seine politisch dominierte Selbstbeschreibung souffliert haben – in besonderem Maße gilt das für die Soziologie, die als spezielle Reflexionstheorie ohne eindeutigen Gegenstand weder als Apologetin der Epiphanie des Neuen auftrat, noch als seine Antipodin. Anders als in der Comte'schen, Spencer'schen, z. T. auch Marx'schen Vorgeschichte der Soziologie etablierte sich die erste fachlich ausdifferenzierte Soziologiegeneration nicht als Reflexionstheorie des Fortschritts und der gestalterischen Emphase des nachrevolutionären Zeitalters. Soziologie etablierte sich als eine Disziplin, die Modernisierungsprozesse weder emphatisch zu feiern noch sie gegen die eingespielten Gewohnheiten der Tradition auszuspielen bereit war. Der Erfolg der frühen Soziologie besteht sicher darin, *Krisen* und *Folgeprobleme* des Modernisierungsprozesses zugleich beschreiben zu können und sich als Teil dieses Prozesses zu reflektieren. Die klassische akademische Soziologie gibt den Fortschrittsglauben auf und setzt damit nicht nur die Zukunft kontingent, sondern auch die Gegenwart. Soziologie versteht sich dann nicht mehr als utopische und normative Welterklärung, sondern als Instanz zur angemessenen Beschreibung der Gegenwart. Aber gerade dieser Gegenwartsbezug verweist auf zweierlei: *Zum einen* auf die Frage, wie die Komplexität dieser neuen, in diesem Sinne *modernen* Gegenwart begrifflich zu fassen sei; *zum anderen* darauf, dass Modernität auf *Neues* verweist, sich also explizit den Routinen der Tradition entzieht. Die Erfindung einer ganzen wissenschaftlichen Disziplin ging also einher mit der Diagnose der Novität, noch mehr: *Die Erfindung der Soziologie als wissenschaftliche Disziplin mit eigenen theoretischen Grundlagen war selbst diese Diagnose!* Vielleicht ist so zu erklären, warum kaum eine der klassischen Zeitdiagnosen von Durkheim, Weber, Simmel, Tönnies und anderen ohne ausführliche Rekurse auf das Selbstverständnis, den Gegenstandsbezug und die wissenschaftssystematische Distinktion der Soziologie auskam.

Es ist vielleicht nach wie vor dies, was den angeblich defizienten Modus der Sozialwissenschaften ausmacht. An der Soziologie lässt sich schön studieren, dass ihr letztlich nicht gelingen kann, was jene Erfolgsbedingung moderner Wissenschaft zu sein scheint: Distanz zu ihrem Objekt nämlich, die Handhabung der Differenz von Subjekt und Objekt. Sie ergeht sich vielmehr in geradezu selbstdestruktiver Dauerreflexion auf die Dauerreflexion. Sosehr sich die akademische Soziologie durch ihre Theorien und Methoden, ihre Klassifikationssysteme und Beobachtungsroutinen auch um *wissenschaftliche Distanzierung* bemüht, so sehr wird sie doch durch ihren Gegenstand geradezu aufgesogen. Für das Verhältnis von Moderne oder moderner Gesellschaft und Soziologie lässt sich jene postulierte Distanzierung nicht durchhalten, es sei denn um den Preis einer Soziologie, die einen der entscheidenden Gegenstände ihres Objektbereichs ausspart: die Wissenschaft nämlich, also sich selbst.

Vielleicht besteht eines der grundlegenden Probleme einer angemessenen wissenschaftlichen Reflexion auf die praktische Verwertbarkeit wissenschaftlicher Erkenntnisse außerhalb der Wissenschaft darin, dass noch diese Reflexion als Wissenschaft daherkommen muss. Dabei konnte der Diskurs der Wissenschaftstheorie und Epistemologie noch daran vorbeisehen, dass die Objektkonstitution wissenschaftlicher Gegenstände sich eben nicht nur der reinen Epistemologie und erkenntnistheoretischer Leitung verdankt, sondern dass umgekehrt diese sich der gesellschaftlichen Formierung der Wissenschaft der Gesellschaft zu fügen scheinen. Man muss also offensichtlich – zumindest als Soziologe – von Wissenschaftstheorie auf Wissenschaftssoziologie umstellen.

Von der Wissenschaftstheorie zur Wissenschaftssoziologie

Warum dieser Weg angezeigt sein könnte, möchte ich kurz an Edward O. Wilsons groß angelegtem Versuch verdeutlichen, »Die Einheit des Wissens« (Wilson 2000) festzuschreiben. Die amerikanische Originalausgabe ist mit dem altmodischen Wort *Consilience* betitelt, es gemahnt an ein *consilium* medizinischer Ordinarien unterschiedlicher Fachrichtungen, die sich gemeinsam über einen Patienten beugen und der Summe ihrer Urteile über den armen Siechen Heilungsstrategien entnehmen wollen. So ähnlich meint Wilson auch die Sozialwissenschaften an Bord der Wissenschaft holen zu können, und zwar einer Wissenschaft, die ähnlich vernetzt ist wie jene Natur-, Bio- und Technikwissenschaften, deren Fortschritte aufgrund eines eindeutigeren Gegenstandsbezuges sowie eines relativ einheitlichen Methoden- und Theorienspektrums vor allem durch Vernetzung und Übertragbarkeit sich einstellen. Wilson wirft den Sozialwissenschaften vor, dass sie eben diese Einheitlichkeit nicht hervorbringen und deshalb nicht in der Lage seien, Fortschritte aufeinander aufzubauen. Ich will hier nicht weiter diskutieren, dass Wilson den Sozialwissenschaften anempfiehlt, sich einem ganz bestimmten Methodenideal zu verschreiben sowie Erkenntnisse der Naturwissenschaften stärker zu berücksichtigen – hier wäre vieles zu sagen, durchaus auch Anschlussfähiges an Wilson. Mehr interessiert mich freilich dies: Die Idee der *Einheit des Wissens* ist keine abstrakte Idee, sondern resultiert aus einem Horizont, der das Grundproblem der Praxisfähigkeit wissenschaftlicher Erkenntnisse berührt. Wilson geht – mehr implizit als explizit – davon aus, dass man Wissen für die Lösung vieler Weltprobleme – sowohl ökologischer wie sozialer, sowohl religiöser wie moralischer, sowohl politischer wie ökonomischer Natur – erwerben könnte, *wenn man nur wollte.* So ähnlich hatte Max Weber den grundlegenden *Glauben* an die wissenschaftliche Wertsphäre beschrieben. Wilson meint also – in zugespitzter Vereinfachung –, dass die Probleme der Welt prinzipiell wissenschaftlich lösbar sind, wenn sich die Wissenschaften nur zu jener *consilience* bereit fänden, die wenigstens innerhalb der naturwissenschaftlichen Sphäre angeblich bereits erreicht sei.

Ich möchte ein kurzes Gedankenexperiment anstellen: Nehmen wir einmal versuchsweise an, dies sei möglich, das heißt: wir wüssten, wie sich Politik und Wirtschaft, Erziehung und Religion, Individuen und Interessengruppen zu verhalten hätten, damit bestimmte Probleme nicht auftreten bzw. damit sich gewünschte Effekte und Wirkungen einstellen. Verbürgt wäre dann noch nicht, dass die aus wissenschaftlicher Perspektive erscheinenden Erkenntnisse aus ökonomischer, politischer, rechtlicher, erzieherischer, medizinischer oder aus der pragmatischen Perspektive individueller Lebensführung genauso erscheinen wie aus der Perspektive der Wissenschaft. Dass die Logik des Politischen eher an der Frage kollektiver Bindungsfähigkeit von Entscheidungen liegt, die des Rechtlichen an der justiziablen Entscheidbarkeit von Sachverhalten, die des Ökonomischen am Zeitausgleich vorübergehender Knappheit, die des Massenmedialen in der zeitlichen Positionierung von Informationen und die des Medizinischen an der Umsetzbarkeit in therapeutische Settings, lässt sich wissenschaftlich nicht kontrollieren, allenfalls registrieren. Der wissenschaftliche Beobachter muss dann aber zugleich beobachten, dass er in seinem Gegenstandsbereich auf etwas Ähnliches trifft wie sich selbst: auf Beobachter nämlich, deren Beobachtungsschemata sich von außen nicht adäquat konditionieren lassen. Also selbst die Annahme eines Wissenskontinuums und der möglichen Vereinheitlichung des Wissens enthebt den wissenschaftlichen Beobachter nicht der Tatsache, dass sich gesellschaftliche Dynamiken nicht dem Diktat wissenschaftlicher Beobachtungsweisen beugen. Und nur so ist zu erklären, wie enttäuscht wissenschaftliche Berater für Politik oder Ökonomie zumeist sein müssen, wenn sie sehen, was von ihren Erkenntnissen übrig bleibt, wenn sie nicht-wissenschaftlich umgesetzt werden.

Mein Argument folgt den Grundannahmen der Theorie funktionaler Differenzierung, die eine doppelte Stoßrichtung verfolgt. Sie besagt *zum einen*, dass sich die Einheit der modernen Gesellschaft nur mehr in der Differenz füreinander nicht-substituierbarer Funktionen ergibt; sie besagt *zum anderen*, dass sie dies als Wissenschaft sagt und keineswegs als ein externer Beobachter, der auf Gefolgschaft zählen darf. Exakt das ist die Konsequenz einer Gesellschaftstheorie, die die operative Geschlossenheit wissenschaftlicher Kommunikation behauptet. So ist denn auch die Unterscheidung von Theorie und Praxis eine wissenschaftsinterne Unterscheidung, die letztlich nicht kontrollieren kann, wie andere Beobachter damit umgehen. Luhmann (1990a, S. 687) spricht in diesem Zusammenhang von *Risiko*, und zwar vom *Risiko* anderer gesellschaftlicher Akteure, sich an (wissenschaftlichen) Wahrheiten zu orientieren – oder eben nicht. Und gesteigert wird das Risiko dann noch dadurch, dass in die Entscheidung darüber noch eingehen muss, an *welcher* Wahrheit man sich denn orientieren solle. Ob für politische oder ökonomische Akteure, für Organisationen der Erziehung oder Gesundheitspflege, für Verwaltung oder Vereine, stets stehen mehrere Versionen angebotener wissenschaftlicher Wahrheiten zur Verfügung, mit denen dann nach je eigener Logik operiert wird – man muss nur die Protokolle einer Bundestagsenquete nachlesen oder die Praxis von Gutachten und Gegengutachten für eine angemessene rechtliche Entscheidung, um einen Eindruck davon zu bekommen, dass es eben nicht die Wissenschaft selbst ist, die über die Verwendung ihres Wissens verfügt. Die Zurechnung auf *Risiko*, also auf die Entscheidung eines Entscheiders, verweist darauf, dass der Entscheider sich nicht auf *wissenschaftliche* Gründe für die Orientierung an (wissenschaftlicher) Wahrheit verlassen kann, sondern nur auf eigene, wie »wissenschaftlich« diese auch immer daherkommen mögen. Aber auch das verweist nur auf funktionale Differenzierung der modernen Gesellschaft sowie auf die ereignisbasierte, in Echtzeit sich vollziehende Selbstreproduktion der Funktionssysteme, die eben nicht wie Organisationen mit Entscheidungszentralen gebaut sind, sondern innerhalb ihrer selbst allein auf die Stabilität des Systemcodes verwiesen sind, aber nicht im Geringsten auf die Stabilität der Anschlüsse, der Programme usw. Was der eine ökonomische Akteur tut, tut der andere noch lange nicht, und beide tun dies womöglich unter Rekurs auf wissenschaftliche Wahrheit, vielleicht sogar auf dieselbe. Und dass beide *Unterschiedliches* tun können, und zwar *im selben System*, ist vielleicht diejenige evolutionäre Errungenschaft, die wir dem Modernisierungsprozess verdanken: eine Formenvielfalt, die eine Organisierbarkeit der Gesellschaft zwar ausschließt, dafür aber eine stets komplexe Anpassungsfähigkeit an sich verändernde Umweltbedingungen gewährleistet – das freilich ohne Netz und doppelten Boden, also ohne Zentralinstanz, von der her sich die Perspektiven versöhnen ließen. Das gilt weder für eine *Einheit des Wissens*, die sich der Gesellschaft als einzige Wahl zumutet, noch für eine wie auch immer geartete *Einheit des Gemeinwesens*, von der politische Akteure vielleicht träumen, auch nicht für eine *Einheit der Bildsamkeit* des Menschen, die manche Erziehungsfantasie beflügelt, erst recht nicht für eine *Einheit des Knappheitsausgleichs*, die sich ja gerade in der Ökonomie nur der reziproken Intransparenz der Marktteilnehmer, also ihrer Differenz verdanken könnte.

Das Problem der Pragmatik wissenschaftlicher Erkenntnisse liegt ganz offensichtlich darin, dass die Ergebnisse wissenschaftlicher Forschung nicht schlicht in die Umwelt der Wissenschaft, also in andere Funktionssysteme implementiert werden, sondern aus deren funktionalem Horizont unmittelbar aufgegriffen werden müssen. Eine rein wissenschaftsinterne Perspektive wird womöglich so tun, als spende wissenschaftliche Wahrheit Sicherheit, Eindeutigkeit und Fraglosigkeit – und der korrespondierende Wissenschaftlerhabitus lässt sich sicher auf diese Selbststilisierung wissenschaftlicher Kommunikation zurückführen. Nimmt man freilich die Perspektive anderer Funktionssysteme ein, so kehren sich die Verhältnisse um. Denn für sie wird durch Wissenschaft nicht Sicherheit, sondern Unsicherheit gesteigert. Wissenschaftliche Wahrheit präsentiert sich nicht schlicht als Abbild der Welt, sondern v. a. als Ergebnis einer ungeheuren Auflösungs- und Rekombinationsmaschinerie, die die Verhältnisse nicht unbedingt einfacher machen muss. Und zu dieser Maschinerie kommt zusätzlich hinzu, dass sich jegliche wissenschaftliche Wahrheit einem wissenschafts*internen* Negationsrisiko aussetzt. Man muss die Pragmatik wissenschaftlicher Erkenntnisse also sowohl aus der Perspektive jener »Praxis« bestimmen, die für die Wissenschaft als ihr anderes erscheint, als auch aus der Perspektive der Erkenntnispragmatik selbst.

Die Pragmatik wissenschaftlicher Erkenntnis scheint also zunächst der Pragmatik jener zu folgen, die wissenschaftliche Erkenntnisse in Anspruch nehmen. Im Regelfall greifen nicht-wissenschaftliche Kontexte dann auf wissenschaftliche Wahrheit zu, wenn die Routinen des jeweiligen Funktionssystems oder seiner Organisationen für Anschlüsse nicht ausreichen oder wenn für bereits bestehende Anschlusspräferenzen Plausibilitäten benötigt werden. Die Pragmatik solcher »Verbraucher« von Wissenschaft besteht vor allem darin, bereits antizipieren zu können, welcher Gutachter wohl jene Plausibilitäten erzeugen wird, die man da erwartet. Dass sich die Gewerkschaft »Erziehung und Wissenschaft« eher diesen und nicht jenen Gutachter bestellt, um die Erfolge der Gesamtschule herauszustellen, und der Gutachter eines Umweltverbandes eher von der katastrophaleren Variante der Umweltverschmutzung ausgeht, lässt sich dann nicht auf epistemologische Beliebigkeit zurückführen, sondern muss wissenschaftssoziologisch erklärt werden.

Es wäre ein Fehler, diese Uneindeutigkeit wissenschaftlichen Wissens, das Risiko seines Gebrauchs sowie sein innerwissenschaftliches Negationspotential zu beklagen. Auf den ersten Blick wird man womöglich annehmen, Wissenschaft sei gewissermaßen insuffizient, ihre gesellschaftliche Funktion wahrzunehmen, wenn es ihr nicht gelingt, eindeutige Erkenntnisse zu vermitteln und zur Anwendung zu bringen. Dies wäre freilich ein Trugschluss. Eine solche Kritik verweist auf eine eher naive, ontologisierende Epistemologie, die tatsächlich davon ausgeht, die »Einheit des Wissens« tatsächlich wissenschaftlich erzeugen zu können. Dies geht weit über das Postulat des Fallibilismus hinaus, das letztlich von einer Substitution wissenschaftlicher Wahrheiten in der Zeitachse ausgeht. Das Programm des Fallibilismus als Grundkonstituens wissenschaftlicher Selbstbeschreibung simuliert noch so etwas wie einen Konsens über die Bedingungen der Erzeugung des *richtigen* wissenschaftlichen Wissens. Aber genau besehen, zerfällt wissenschaftliches Wissen tatsächlich in unversöhnliche Perspektiven, die gegenseitig kaum in ein *fallibilistisches* Verhältnis treten können. Postulate wie die *Einheit des Wissens* von Wilson sind dann als wissenschaftsinterne Protestbewegungen dagegen zu interpretieren, Protestbewegungen, die letztlich selbst nur exekutieren, was sie kritisieren: dass die Einheit der Wissenschaften sich nicht wissenschaftlich verorten lässt, denn man kann ihr widersprechen – und zwar wissenschaftlich.

Die Leistung, die das Wissenschaftssystem für die anderen Funktionssysteme und ihre Organisationen erbringt, ist gerade nicht das einheitliche Bild einer einheitlichen Welt, sondern die Bereitstellung eines Potentials unendlich erscheinender Auflösungs- und Rekombinationsmöglichkeiten in der Beobachtung der Welt. Gerade der Soziologie wird dann bisweilen vorgeworfen, sie löse nur Probleme, die man ohne sie nicht hätte. Exakt das aber ist ihre Stärke! Aus epistemologischer Perspektive käme es darauf an, gerade das als *evolutionären Vorteil* des modernen Wissenschaftssystems auszuweisen. Die Effizienz- und Optionssteigerung moderner Funktionssysteme besteht gerade in ihrer Fähigkeit, ihre Einheit nicht programmatisch, sondern nur im Hinblick auf die systemkonstituierende Codierung zu finden. Dies verweist auf die Pragmatik der Erkenntnisgewinnung selbst.

Das beliebte Diktum, das Praktischste sei eine gute Theorie, sollte vor allem auf die Praxis der Theorie-/Erkenntnisgewinnung selbst gemünzt werden. Und so ergibt sich auch aus der Perspektive der Wissenschaft selbst so etwas wie ein Problem der Anschlussfähigkeit, der Wahrnehmbarkeit, der Kommunizierbarkeit. Sosehr die interne *Programmatik* der Wissenschaften und ihre Selbstbeschreibung von epistemologischer Raffinesse und methodischem Zweifel geprägt ist, so sehr folgt ihre *innere Pragmatik* eher jener Stabilisierung der Differenz von (Erkenntnis-)Subjekt und Objekt, mit der ich meine Überlegungen begonnen habe. Am deutlichsten wird das dort, wo wissenschaftliche Erkenntnisse bereits die Absicht der Verwendung in sich tragen. So stehen wissenschaftliche Erkenntnisse unter Organisationsbedingungen unter dem Fluch der Zeitknappheit und des Entscheidungszwangs. Eine medizinische Diagnose muss gestellt werden, ein psychiatrisches Gutachten fertig werden, eine soziologische Empfehlung für eine politische Strategie vorgelegt werden oder ein Gewässergutachten entsprechende Konsequenzen empfehlen. Wo der Forschung solche *pragmatischen* Grenzen gesetzt sind, diktieren Zeit, Ressourcen und Adressaten die Pragmatik. Der epistemologische Diskurs vergisst bisweilen, dass sich auch die Produktion wissenschaftlicher Erkenntnisse denjenigen Organisationslogiken ausgesetzt sieht, die Organisationen als »Entscheidungsmaschinen« zu den paradigmatischen Maschinen der gesellschaftlichen Moderne gemacht haben – mit allen Konsequenzen etwa für Theorie- und Personalsubstitution etwa an Universitäten, die uns aus der Wissenschaftsgeschichte spätestens seit Thomas S. Kuhn bekannt sind.

Noch einmal: Die Ästhetik der Verunsicherung

Ich komme noch einmal auf die Frage der Theorie*ästhetik* zu sprechen. Ich habe oben (s. S. 82 ff.) die Ästhetik der Systemtheorie als Ästhetik der Selbstanwendung, als Ästhetik des *strange loop* beschrieben – und sie dürfte in der Tat Verunsicherung *durch* Wissenschaft in den anderen Funktionssystemen als Verunsicherung *innerhalb* der Wissenschaft noch potenzieren. Ich möchte sie – für den speziellen Fall der Soziologie – eine *epistemologische Verunsicherung* nennen, die viel mit der Selbstwahrnehmung der Wissenschaft in einer funktional differenzierten Gesellschaft zu tun hat. Zwar ist die Soziologie wie ihre sozialwissenschaftlichen Derivate[1] nach wie vor außerordentlich erfolgreich in der Beantwortung konkreter Fragestellungen, die empirischer Forschung harren. Der gesamte politische, wohlfahrtsstaatliche, verwaltungsmäßige, auch militärische, medizinische oder erzieherische Komplex der modernen Gesellschaft wäre ohne soziologische/sozialwissenschaftliche Forschungsergebnisse gar nicht denkbar, von Medien- und sonstigem Produktmanagement ganz zu schweigen. Aber ohne Zweifel bestätigt solcherart Forschung nur die Routinen jener Nachfrager, die für *ihre* Praxis Planungssicherheit benötigen – und gerade in diesem Sinne bisweilen weniger Trägheit an den Tag legen als die akademisch anschlussfähige Forschung. Man denke nur an den Marketingbereich, dem manche Neuformierung von Milieus und Ungleichheitsdimensionen womöglich früher ansichtig wurden als der universitären Forschung. All das scheint mir aber lediglich zu bestätigen, dass Nachfrager wissenschaftlicher Erkenntnisse eher eigene Routinen ins Spiel bringen, auf die der Anbieter dann reagiert, wenn ich das so ökonomistisch formulieren darf. Aber all das ist soziologisch ebenso bekannt wie unergiebig und verweist darauf, wie Organisationen *als Organisationen* über Wissenschaft entscheiden. Soziologisch ergiebiger und bemerkenswerter ist freilich, dass der soziologische Beobachter an sich selbst immer mehr zu beobachten beginnt, dass seine gesellschaftliche Funktion eine *gesellschaftliche* Funktion ist, die ähnlich zustande kommt wie andere Funktionen auch: selbstsubstitutiv und exklusiv nämlich sowie ohne Kontakt zu einer *realen Realität*, die diese Funktionen irgendwie vorgeben könnte. Was soziologische Beobachter derzeit den Klassikern des Faches ähnlich machen dürfte, ist – bei entsprechendem epistemologischem Interesse – die Erfahrung, wie sehr die Routinen und die

1 Es ist natürlich umstritten, die anderen Sozialwissenschaften als Derivate der Soziologie einzuführen, allerdings gilt das zumindest in der Weise, als sich Disziplinen wie etwa die Pädagogik/Erziehungswissenschaft, die Politikwissenschaft, die Kommunikationswissenschaft/Publizistik oder auch Teile der Sozialgeschichte von eher philosophischen oder geisteswissenschaftlichen Selbstfestlegungen im unmittelbaren Kontakt mit der soziologischen Nomenklatur und ihren Methoden zu Sozialwissenschaften gewandelt haben. Dass die große *andere* Sozialwissenschaft, die Ökonomie nämlich, auch *Sozial*wissenschaft heißt, lässt sich darauf zurückführen, dass sich mit der kapitalistischen Formierung von Nationalstaaten das *Soziale* in erster Linie als das ökonomisch Vermittelte darstellte.

Pragmatik des eigenen Begriffsapparates, der eigenen Beobachtungsselbst verständlichkeiten und der selbst erzeugten Realitätsunterstellung einem Wandel unterliegen, die als *gesellschaftlicher Wandel* Subjekt und Objekt unserer Disziplin miteinander verschmelzen lassen. Es ist jene *epistemologische Verunsicherung*, mit der die Soziologie an sich selbst und an ihrem Gegenstand exekutiert, was sie an sich selbst und an ihrem Gegenstand vorfindet: *Offenheit als Geschlossenheitsfunktion*. Das macht die Benennbarkeit der Welt nicht unbedingt einfacher.

Die Ästhetik der Benennbarkeit

Das schwierige Objektverhältnis der Soziologie, mit dem ich meine Überlegungen begonnen habe, verweist Soziologie darauf, dass sie als Wissenschaft kommuniziert. Und dies verweist auf funktionale Differenzierung, die nicht von außen zu beobachten ist, sondern nur aus der Binnenperspektive, die sich selbst innerhalb eines Funktionssystems vorfindet. Es fallen dann freilich soziologische Perspektiven an wie die hier präsentierte. Sie wird getragen von einem Fundament, von dem sie behauptet, es trage sich ausschließlich selbst. Eine solcherart epistemologisch verunsicherte Soziologie wäre gewissermaßen der *institutionalisierte performative Widerspruch*, die Repräsentation ihrer eigenen Unmöglichkeit, weil sie darauf aufmerksam macht, dass ihr Gegenstand sich der Handhabung je eigener Unterscheidungen, je eigener Praxen, je eigener Weltperspektiven verdankt, aus denen operativ nicht herausgetreten werden kann. Und indem sie sich selbst in ihrem Gegenstandsbereich entdeckt, nimmt sie eine defätistische Haltung zu ihrem eigenen Vermögen ein, weil sie sich stets ein *tu quoque* zuruft. Konstative Aussagen über das, was der Fall ist, also: Beschreibungen der Gesellschaft verlieren damit jene (notwendige) Naivität, die jeder Fremdreferenz eingeschrieben ist und die für die heimliche *Ontologie* der Benennung sorgt. Es bleibt dann nur *Autologie*.

In Theorien des Poststrukturalismus und der Dekonstruktion, in der Wissenschaftsforschung, ansatzweise in Bourdieus Feldtheorie und in Foucaults Arbeiten, v. a. aber in der Systemtheorie wird diese autologische Figur produktiv gewendet. Diese Theorien interessieren sich dafür, wie sich selbstbezügliche Eigendynamiken entwickeln, und sie stoßen damit auf das Problem, was man mit den eigenen Unterscheidungen anfangen kann, wenn man einmal damit angefangen hat. Und sie exekutieren ihre Diagnose gleich mit: Es geschieht, was geschieht, und zwar nach Selektivitäten, die sich sowohl in Echtzeit bewähren müssen als auch den Erwartungsbildungen ihrer Adressaten und potentiellen Anschlüsse zu entsprechen haben. Es kommt dann darauf an, angemessene Eigenkomplexität zu entwickeln, um anschlussfähige Theorien zu formulieren und Diagnosen zu stellen. Gesellschaftstheorie des erwähnten ernüchternden Typs produziert dann aber primär wissenschaftliche Texte für die Wissenschaft, genauer: soziologische Texte für die Soziologie, und macht auf die Paradoxie aufmerksam, dass sie ihre Möglichkeit darin findet, ihre eigene Unmöglichkeit zu demonstrieren: *Gesellschaft zu beschreiben, ohne Gesellschaft zu erreichen* – und zwar *sachlich*, weil sie eben nur als Wissenschaft operiert, *sozial*, weil sie sich in einen relativ engen Adressatenkreis einschließt und nur begrenzten Zugang zu Verbreitungsmedien erhält, und *zeitlich*, weil sie so hohe Anforderungen an sinnhafte Verständlichkeit stellt, dass sie zunächst auf Unverständlichkeit setzen muss.[2] Die hier vorliegenden Studien setzen in dieser Weise tatsächlich auf ein hohes Maß an Unverständlichkeit, zumindest auf eine allein wissenschaftlich (hoffentlich!) anschlussfähige Diktion – und anstatt nach Entschuldigungen dafür zu suchen, ist wohl eher die Diagnose angezeigt, dass sich auch hier eine Form von Geschlossenheit anzeigt, die bestimmte Offenheitsoptionen erst ermöglicht. Also selbst dafür lassen sich aus der hier gewählten Perspektive noch *soziologische* Gründe finden. Im Klartext: Erst das ohne Zweifel sperrig daherkommende Spiel mit hoher Auflösungs- und Rekombinationstechnik ermöglicht eine Perspektive, die sich der Einfachheit ihrer Benennung öfter entzieht, als das ratsam wäre. Studieren lässt sich darin

2 Das größte Thema der Soziologie ist also nach wie vor sie selbst, und die vielbeklagte soziologische Klassikerphilologie hat sicher hier einen ihrer Ursprünge, denn gerade sie sorgt für sachliche, soziale und zeitliche Selbstbezüglichkeiten, was gerne kritisiert wird (vgl. aktuell Schimank 1999 und Kieserling 2000). Wiewohl Schimank und Kieserling hier sicher nicht Unrecht damit haben, den eher philologischen und werk- und fachgeschichtlichen Zugang zu den Texten der *grand old men* oder gar ihre Kanonisierung zu zeitlosen Ratgebern kritisch einzuschätzen, darf man doch die sozialisatorischen Funktionen der Klassikerphilologie nicht unterschätzen. Manchmal scheint mir in der Soziologie eher zu wenig als zu viel Rekurs auf die eigene Fachtradition (von ihrer Kenntnis ganz zu schweigen) zu beklagen zu sein.

unter anderem der schlichte Sachverhalt der Ausdifferenzierung eines Wissenschaftssystems, das interne und externe Anschlussmöglichkeiten – gewissermaßen: Leistungs- und Publikumsrollen – zu unterscheiden lernt. Damit kehrt Gesellschaftstheorie wieder zurück in das Gehäuse der Wissenschaft. Erschlafft scheinen die politischen Debatten, die mit ihren Begriffen geführt wurden, und erschlafft sind auch die politischen Energien und Utopien, die im Namen ihrer Begriffe stritten. Das gilt übrigens für beide große Antipoden der Hochzeit zeitdiagnostischer Gesellschaftstheorie. Während der einen schlicht der Gegenstand in Form des politisch autarken, sozialtechnologisch selbstbewussten Nationalstaates mit entsprechendem »gesellschaftlichem« Organisationsarrangement abhanden gekommen ist, kann der kritische Ruf nach Veränderung angesichts der rezenten Veränderungsdynamik kaum gehört werden.

Freilich wäre es völlig verfehlt, aus dem Befund der *Ausdifferenzierung* und *operativen Geschlossenheit* des Funktionssystems Wissenschaft gewissermaßen *normativ* auf die *Notwendigkeit* solcher autologischer wissenschaftlicher Perspektiven zu schließen. Im Gegenteil ist festzustellen, dass wissenschaftliche Praxis die Paradoxie ihrer Selbstanwendung und ihres selbsttragenden Charakters gerade dadurch entfaltet, dass sie doch so etwas wie eine *realistische* Perspektive entfaltet, die die Anschlussfähigkeit des Forschens *innerhalb* der Wissenschaft durch Standardisierung von Methoden, Replikation von Studien, Sedierung des Beobachters usw. sichert – und das mit erheblichem Erfolg. Das gilt auch für den Fall der Soziologie und dürfte ohne weitere Begründung plausibel sein.

Eine angemessene Perspektive auf die *Pragmatik* wissenschaftlicher Erkenntnis verweist im Falle der Soziologie freilich noch auf eine Reflexionsform, die in ganz anderer Weise auf die autologische Verfassung ihrer Position reagiert, also darauf, dass die Soziologie eine Selbstbeschreibung des Gesellschaftssystems *im Gesellschaftssystem* anbietet. Es ist dies jener Komplex, den man als *Zeitdiagnose* oder *Gesellschaftsdiagnose* beschreiben könnte. Zumindest das *öffentliche*, was heißen soll: massenmedial anschlussfähige Bild der Soziologie ist vor allem durch soziologische Beschreibungen des Gesellschaftssystems geprägt, die durch zweierlei bestechen: durch *Einfachheit* und durch *Benennbarkeit*. Wiewohl der Gestus des gegenwärtigen gesellschaftstheoretischen Diskurses – an der Systemtheorie lässt sich das am deutlichsten ablesen – der ist, auf die autologischen Bedingungen der eigenen Operationen im Wissenschaftssystem aufmerksam zu machen und den paradoxalen, selbsttragenden und damit riskanten und unsicheren Status aller denotativen Kommunikationen mit Gegenstandsbezug zu betonen, besteht ein wachsender Bedarf und ein ungebrochenes Interesse an soziologischen (Selbst-)Beschreibungen der Gesellschaft in Form von Zeitdiagnosen, die kommunizierbar sind, ohne dass man den gesamten Apparat des soziologischen Räsonnierens mitführen muss. Reflektiert die soziologische Selbstbeschreibung der Gesellschaft in *gesellschaftstheoretischer Form* eher auf den eigenen Status als Wissenschaft innerhalb einer funktional differenzierten Gesellschaft ohne Zentrum und Spitze, letztlich auf ihre eigene Unmöglichkeit, sucht Zeitdiagnose nach Resonanz in anderen Funktionssystemen – hier ist vor allem an Politik und Massenmedien zu denken. Von außen wird soziologische Zeitdiagnose am deutlichsten sicher in den wohlfeilen Komposita wahrgenommen, die als Reflexionsbegriffe für die Gesamtgesellschaft angeboten werden: *Wissensgesellschaft, Risikogesellschaft, Multioptionsgesellschaft, Erlebnisgesellschaft, multikulturelle Gesellschaft, individualisierte Gesellschaft, Zivilgesellschaft, politische Gesellschaft, globalisierte Gesellschaft*. Die Liste ist verlängerbar (vgl. Kneer/Nassehi/Schroer 1997; 2001). Solche Begriffe, dargeboten als soziologische Selbstbeschreibungen des Gesellschaftssystems, finden ihr zentrales Bezugsproblem nicht in der Reflexion auf ihre wissenschaftliche Möglichkeitsbedingung und auf ihre funktionssystemspezifische Perspektive, sondern in ihrer Resonanzfähigkeit außerhalb der Soziologie. Ihr Resonanzboden sind – neben einem Genre zwischen Fach- und Publikumsliteratur – in erster Linie die Massenmedien, in denen v. a. der Aktualitäts-, Novitäts- und Aufmerksamkeitswert von Kommunikationen über ihre Anschlussfähigkeit entscheidet. Die Funktion solcher Zeitdiagnosen besteht darin, in anderen Funktionssystemen gesellschaftliche Selbstbeschreibungs- und Reflexionspotentiale freizusetzen, ihre Stärke, dass sie eine hohe Sensibilität für Problembestände der modernen Gesellschaft mitbringen. Fast ist man geneigt, die Qualität solcher Diagnosen in Hegel'scher Manier an ihrer Resonanzfähigkeit zu messen – das *Wirkliche* ist auch das *Vernünftige*. So gesehen, reüssiert die soziologische Selbstbeschreibung der modernen Gesellschaft in Form ihrer Zeitdiagnosen in der Tat.

Der Streit um die angemessene soziologische Beschreibung der modernen Gesellschaft wählt immer weniger die Form gesellschaftstheoretischer Konflikte, sondern wird auf dem Feld der Zeitdiagnosen ausgefochten – sind es wirkliche *Risiken*, die das Signum des Zeitalters ausmachen, ist tatsächlich *Wissen* zum entscheidenden gesellschaftlichen Motor geworden, löst *Individualisierung* die gewohnte Gestalt sozialer Integration ab, bricht *Multioptionalität* mit erwartbaren Erwartbarkeiten, ist *Globalisierung* derjenige neue Adressat, dem man alles Unerwünschte zuschreiben kann wie weiland dem Kapitalismus? Die Debatten nehmen die Form gesamtgesellschaftlicher Reflexionen an: Ist die Gegenwartsgesellschaft tatsächlich im Sinne des jeweiligen Begriffshorizonts angemessen beschrieben? Ist eher Risiko, Individualisierung, Optionenvielfalt, Globalisierung oder Wissen dasjenige *catch-word*, mit dem sich die wirkungsvollsten Beschreibungen anfertigen lassen?

Gesellschaftliche Selbstbeschreibung durch die Soziologie findet ihre anschlussfähigen Konflikte und weitere Kommunikation generierenden Differenzen in solchen zeitdiagnostischen Fragen. Und sie lebt davon, ob sie gewissermaßen den *Nervus sympathicus* vor allem der massenmedialen Reflexion auf die Gesamtgesellschaft trifft. Es darf hier nicht der Hinweis fehlen, dass es vor allem Ulrich Becks Buch *Risikogesellschaft* (Beck 1986) war, das diesen aufs Ganze zielenden Nerv unmittelbar getroffen hat. Jeffrey Alexander und Philip Smith (1996) haben Becks Zeitdiagnose als einen »mythological discourse« gelesen, dem es gelungen sei, das Unsichtbare mit Hinweis auf seine Unsichtbarkeit sichtbar zu machen – bezogen auf die Unsichtbarkeit von Gefahrenquellen wie Radioaktivität oder Schadstoffe und bezogen auf die Unsichtbarkeit der Risiken als Risiken. *Risiko* bearbeitet (und erneuert) gewissermaßen das zentrale Versprechen des technologischen Kontroll- und Beherrschungsmythos – ähnlich wie die Marx'sche Kapitalismustheorie das Mythologem der Errettung in die Debatte brachte. Alexander und Smith sprechen solchen Diagnosen sogar gewisse »religiöse« Funktionen und Bedeutungen zu. So weit muss man nicht gehen. Worin sie sich aber bewähren, ist in der Tat ihre Erzählbarkeit, ihre Nacherzählbarkeit, ihre Anschlussfähigkeit. Ihre Erzählbarkeit ereignet sich jenseits der sozialen und sachlichen Schließung, die die unverständliche Sprache wissenschaftsinterner Begründungserwartungen *nolens volens* hervorbringt.

Dieser Art gesellschaftliche Selbstbeschreibung bedient offensichtlich das Bedürfnis, die soziale Welt benennbar zu machen; sie bietet begriffliche Totalitäten an, die es erlauben, Gesellschaft jenseits eindeutiger Rekurse auf einzelne Funktionssysteme zu thematisieren, und sie wendet sich an soziale Totalitäten, an Kollektive, Betroffene. Und wenn sie schon nicht Erlösung oder wenigstens Auswege verspricht, dann zeigt ihre Resonanzfähigkeit zumindest an, was gerade thematisierungsfähig ist. Manche Reflexionsformen über Risiken, über Individualität, über die Kontingenz des Wissens, über Optionenvielfalt oder über Stilisierungs- und Erlebnisformen wären womöglich ohne diese Diagnosen nicht entstanden. Und nicht zuletzt initiieren die erfolgreichen Diagnosestichworte allerlei Folgereflexionen in anderen Teilsystemen – ob Risiken in der Ökonomie, Individualisierung in Erziehung und Religion, Optionenvielfalt medial oder ökonomisch oder Multikulturalität in der Politik, nicht zuletzt sind es soziologische Selbstbeschreibungen des Gesellschaftssystems, die hier die entsprechenden Stichworte geben. Und wenn wir Soziologinnen und Soziologen bisweilen mit Schaudern sehen müssen, was mit unseren schönen Diagnosen angerichtet wird und was andere damit transportieren, dann bestätigt das zumindest zweierlei: *erstens* die gesellschaftstheoretische Beschreibung der modernen Gesellschaft als funktional differenzierter Gesellschaft ohne Repräsentationszentrum und *zweitens* die Annahme, dass Selbstbeschreibungen das Beschriebene durch ihre Beschreibung verändern.

Was eine gesellschaftstheoretische Perspektive, wie sie in diesem Band präsentiert wird, von jenen eher diagnostischen Texten unterscheidet, lässt sich kaum *sachlich* in dem Sinne auf den Begriff bringen, dass entschieden werden könnte, ob die Diagnosen *richtig* sind oder nicht. Eher gesellschaftstheoretische Perspektiven schwingen ohnehin mit. Auch sie reagieren mit Resonanz und nehmen all die Themen auf, mit denen die Soziologie in der Öffentlichkeit reüssiert. Schwankend zwischen Faszination und Hochnäsigkeit, zwischen Ablehnung und *haben-wir-schon-längst-gewußt* werden all die diagnostischen Themen ebenfalls aufgenommen und auf Herz und Nieren geprüft – und entsprechend so verfremdet, dass ihre Begründungen und Benennungen nicht mehr sozialverträglich rüberkommen, will heißen: nur wissenschaftsintern anschlussfähig sein können. Die Studien dieses Bandes legen davon durchaus Zeugnis ab. Will man den Unterschied dieser Perspektiven von öffentlich wirksamer Zeitdiagnose freilich verstehen, ist es nötig, die Aufmerksamkeit wieder auf theorieästhetische Kategorien zu lenken.

Die *Ästhetik der Verunsicherung*, also der Verweis auf die autologische Verfassung aller Operationen, der Verzicht auf letzte Eindeutigkeiten, die bisweilen geradezu obsessive Suche nach den Verschlingungen von Beschreibung und Beschriebenem usw. lässt einen Blick auf die Welt entstehen, der sich mit einer anschlussfähigen Diagnose für Weitergebrauch letztlich nicht zufrieden gibt und sich Rezipienten wünscht, die letztlich verunsichert werden. Es ist dies eine ähnlich *schräge* Ästhetik, die auf die Form der Form selbst hinweist. Ich hatte sie bereits oben (s. S. 85) fast unter Kunstverdacht gestellt. Die Ästhetik zeitdiagnostischer Texte ist geradezu diametral entgegengesetzt gebaut. Sie nutzt eine bestimmte Form – wenn sie gelingt, ist es die Form der Überzeugung, der Plausibilität und vor allem: der Übersetzbarkeit in Erfahrung. Man sollte dabei nicht vergessen, dass manche Erfahrung erst durch die Diagnose erzeugt wird. Vielleicht ist es das, was Alexander und Smith als *mythologisch* ansahen. Schon die mythische Erzählung hatte nicht nur den Sinn, die Welt abzubilden, sondern die Welt erfahrbar zu machen. Und manche Zeitdiagnose setzt exakt dort an: an einer Form der Benennbarkeit der Welt, deren Chiffrierung sich dazu eignet, die Komplexität der Welt in eine Form zu bringen, die man als Rezipient als Erfahrung ausgeben kann. Wer behauptet, *Individualisierung* oder *Globalisierung* oder *Multioptionalität* oder *Risiken* gebe es gar nicht, oder dafür allzu eindeutige Operationalisierung zur Prüfung des Sachverhalts sucht, hat den *Funktionssinn* solcher Diagnosen nicht begriffen. Denn es ist gerade der Benennungserfolg, der bestimmte Erfahrungslagen erst als solche hervorbringt. Wenn schon der Exkurs ins Mythologische: Erst als Gott seinen Geschöpfen *Namen* gab, sie also *benennbar* machte, hatten sie den Status als vollwertige Geschöpfe, denen eine Repräsentation anhaftete. Die Ästhetik soziologischer Zeitdiagnosen läuft ganz ähnlich darauf hinaus, bestimmte Erfahrungslagen dadurch zu promovieren, sie benennbar zu machen. Sie erlauben eine Subordination unter die Macht der Bilder, die sie damit normativ aufladen. So kommen *individualisierte* Individuen viel besser an, ebenso wie jene, die der *Risiken* ihrer Lebensführung bewusst werden, oder wie jene, die mit *vielen Optionen* spielen und sich in der Welt der *Wissensgesellschaft* auskennen – von den *global players* ganz zu schweigen, deren Kritiker selbst welche sein müssen. Es kommt mir hier nicht auf einen womöglich pejorativ erscheinenden Gestus an, sondern auf den *Funktionssinn* solcher Beschreibungen. Ihre Ästhetik ist *sexy* – es fällt schwer, es anders auszudrücken. Und es käme einer gesellschaftstheoretischen Perspektive darauf an, noch diesen Funktionssinn als Ausdruck der Ausdifferenzierung des Wissenschaftssystems anzusehen, mit dem sich unterschiedlich umgehen lässt: *einerseits* mit der Rationalität der Einsicht des Eingeschlossenseins in die Logik der wissenschaftlichen Verfremdung, *andererseits* mit der Rationalität der Anschlussfähigkeit in anderen Logiken. Lernen lässt sich daraus zum einen, dass Rationalität selbst kein normativer Standard ist, sondern nur auf die Handhabung von System/Umwelt-Differenzen anspielt; zum anderen, dass diese unterschiedlichen Perspektiven sich schon *ästhetisch* kaum versöhnen ließen. Würde es gelingen, diese *ästhetischen* Differenzen, vielleicht könnte man sogar von *Milieus* sprechen, angemessen zu kommunizieren, ließen sich die beiden Perspektiven womöglich in ein produktives Verhältnis zueinander setzen.

Vielleicht ist es dies, was die soziologische Selbstbeschreibung der modernen Gesellschaft derzeit so spannend macht: Es ist die Arbeitsteilung zwischen diagnostischen und theoretischen Thematisierungsformen. Erstere schielen auf die Fremdreferenz der Wissenschaft, auf Anschlussfähigkeit in und durch massenmediale Kommunikation, Zweitere auf die Selbstreferenz der Wissenschaft. Vielleicht besteht das Produktive an dieser Arbeitsteilung darin, dass die eine Seite ihr diagnostisches Sensorium für die Identifizierung von Problemen und ihre angemessene Formulierung pflegt, während die andere Seite solche Probleme als Folgeprobleme ausweisen kann, als Probleme, die im Lichte der Theorie funktionaler Differenzierung als *Differenzierungsfolgen* (vgl. Nassehi 1999) erscheinen und eine *Gesellschaft der Gegenwarten* generieren. Die spannende Alternative scheint mir also keine Neuauflage des Positivismusstreites zu sein. Weder Gesellschaftstheorie noch Zeitdiagnose lässt sich durch Forschung ersetzen oder eindeutig bestimmen – selbst wenn dies im Selbstthematisierungsalltag unserer Disziplin aufgrund der Projektförmigkeit von Forschungs(*sic!*)förderung tunlichst invisibilisiert wird.[3] Spannender ist die Orientierung an der

3 Schon die einfache Operationalisierung etwa von *Individualisierung* für empirische Forschung stößt auf Probleme, die durch Forschung nicht zu lösen sind, weil

Unterscheidung von Gesellschaftstheorie und Zeitdiagnose und nicht zuletzt die Unterscheidung der Zeitdiagnosen. Ich bin mir sicher, dass Zweiteres nicht ohne Gesellschaftstheorie auskommt, wenn es nicht nur Fremdresonanz, sondern vor allem Selbstresonanz ist, die über die Qualität soziologischer, also: *wissenschaftlicher* gesellschaftlicher Selbstbeschreibungen Auskunft gibt. In jedem Fall bleibt der Soziologie nichts anderes als Selbstthematisierung, wenn nicht der Soziologie als Soziologie, dann zumindest und unausweichlich die Selbstthematisierung der Gesellschaft, aus der sie nicht aussteigen kann – nicht durch Verzicht auf Zeitdiagnosen und nicht einmal durch die unverständlichsten gesellschaftstheoretischen Texte. Das ist auch ein bisschen tröstlich, oder?

sie diese bereits im Akt der Operationalisierung voraussetzen müsste (vgl. Allmendinger/Beck 1995). Das Dilemma sollte denkgeschichtlich nicht ganz unbekannt sein.

Literaturverzeichnis

Abel, Theodore, (1947), »The Operation Called Verstehen«, in: *American Journal of Sociology 54*, S. 211-218.

Adorno, Theodor W., (1997a), »Soziologische Schriften I«, in: *Gesammelte Schriften, Band 8,* Frankfurt/M.

Adorno, Theodor W., (1997a), »Minima Moralia. Reflexionen aus dem beschädigten Leben«, in: *Gesammelte Schriften, Band 4,* Frankfurt/M.

Adorno, Theodor W., (1997c), »Negative Dialektik«, in: *Gesammelte Schriften, Band 6,* Frankfurt/M., S. 7-412.

Albert, Michel, (1992), *Kapitalismus contra Kapitalismus,* Frankfurt/M./ New York.

Alexander, Jeffrey C., (1985), *Neofunctionalism,* Los Angeles/London.

Alexander, Jeffrey C., (1988), *Action and its Environments,* New York.

Alexander, Jeffrey C.,(1990), »Differentiation Theory: Problems and Prospects«, in: *Differentiation Theory and Social Change. Comparative and Historical Perspectives,* hg. v. Jeffrey C. Alexander und Paul Colomy, New York, S. 1-15.

Alexander, Jeffrey C., (1993), *Soziale Differenzierung und kultureller Wandel. Essays zur neofunktionalistischen Gesellschaftstheorie,* Frankfurt/M.

Alexander, Jeffrey/Smith, Philip, (1996), »Social Science and Salvation: Risk Society as Mythological Discourse«, in: *Zeitschrift für Soziologie 25,* S. 251-262.

Allmendinger, Jutta/Beck, Ulrich, (1995), *Individualisierung und die Erhebung sozialer Ungleichheit: Methodenentwicklung für den ALLBUS 1994. Abschlußbericht des DFG Projekts,* München.

Altvater, Elmar/Mahnkopf, Birgit, (1997), *Grenzen der Globalisierung. Ökonomie, Ökologie und Politik in der Weltgesellschaft,* 2. Aufl. Münster.

Anderson, Benedict, (1992), »The New World Disorder«, in: *New Left Review 193,* S. 3-13.

Apel, Karl-Otto, (1979), »Ist der Tod die Bedingung der Möglichkeit von Bedeutung?«, in: *Der Tod in der Moderne,* hg. v. Hans Ebeling, Königstein/Ts., S. 226-235.

Archer, Margaret, (1988), *Culture and Agency. The Place of Culture in Social Theory,* Cambridge/New York/Port Chester/Melbourne/Sydney.

Archer, Margaret S., (1991), »Sociology for One World. Unity und Diversity«, in: *International Sociology 6,* S. 131-147.

Arjamond, Said Amir, (1989), »The Emergence of Islamic Political Ideologies«, in: *The Changing Face of Religion,* hg. v. James A. Beckford/Thomas Luckmann, London/Newbury Park/New Delhi, S. 109-123.

Assmann, Aleida/Friese, Heidrun, (1998), *Identitäten. Erinnerung, Geschichte, Identität 3,* Frankfurt/M., S. 73-104.

Bacon, Francis, (1974), *Neues Organ der Wissenschaften*, übers. und hg. von Anton Theobald Brück, Darmstadt (repr. Nachdr. d. Ausg. Leipzig 1830).

Bateson, Gregory, (1990), *Ökologie des Geistes. Anthropologische, psychologische, biologische und epistemologische Perspektiven*, Frankfurt/M.

Baudrillard, Jean, (2001), »Der Geist des Terrorismus«, in: *Süddeutsche Zeitung*, 12. 11. 2001, München, S. 16.

Bauman, Zygmunt, (1995), *Moderne und Ambivalenz. Das Ende der Eindeutigkeit*, Frankfurt/M.

Beck, Ulrich, (1986), *Risikogesellschaft. Auf dem Weg in eine andere Moderne*, Frankfurt/M.

Beck, Ulrich, (1996), Das Zeitalter der Nebenfolgen und die Politisierung der Moderne, in: *Reflexive Modernisierung. Eine Kontroverse*, hg. v. Ulrich Beck, Anthony Giddens und Scott Lash, Frankfurt/M., S. 19-112.

Beck, Ulrich, (1997), *Was ist Globalisierung? Irrtümer des Globalismus – Antworten auf Globalisierung*, Frankfurt/M.

Beck, Ulrich, (2000), »The cosmopolitan perspective: sociology of the second age of modernity«, in: *British Journal of Sociology 51*, S. 79-106.

Beck, Ulrich/Beck-Gernsheim, Elisabeth, (1994), »Individualisierung in modernen Gesellschaften – Perspektiven und Kontroversen einer subjektorientierten Soziologie«, in: *Riskante Freiheiten*, hg. v. Ulrich Beck und Elisabeth Beck-Gernsheim, Frankfurt/M., S. 10-39.

Bendel, Klaus, (1993), »Funktionale Differenzierung und gesellschaftliche Rationalität. Zu Niklas Luhmanns Konzeption des Verhältnisses von Selbstreferenz und Koordination in modernen Gesellschaften«, in: *Zeitschrift für Soziologie* 22, S. 261-278.

Berger, Peter/Luckmann, Thomas, (1970), *Die gesellschaftliche Konstruktion der Wirklichkeit. Eine Theorie der Wissenssoziologie*, Frankfurt/M.

Bhaba, Homi K., (1994), *The Location of Culture*, London/New York.

Bleses, Peter/Seeleib-Kaiser, Martin, (2001), »Wohlfahrtsgesellschaft«, in: *Klassische Gesellschaftsbegriffe der Soziologie*, hg. v. Georg Kneer, Armin Nassehi und Markus Schroer, München, S. 399-421.

Böckenförde, Ernst-Wolfgang, (1967), »Die Entstehung des Staates als Vorgang zur Säkularisation«, in: *Säkularisation und Utopie. Erbacher Studien. Ernst Forsthoff zum 65. Geburtstag*, Stuttgart/Berlin/Köln/Mainz, S. 75-94.

Bodin, Jean, (1981), *Sechs Bücher über den Staat*, München.

Bohn, Cornelia, (1999), *Schriftlichkeit und Gesellschaft. Kommunikation und Sozialität der Neuzeit*, Opladen.

Bolte, Gerhard, (1989), *Unkritische Theorie. Gegen Habermas*, Lüneburg.

Bornschier, Volker, (1998), *Westliche Gesellschaft – Aufbau und Wandel*, Zürich.

Bourdieu, Pierre, (1979), *Entwurf einer Theorie der Praxis*, Frankfurt/M.
Bourdieu, Pierre, (1985), »Leçon sur la leçon«, in: ders., *Sozialer Raum und ›Klassen‹. Leçon sur la leçon. Zwei Vorlesungen,* Frankfurt/M.
Bourdieu, Pierre, (1987), *Sozialer Sinn. Kritik der theoretischen Vernunft*, Frankfurt/M.
Bourdieu, Pierre, (1993), *Soziologische Fragen*, Frankfurt/M.
Bourdieu, Pierre/Wacquant, Loïc J.D., (1996), *Reflexive Anthropologie*, Frankfurt/M.
Bronfen, Elisabeth/Marius, Benjamin, (1997), »Hybride Kulturen. Einleitung zur anglo-amerikanischen Multikulturalismusdebatte«, in: *Hybride Kulturen. Beiträge zur anglo-amerikanischen Multikulturalismusdebatte*, hg. v. Elisabeth Bronfen, Benjamin Marius und Therese Steffen, Tübingen, S. 1-30.
Brubaker, Rogers/Cooper, Frederick, (2000), »Beyond ›identity‹«, in: *Theory and Society 29*, S. 1-47.
Burkart, Günter, (1997), *Lebensphasen – Liebesphasen*, Opladen.
Burke, Kenneth, (1961), *The Rhetoric of Religion. Studies in Logology*, Boston.
Burton, John W., (1972), *World Society*, Cambridge.
Butler, Judith, (1991), *Das Unbehagen der Geschlechter*, Frankfurt/M.

Comte, Auguste, (1933), *Die Soziologie. Die positive Philosophie im Auszug*, Leipzig.
Coleman, James S., (1991), *Grundlagen der Sozialtheorie, Handlungen und Handlungssysteme, Bd. 1,* München.
Colomy, Paul, (1990), »Revisions and Progress in Differentiation Theory«, in: *Differentiation Theory and Social Change. Comparative and Historical Perspectives*, hg. v. Jeffrey C. Alexander und Paul Colomy, New York, S. 465-495.

Derrida, Jacques, (1979), *Die Stimme und das Phänomen. Ein Essay über das Problem des Zeichens in der Philosophie Husserls*, Frankfurt/M.
Derrida, Jacques, (1988), »Die différance«, in: ders., *Randgänge der Philosophie*, Graz/Wien, S. 29-52.
Derrida, Jacques, (1989), *Die Schrift und die Differenz*, 4. Aufl., Frankfurt/M.
Derrida, Jacques, (2001), »Glaube und Wissen. Die beiden Quellen der Religion an den Grenzen der bloßen Vernunft«, in: *Die Religion*, hg. v. Jacques Derrida und Gianni Vattimo, Frankfurt/M., S. 9-106.
Dilthey, Wilhelm, (1959), *Gesammelte Schriften*, Band 1, 4. Aufl., Stuttgart/Göttingen.
Dülmen, Richard van, (1997), *Die Entdeckung des Individuums. 1500-1800*, Frankfurt/M.

Durkheim, Émile, (1981), *Die elementaren Formen des religiösen Lebens*, Frankfurt/M.
Durkheim, Émile, (1985), *Soziologie und Philosophie*, 2. Aufl., Frankfurt/M.
Durkheim, Émile, (1986), »Der Individualismus und die Intellektuellen«, in: *Gesellschaftlicher Zwang und moralische Autonomie*, hg. v. Hans Bertram, Frankfurt/M., S. 54-70.
Durkheim, Émile, (1988), *Über soziale Arbeitsteilung. Studie über die Organisation höherer Gesellschaften*, Frankfurt/M.
Durkheim, Émile, (1990), *Der Selbstmord*, Frankfurt/M.

Eickelpasch, Rolf, (1997), »Postmoderne Gesellschaft«, in: *Soziologische Gesellschaftsbegriffe. Konzepte moderner Zeitdiagnosen*, hg. v. Georg Kneer, Armin Nassehi und Markus Schroer, München, S. 11-31.
Eisenstadt, Shmuel N., (2000a), »Multiple Modernities«, in: *Daedalus* 129, S. 1-29.
Eisenstadt, Shmuel N., (2000b), *Die Vielfalt der Moderne*, Weilerswist.
Elias, Norbert, (1980), *Über den Prozeß der Zivilisation*, 2 Bände, Frankfurt/M.
Eliade, Mircea, (1984), *Das Heilige und das Profane. Vom Wesen des Religiösen*, Frankfurt/M.
Epikur, (1949), *Von der Überwindung der Furcht*, übers. und hg. v. Olaf Gigon, Zürich.
Erikson, Erik H., (1966), *Identität und Lebenszyklus. Drei Aufsätze*, Frankfurt/M.
Esposito, Elena, (1991), »Paradoxien als Unterscheidungen von Unterscheidungen«, in: *Paradoxien, Dissonanzen, Zusammenbrüche*, hg. v. Hans Ulrich Gumbrecht und K. Ludwig Pfeiffer, Frankfurt/M., S. 35-57.
Etzioni, Amitai, (1993), *The Spirit of Community. Rights, Responsibilities, and the Communitarian Agenda*, New York.

Ferdowsi, Mir A., (1995), »Islamischer Fundamentalismus – Im Kampf der Kulturen oder Krise der Entwicklung?«, in: *Journal für Entwicklungspolitik XI/4*, S. 481-500.
Flora, Peter/ Heidenheimer, Arnold J. (1981), *The Development of Welfare States in Europe and America*, New Brunswick.
Foerster, Heinz von, (1985), *Sicht und Einsicht. Versuche zu einer operativen Erkenntnistheorie,* Braunschweig.
Foucault, Michel, (1971), *Die Ordnung der Dinge. Eine Archäologie der Humanwissenschaften*, Frankfurt/M.
Foucault, Michel, (1974), *Die Ordnung des Diskurses*, München.
Foucault, Michel, (1976), *Die Geburt der Klinik. Eine Archäologie des ärztlichen Blicks*, Frankfurt/M./Berlin/Wien.

Foucault, Michel, (1999), *In Verteidigung der Gesellschaft. Vorlesungen am Collège de France 1975/76*, Frankfurt/M.
Frank, Manfred, (1985), *Das individuelle Allgemeine. Textstrukturierung und Textinterpretation nach Schleiermacher*, Frankfurt/M.
Frank, Manfred, (1990), *Zeitbewusstsein*, Pfullingen.
Friedrichs, Jürgen/Lepsius, M. Rainer/Mayer, Karl-Ulrich, (1998), »Diagnose und Prognose in der Soziologie«, in: *Die Diagnosefähigkeit der Soziologie*, hg. v. dens., Opladen, S. 9-31.
Friedrichs, Jürgen, (1998), »Einleitung. Im Flugsand der Individualisierung?«, in: *Die Individualisierungsthese*, hg. v. Jürgen Friedrichs., Opladen, S. 7-11.

Garfinkel, Harold, (1967), *Studies in Ethnomethodology*, Englewood Cliffs, N.J.
Geißler, Rainer, (1996), »Kein Abschied von Klasse und Schicht. Ideologische Gefahren der deutschen Sozialstrukturanalyse«, in: *Kölner Zeitschrift für Soziologie und Sozialpsychologie 48*, S. 319-338.
Gergen, Kenneth J., (1996), *Das übersättigte Selbst. Identitätsprobleme im heutigen Leben*, Heidelberg.
Giddens, Anthony, (1987), *Social Theory and Modern Sociology*, Oxford.
Giddens, Anthony, (1995), *Konsequenzen der Moderne*, Frankfurt/M.
Giddens, Anthony, (1997) *Jenseits von Links und Rechts. Die Zukunft radikaler Demokratie*, Frankfurt/M.
Gildemeister, Regine/Wetterer, Angelika, (1992), »Wie Geschlechter gemacht werden. Die soziale Konstruktion der Zweigeschlechtlichkeit und ihre Reifizierung in der Frauenforschung«, in: *Traditionen. Brüche. Entwicklungen feministischer Theorie*, hg. v. Gudrun Axeli-Knapp und Angelika Wetterer, Freiburg/Br.
Glanville, Ranulph, (1988), *Objekte*, Berlin.
Goffman, Erving, (1996), *Das Arrangement der Geschlechter*, Frankfurt/M./New York.
Greven, Michael Th., (1999), *Die politische Gesellschaft. Kontingenz und Dezision als Probleme des Regierens und der Demokratie*, Opladen.
Groethuysen, Bernhard, (1978), *Die Entstehung der bürgerlichen Welt- und Lebensanschauung in Frankreich*, 2 Bände, Frankfurt/M.
Gumbrecht, Hans Ulrich, (1977), »Zum Wandel des Modernitäts-Begriffes in Literatur und Kunst«, in: *Studien zum Beginn der modernen Welt*, hg. v. Reinhart Koselleck, Stuttgart, S. 375-382.
Gumbrecht, Hans Ulrich, (1978), »Modern, Modernität, Moderne«, in: *Geschichtliche Grundbegriffe. Historisches Lexikon zur politisch-sozialen Sprache in Deutschland, Band 4*, hg. v. Otto Brunner, Werner Conze und Reinhart Koselleck, Stuttgart, S. 93-131.

Günther, Gotthard, (1979), »Life as Poly-Contexturality«, in: ders., *Beiträge zur Grundlegung einer operationsfähigen Dialektik, Band 2*, Hamburg, S. 283-306.

Habermas, Jürgen, (1976), »Können komplexe Gesellschaften eine vernünftige Identität ausbilden?«, in: ders., *Zur Rekonstruktion des Historischen Materialismus*, Frankfurt/M., S. 92-126.

Habermas, Jürgen, (1981a), *Theorie des kommunikativen Handelns*. 2 Bände, Frankfurt/M.

Habermas, Jürgen, (1981b), »Die Moderne als unvollendetes Projekt«, in: ders., *Kleine Politische Schriften I-IV*, Frankfurt/M., S. 444-464.

Habermas, Jürgen, (1985a), Hegels Begriff der Moderne, in: ders., *Der philosophische Diskurs der Moderne. Zwölf Vorlesungen*, Frankfurt/M., S. 34-64.

Habermas, Jürgen, (1985b), »Der normative Gehalt der Moderne«, in: ders., *Der philosophische Diskurs der Moderne. Zwölf Vorlesungen*, Frankfurt/M., S. 390-446.

Habermas, Jürgen, (1985c), »Das Zeitbewußtsein der Moderne und ihr Bedürfnis nach Selbstvergewisserung«, in: ders., *Der philosophische Diskurs der Moderne. Zwölf Vorlesungen*, Frankfurt/M., S. 9-33.

Habermas, Jürgen, (1985d), »Eintritt in die Postmoderne: Nietzsche als Drehscheibe«, in: ders., *Der philosophische Diskurs der Moderne. Zwölf Vorlesungen*, Frankfurt/M., S. 104-129.

Habermas, Jürgen, (1992), *Faktizität und Geltung. Beiträge zur Dikurstheorie des Rechts und des demokratischen Rechtsstaates*, Frankfurt/M.

Habermas, Jürgen, (1998), *Die postnationale Konstellation*, Frankfurt/M.

Habermas, Jürgen, (2001), *Glaube und Wissen*, Frankfurt/M.

Hahn, Alois, (1968), *Einstellungen zum Tod und ihre soziale Bedingtheit. Eine soziologische Untersuchung*, Stuttgart.

Hahn, Alois, (1987), »Identität und Selbstthematisierung«, in: *Selbstthematisierung und Selbstzeugnis. Bekenntnis und Geständnis*, hg. v. Alois Hahn und Volker Kapp, Frankfurt/M., S. 9-24.

Hahn, Alois, (2000a), »Staatsbürgerschaft, Identität und Nation in Europa«, in: *Staatsbürgerschaft. Soziale Differenzierung und politische Inklusion*, hg. v. Klaus Holz, Opladen, S. 53-74.

Hahn, Alois, (2000b), »Tod, Sterben, Jenseits- und Höllenvorstellungen in soziologischer Perspektive«, in: ders., *Konstruktionen des Selbst, der Welt und der Geschichte*, Frankfurt/M., S. 119-196.

Hall, Stuart, (1996), »Introduction: Who Needs Identity?«, in: *Questions of Cultural Identity*, hg. v. Stuart Hall und Paul du Gay, London, S. 1-17.

Haraway, Donna, (1995), *Die Neuerfindung der Natur. Primaten, Cyborgs und Frauen*, Frankfurt/M.

Hegel, Georg Wilhelm Friedrich, (1953), *Vorlesungen über die Ästhetik*, Stuttgart.
Hegel, Georg Wilhelm Friedrich, (1970a), *Grundlinien der Philosophie des Rechts oder Naturrecht und Staatswissenschaft im Grundrisse*, Band 7 der Werke in 20 Bänden, Frankfurt/M.
Hegel, Georg Wilhelm Friedrich, (1970b), *Phänomenologie des Geistes*, Band 3 der Werke in 20 Bänden, Frankfurt/M.
Hegel, Georg Wilhelm Friedrich, (1970c), *Enzyklopädie der philosophischen Wissenschaften. Dritter Teil: Die Philosophie des Geistes*, Band 10 der Werke in 20 Bänden, Frankfurt/M.
Heidegger, Martin, (1979), *Sein und Zeit*, 15. Aufl., Tübingen.
Heidegger, Martin, (1954), »Bauen Wohnen Denken«, in: ders., *Vorträge und Aufsätze*, Pfullingen, S. 139-156.
Heitmeyer, Wilhelm, (1997), »Einleitung: Auf dem Weg in eine desintegrierte Gesellschaft«, in: *Was treibt die Gesellschaft auseinander?*, hg. v. Wilhelm Heitmeyer, Frankfurt/M., S. 9-28.
Hirschauer, Stefan, (1989), »Die interaktive Konstruktion von Geschlechtszugehörigkeit«, in: *Zeitschrift für Soziologie 18*, S. 100-118.
Hirschauer, Stefan, (1993), *Die soziale Konstruktion der Transsexualität. Über die Medizin und den Geschlechtswechsel*, Frankfurt/M.
Honneth, Axel, (1984), »Der Affekt gegen das Allgemeine. Zu Lyotards Konzept der Postmoderne«, in: *Merkur 38*, S. 893-902.
Honneth, Axel, (1994), *Kampf um Anerkennung. Zur moralischen Grammatik sozialer Konflikte*, Frankfurt/M.
Horkheimer, Max/Adorno, Theodor W., (1971), *Dialektik der Aufklärung. Philosophische Fragmente*, Frankfurt/M. (zuerst 1947).
Horkheimer, Max, (1973), *Traditionelle und Kritische Theorie*, Frankfurt/M.
Huntington, Samuel P., (1993), »The Clash of Civilizations?«, in: *Foreign Affairs 72*, S. 22-49.
Husserl, Edmund, (1952), *Ideen zu einer reinen Phänomenologie und phänomenologischen Philosophie, Buch 2: Phänomenologische Untersuchungen zur Konstitution, Husserliana Band 4*, hg. v. Walter Biemel, Den Haag.
Husserl, Edmund, (1966), *Zur Phänomenologie des inneren Zeitbewusstseins (1893-1917), Husserliana Band 10*, hg. v. Rudolf Boehm, Den Haag.
Husserl, Edmund, (1980), *Vorlesungen zur Phänomenologie des inneren Zeitbewusstseins*, hg. v. Martin Heidegger, 2. Aufl., Tübingen (zuerst 1928).

Jameson, Frederic, (1993), *Postmodernism or The Cultural Logic of Late Capitalism*, Durham/NC.
Joas, Hans, (1997), *Die Entstehung der Werte*, Frankfurt/M.

Kant, Immanuel, (1974), *Grundlegung zur Metaphysik der Sitten, Werkausgabe Band 7*, hg. v. Wilhelm Weischedel, Frankfurt/M.

Kant, Immanuel, (1983), *Kritik der reinen Vernunft. Werkausgabe Bande 3*, hg. v. Wilhelm Weischedel, Darmstadt.

Kamper, Dietmar, (1980), »Die Auflösung der Ich-Identität«, in: *Austreibung des Geistes aus den Geisteswissenschaften*, hg. v. Friedrich A. Kittler, München, S. 79-86.

Kaufmann, Franz-Xaver, (1986), »Religion und Modernität«, in: Die *Moderne – Kontinuitäten und Zäsuren, Soziale Welt Sonderband 4*, hg. v. Johannes Berger, Göttingen, S. 283-307.

Kepel, Gilles, (2001), *Die Rache Gottes. Radikale Moslems, Christen und Juden auf dem Vormarsch*, München/Zürich.

Kessler, Suzanne J./McKenna, Wendy, (1978), *Gender. An Ethnomethodological Approach*, Chicago/London.

Kieserling, André, (2000), »Die Habermasindustrie«, in: *Soziologische Revue 23*, S. 43-51.

Kneer, Georg, (1992), »Bestandserhaltung und Reflexion. Zur kritischen Reformulierung gesellschaftlicher Rationalität«, in: *Kritik der Theorie sozialer Systeme*, hg. v. Werner Krawietz und Michael Welker, Frankfurt/M., S. 86-112.

Kneer, Georg, (1997): »Nationalstaat, Migration und Minderheiten. Ein Beitrag zur Soziogenese ethnischer Minoritäten«, in: *Nation, Ethnie, Minderheit. Beiträge zur Aktualität ethnischer Konflikte*, hg. v. Armin Nassehi, Köln/Wien, S. 85-102.

Kneer, Georg/Nassehi, Armin, (1991), »Verstehen des Verstehens. Eine systemtheoretische Revision der Hermeneutik«, in: *Zeitschrift für Soziologie 20*, S. 341-356.

Kneer, Georg/Nassehi, Armin, (1997), *Niklas Luhmanns Theorie sozialer Systeme. Eine Einführung*, 3. Aufl., München.

Kneer, Georg/Nassehi, Armin/Schroer, Markus, Hg., (1997), *Soziologische Gesellschaftsbegriffe. Konzepte moderner Zeitdiagnosen*, München.

Kneer, Georg/Nassehi, Armin/Schroer, Markus, Hg., (2001), *Klassische Gesellschaftsbegriffe der Soziologie*, München.

Knorr-Cetina, Karin/Grathoff, Richard, (1988), »Was ist und was soll kultursoziologische Forschung?«, in: *Kultur und Alltag, Soziale Welt, Sonderband 6*, hg. v. Hans-Georg Soeffner, Göttingen, S. 21-36.

Korff, Rüdiger, (1996), »Globale Integration und lokale Fragmentierung. Das Konfliktpotential von Globalisierungsprozessen«, in: *Gesellschaften im Umbruch. Verhandlungen des 27. Kongresses der DGS in Halle a. d. S. 1995*, hg. v. Lars Clausen, Frankfurt/M./New York, S. 309-323.

Koselleck, Reinhart, (1977), »›Neuzeit‹. Zur Semantik moderner Bewegungsbegriffe«, in: *Studien zum Beginn der modernen Welt*, Stuttgart, S. 264-299.

Kuhm, Klaus, (2000), »Raum als Medium gesellschaftlicher Kommunikation«, in: *Soziale Systeme 6*, S. 321-348.

Leibfried, Stephan/Seeleib-Kaiser, Martin, Hg., (1995), *Sozialpolitik in Japan. Zeitschrift für Sozialreform 41* (Sonderheft).

Lerner, Daniel, (1969), »Die Modernisierung des Lebensstils: eine Theorie«, in: *Theorien sozialen Wandels*, hg. v. Wolfgang Zapf, Köln/Berlin, S. 362-381.

Lindemann, Gesa, (1993), *Das paradoxe Geschlecht. Transsexualität im Spannungsfeld von Körper, Leib und Gefühl*, Frankfurt/M.

Lindemann, Gesa, (1994), »Die Konstruktion der Wirklichkeit und die Wirklichkeit der Konstruktion«, in: *Denkachsen. Zur theoretischen und institutionellen Rede vom Geschlecht*, hg. v. Theresa Wobbe und Gesa Lindemann, Frankfurt/M., S. 115-146.

Lindemann, Gesa, (2002), *Die Grenzen des Selbst. Zur sozio-technischen Konstruktion von Leben und Tod in der Intensivmedizin*, München.

Luckmann, Thomas, (1989), »Kultur und Kommunikation«, in: *Kultur und Gesellschaft. Verhandlungen des 24. Deutschen Soziologentages, des 11. Österreichischen Soziologentages und des 8. Kongresses der Schweizerischen Gesellschaft für Soziologie in Zürich 1988*, hg. v. Max Haller und Hans-Jürgen Hoffmann-Nowotny/Wolfgang Zapf, Frankfurt/M./New York, S. 33-45.

Luhmann, Niklas, (1970), Soziologie als Theorie sozialer Systeme, in: ders., *Soziologische Aufklärung Band 1*, Opladen, S. 113-136.

Luhmann, Niklas, (1975a), »Weltzeit und Systemgeschichte. Über Beziehungen zwischen Zeithorizonten und sozialen Strukturen gesellschaftlicher Systeme«, in: ders., *Soziologische Aufklärung Band 2: Aufsätze zur Theorie der Gesellschaft*, 3. Aufl., Opladen, S. 103-133.

Luhmann, Niklas, (1975b), »Die Weltgesellschaft«, in: ders., *Soziologische Aufklärung Band 2: Aufsätze zur Theorie der Gesellschaft*, 3. Aufl., hg. v. ders., Opladen, S. 51-71.

Luhmann, Niklas, (1977a), »Differentiation of Society«, in: *Canadian Journal of Sociology 2*, S. 29-53.

Luhmann, Niklas, (1977b), *Funktion der Religion*, Frankfurt/M.

Luhmann, Niklas, (1980a), »Gesellschaftliche Struktur und semantische Tradition«, in: ders., *Gesellschaftsstruktur und Semantik. Studien zur Wissenssoziologie der modernen Gesellschaft, Band 1*, Frankfurt/M., S. 9-71.

Luhmann, Niklas, (1980b), »Frühneuzeitliche Anthropologie. Theorietechnische Lösungen für ein Evolutionsproblem der Gesellschaft«, in: ders., *Gesellschaftsstruktur und Semantik. Studien zur Wissenssoziologie der modernen Gesellschaft, Band 1*, Frankfurt/M., S. 162-234.

Luhmann, Niklas, (1980c), »Temporalisierung von Komplexität. Zur Semantik neuzeitlicher Zeitbegriffe«, in: ders., *Gesellschaftsstruktur und Semantik. Studien zur Wissenssoziologie der modernen Gesellschaft, Band 1*, Frankfurt/M., S. 235-313.

Luhmann, Niklas, (1981), »Wie ist soziale Ordnung möglich?«, in: ders., *Gesellschaftsstruktur und Semantik. Studien zur Wissenssoziologie der modernen Gesellschaft, Band 2*, Frankfurt/M., S. 195-286.

Luhmann, Niklas, (1984), *Soziale Systeme. Grundriß einer allgemeinen Theorie*, Frankfurt/M.

Luhmann, Niklas, (1988), *Erkenntnis als Konstruktion*, Bern.

Luhmann, Niklas, (1989a), »Individuum, Individualität, Individualismus«, in: ders., *Gesellschaftsstruktur und Semantik. Studien zur Wissenssoziologie der modernen Gesellschaft Band 3*, Frankfurt/M., S. 149-258.

Luhmann, Niklas, (1989b), »Ethik als Reflexionstheorie der Moral«, in: ders., *Gesellschaftsstruktur und Semantik. Studien zur Wissenssoziologie der modernen Gesellschaft, Band 3*, Frankfurt/M., S. 358-448.

Luhmann, Niklas, (1989c), »Die Ausdifferenzierung der Religion«, in: ders., *Gesellschaftsstruktur und Semantik. Studien zur Wissenssoziologie der modernen Gesellschaft, Band 3*, Frankfurt/M., S. 259-357.

Luhmann, Niklas, (1990a), *Die Wissenschaft der Gesellschaft*, Frankfurt/M.

Luhmann, Niklas, (1990b), »Identität – was oder wie?«, in: ders., *Soziologische Aufklärung 5. Konstruktivistische Perspektiven*, Opladen, S. 14-30.

Luhmann, Niklas, (1992), *Beobachtungen der Moderne*, Opladen.

Luhmann, Niklas, (1993), »Die Paradoxie der Form«, in: *Kalkül der Form*, hg. v. Dirk Baecker, Frankfurt/M., S. 197-212.

Luhmann, Niklas, (1994), »Inklusion und Exklusion«, in: *Nationales Bewusstsein und kollektive Identität. Studien zur Entwicklung des kollektiven Bewusstseins der Neuzeit 2*, hg. v. Helmut Berding, Frankfurt/M., S. 15-45.

Luhmann, Niklas, (1995a), *Die Kunst der Gesellschaft*, Frankfurt/M.

Luhmann, Niklas, (1995b), »Die gesellschaftliche Differenzierung und das Individuum«, in: ders., *Soziologische Aufklärung, Band 6: Die Soziologie und der Mensch*, Opladen, S. 125-141.

Luhmann, Niklas, (1995c), *Gesellschaftsstruktur und Semantik. Studien zur Wissenssoziologie der modernen Gesellschaft, Band 4*, Frankfurt/M.

Luhmann, Niklas, (1996), »Frauen, Männer und George Spencer Brown«, in: ders., *Protest*, hg. v. Kai-Uwe Hellmann, Frankfurt/M., S. 107-155.

Luhmann, Niklas, (1997), *Die Gesellschaft der Gesellschaft*, Frankfurt/M.

Luhmann, Niklas, (2000), *Die Politik der Gesellschaft*, Frankfurt/M.

Machiavelli, Nicolo, (1978), *Der Fürst*, übers. und hg. v. Rudolf Zorn, 6. Aufl., Stuttgart.

Macho, Thomas H., (1987), *Todesmetaphern. Zur Logik der Grenzerfahrung*, Frankfurt/M.

March, James G./Simon, Herbert A., (1958), *Organizations*, New York/London.

Marshall, Thomas H., (1992), »Staatsbürgerrechte und soziale Klassen

(1949)«, in: ders., *Bürgerrechte und soziale Klassen. Zur Soziologie des Wohlfahrtsstaates*, Frankfurt/M./New York, S. 33-94.
Marx, Karl, (1988), »Vorwort zur ersten Auflage (1867)«, in: *Das Kapital. Kritik der politischen Ökonomie Band 1* (= Karl Marx/Friedrich Engels: Werke Band 23), 27. Aufl., Berlin (DDR), S. 11-17.
Mayer, Karl-Ulrich, (1991), »Soziale Ungleichheit und die Differenzierung von Lebensverläufen«, in: *Die Modernisierung moderner Gesellschaften. Verhandlungen des Deutschen Soziologentages in Frankfurt/M. 1990*, hg. v. Wolfgang Zapf, Frankfurt/M./New York, S. 667-687.
Mead, George Herbert, (1988), *Geist, Identität und Gesellschaft. Aus der Sicht des Sozialbehaviorismus*, 7. Aufl., Frankfurt/M.
Merleau-Ponty, Maurice, (1966), *Phänomenologie der Wahrnehmung*, Berlin.
Montaigne, Michel de, (1969), *Die Essais*, Stuttgart.
Moore, Wilbert E., (1966), »Global Sociology. The World as a Singular System«, in: *American Journal of Sociology 71*, S. 475-482
Müller, Hans-Peter, (1989), »Lebensstile. Ein neues Paradigma der Differenzierungs- und Ungleichheitsforschung?«, in: *Kölner Zeitschrift für Soziologie und Sozialpsychologie 41*, S. 53-71.
Müller, Hans-Peter, (1992), *Sozialstruktur und Lebensstile*, Frankfurt/M.
Müller, Hans-Peter, (1994), »Abschied von der Klassengesellschaft? Über ein Menetekel im Spiegel der soziologischen Diskussion«, in: *Gesellschaft im Übergang*, hg. v. Christoph Görg, Darmstadt, S. 120-140.
Münch, Richard, (1984), *Die Struktur der Moderne*, Frankfurt/M.
Münch, Richard, (1991), *Dialektik der Kommunikationsgesellschaft*, Frankfurt/M.
Münch, Richard, (1993), *Die Kultur der Moderne*, 2 Bände, Frankfurt/M.
Münch, Richard, (1997), »Elemente einer Theorie der Integration moderner Gesellschaften. Eine Bestandsaufnahme«, in: *Bundesrepublik Deutschland. Auf dem Weg von der Konsens- zur Konfliktgesellschaft, Band 2*, hg. v. Wilhelm Heitmeyer, Frankfurt/M., S. 66-109.
Münch, Richard, (1998), *Globale Dynamik, lokale Lebenswelten. Der schwierige Weg in die Weltgesellschaft*, Frankfurt/M.

Nassehi, Armin, (1992), »Wie wirklich sind Systeme? Zum ontologischen und epistemologischen Status von Luhmanns Theorie selbstreferentieller Systeme«, in: *Kritik der Theorie sozialer Systeme*, hg. v. Werner Krawietz und Michael Welker, Frankfurt/M., S. 43-70.
Nassehi, Armin, (1993), *Die Zeit der Gesellschaft. Auf dem Weg zu einer soziologischen Theorie der Zeit*, Opladen.
Nassehi, Armin, (1995a), »Différend, Différance und Distinction. Zur Differenz der Differenzen bei Lyotard, Derrida und in der Formenlogik«, in: *Differenzen. Systemtheorie zwischen Dekonstruktion und Konstruktivis-*

mus, hg. v. Henk de Berg und Matthias Prangel, Tübingen/Basel, S. 37-60.

Nassehi, Armin, (1995b), »Der Fremde als Vertrauter. Soziologische Beobachtungen zur Konstruktion von Identitäten und Differenzen«, in: *Kölner Zeitschrift für Soziologie und Sozialpsychologie* 47, S. 443-463.

Nassehi, Armin, (1995c), »Religion und Biographie. Zum Bezugsproblem religiöser Kommunikation in der Moderne«, in: *Biographie und Religion. Zwischen Ritual und Sinnsuche*, hg. v. Monika Wohlrab-Sahr, Frankfurt/M./New York, S. 103-126.

Nassehi, Armin (1995d), »Die Deportation als biographisches Ereignis. Eine biographieanalytische Untersuchung«, in: Georg Weber et al., *Die Deportation von Siebenbürger Sachsen in die Sowjetunion 1945-1949*, 2. Band, Köln/Weimar/Wien, S. 5-412.

Nassehi, Armin, (1996), »Keine Zeit für Utopien. Über das Verschwinden utopischer Gehalte aus modernen Zeitsemantiken«, in: *Utopie und Moderne*, hg. v. Rolf Eickelpasch und Armin Nassehi, Frankfurt/M., S. 242-286.

Nassehi, Armin, (1997a), »Kommunikation verstehen. Einige Überlegungen zur empirischen Anwendbarkeit einer systemtheoretisch informierten Hermeneutik«, in: *Beobachtung verstehen, Verstehen beobachten*, hg. v. Tilmann Sutter, Opladen, S. 134-163.

Nassehi, Armin, (1997b), »Das stahlharte Gehäuse der Zugehörigkeit. Unschärfen im Diskurs um die ›multikulturelle Gesellschaft‹«, in: *Nation, Ethnie, Minderheit. Beiträge zur Aktualität ethnischer Konflikte*, hg. v. Armin Nassehi, Köln/Wien, S. 177-208.

Nassehi, Armin, (1997c), »Risikogesellschaft«, in: *Soziologische Gesellschaftsbegriffe. Konzepte moderner Zeitdiagnosen*, hg. v. Georg Kneer, Armin Nassehi und Markus Schroer, München, S. 252-279.

Nassehi, Armin, (1998), »Was ist Soziologie? Überlegungen zu einer Didaktik des soziologischen Anfangsunterrichts«, in: *Geschichte und Gegenwart 17*, S. 112-120.

Nassehi, Armin, (1999a), »Optionssteigerung und Risikokultur«, in: *Konzepte der Moderne*, hg. v. Gerhard von Graevenitz, Stuttgart, S. 82-101.

Nassehi, Armin, (1999b), *Differenzierungsfolgen. Beiträge zur Soziologie der Moderne*, Opladen.

Nassehi, Armin, (2002a), »Die Organisation der Gesellschaft. Skizze einer Organisationssoziologie in gesellschaftstheoretischer Absicht«, in: *Soziologie der Organisation, Sonderband der Kölner Zeitschrift für Soziologie und Sozialpsychologie*, hg. v. Jutta Allmendinger und Thomas Hinz, Opladen (im Druck).

Nassehi, Armin, (2002b), »Politik des Staates oder Politik der Gesellschaft? Kollektivität als Problemformel des Politischen«, in: *Theorie der Politik.*

Niklas Luhmanns politische Soziologie, hg. v. Kai-Uwe Hellmann und Rainer Schmalz-Bruns, Frankfurt/M., S. 38-59.

Nassehi, Armin, (2002c), »Der Erste Welt-Krieg. Oder: Der Beobachter als revolutionäres Subjekt«, in: *Terror im System: Der 11. September und die Folgen*, hg. v. Dirk Baecker, Peter Krieg und Fritz B. Simon, Heidelberg, S. 135-155.

Nassehi, Armin, (2002d), »Exclusion Individuality or Individualization by Inclusion«, in: *Soziale Systeme 8*.

Nassehi, Armin, (2003a), »Geschlecht im System. Die Ontologisierung des Körpers und die Asymmetrie der Geschlechter«, in: *Frauen, Männer, gender trouble - systemtheoretische Essays*, hg. v. Ursula Pasero und Christine Weinbach, Frankfurt/M. (im Druck).

Nassehi, Armin, (2003b), »Geklonte Debatten. Über die Zeichenparadoxie der menschlichen (Körper-)Natur, die Theologie des Humangenoms und die Ästhetik seiner Erscheinung«, in: *Zeichenparadoxien, Kommunikationsdissonanzen, Bewußtseinszusammenbrüche*, hg. v. Oliver Jahraus und Nina Ort, Konsstanz (im Druck).

Nassehi, Armin, (2003c), »Die paradoxe Einheit von Inklusion und Exklusion. Ein systemtheoretischer Blick auf die ›Phänomene‹«, in: *Ausgegrenzte, Entbehrliche, Überflüssige*, hg. v. Heinz Bude und Andreas Willisch, Hamburg (im Druck).

Nassehi, Armin, (2003d), »Die Differenz der Kommunikation und die Kommunikation der Differenz. Über die kommunikationstheoretischen Grundlagen von Luhmanns Gesellschaftstheorie«, in: *Beobachter der Moderne. Beiträge zu Niklas Luhmanns »Die Gesellschaft der Gesellschaft«*, hg. v. Hans-Joachim Giegel und Uwe Schimank, Frankfurt/M. (im Druck).

Nassehi, Armin/Brüggen, Susanne/Saake, Irmhild, (2002), »Beratung zum Tode. Eine neue *ars moriendi?*« in: *Berliner Journal für Soziologie 12*, Berlin, S. 63-86.

Nassehi, Armin/Saake, Irmhild, (2002), »Kontingenz: Methodisch verhindert oder beobachtet? Ein Beitrag zur Methodologie der qualitativen Sozialforschung«, in: *Zeitschrift für Soziologie 31*, S. 66-86.

Nassehi, Armin/Nollmann, Gerd, (1997), »Inklusionen. Organisationssoziologische Ergänzungen der Inklusions-/Exklusionstheorie«, in: *Soziale Systeme 3*, S. 393-412.

Nassehi, Armin/Weber, Georg, (1989), *Tod, Modernität und Gesellschaft. Entwurf einer Theorie der Todesverdrängung*, Opladen.

Nassehi, Armin/Weber, Georg, (1990), »Identität, Ethnizität und Gesellschaft«, in: Marilyn McArthur, *Zum Identitätswandel der Siebenbürger Sachsen. Eine kulturanthropologische Studie*, Köln/Wien.

Nederveen Pieterse, Jan, (1998), »Der Melange-Effekt. Globalisierung im

Plural«, in: *Perspektiven der Weltgesellschaft*, hg. v. Ulrich Beck, Frankfurt/M., S. 87-124.
Nida-Rümelin, Julian, (1996), *Angewandte Ethik. Bereichsethiken und ihre theoretische Fundierung. Ein Handbuch*, Stuttgart.
Nida-Rümelin, Julian, (2001), *Strukturelle Rationalität. Ein philosophischer Essay über praktische Vernunft*, Stuttgart.
Nida-Rümelin, Julian, (2002), *Ethische Essays*, Frankfurt/M.
Nietzsche, Friedrich, (1980a), »Ueber Wahrheit und Lüge im aussermoralischen Sinne«, in: *Sämtliche Werke. Kritische Studienausgabe Band 1*, hg. v. Giorgio Colli und Mazzino Montinari, München/Berlin/New York, S. 873-890.
Nietzsche, Friedrich, (1980b), »Jenseits von Gut und Böse. Vorspiel einer Philosophie der Zukunft«, in: *Sämtliche Werke. Kritische Studienausgabe Band 5*, hg. v. Giorgio Colli und Mazzino Montinari, München/Berlin/New York, S. 9-244.
Nietzsche, Friedrich, (1980c), *Also sprach Zarathustra. Ein Buch für Alle und Keinen, Sämtliche Werke. Kritische Studienausgabe Band 4*, hg. v. Giorgio Colli und Mazzino Montinari, München/Berlin/New York.
Nunner-Winkler, Gertrud, (1997), »Zurück zu Durkheim? Geteilte Werte als Basis gesellschaftlichen Zusammenhalts«, in: *Was hält die Gesellschaft zusammen? Bundesrepublik Deutschland: Auf dem Weg von der Konsens- zur Konfliktgesellschaft Band 2*, hg. v. Wilhelm Heitmeyer, Frankfurt/M., S. 360-402.
Nussbaum, Martha, (1993), »Menschliches Tun und soziale Gerechtigkeit. Zur Verteidigung des aristotelischen Essentialismus«, in: *Gemeinschaft und Gerechtigkeit*, hg. v. Micha Brumlik und Hauke Brunkhorst, Frankfurt/M., S. 323-361.
Otto, Rudolf, (1963), *Das Heilige. Über das Irrationale in der Idee des Göttlichen und sein Verhältnis zum Rationalen*, 31.-35. Aufl., München.

Pankoke, Eckart, (1977), »Fortschritt und Komplexität. Die Anfänge moderner Sozialwissenschaft in Deutschland«, in: *Studien zum Beginn der modernen Welt*, hg. v. Reinhart Koselleck, Stuttgart, S. 352-376.
Pask, Gordon, (1978), »A Conversation theoretic approach to social systems«, in: *Sociocybernatics. An actor-oriented social systems approach, Band 1*, hg. v. R. Felix Geyer und Johannes van der Zouwen, Leiden/Boston/London, S. 15-26.
Parsons, Talcott, (1952), »Sociology and Social Psychology«, in: *Religious Perspectives in College Teaching*, hg. v. Hoxie Fairchild, New York, S. 286-305.
Parsons, Talcott, (1972), *Das System moderner Gesellschaften*, München.
Parsons, Talcott, (1975), *Zur Theorie sozialer Systeme*, hg. von Stefan Jensen, Opladen.

Pries, Ludger, (1996), »Transnationale soziale Räume«, in: *Zeitschrift für Soziologie 25*, S. 456-472.
Rademacher, Claudia, (1993), *Versöhnung oder Verständigung? Kritik der Habermasschen Adorno-Revision*, Lüneburg.
Rammstedt, Otthein, (1988), »Die Attitüden der Klassiker als unsere soziologischen Selbstverständlichkeiten. Durkheim, Simmel, Weber und die Konstitution der modernen Soziologie«, in: *Simmel und die frühen Soziologen. Nähe und Distanz zu Durkheim, Tönnies und Max Weber*, hg. v. Otthein Rammstedt, Frankfurt/M., S. 275-307.
Ratzinger, Josef Kardinal, (2000), *Gott und die Welt. Glauben und Leben in unserer Zeit*, Stuttgart/München.
Rawls, John, (1975), *Eine Theorie der Gerechtigkeit*, Frankfurt/M.
Reese-Schäfer, Walter, (1992), *Luhmann zur Einführung*, Hamburg.
Reich, Robert B., (1993), *Die neue Weltwirtschaft. Das Ende der nationalen Ökonomie*, Berlin.
Richter, Dirk, (1996), *Nation als Form*, Opladen.
Richter, Dirk, (1997), »Weltgesellschaft«, in: *Soziologische Gesellschaftsbegriffe*, hg. v. Georg Kneer, Armin Nassehi und Markus Schroer, München, S. 184-204.
Riehl, Wilhelm Heinrich, (1885), *Die Naturgeschichte des Volkes als Grundlage einer deutschen Social-Politik, Band 1*, 8. Aufl., Stuttgart.
Riesebrodt, Martin, (2001), *Die Rückkehr der Religionen. Fundamentalismus und der ›Kampf der Kulturen‹*, München.
Robertson, Ronald, (1992), *Globalization. Social Theory and Global Culture*, London.
Robertson, Roland, (1998), »Globalisierung. Homogenität und Heterogenität in Raum und Zeit«, in: *Perspektiven der Weltgesellschaft*, hg. v. Ulrich Beck, Frankfurt/M., S. 192-220.

Said, Edward W., (1997), »Die Politik der Erkenntnis«, in: *Hybride Kulturen. Beiträge zur anglo-amerikanischen Multikulturalismusdebatte*, hg. v. Elisabeth Bronfen, Benjamin Marius und Therese Steffen, Tübingen, S. 81-96.
Sandel, Michael J., (1982), *Liberalism and the Limits of Justice*, Cambridge.
Saussure, Ferdinand de, (1967), Grundfragen der allgemeinen Sprachwissenschaft, 2. Auflage, Berlin.
Scheler, Max, (1933), »Tod und Fortleben«, in: ders., *Schriften aus dem Nachlaß*, Band 1, Berlin.
Schelsky, Helmut, (1959): »Die transzendentale Theorie der Gesellschaft«, in: ders., *Ortsbestimmung der deutschen Soziologie*, Frankfurt/M.
Schelsky, Helmut, (1987), »Die Schule als soziale Dirigierungsstelle (1956)«,

in: *Klassiker der Erziehungssoziologie*, hg. v. *Klaus Plake*, Düsseldorf, S. 276-285.

Schimank, Uwe, (1988), »Gesellschaftliche Teilsysteme als Akteurfiktionen«, in: *Kölner Zeitschrift für Soziologie und Sozialpsychologie 40*, S. 619-639.

Schimank, Uwe, (1996), *Theorien gesellschaftlicher Differenzierung*, Opladen.

Schimank, Uwe, (1999), Drei Wünsche zur soziologischen Theorie, in: *Soziale Welt 50*, S. 415-422.

Schroer, Markus, (2001), *Das Individuum der Gesellschaft. Synchrone und diachrone Theorieperspektiven*, Frankfurt/M.

Schmitt, Carl, (1979), *Politische Theologie. Vier Kapitel zur Lehre von der Souveränität*, 3. Aufl., Berlin.

Schneider, Werner, (1999), *»So tot wie nötig – so lebendig wie möglich!« Sterben und Tod in der fortgeschrittenen Moderne*, Münster/Hamburg/London.

Schütz Alfred, (1971a), »Das Problem der transzendentalen Intersubjektivität bei Husserl«, in: ders., *Gesammelte Aufsätze, Band 3: Studien zur phänomenologischen Philosophie*, Den Haag, S. 86-118.

Schütz, Alfred, (1971b): »Der Fremde«, in: *Gesammelte Aufsätze Band 2: Studien zur soziologischen Theorie*, Den Haag, S. 53-69.

Schütz, Alfred (1974), *Der sinnhafte Aufbau der sozialen Welt. Eine Einleitung in die verstehende Soziologie*, Frankfurt/M.

Schwinn, Thomas, (1995), »Funktionale Differenzierung – wohin? Eine aktualisierte Bestandsaufnahme«, in: *Berliner Journal für Soziologie 5*, Berlin, S. 25-39.

Schwengel, Hermann, (1999), *Globalisierung mit europäischem Gesicht. Der Kampf um die politische Form der Zukunft*, Berlin.

Sill, Oliver, (2001), *Literatur in der funktional differenzierten Gesellschaft. Systemtheoretische Perspektiven auf ein komplexes Phänomen*, Opladen.

Simmel, Georg, (1923), *Philosophische Kultur. Gesammelte Essais*, 3. Aufl., Potsdam.

Simmel, Georg, (1984), »Zur Metaphysik des Todes«, in: ders., *Das Individuum und die Freiheit*, Berlin.

Simmel, Georg, (1989), *Philosophie des Geldes. Gesamtausgabe, Band 6*, Frankfurt/M.

Simmel, Georg, (1992a), *Über soziale Differenzierung. Gesamtausgabe, Band 11*, Frankfurt/M.

Simmel, Georg, (1992b), *Soziologie. Über Formen der Vergesellschaftung, Gesamtausgabe, Band 2*, Frankfurt/M.

Smart, Barry, (1994), »Sociology, Globalization and Postmodernity. Comments on the Sociology for One World Thesis«, in: *International Sociology 9*, S. 149-159.

Smart, Barry, (1999), *Facing Modernity. Ambivalence, Reflexivity and Modernity*, London.
Smith, Anthony D., (1979), *Nationalism in the Twentieth Century*, Oxford.
Smith, Anthony D., (1991), *National Identity*, London.
Soeffner, Hans-Georg, (1988), »Kulturmythos und kulturelle Realität(en)«, in: *Kultur und Alltag. Soziale Welt, Sonderband 6*, hg. v. Hans-Georg Soeffner, Göttingen, S. 3-20.
Spencer, Herbert, (1885), *Principien der Sociologie*, Stuttgart.
Spencer Brown, George, (1971), *Laws of Form*, 2. Aufl., London.
Stein, Lorenz von, (1888), *Handbuch der Verwaltungslehre, Band 3: Die Verwaltung und das gesellschaftliche Leben*, 3. Aufl., Stuttgart.
Stichweh, Rudolf, (1995), »Zur Theorie der Weltgesellschaft«, in: *Soziale Systeme 1*, S. 29-45.
Stichweh, Rudolf, (2000), »Raum, Region und Stadt in der Systemtheorie«, in: ders., *Die Weltgesellschaft. Soziologische Analysen*, Frankfurt/M., S. 184-206.

Takahashi, Mutsuko, (1998), *The Emergence of Welfare Society in Japan*, Aldershot.
Taylor, Charles, (1994), *Das Unbehagen an der Moderne*, Frankfurt/M.
Thomas, Günther, (1992), »Welt als relative Einheit und als Letzthorizont. Zum azentrischen Weltbegriff in Niklas Luhmanns Soziale Systeme«, in: *Kritik der Theorie sozialer Systeme. Auseinandersetzungen mit Luhmanns Hauptwerk*, hg. v. Werner Krawietz und Michael Welker, S. 327-354.
Tibi, Bassam, (2001), *Kreuzzug und Jihad. Der Islam und die christliche Welt*, München.
Tönnies, (1991), *Gemeinschaft und Gesellschaft. Grundbegriffe der reinen Soziologie*, 3. Aufl., Darmstadt.
Treibel, Annette, (1996), »Norbert Elias und Ulrich Beck. Individualisierungsschübe im theoretischen Vergleich«, in: *Norbert Elias und die Menschenwissenschaften. Studien zur Entstehung und Wirkungsgeschichte seines Werkes*, hg. v. Karl-Siegbert Rehberg, Frankfurt/M., S. 424-433.

Vattimo, Gianni, (1999), »Die Philosophie am Ende des Jahrhunderts zwischen Religion und Wissenschaft«, in: *Konstruktionen Sichtbarkeiten. Interventionen 8*, hg. v. Jörg Huber und Martin Keller, Wien/New York, S. 15-24.

Wagner, Gerhard, (1996), »Die Weltgesellschaft. Zur Kritik und Überwindung einer soziologischen Fiktion«, in: *Leviathan 24*, S. 539-556.
Wagner, Peter, (1995), *Soziologie der Moderne. Freiheit und Disziplin*, Frankfurt/M./New York.
Wallerstein, Immanuel, (1987), »World-System Analysis«, in: *Social Theory*

Today, hg. v. Anthony Giddens und Jonathan H. Turner, Cambridge, S. 309-324.
Weber, Georg/Nassehi, Armin/Weber-Schlenther, Renate/Saake, Irmhild/Kneer, Georg, (2003), *Die Emigration der Siebenbürger Sachsen*, Opladen (im Druck).
Weber, Max, (1972a), *Wirtschaft und Gesellschaft*, 5. Aufl., Tübingen.
Weber, Max, (1972b), *Gesammelte Aufsätze zur Religionssoziologie, Band 1*, Tübingen.
Weber, Max, (1980), *Wirtschaft und Gesellschaft. Grundriß der verstehenden Soziologie*, 5. Aufl., Tübingen.
Weber, Max, (1988), *Gesammelte Aufsätze zur Religionssoziologie, Band 1*, 9. Aufl., Tübingen.
Weber, Max, (1994), »Wissenschaft als Beruf«, in: *Studienausgabe der Max-Weber-Gesamtausgabe, Band I/17*, Tübingen, S. 1-23.
Weinbach, Christine/Stichweh, Rudolf, (2001), »Die Geschlechterdifferenz in der funktional differenzierten Gesellschaft«, in: *Geschlechtersoziologie. Sonderheft 41 der Kölner Zeitschrift für Soziologie und Sozialpsychologie*, hg. v. Bettina Heintz, Opladen, S. 30-52.
Welsch, Wolfgang, (1990), »Identität im Übergang«, in: ders., *Ästhetisches Denken*, Stuttgart, S. 168-200.
Welter, Rüdiger, (1986), *Der Begriff der Lebenswelt. Theorien vortheoretischer Erfahrungswelt*, München.
West, Candace/Zimmerman, Don H., (1991), »Doing Gender«, in: *The Social Construction of Gender*, hg. v. Judith Lorber und Susan A. Farrell, Newbury Park/London/New Delhi, S. 13-37.
Whitehead, Alfred North, (1984), *Wissenschaft und die moderne Welt*, Frankfurt/M.
Willke, Helmut, (1989), *Systemtheorie entwickelter Gesellschaften*, Weinheim.
Wilson, Edward O., (2000), *Die Einheit des Wissens*, München.

Zerubavel, Eviatar, (1981), *Hidden Rhythms. Schedules and Calendars in Social Life*, Chicago/London.
i ek, Slavoj, (2002), *Das fragile Absolute. Warum es sich lohnt, das christliche Erbe zu verteidigen*, Berlin.
Zürn, Michael, (1998), *Regieren jenseits des Nationalstaates*, Frankfurt/M.

Nachweise

Die *ersten beiden Kapitel* sind Originalbeiträge.

Das *dritte Kapitel* präsentiert eine stark veränderte und erweiterte Fassung meines Aufsatzes »Die Geburt der Soziologie aus dem Geist der Individualität. Einige systemtheoretische Bemerkungen«, erschienen in Thomas Kron (Hg.): Individualisierung und soziologische Theorie, Opladen: Leske und Budrich 2000. Er wurde für diesen Band nicht nur an einigen Stellen präzisiert und erweitert, insbesondere im Hinblick auf »Exklusionsindividualität«. Er entwickelt vielmehr auch eine operative Theorie von Individualisierungsprozessen.

Das *vierte Kapitel* ist eine überarbeitete Fassung von »Moderne Gesellschaft«, in: Georg Kneer, Armin Nassehi und Markus Schroer (Hg.): Klassische Gesellschaftsbegriffe der Soziologie, München: Fink 2001. Der Beitrag wurde um die Diskussion über die »postmoderne« Grenze der Moderne gekürzt und im Hinblick auf formentheoretische Fragen erweitert.

Beim *fünften Kapitel* handelt es sich um eine leicht zur Vermeidung von Redundanzen gekürzte, aber sparsam um den Aspekt des Verhältnisses von *Geschlossenheit* und *Offenheit* von Funktionssystemen erweiterte Fassung meines Beitrages »Funktionale Differenzierung – *revisited*«, in: Eva Barlösius, Hans-Peter Müller und Steffen Sigmund (Hg.): Gesellschaftsbilder im Umbruch, Opladen: Leske und Budrich 2001.

Das *sechste* Kapitel ist eine erheblich erweiterte Fassung meines Aufsatzes »Die ›Welt‹-Fremdheit der Globalisierungsdebatte«, erschienen in: Soziale Welt 49 (1998). Der Beitrag wurde an verschiedenen Stellen auf die theoretische Fragestellung dieses Bandes scharf gestellt und um Ausführungen über *multiple modernities* und *globalen Raum* ergänzt.

Das *siebte* Kapitel ist eine erweiterte Fassung meines Beitrages »Die Paradoxie der Sichtbarkeit. Für eine epistemologische Verunsicherung der (Kultur-) Soziologie«, erschienen in: Soziale Welt 50 (1999). Ausgangspunkt des Textes war meine Antrittsvorlesung am Institut für Soziologie der Universität München im Sommersemester 1999.

Beim *achten* Kapitel handelt es sich um eine leicht erweiterte Fassung meines Aufsatzes »Religion und Moral. Zur Säkularisierung der Moral und der Moralisierung der Religion in der modernen Gesellschaft«, erschienen in:

Michael Krüggeler und Gert Pickel (Hg.): Religion und Moral, Opladen: Leske und Budrich 2001. Der Beitrag basiert auf einem Vortrag, den ich im Mai 2000 auf der Jahrestagung der Sektion Religionssoziologie der DGS in Wiesbaden gehalten habe.

Das *neunte* Kapitel ist ein Originalbeitrag. Er nimmt Motive eines Vortrages auf, den ich im Herbst 2001 auf der Jahrestagung der Görres-Gesellschaft in Paderborn gehalten habe.

Das *zehnte* Kapitel ist ein Originalbeitrag. Er basiert auf meinem Beitrag zu einer von Nico Stehr organisierten Tagung über die »Pragmatik wissenschaftlicher Erkenntnisse« am Hanse-Wissenschaftskolleg Delmenhorst im Frühjahr 2001. Das Kapitel nimmt am Ende Motive eines Vortrags auf, den ich im Sommer 2001 vor dem Institutscolloquium des Instituts für Soziologie der Universität München gehalten habe.